CB077651

OS 7 HÁBITOS DAS PESSOAS ALTAMENTE EFICAZES

EDIÇÃO REVISTA E AMPLIADA

Stephen R. Covey

Tradução
Alberto Cabral Fusaro
Márcia do Carmo Felismino Fusaro
Claudia Gerpe Duarte
Gabriel Zide Neto
Eduardo Rieche

106ª EDIÇÃO

BestSeller

FranklinCovey

Rio de Janeiro | 2024

REVISÃO
Anna Beatriz Seilhe

ÍNDICE REMISSIVO
Vanessa Dias

DESIGN DE CAPA
Juliana Misumi

TÍTULO ORIGINAL
The 7 Habits of Highly Effective People

CF-BRASIL. CATALOGAÇÃO-NA-FONTE
SINDICATO NACIONAL DOS EDITORES DE LIVROS, RJ.

C914s
106. ed. Covey, Stephen R., 1932-2012
Os 7 hábitos das pessoas altamente eficazes / Stephen R. Covey ; tradução Eduardo Rieche. - 106. ed., rev. e atual. - Rio de Janeiro : BestSeller, 2024.

Tradução de: The 7 habits of highly effective people
ISBN 978-65-5712-147-4

1. Sucesso - Aspectos psicológicos. 2. Caráter. 3. Conduta. I. Rieche, Eduardo. II. Título.

22-77142 CDD: 155.25
CDU: 159.923.3

Meri Gleice Rodrigues de Souza - Bibliotecária - CRB - 7/6439

Texto revisado segundo o novo Acordo Ortográfico da Língua Portuguesa.

Copyright © 1989, 2004, 2020 by Stephen R. Covey
Copyright © 2004, 2020 by FranklinCovey Company
Copyright do "Prefácio" © 2013 by Jim Collins
Copyright do "Tributo da família Covey a um pai altamente eficaz" © 2013 by Sean Covey
Publicado mediante acordo com Simon & Schuster, Nova York.
FranklinCovey e logo FC são marcas registradas da FranklinCovey Co.
usadas sob permissão.
Copyright da tradução © 2022 by Editora Best Seller Ltda.

Consultoria da primeira edição brasileira: Teresa Campos Salles
Revisão técnica da edição atualizada: Luiz Antonio de Albuquerque Caldas

Todos os direitos reservados. Proibida a reprodução,
no todo ou em parte, sem autorização prévia por escrito da editora,
sejam quais forem os meios empregados.

Direitos exclusivos de publicação em língua portuguesa para o Brasil
adquiridos pela
EDITORA BEST SELLER LTDA.
Rua Argentina, 171, parte, São Cristóvão
Rio de Janeiro, RJ — 20921-380
que se reserva a propriedade literária desta tradução.

Impresso no Brasil

ISBN 978-65-5712-147-4

Seja um leitor preferencial Record.
Cadastre-se e receba informações sobre nossos lançamentos e nossas promoções.

Atendimento e venda direta ao leitor:
sac@record.com.br

AGRADECIMENTOS

A interdependência é um valor mais forte que a independência.

Este trabalho é um produto sinérgico de muitas mentes. Ele foi iniciado na metade da década de 1970, quando eu estava reavaliando mais de duzentos anos de literatura voltada para o sucesso, como parte de minha tese de doutorado. Sou grato a muitos pensadores pela inspiração e pela sabedoria, e pelas raízes e fontes de sua sabedoria.

Também agradeço aos muitos estudantes, amigos e colegas da Brigham Young University e do Covey Leadership Center, e aos milhares de adultos, pais, executivos, jovens, professores e outros clientes que testaram este material e propiciaram estímulo e encorajamento. O material e sua organização evoluíram lentamente, envolvendo todos que se dedicaram a ele com sinceridade e empenho com a convicção de que *Os 7 hábitos das pessoas altamente eficazes* representa uma abordagem integrada, holística, à questão da eficácia pessoal e interpessoal, e que a verdadeira chave para sua compreensão encontra-se, muito mais do que em cada hábito tomado isoladamente, na relação entre eles e na sequência em que se apresentam.

Pelo desenvolvimento e pela produção deste livro sou imensamente grato a:

Sandra e cada um de nossos filhos e seus respectivos maridos ou esposas, por levarem vidas íntegras e por suportarem as muitas viagens e compromissos fora de casa que precisei assumir. Fica mais fácil ensinar princípios que nossos entes queridos praticam.

Meu irmão John, por seu constante amor, interesse, conselhos e pureza de alma.

Meu pai, vivo em minhas lembranças.

Minha mãe, por sua devoção aos descendentes e por suas constantes demonstrações de amor.

Meus queridos amigos e colegas de trabalho, principalmente:

Bill Marre, Ron McMillan e Lex Watterson, em razão do apoio, do incentivo, das sugestões editoriais e da ajuda na produção.

Brad Anderson, que com grande sacrifício pessoal por mais de um ano, elaborou um programa de desenvolvimento dos 7 Hábitos em vídeo. Sob sua supervisão, este material foi testado, aprimorado e implementado por milhares de pessoas em uma gama imensa de organizações. Quase sem exceção, após o contato inicial com este material, nossos clientes desejam torná-lo acessível ao maior número de funcionários possível, confirmando nossa crença em seu funcionamento.

Bob Thele, por ajudar a criar um sistema para nossa firma que me deu a paz de espírito necessária, permitindo que eu realmente me concentrasse no livro.

David Conley, por transmitir o valor e o potencial dos 7 Hábitos para centenas de empresas e organizações, de forma que meus colegas Blaine Lee, Roice Krueger, Roger Merrill e Al Switzler e eu temos constantemente a oportunidade de trocar ideias em ambientes muito diversos.

Jan Miller, minha agente literária proativa, meu sócio Greg Link, sempre disposto a ajudar, e seus assistentes Stephanni Smith e Raleen Beckham Wahlin, por sua criativa e corajosa liderança em marketing.

Bob Asahina, meu editor na Simon & Schuster, por sua competência profissional e liderança no projeto, por suas múltiplas e excelentes sugestões e por me ajudar a entender melhor a diferença entre escrever e falar.

Minhas mais antigas e devotadas assistentes Shirley e Heather Smith, e minha atual assistente, Marilyn Andrews, pelo nível de lealdade verdadeiramente incomum.

Ken Shelton, editor da revista *Executive Excellence,* por editar a primeira versão, anos atrás, por ajudar a aprimorar e testar o material em contextos diversos e por sua integridade e seu nível de exigência.

Rebecca Merrill, por sua colaboração editorial e de produção, por seu profundo compromisso com o material e por sua capacidade, sensibilidade e cuidado ao lidar com o material. E a seu marido, Roger, por sua sabedoria e ajuda sinérgica.

Kay Swim e seu filho, Gaylord, pela visão crítica que muito contribuiu para o rápido crescimento de nossa organização.

Sumário

Prefácio

POR JIM COLLINS

Conheci Stephen Covey em 2001, quando ele pediu para me conhecer e trocar ideias. Depois de uma recepção calorosa — sua mão grande e envolvente lembrava o couro confortável daquela luva de beisebol que você já usou mil vezes —, entabulamos um papo que durou duas horas. Stephen começou fazendo muitas perguntas. Ali estava um superprofessor, um dos pensadores mais influentes da época, e ele estava querendo aprender alguma coisa com um cara 25 anos mais novo.

Quando a conversa permitiu que eu exercitasse minha própria curiosidade, comecei:

— Como é que o senhor teve as ideias para *Os 7 hábitos*?

— Eu não tive.

— Como assim? — repliquei. — O senhor *escreveu* o livro.

— Escrevi, sim, mas os princípios já eram conhecidos há muito tempo — prosseguiu. — Eles estão mais para leis naturais. Tudo o que eu fiz foi reuni-los e resumir para as pessoas.

Foi aí que comecei a entender por que seu trabalho teve um impacto tão grande. Covey passara mais de trinta anos estudando, praticando, lecionando e burilando o que destilou nessas páginas. Ele não queria levar o crédito por esses princípios; só queria ensiná-los e torná-los acessíveis. Para ele, o livro não era, acima de tudo, uma forma de obter sucesso, mas um ato de servir.

Quando Bob Whitman, o executivo-chefe da FranklinCovey, me ligou perguntando se eu estaria disposto a escrever um prefácio para a edição comemorativa do 25º aniversário de *Os 7 hábitos das pessoas altamente eficazes*, minha primeira resposta foi reler o livro inteiro. Eu o havia lido pouco depois da primeira publicação, em 1989, e reencontrar sua mensagem foi um verdadeiro presente para mim. Também queria me calibrar: o que é que fazia daquele livro um clássico tão permanente? Percebi quatro fatores que contribuíram para colocá-lo na mais alta conta:

1. Covey criou uma "interface do usuário" dentro de um arcabouço conceitual coerente, que se tornou muito acessível graças à força de sua narrativa.
2. Covey se concentrou em princípios imemoriais, e não em simples técnicas ou manias passageiras.
3. Covey escreveu um livro principalmente para construir o caráter de uma pessoa, e não para se "atingir o sucesso" — e com isso ajudou às pessoas não só a se tornarem indivíduos mais eficazes, mas também líderes melhores.
4. O próprio Covey era um professor de Nível 5, extremamente humilde quanto aos seus defeitos, mas mesmo assim determinado a compartilhar com o mundo tudo o que tinha aprendido.

Stephen Covey era um verdadeiro mestre em matéria de síntese. Acredito que o que ele fez para a eficácia pessoal é análogo ao que a interface gráfica fez para os usuários dos computadores pessoais. Antes da Apple e da Microsoft, poucas pessoas sabiam como utilizar um computador em seu dia a dia. Não havia uma interface amiga do usuário — não havia mouse com setinhas, nem ícones simpáticos, ou janelas que se sobrepunham, muito menos uma tela sensível ao toque. Mas com o Macintosh, e depois com o Windows, a maioria das pessoas finalmente conseguiu acessar a força do microchip que havia atrás da tela. Da mesma maneira, havia séculos de conhecimentos acumulados sobre eficácia pessoal, de Benjamin Franklin a Peter Drucker, mas eles nunca haviam sido reunidos com coerência e de uma maneira fácil e aprazível ao usuário. Covey criou uma espécie de "Windows" próprio, um sistema operacional padrão para a eficácia pessoal que era fácil de se usar. Revelou-se um excelente escritor, um mestre das narrativas curtas e de expor seus conceitos. Nunca vou me esquecer da história que aparece logo no Capítulo 1, sobre o sujeito no metrô que não conseguia controlar os filhos barulhentos — e a lição que ele quer passar;

nem a do farol, a da selva, ou da analogia com os ovos de ouro. Alguns de seus invólucros conceituais funcionaram maravilhosamente bem, seja para descrever um conceito, seja como uma espécie de prescrição. "É Ganha/Ganha, ou Não Tem Negócio". "Procure Primeiro Compreender, Depois Ser Compreendido". "Comece com o Objetivo na Mente". "Primeiro o Mais Importante". Ele tornou essas ideias ainda mais acessíveis usando histórias e narrativas pessoais — criar filhos, manter um casamento, lidar com os amigos — para ensinar os hábitos e criar a estrutura muscular para vivê-los.

As ideias embutidas em seu arcabouço são imemoriais. São *princípios.* É por isso que eles funcionam, e é por isso que eles alcançam pessoas de todas as idades, no mundo inteiro. Num mundo de mudanças, rupturas, caos e incerteza permanente, as pessoas precisam ter uma âncora, um conjunto de princípios para lhes guiar diante das turbulências. Covey acreditava que os princípios imemoriais realmente existiam e que procurá-los não era uma idiossincrasia, mas uma forma de sabedoria. Ele rejeitava a visão daqueles que gritavam dos telhados que "não há nada sagrado, nada de duradouro e nada de sólido num mundo sempre em transformação! Tudo é novo! Nada que vem do passado se aplica a esse momento!".

Minha própria linha de pesquisa sempre se concentrou nas seguintes perguntas: "O que faz uma empresa andar? Por que certas empresas fazem a transição de boas a ótimas (enquanto outras não)? Por que algumas são feitas para durar (enquanto outras fracassam)? E por que algumas conseguem se desenvolver no meio do caos?" Uma das minhas descobertas principais foi a noção de "Manter o Núcleo e Estimular o Progresso". Nenhuma empresa pode ser verdadeiramente grande sem contar com um conjunto de princípios nos quais perseverar, construir — que sirvam de âncora e de guia diante de um mundo em permanente transformação. Ao mesmo tempo, nenhuma empresa pode continuar sendo grande sem estimular o progresso — mudança, renovação, melhorias e a busca de MAGAs (Metas Audaciosas, Grandes e Assustadoras). Quando você mistura essas duas coisas (Manter o Núcleo *E* Estimular o Progresso), obtém uma dialética mágica que mantém uma empresa ou organização vibrante através dos tempos. Covey encontrou um padrão semelhante em matéria de eficácia pessoal: comece construindo um forte núcleo de princípios que não sejam passíveis de serem modificados, e, ao mesmo tempo, trabalhe com afinco para melhorar sempre e estar permanentemente se renovando. Essa dialética permite que um indivíduo mantenha uma sólida fundação e, ao mesmo tempo, atinja um crescimento sustentado ao longo da vida.

Mas acredito que o aspecto mais importante de *Os 7 hábitos* — o que faz com que ele seja não só um livro prático, mas também profundo — é sua ênfase na *construção do caráter*, em vez de simplesmente "alcançar o sucesso". Não existe eficácia sem disciplina, e tampouco disciplina sem caráter. Enquanto escrevo esse prefácio, estou no meio de uma viagem como presidente da turma de 1951 para o Estudo da Liderança na Academia Militar dos Estados Unidos, em West Point. Cheguei à conclusão pessoal de que um ingrediente-chave na receita de West Point é a ideia de que a grande liderança começa no caráter — que a liderança é principalmente uma função de quem você é, pois isso está na base de tudo o que você faz. Como é que se criam líderes? Primeiro se estrutura o caráter. E é por isso que eu vejo *Os 7 hábitos* não só como um estudo sobre a eficácia pessoal, mas também sobre o desenvolvimento da liderança.

Quando reflito sobre os extraordinários líderes que estudei nessa pesquisa, me espanto com a maneira como os princípios de Covey se manifestam em muitas de suas histórias. Vejamos um dos meus casos favoritos, o de Bill Gates. Parece que virou moda, nos últimos anos, atribuir o portentoso sucesso de alguém como Bill Gates à pura sorte e de estar no lugar certo, na hora certa. Mas se você parar para pensar, esse argumento simplesmente não se sustenta. Quando a revista *Popular Electronics* colocou o computador Altair na capa, anunciando a chegada do primeiro computador pessoal da história, Bill Gates se uniu a Paul Allen para lançar uma empresa de software e escrever a linguagem BASIC de programação para ele. Sim, é verdade que seu conhecimento de programação estava pronto, na hora certa, mas outras pessoas também o tinham: os estudantes de informática e engenharia elétrica nas faculdades do CalTech, do MIT e de Stanford; engenheiros experientes em empresas de tecnologia como a IBM, a Xerox e a HP; e os cientistas nos laboratórios de pesquisa do governo. *Milhares* de pessoas poderiam ter feito o mesmo que Bill Gates naquele momento, *mas não fizeram*. Gates *agiu* na hora certa. Trancou a matrícula em Harvard, mudou-se para Albuquerque (sede da Altair) e passou dias e noites escrevendo o código do computador. Não foi a sorte de estar no momento certo da história que separou Bill Gates dos demais, mas sua *resposta proativa* de estar no lugar certo, na hora certa (Hábito 1: Ser Proativo).

À medida que a Microsoft cresceu e se tornou uma empresa bem-sucedida, Gates ampliou seus objetivos, guiado por uma ideia portentosa: um computador em cada mesa. Anos depois, Gates e sua mulher criaram a Fundação Bill & Melinda Gates, com metas ambiciosas, como erradicar a malária da face da Terra. Como ele disse no discurso inaugural de Harvard de 2007, "para Melinda e eu, o desafio é o mesmo: como podemos fazer o maior bem possível, para o maior número de pessoas, com os recursos de que dispomos" (Hábito 2: Comece com o Objetivo em Mente).

Ser uma pessoa disciplinada de verdade significa canalizar nossas melhores horas para os objetivos mais importantes, e isso quer dizer ser uma pessoa não conformista, no melhor sentido da palavra. Talvez "todo mundo" fosse dizer que terminar Harvard fosse a tarefa mais importante para o jovem Gates. Mas, em vez disso, ele alinhou seu esforço com sua missão, apesar de todos os olhares de desaprovação das pessoas bem intencionadas à sua volta. Enquanto ia construindo a Microsoft, ele despejou sua energia em dois objetivos que superavam todos os outros: contratar as melhores pessoas e realizar grandes apostas em matéria de software; tudo o mais era secundário. Quando Gates conheceu Warren Buffet num jantar, o anfitrião perguntou a todos na mesa qual o fator mais importante em suas trajetórias. Como mostra Alice Schroeder no livro *A bola de neve*, tanto Gates como Buffet deram a mesma resposta: foco (Hábito 3: Primeiro o Mais Importante).

A relação de Gates com o quarto hábito (Hábito 4: Pense Ganha/Ganha) é um pouco mais complicada. À primeira vista, Gates parece ter uma personalidade do tipo ganhar/perder, um combatente feroz que temia tanto a facilidade com que os flancos de sua empresa podiam ser atacados que chegou a escrever um "memorando de pesadelo", descrevendo os cenários em que a Microsoft poderia perder. Na corrida para estabelecer os padrões da indústria, só restaria um pequeno grupo de grandes vencedores, e um monte de perdedores, e Gates não tinha a menor intenção de que a Microsoft fosse qualquer coisa menos que uma das grandes vencedoras. No entanto, olhando de perto, vemos que ele foi um verdadeiro mestre na arte de juntar forças complementares e formar uma coalizão. Para alcançar seu sonho, Gates compreendeu que a Microsoft precisaria complementar suas forças com as de outras empresas: a Intel com seus microprocessadores, e as fabricantes de computadores pessoais como a IBM e a Dell. Ele também distribuiu ações, de modo que, quando a Microsoft se sagrou campeã, seus funcionários também saíram ganhando. E ele demonstrou ter uma capacidade impressionante de complementar seus pontos fortes pessoais com as forças dos outros, especialmente com seu alter ego e companheiro de negócios Steve Ballmer. Gates e Ballmer conseguiram muito mais trabalhando juntos do que poderiam fazer sozinhos, de modo que 1 + 1 acabou sendo muito mais do que 2 (Hábito 6: Crie Sinergia).

Quando Gates passou a canalizar suas atenções para gerar um impacto social com sua Fundação, ele não chegou dizendo "Fui um empresário bem-sucedido e por isso já sei tudo o que preciso sobre como causar um impacto social". Muito pelo contrário. Ele trouxe consigo uma curiosidade sem fim e uma vontade enorme de aprender as coisas. Começou a fazer perguntas, tentando compreender a ciência e os métodos necessários para resolver alguns dos problemas mais intratáveis, a ponto de terminar a conversa com um amigo com uma declaração do tipo "Preciso aprender mais sobre fosfatos" (Hábito 5: Procure Primeiro Compreender, Depois Ser Compreendido). E, finalmente, fiquei impressionado como Gates se renovava. Mesmo durante os anos mais intensos de construção da Microsoft, ele periodicamente separava uma semana inteira para se desligar, ler e refletir, a chamada *Think Week*. Ele também gostava de ler biografias. Em determinado momento, disse a Brent Schlender, da *Fortune*: "É impressionante como tem gente que se desenvolve ao longo da vida" — uma lição que o próprio Gates parece ter seguido como um mantra em sua vida (Hábito 7: Afine o Instrumento).

Gates é um caso fabuloso, mas eu poderia ter mencionado outros. Poderia ter citado Wendy Kopp, que fundou a Teach for America, com a ideia de inspirar centenas de milhares de formandos nas universidades a passar pelo menos dois anos ensinando crianças nas escolas menos desenvolvidas, com o objetivo de criar uma força social extraordinária para melhorar radicalmente os ensinos fundamental e médio

(Seja Proativo; Comece com o Objetivo em Mente). Ou poderia ter citado Steve Jobs, morando numa casa sem móveis, ocupado demais com a criação de produtos absurdamente grandiosos (*insanely great*) para se preocupar com atividades aparentemente desimportantes, como comprar um sofá ou uma mesa de cozinha (Primeiro o Mais Importante). Ou Herb Kelleher, da Southwest Airlines, que criou uma cultura ganha/ganha entre administradores e empregados, com todos se unindo depois do 11 de Setembro para manter intatos os trinta anos de lucros consecutivos, além de segurar todos os empregos existentes (Pense Ganha/Ganha). Ou até mesmo Winston Churchill, que tirava rápidos cochilos durante a II Guerra Mundial e assim conseguia ter "duas manhãs" por dia (Afine o Instrumento).

Com isso eu não quero dizer que os 7 Hábitos sejam um mapa preciso para se construir uma grande empresa. Os princípios contidos em *Empresas feitas para vencer* e *feitas para durar*, por exemplo, e aqueles de *Os 7 hábitos das pessoas altamente eficazes* são diferentes, mas complementares. Covey se propôs a escrever um livro não sobre como construir grandes empresas, mas em conquistar a eficácia pessoal. Mesmo assim, organizações são formadas por pessoas e, quanto mais eficientes elas forem, mais forte as empresas serão. E acredito sinceramente que aqueles que vivem os 7 Hábitos provavelmente têm uma chance maior de se tornarem líderes de Nível 5, aqueles raros vultos transformadores sobre os quais eu tanto escrevi em *Empresas feitas para durar*. Os líderes de Nível 5 demonstram uma combinação paradoxal de humildade pessoal e força de vontade profissional, canalizando sua energia, garra, criatividade e disciplina em algo maior e mais duradouro do que eles mesmos. Eles, com certeza, são ambiciosos, mas em relação a um objetivo maior do que eles, seja criar uma grande empresa, mudar o mundo ou atingir uma grande meta que, no fim das contas, não versa apenas sobre si mesmos. Uma das variáveis mais importantes se uma empresa será ou não grande repousa numa simples pergunta: qual é a *verdade* sobre as motivações interiores, o caráter e as ambições daqueles que detêm o poder? Suas motivações interiores e verdadeiras *com certeza* vão aparecer em suas decisões e ações — se não imediatamente, pelo menos com o tempo e certamente quando estiverem sob pressão —, independentemente daquilo que digam ou da pose que exibam. E assim demos a volta completa no núcleo central do arcabouço de Covey: construa seu caráter interior primeiro; a Vitória Pessoal vem antes da Vitória Pública.

E isso me leva ao próprio Stephen Covey como um professor de Nível 5. Em toda sua milagrosa carreira, ele demonstrou uma humildade desarmante a respeito do impacto e da influência que exerceu, combinada com uma força de vontade indomável para ajudar as pessoas a compreenderem suas ideias. Ele genuinamente acreditava que o mundo seria um lugar melhor se as pessoas vivessem os 7 Hábitos e essa crença aparece nas páginas desse livro. Sendo um professor de Nível 5, Covey fez o que era humanamente possível para viver aquilo que lecionava. Dizia que, pessoalmente, o Hábito que mais exigia dele era o de nº 5 ("Procure Primeiro Compreender, Depois Ser Compreendido"). Parece haver uma grande ironia aqui, uma vez que ele embarcou numa jornada de várias décadas para obter essa compreensão, antes de escrever o livro. Ele era, acima de tudo, um aprendiz que virou professor, depois um professor que aprendeu a escrever, e isso fez com que seus ensinamentos se tornassem duradouros. No Hábito 2, Stephen nos desafia a visualizar nosso próprio funeral e pensar "O que é que você gostaria que os oradores falassem sobre você e a sua vida? (...) Que caráter gostaria que eles tenham visto em você? Por quais contribuições e realizações você gostaria de ser lembrado?". Acredito que ele teria ficado muito feliz como ele mesmo foi lembrado.

Ninguém dura para sempre, mas ideias podem durar. Quando ler estas páginas, você estará se relacionando com Stephen Covey no auge da forma. Poderá até senti-lo estendendo a mão e dizendo: "Olha, eu realmente acredito nisso, deixe-me ajudá-lo. Quero que você *entenda* isso, aprenda isso. Quero que cresça, se aperfeiçoe, contribua mais para o mundo e viva uma vida importante." A vida dele já acabou, mas seu trabalho ainda não. Ele continua vivo, bem aqui com este livro, tão atual hoje em dia como na época em que foi escrito. *Os 7 hábitos das pessoas altamente eficazes* está completando 25 anos, e isso é só o começo.

JIM COLLINS
Boulder, Colorado
(EUA)
Julho de 2013

Prefácio à edição comemorativa do 30º aniversário

POR SEAN COVEY

Já perdi a conta do número de vezes em que me perguntaram: "Como foi a experiência de ter sido criado na casa do mundialmente renomado Dr. Stephen R. Covey e seus 7 Hábitos?"

Durante toda a minha criação, os meus pais eram apenas os meus pais e, embora fossem gentis e amáveis, também me faziam passar por situações embaraçosas. Quando eu estava na adolescência, estranhos se aproximavam de mim, me abraçavam, começavam a chorar no meu ombro e confidenciavam: "Quero que você saiba que o livro do seu pai mudou a minha vida." Eu tinha 17 anos, e pensava: "Você está falando sério? Você tem noção de que o meu pai usa calça de moletom aveludada com blusa social e sapatos mocassim? E ele mudou a sua vida?"

Lembro-me da época na escola fundamental, quando o papai apareceu para almoçar e, enquanto esperávamos juntos na fila do refeitório, ele começou a cantar uma música que havia inventado na hora, chamada "Eu amo a minha família". Os meus amigos acharam engraçado. Achei que eu fosse morrer de vergonha. Para piorar, o papai era careca! Que humilhação!

Só mais tarde consegui me dar conta do privilégio que tive na minha infância. Aos 19 anos, quando finalmente peguei um dos livros do meu pai e comecei a ler o que ele tinha a dizer, pensei: "Uau, o papai é muito inteligente. Ele amadureceu muito." Aquilo me trouxe de volta todas as lições que eu havia aprendido ao longo da minha vida. Sendo o quarto de nove filhos criados na casa dos 7 Hábitos, eu estava circundado por todos aqueles conteúdos. O meu pai não apenas nos ensinava os princípios sobre os quais escrevera, mas também nos considerava seus alunos mais estimados. Ele testou todo o seu material conosco. Porém, como diz o ditado popular, "Casa de ferreiro, espeto de pau" — isto é, estávamos tão imersos naqueles princípios que mal percebíamos a sua presença.

Quando comecei a minha carreira e me tornei cada vez mais consciente da profunda natureza dos 7 Hábitos, decidi escrever uma versão adolescente do livro, chamada *Os 7 hábitos dos adolescentes altamente eficazes*. Por sorte, eu não tinha filhos adolescentes naquela época. Agora que os tenho, retiro tudo o que eu disse — não existem adolescentes eficazes. Isso é um paradoxo. Estou brincando! Falando sério, agora: há muitos adolescentes brilhantes.

Constatando a influência de *Os 7 hábitos* na vida das pessoas, me senti inspirado a continuar compartilhando sua mensagem, publicando um livro infantil ilustrado chamado *Os 7 hábitos das crianças felizes* e um livro didático intitulado *Os 7 hábitos dos estudantes universitários altamente eficazes*. Como chefe do departamento de Inovações da FranklinCovey, também produzi oficinas, seminários via web, vídeos e apostilas sobre os 7 Hábitos ao longo de várias décadas. Resumindo, além de ter sido criado na casa dos 7 Hábitos, acredito que talvez eu tenha trabalhado, escrito e pensado sobre os 7 Hábitos mais do que qualquer outra pessoa no mundo, exceto o meu pai.

Assim, quando a Simon & Schuster, editora de *Os 7 hábitos das pessoas altamente eficazes*, me pediu para acrescentar as minhas reflexões a uma edição comemorativa de trigésimo aniversário do livro, fiquei dividido. A minha resposta imediata foi: "De maneira alguma! Este livro é uma obra-prima. Por que adicionar algo a ele?"

No entanto, quanto mais eu pensava sobre isso, mais comecei a sentir que poderia ser uma boa ideia, pois me permitiria descrever o impacto que os 7 Hábitos tiveram não apenas sobre mim, mas também sobre o mundo inteiro. Percebi que poderia compartilhar alguns relatos de bastidores da própria vida do meu pai, além de ilustrar a inabalável relevância dos 7 Hábitos.

Na verdade, quanto mais profundos se tornam os problemas e os desafios dentro das famílias, das organizações e da sociedade, mais relevantes se tornam os hábitos. Por quê? Porque eles se baseiam em princípios universais e atemporais, com uma eficácia que se comprovou durável. O meu pai não se proclamava o autor de tais conceitos; ao contrário, ele os via como princípios universalmente aceitos. Seu papel foi sintetizá-los em hábitos em função dos quais as pessoas poderiam viver.

A missão declarada do meu pai era espalhar a liderança baseada em princípios pelo mundo inteiro. Muitas vezes, o ouvi dizer: "Não tem a ver comigo. Tem a ver com os princípios. E eu quero que esses princípios continuem sendo ensinados muito além da minha própria vida." Sinto-me incentivado por essa declaração, e penso que se meu pai estivesse aqui me encorajaria a acrescentar algumas nuances ao seu livro, para que esses princípios possam perdurar.

No fim de cada seção e de cada hábito, adicionei algumas páginas de reflexões e histórias que podem lhe oferecer consistência e ajudá-lo a aplicar melhor os princípios. Observe, por gentileza, que não mudei nenhuma palavra do meu pai. Este livro é o clássico de Stephen R. Covey, e, à medida que você for lendo, perceberá o autor ganhando vida para além dessas páginas, reafirmando o valor e o potencial que você já tem — ensinando-o a se tornar uma pessoa mais eficaz no trabalho e em casa.

Quanto mais trabalho com os 7 Hábitos, mais os considero um enorme avanço científico no campo da aprendizagem socioemocional ou das ciências do comportamento. Os 7 Hábitos não são apenas mais um conjunto de sete "ou isso, ou aquilo". Ao contrário, concordo com o que Jim Collins escreveu no prefácio deste livro:

> Acredito que o que Stephen Covey fez para a eficácia pessoal é análogo ao que a interface gráfica fez para os usuários dos computadores pessoais. (...) Havia séculos de conhecimentos acumulados sobre eficácia pessoal, de Benjamin Franklin a Peter Drucker, mas eles nunca haviam sido reunidos com coerência e de uma maneira fácil. (...) Covey criou uma espécie de "Windows" próprio, um sistema operacional padrão para a eficácia pessoal que era fácil de se usar.

Atualmente, os 7 Hábitos estão sendo aplicados em estudantes de milhares de escolas de ambos os ciclos do ensino fundamental e do ensino médio ao redor do mundo; em empresas da Fortune 100; em empresas de médio e pequeno porte; em prisões; em sessões de equoterapia; nas forças armadas; em pessoas com deficiência; no interior das famílias; e em muitos outros contextos.

Princípios, metáforas e histórias contidos em *Os 7 hábitos* têm o potencial de mudar vidas. Recebi uma carta de uma jovem de 16 anos que acabara de aprender sobre o conceito de Pense Ganha/Ganha na escola. Ela escreveu:

> Caro Sean, é mesmo muito difícil tentar quebrar os hábitos que formei ao longo da vida. Uma das coisas mais importantes é que parei de tentar competir com uma garota da minha escola. Ela é muito pretensiosa (desculpe, acabei de aprender essa palavra e achei muito legal! Pretensiosa significa grosseira, atrevida e agressiva), e ela também se interessa pelas mesmas coisas que eu, então isso acabou nos aproximando. Antigamente, eu deixava que a minha antipatia por ela envenenasse o prazer que eu sentia em certas coisas, como os espetáculos de fim de ano e os torneios de oratória da escola. Bem, estou melhorando muito nisso! Eu a perdoei e segui em frente. Hoje, escrevi no meu diário uma observação para mim mesma, dizendo para eu me lembrar de uma coisa: que a vida não é uma competição. E sabe do que mais? Estou me sentindo muito melhor! Sinto como se tivesse tirado um enorme peso das minhas costas.

E eu me lembro de um e-mail escrito pelo presidente da Mississippi Power, Anthony Wilson:

> Nos anos 1990, quando a ameaça de desregulamentação nos colocava diante de desafios inéditos no nosso setor, a nossa empresa se amparou nos 7 Hábitos para continuar avançando. Treinamos todos os funcionários, de alto a baixo, nos 7 Hábitos e na liderança baseada em princípios do Dr. Covey, e incorporamos esses hábitos em nossa cultura. Em 2005, o furacão Katrina devastou o nosso território de atendimento em 23 condados, cortando a energia de todos os nossos clientes. Tivemos de recrutar uma equipe de 12 mil pessoas em toda a América do Norte, mas não tínhamos supervisores suficientes para liderá-las.

Confiamos aos nossos colaboradores a tarefa de assumir papéis de liderança nessa resposta de emergência. Pelo fato de estarem familiarizados com os conceitos de comece com o objetivo em mente, procure primeiro compreender e assim por diante, eles tiveram um desempenho brilhante. Conseguimos religar a energia em 12 dias, um feito que, na época, foi descrito pelo *USA Today* como um "caso de estudo em gerenciamento de crises". Tínhamos uma cultura fortalecida, que provou ser capaz de se organizar e de liderar, tomar decisões de modo rápido e inovar em meio à total devastação. Os 7 Hábitos permanecem interconectados à estrutura de nossa cultura de alto desempenho. Eu queria apenas agradecer!

Essa é a força dos princípios. Essa é a força dos 7 Hábitos. Espero que as reflexões que incluí neste livro sejam úteis.

De todo o coração,
Sean Covey

Sean Covey é presidente da FranklinCovey Education e é cofundador e presidente da fundação Bridle Up Hope. Palestrante muito requisitado, Sean se apresenta para plateias do mundo inteiro, e já participou de vários programas de rádio e TV e esteve em matérias da mídia impressa. Com MBA diplomado pela Harvard, também é autor best-seller do New York Times, *e autor e coautor de vários livros, incluindo* As 4 disciplinas da execução, *que ficou em primeiro lugar na lista dos livros de negócios mais vendidos do* Wall Street Journal. *Também escreveu* As 6 decisões mais importantes que você vai tomar na vida, O líder em mim *e* Os 7 hábitos dos adolescentes altamente eficazes, *que vendeu mais de oito milhões de cópias em todo o mundo. Sean mora com sua família perto das Montanhas Rochosas.*

Primeira Parte

Paradigmas e Princípios

De Dentro para Fora

Não existe, neste mundo todo, uma superioridade real que possa ser separada de uma vida correta.

David Starr Jordan

Depois de mais de 25 anos trabalhando com pessoas em empresas, universidades e ambientes conjugais e familiares, estive em contato com diversos indivíduos que atingiram uma posição social de sucesso invejável, mas estavam em conflito, sentindo uma profunda necessidade de conquistar mais coerência e eficácia pessoal, bem como relacionamentos mais satisfatórios com os outros.

Suponho que muitos dos problemas que foram discutidos comigo lhe sejam familiares:

Defini e atingi meus objetivos profissionais e desfruto de um tremendo sucesso em minha carreira. Mas isso me custou a vida pessoal e familiar. Parece que eu não conheço mais minha mulher e meus filhos. Nem mesmo sei se ainda conheço a mim mesmo, ou o que realmente importa para mim. Fico me perguntando: valeu a pena?

Comecei um novo regime — o quinto, só neste ano. Sei que estou gordo, e desejo mesmo mudar. Estudei todas as novas informações, estabeleci metas e assumi uma atitude mental positiva, dizendo "Eu posso conseguir". Mas não consegui. Depois de algumas semanas, relaxei. Pelo jeito, sou incapaz de manter uma promessa feita a mim mesmo.

Fiz vários cursos para aumentar a eficácia dos meus métodos de treinamento de pessoal. Eu espero muito de meus funcionários e faço o possível para ser cordial e justo com todos. Mas não percebo nenhuma lealdade da parte deles. Se eu ficasse em casa um dia, doente, acho que passariam todo o tempo batendo papo e tomando café. Por que não consigo treiná-los para que sejam independentes e responsáveis — nem encontrar outros que o sejam?

Meu filho adolescente é rebelde e usa drogas. Por mais que eu tente, ele não me dá ouvidos. O que posso fazer?

Tenho tanto a fazer. Nunca dá tempo. Eu me sinto pressionado e tenso o dia inteiro, sete dias por semana. Compareci a seminários sobre organização do tempo e tentei meia dúzia de sistemas de planejamento diferentes. Eles ajudaram um pouco, mas, ainda assim, percebo que não tenho a vida feliz, produtiva e pacífica que eu gostaria.

Gostaria de ensinar a meus filhos o valor do trabalho. Mas sou obrigado a supervisionar cada movimento se quiser que eles façam alguma tarefa... e aguentar reclamações o tempo todo. Acabo fazendo tudo sozinho, é mais fácil. Por que as crianças não conseguem fazer suas tarefas com alegria, sem serem forçadas?

Vivo ocupado. Muito ocupado. Mas de vez em quando penso se minhas atividades atuais farão alguma diferença a longo prazo. Gostaria muito de pensar que minha vida tem algum sentido, que as coisas são de certo modo diferentes por causa da minha presença.

Quando meus amigos e parentes alcançam algum sucesso ou recebem algum reconhecimento, eu os congratulo com entusiasmo. Mas no fundo fico remoendo o despeito. Por que me sinto assim?

Tenho uma personalidade forte. Sei que em praticamente todas as interações posso controlar o desfecho. Quase o tempo todo, consigo até influenciar as pessoas para que apresentem a solução que eu desejo. Reflito sobre cada situação e sinto que as ideias que me ocorrem são geralmente as melhores para todos. Mas fico constrangido. Sempre imagino o que os outros realmente acham de mim e de minhas ideias.

Meu casamento empacou. Nós não brigamos nem discutimos. Simplesmente não nos amamos mais. Fizemos terapia de casal. Tentamos inúmeras outras alternativas, mas não conseguimos mais ressuscitar os sentimentos antigos.

Estes são problemas sérios, dolorosos — problemas que não podem ser resolvidos por paliativos imediatos.

Minha esposa Sandra e eu, há alguns anos, enfrentamos este tipo de situação. Um de nossos filhos enfrentava um período difícil na escola. Ia mal nos estudos, não sabia nem mesmo seguir as instruções para fazer as provas; como poderia ir bem nelas? Socialmente era imaturo, criando constrangimentos frequentes para a família. Nos esportes era fraco — pequeno, magro e sem coordenação —, por exemplo, no beisebol, dava a tacada antes mesmo de a bola ser jogada. Os outros riam dele.

Sandra e eu vivíamos atormentados pela vontade de ajudá-lo. Pensávamos que o "sucesso" era importante em todas as áreas da vida, principalmente em nosso papel de pais. De forma que nos dedicamos a melhorar nossas atitudes e nossos comportamentos em relação a ele, estimulando-o a fazer o mesmo. Tentamos estimulá-lo por meio de uma postura mental positiva:

— Vamos lá, filho! Você vai conseguir! Sei que vai. Ponha as mãos um pouco mais para cima, no taco, e mantenha os olhos fixos na bola. Não bata antes que ela chegue perto de você.

Se ele conseguia melhorar um pouco, procurávamos valorizar isso ao máximo:

— Parabéns, filho. Continue tentando.

Quando as outras pessoas riam, nós as repreendíamos.

— Deixem o menino em paz. Parem de aborrecê-lo. Ele ainda está aprendendo.

E nosso filho chorava e dizia que nunca aprenderia e que não gostava mesmo de beisebol.

Nenhuma das nossas atitudes parecia ajudá-lo, e estávamos muito preocupados. Nós podíamos ver o efeito da situação em sua autoestima. Tentamos estimular, ajudar, encorajar, mas, após repetidos fracassos, paramos e procuramos analisar o problema em outro nível.

Nessa época, em meu papel profissional, eu estava envolvido com o desenvolvimento de lideranças para vários clientes por todo o país. Em função disso, preparava programas bimestrais sobre comunicação e percepção para os participantes do Programa de Desenvolvimento para Executivos da IBM.

Enquanto pesquisava e preparava esse material, interessei-me especialmente pelo modo como a percepção se forma e como ela determina a maneira de nós vermos as coisas, e a maneira como vemos determina nosso comportamento. Isso me levou ao estudo da teoria da expectativa e das profecias autorrealizáveis, ou seja, do "efeito Pigmalião", e à constatação de quão profundamente arraigadas estão nossas percepções. Aprendi que precisamos enxergar as lentes que usamos para ver o mundo, assim como o mundo propriamente dito, e perceber que estas lentes modelam nossa interpretação do mundo.

Depois que Sandra e eu conversamos sobre os conceitos que eu estava ensinando na IBM e sobre nossa própria situação, começamos a perceber que o que estávamos fazendo para ajudar nosso filho não se harmonizava com a maneira como realmente o víamos. Quando examinamos honestamente nossos sentimentos mais profundos, entendemos que nossa percepção da situação nos levava a crer que ele era incapaz, de certo modo "atrasado". Por mais que insistíssemos em atitudes e comportamentos, nossos esforços eram ineficazes porque, apesar de nossas ações e palavras, a mensagem real que emitíamos era: "Você não é capaz. Você precisa ser protegido."

Começamos a perceber que, se quiséssemos mudar a situação, precisávamos primeiro mudar a nós mesmos. E para isso, precisávamos primeiro mudar nossa percepção.

■ A ÉTICA DA PERSONALIDADE E A ÉTICA DO CARÁTER

Na mesma época, além das minhas pesquisas sobre percepção, eu também estava profundamente envolvido em um estudo abrangente da literatura sobre sucesso publicada nos Estados Unidos desde 1776. Estava lendo ou conferindo literalmente centenas de livros, artigos e ensaios sobre temas como autoestímulo, psicologia popular e autoajuda. Ao alcance de minha mão, estavam a essência e o conjunto daquilo que um povo livre e democrático considerava a chave para uma vida bem-sucedida.

Conforme meu estudo me conduzia ao passado, ao longo de duzentos anos de escritas sobre o sucesso, notei que um padrão surpreendente emergia do conteúdo dessa literatura. Em função de minhas dificuldades, e de dificuldades similares de muitas pessoas com as quais eu havia trabalhado por muitos anos, comecei a sentir cada vez mais que grande parte da literatura de motivação e sucesso dos últimos cinquenta anos era superficial. Estava repleta de consciência das aparências sociais, técnicas e soluções rápidas — band-aids e aspirinas sociais paliativos para os problemas agudos, que de vez em quando até pareciam resolvê-los temporariamente, mas que deixavam intocados os problemas crônicos. Estes reapareciam, voltavam periodicamente.

Em um contraste marcante, a literatura dos primeiros 150 anos, mais ou menos, era focada no que se poderia chamar de *Ética do Caráter*, considerada a base do sucesso — características como integridade, humildade, fidelidade, temperança, coragem, justiça, paciência, diligência, simplicidade, modéstia e a Regra de Ouro (fazer aos outros o que desejamos que nos façam). A autobiografia de Benjamin Franklin é o exemplo dessa literatura. Trata, basicamente, da história do esforço de um homem para interiorizar certos princípios e hábitos profundamente em sua natureza.

A Ética do Caráter ensina que existem princípios básicos para uma vida proveitosa, e que as pessoas só experimentam o verdadeiro sucesso e a felicidade duradoura quando aprendem a integrar estes princípios a seu caráter básico.

Pouco depois da Primeira Guerra Mundial, a visão básica do sucesso deslocou-se da Ética do Caráter para o que se poderia chamar de *Ética da Personalidade*. O sucesso tornou-se mais uma decorrência da personalidade, da imagem pública, das atitudes e dos comportamentos, da habilidade e das técnicas que lubrificam o processo de interação humana. Essa Ética da Personalidade trilha dois caminhos básicos: um deles é o das técnicas nas relações públicas e humanas; o outro, uma atitude mental positiva (AMP). Parte dessa filosofia se expressa por meio de máximas por vezes válidas, como "Sua atitude determina sua altitude", "Sorrisos conquistam mais amigos do que caras feias" e "A mente humana pode conquistar tudo aquilo que consiga conceber e acreditar".

Outras práticas da abordagem da personalidade eram explicitamente manipuladoras, igualmente enganosas, encorajando as pessoas a utilizar técnicas que levassem os outros a gostar delas, ou a fingir interesse pelos hobbies alheios para arrancar o que pretendiam deles, ou a usar a "aparência de poder" ou a intimidar para abrir caminho no mundo.

Parte dessa literatura reconhece o caráter como um dos ingredientes para o sucesso, mas tende a compartimentá-lo, em vez de reconhecê-lo como fundamental e catalítico. As referências à Ética do Caráter passaram a surgir apenas como enfeite; o que importava eram as técnicas de influência imediata, as estratégias do poder, as habilidades de comunicação e as atitudes positivas.

A Ética da Personalidade, pelo que comecei a perceber, era a fonte subconsciente das soluções que Sandra e eu buscávamos para nosso filho. Conforme eu refletia mais profundamente sobre diferenças entre as Éticas da Personalidade e do Caráter, mais compreendia que Sandra e eu projetávamos nossas expectativas quanto ao bom comportamento de nossos filhos e, a nosso ver, um deles estava abaixo do esperado. A *imagem* que fazíamos de nós, de pais bons e dedicados, era mais forte do que a *imagem* de nosso filho, e talvez a influenciasse. Havia muito mais considerações além da preocupação com o bem-estar de nosso filho na *maneira de vermos* e lidarmos com o problema.

Sandra e eu conversamos muito. Nós nos conscientizamos, com pesar, da influência poderosa sobre nosso caráter e motivos, bem como da ideia que tínhamos de nosso filho. Sabíamos que valores baseados na comparação social estavam em desarmonia com nossas crenças mais profundas, podendo conduzir ao amor condicional, e finalmente à diminuição do amor-próprio de nosso filho. Assim, resolvemos concentrar os esforços em *nós mesmos* — mas não nas técnicas utilizadas, e sim em nossos motivos mais profundos e na maneira como víamos nosso filho. Em vez de tentar modificá-lo, tentamos ficar de fora, separá-lo de nós, tentando reconhecer sua identidade, individualidade, autonomia e valor.

Por meio da reflexão profunda e dos recursos proporcionados pela fé e pela oração, começamos a ver nosso filho como um ser humano único, distinto. Notamos nele um potencial imenso, em diversos setores, que poderia se manifestar de acordo com seu próprio ritmo e velocidade. Decidimos relaxar e abrir caminho para a manifestação de sua personalidade. Descobrimos que nosso papel natural seria colaborar para a sua afirmação, felicidade e valorização. Também trabalhamos, conscientemente, em nossos motivos e fontes interiores de segurança, de modo que nosso sentido de valor não dependesse do comportamento "aceitável" de um filho.

Um novo sentimento começou a surgir, conforme nos libertamos da antiga imagem que tínhamos de nosso filho e aprimoramos nossos motivos baseados em valores. Surpreendemo-nos apreciando sua companhia, em vez de julgá-lo ou comparar suas atitudes. Paramos de tentar torná-lo uma cópia de nós e de medi-lo a partir de nossas expectativas sociais. Deixamos de manipulá-lo com educação e gentilezas objetivando um modelo social aceitável. Como o considerávamos uma pessoa fundamentalmente adequada e capaz de enfrentar a vida, paramos de protegê-lo contra as humilhações dos outros.

Ele havia sido criado com essa proteção, de forma que atravessou períodos de crise quando ela foi retirada. Ele manifestou suas dificuldades e nós as compreendemos, mas não mudamos nosso comportamento. "Não é preciso protegê-lo, você pode se defender sozinho." Era este o recado não verbalizado.

À medida que semanas e meses transcorriam, ele começou a demonstrar mais confiança em si mesmo, a se afirmar. Desabrochou, em ritmo e velocidade próprios. Tornou-se admirável, de acordo com os critérios socialmente aceitos — acadêmica, social e atleticamente —, em um passo rápido, bem mais veloz do que o que se considerava um processo natural de desenvolvimento.

Nos anos seguintes, foi eleito para diversos cargos de liderança na comunidade estudantil, tornou-se um atleta conhecido no estado e passou a chegar em casa trazendo notas altas. Ele desenvolveu uma personalidade cativante e honesta, que permitiu seu relacionamento pacífico com todos os tipos de pessoas.

Sandra e eu acreditamos que as conquistas de nosso filho, "socialmente admiráveis", eram muito mais uma expressão genuína da noção que ele fazia de si mesmo do que mera resposta às possibilidades de recompensas sociais. Esta foi uma experiência excepcional para mim e para Sandra, muito instrutiva para lidarmos com nossos outros filhos e em outros de nossos papéis também. Ela promoveu a conscientização, em nível pessoal, das diferenças vitais entre as Éticas da Personalidade e do Caráter em relação ao sucesso. Um provérbio expressa bem esta nossa convicção: "Explore seu próprio coração, com toda a diligência, pois dele sairão as respostas da vida."

■ IMPORTÂNCIA PRIMÁRIA E SECUNDÁRIA

A experiência que tive com meu filho, somada aos estudos sobre a percepção e às pesquisas na literatura sobre o sucesso, gerou uma revelação, uma experiência daquelas na vida em que se diz "Aha!!", e subitamente tudo se encaixa. Repentinamente, tornei-me capaz de perceber o impacto poderoso da Ética da Personalidade e a entender as discrepâncias, que passam despercebidas com frequência em nível consciente, entre o que eu sabia ser verdadeiro — informações que eu havia aprendido quando criança, há muito anos, e outras profundamente enraizadas na minha própria noção de valor — e as filosofias apressadas de "quebra-galho" que me cercavam no dia a dia. Compreendi, em um nível mais profundo, por que as coisas que eu ensinava a pessoas de todos os tipos, há anos, e sabia serem eficazes, com frequência se opunham a esses conceitos popularizados recentemente.

Não pretendo afirmar que os elementos da Ética da Personalidade — amadurecimento do indivíduo, treinamento em técnicas de comunicação e educação na área das estratégias da influência e do pensamento positivo — não sejam fatores benéficos, por vezes essenciais ao sucesso. Acredito que sejam. Mas constituem traços secundários, e não primários. Talvez, acostumados a utilizar nossa capacidade humana de construir a partir dos alicerces das gerações anteriores, tenhamos nos concentrado inadvertidamente na construção em si, esquecendo um pouco as bases que a sustentam. Ou, talvez, de tão habituados a colher onde não semeamos, tenhamos esquecido a necessidade de semear.

Se eu tentar usar a estratégia de influenciar as pessoas, ou táticas que levem os outros a fazer aquilo que quero — ou a trabalhar melhor, ou a estar mais motivados, ou a gostar mais de mim e de todos — enquanto meu caráter revela defeitos profundos e está marcado pela ambiguidade e pela falta de sinceridade, então não conseguirei obter o sucesso a longo prazo. Minha ambiguidade vai gerar desconfiança, e tudo que eu fizer — mesmo usando as chamadas boas técnicas de relações humanas — será percebido como tentativa de manipulação. Simplesmente não faz diferença se a retórica usada for boa, nem mesmo se existem boas intenções. Se a confiança for pouca, ou inexistente, não existe fundamento para o sucesso permanente. O único aspecto que dá vida à técnica é a qualidade intrínseca.

A ênfase na técnica lembra o aluno que estuda somente na véspera das provas. Ele pode até passar de ano, e com um pouco de sorte conseguir boas notas, mas, como não se dedica diariamente ao aprendizado, nunca consegue dominar as matérias e torna-se incapaz de aprimorar seu espírito.

Dá para imaginar como seria ridículo tentar a mesma atitude em uma fazenda? Um agricultor que se esquecesse de plantar na primavera, passasse o verão inteiro de folga e depois, no outono, trabalhasse feito louco para conseguir uma boa safra? A fazenda é um sistema natural. O esforço precisa ser diário, e o processo, respeitado. As pessoas sempre colhem o que semeiam. Não existe atalho.

Este princípio também é válido, em última análise, para o comportamento humano, para os relacionamentos. Eles são também sistemas naturais, baseados na lei da colheita. A curto prazo, em um sistema social artificial como a escola, alguém pode conseguir até ser bem-sucedido, se aprender a manipular as regras feitas pelo homem, a "dançar conforme a música". Na maioria das interações humanas em que há um único contato, ou de curta duração, a Ética da Personalidade pode ser utilizada e funcionar, criando uma impressão favorável nos outros, por meio de charme, envolvimento e interesse nos hobbies alheios. Não é difícil aprender técnicas simples e rápidas, que costumam dar certo em situações de curto prazo. Mas estes aspectos secundários, sozinhos, não possuem valor permanente nos relacionamentos de longo prazo. No final, se não existirem profunda integridade e força de caráter, os desafios existentes na vida farão com que seus verdadeiros motivos venham à tona, e o fracasso no relacionamento substituirá o sucesso de curto prazo conseguido.

Muitas pessoas com grandeza secundária — ou seja, com reconhecimento social por seus talentos — sofrem de falta de grandeza primária ou de firmeza de caráter. Mais cedo ou mais tarde, isto ficará óbvio em qualquer relacionamento de longo prazo que elas tiverem — seja com um sócio, amigo, cônjuge ou filho adolescente em crise. É o caráter que comunica com mais eloquência. Ou, segundo as palavras de Emerson, "o que você é ecoa em meus ouvidos com tanta força que não consigo ouvir o que diz".

Existem, é óbvio, momentos nos quais as pessoas possuem firmeza de caráter, mas lhes falta capacidade de comunicação, e isso indubitavelmente também afeta a qualidade do relacionamento. Ainda assim, os efeitos são secundários.

Em última análise, o que *somos* comunica com muito mais eloquência do que o que *dizemos* ou *fazemos*. Nós todos sabemos disso. Existem pessoas em quem confiamos absolutamente, pois conhecemos seu caráter. Não importa se são eloquentes ou se conhecem as técnicas de comunicação. Confiamos nelas, e trabalhamos com elas de modo proveitoso.

As palavras de William George Jordan resumem bem esta questão: "Nas mãos de cada indivíduo encontra-se um poder maravilhoso, para o bem ou para o mal — a influência silenciosa, inconsciente e velada de sua vida. Trata-se simplesmente da radiação constante do que a pessoa realmente é, e não do que ela finge ser."

■ O PODER DE UM PARADIGMA

Os 7 hábitos das pessoas altamente eficazes abrange a maioria dos princípios fundamentais da eficácia humana. Estes hábitos são básicos, primários. Eles representam a interiorização dos princípios corretos nos quais estão baseados o sucesso e a felicidade duradoura.

Mas antes que possamos compreender realmente estes 7 Hábitos, precisamos entender nossos próprios "paradigmas", e aprender a fazer uma "mudança de paradigma".

Tanto a Ética da Personalidade quanto a do Caráter são exemplos de paradigmas sociais. A palavra *paradigma* vem do grego. Na origem, era um termo científico, mas hoje é usada comumente para definir modelo, teoria, percepção, pressuposto ou padrão de referência. Em um sentido mais geral, é a maneira como "vemos" o mundo — não no sentido visual, mas sim em termos de percepção, compreensão e interpretação.

Dentro de nossos objetivos, um modo simples de entender os paradigmas é vê-los como mapas. Todos nós sabemos que "um mapa não é um território". Um mapa é apenas a explicação de certos aspectos do território. É exatamente o que um paradigma é: uma teoria, uma explicação, um modelo.

Suponha que você queira ir até um local específico, no centro de Chicago. Uma planta com as ruas da cidade seria de grande ajuda para se chegar ao destino. Mas suponha que você tenha o mapa errado pois, em função de um erro de impressão, o mapa onde está escrito "Chicago" é na verdade um mapa de Detroit. Você pode imaginar a frustração e a ineficácia na tentativa de atingir o objetivo desejado?

Você pode modificar seu *comportamento*. Tentar com mais empenho, ser mais diligente, aumentar a velocidade. Tais esforços, entretanto, só serviriam para levá-lo mais depressa ao lugar errado.

Você pode modificar sua *atitude*, pensando mais positivamente. Mesmo assim, não chegará ao lugar certo, o que pode não fazer diferença. Se a atitude fosse mesmo positiva, você ficaria feliz onde quer que estivesse.

De qualquer modo, ainda estaria perdido. O problema fundamental não tem nada a ver com o seu comportamento ou com a sua atitude. Ele se resume na utilização do mapa errado.

Se você tiver o mapa certo de Chicago, aí a diligência torna-se valiosa, e quando surgem os obstáculos frustrantes ao longo do caminho, então a atitude faz realmente diferença. Contudo, a primeira e mais importante exigência é a exatidão do mapa.

Cada um de nós tem muitos e muitos mapas dentro de nossa cabeça, que podem ser divididos em duas categorias principais: mapas do *modo como as coisas são*, ou da *realidade*, e mapas do *modo como as coisas deveriam ser*, ou dos *valores*. Interpretamos todas as nossas experiências a partir desses mapas mentais. Raramente questionamos sua exatidão; com frequência, nem percebemos que os utilizamos. Apenas assumimos que a maneira como vemos as coisas é do modo como elas realmente são ou deveriam ser.

Assim, nossas atitudes e nossos comportamentos derivam destas suposições. A maneira como vemos o mundo é a fonte de nosso jeito de pensar e agir.

Antes de prosseguir, gostaria de convidá-lo para uma experiência intelectual e emocional. Concentre-se durante alguns segundos no Desenho 1 (pág. 40).

Agora olhe para o Desenho 2 (pág. 41) e descreva cuidadosamente o que está vendo.

Você vê uma mulher? Em sua opinião, qual é a idade dela? O que diria de sua aparência? O que ela está vestindo? Em que tipo de papéis você a vê?

Provavelmente você dirá que a mulher do Desenho 2 (pág. 41) tem 25 anos de idade, é bonita, veste-se bem e tem um nariz pequeno encantador. Se você for solteiro, talvez queira sair com ela. Se trabalhar com moda, dirá que ela seria uma boa modelo.

Mas e se eu dissesse que você está errado? E se eu dissesse que este desenho é de uma mulher de 60 ou 70 anos de idade, com ar triste, um nariz imenso e totalmente inadequada para uma modelo? Que ela é alguém a quem se oferece ajuda na hora de atravessar a rua?

Quem tem razão? Olhe novamente para o desenho. Consegue ver a velha agora? Caso não consiga, continue tentando. Viu o nariz grande? E o xale?

Se você e eu estivéssemos conversando, face a face, poderíamos discutir o desenho. Você descreveria o que vê para mim, e eu poderia falar sobre o que estou vendo. Poderíamos continuar nos comunicando até que você me mostrasse o que está vendo no desenho, e eu fizesse o mesmo.

Uma vez que não podemos fazer isso, estude o Desenho 3 (pág. 62) e depois olhe novamente para o Desenho 2 (pág. 41). Consegue ver a velha agora? É importante que você a veja antes de prosseguir a leitura.

Tive contato com este desenho pela primeira vez há muitos anos, na Faculdade de Administração de Harvard. O professor o utilizou para demonstrar de forma objetiva e eloquente que duas pessoas podem ver a mesma coisa, discordar e ter razão, simultaneamente. Isso não é lógico, é psicológico.

Ele entrou na sala de aula com uma pilha de cartões grandes. Metade deles continha a imagem da moça do Desenho 1 e a outra metade, a senhora idosa do Desenho 3.

O professor distribuiu os cartões entre os alunos da classe: o desenho da moça coube a um lado da sala e o da velha, ao outro. Ele nos pediu que olhássemos para os cartões, permanecendo concentrados neles por cerca de dez segundos, devolvendo-os em seguida. Depois disso, ele projetou em uma tela o Desenho 2, combinando as duas imagens. Aí pediu à classe para descrever o que via. Praticamente todas as pessoas da sala que viram a moça no cartão a identificaram na imagem projetada. E praticamente todos que viram a velha no cartão a identificaram na projeção.

O professor então pediu a um estudante que explicasse o que estava vendo para um estudante do outro lado da sala. Enquanto eles conversaram, os problemas de comunicação apareceram.

— Como assim, "uma velha"? Ela deve ter uns 20 ou 22 anos!

— Ei, espere aí! Você está brincando. Ela tem mais de 70, deve estar beirando os 80!

— Puxa, você ficou cego? Tem algum problema? Esta mulher é jovem, tem boa aparência. Gostaria de sair com ela. É linda!

— Linda? Ela é uma bruxa velha.

A discussão prosseguiu, cada um dos estudantes certo e seguro de sua posição. Tudo isso aconteceu apesar de haver uma vantagem muito importante para os estudantes: a maioria deles sabia previamente que existia, realmente, outro ponto de vista. Algo que muitos de nós jamais admitiríamos. Mesmo assim, no início, poucos estudantes tentaram ver o desenho a partir de outra perspectiva.

Depois de alguns instantes de comunicação inútil, um estudante foi até a tela e apontou para uma linha do desenho.

— Eis aqui o colar da moça.

— Não, isso é a boca da velha — retrucou o outro.

Gradualmente, eles começaram a discutir com mais calma os pontos discrepantes, e finalmente um estudante e depois outro os reconheceram, ao conseguir focalizar as duas imagens. Graças ao diálogo calmo, respeitoso e objetivo, cada um dos presentes foi, enfim, capaz de entender o ponto de vista do outro. Mas, quando olhávamos para o outro lado, e depois para o desenho projetado na tela, a maioria via imediatamente a imagem que havia sido condicionada a ver nos dez segundos iniciais de observação.

Desenho 1

Desenho 2

Utilizo com frequência esta demonstração de percepção quando estou trabalhando com pessoas e instituições, porque ela fornece elementos profundos para a compreensão tanto da eficácia pessoal como da interpessoal. Ela mostra, antes de tudo, quanto nossa percepção pode ser profundamente condicionada, ou nossos paradigmas. Se dez segundos podem ter tal impacto em nossa maneira perceber o mundo à nossa volta, o que dizer dos condicionamentos que duram a vida inteira? As influências em nossas vidas — família, escola, religião, ambiente de trabalho, amigos, colegas e paradigmas sociais em vigor, como a Ética da Personalidade — foram responsáveis por um impacto inconsciente e silencioso em nossas mentes, ajudando a formar nossos quadros de referências, nossos paradigmas, nossos mapas.

Podemos concluir também que esses paradigmas são a nossa fonte de atitudes e comportamentos. Não podemos agir com integridade fora deles. Simplesmente não temos como manter a coerência se falamos e agimos em discordância com aquilo que vemos. Se você faz parte dos noventa por cento típicos, que veem a moça no desenho completo, quando condicionados a fazê-lo, indubitavelmente sentirá dificuldade em se imaginar ajudando-a a atravessar uma rua. Tanto sua *atitude* quanto seu *comportamento* em relação a ela precisam ser coerentes com seu modo de *olhar* para ela.

Isso nos leva a um dos defeitos básicos da Ética da Personalidade. Tentar modificar as atitudes e os comportamentos exteriores não adianta muito a longo prazo se deixarmos de examinar os paradigmas básicos a partir dos quais estas atitudes e estes comportamentos são gerados.

A demonstração da percepção também revela a intensidade com que nossos paradigmas interferem no modo como interagimos com outra pessoa. Pensamos que vemos os fatos objetivamente, e depois nos damos conta de que os outros os veem diferentemente, porém de modo aparentemente tão objetivo quanto o nosso. "O que vemos depende de onde estamos."

Cada um de nós tende a pensar que vê as coisas como elas são, que somos objetivos. Mas não é bem assim. Vemos o mundo não como ele é, mas como nós somos — ou seja, como fomos condicionados a vê-lo. Quando abrimos a boca para descrever o que vemos, na verdade descrevemos a nós mesmos, nossas percepções, nossos paradigmas. Quando as outras pessoas discordam de nós, imediatamente achamos que há algo de errado com elas. No entanto, como exemplificado pela demonstração, pessoas sinceras, com mentes lúcidas, podem ver o mundo de modo diferente, cada uma delas olhando através das lentes específicas da própria experiência.

Isso não quer dizer que os fatos não existem. Nesta demonstração, dois indivíduos, que inicialmente foram influenciados por desenhos condicionantes distintos, olham juntos para um terceiro desenho. Ambos estão observando os mesmos fatos — linhas pretas e espaços brancos — e ambos os reconhecem como tais. Mas a interpretação de cada pessoa a esses fatos revela experiências anteriores, e os fatos não possuem significado algum quando separados da interpretação dada por eles.

Quanto mais nos conscientizamos de nossos paradigmas, mapas ou pressupostos básicos, e do quanto somos influenciados por nossas experiências, mais responsabilidade podemos assumir por esses paradigmas, mais podemos examiná-los, testá-los em confronto com a realidade, ouvir a opinião dos outros e nos abrir para as percepções deles, obtendo, desse modo, um quadro mais amplo e uma visão mais objetiva.

■ O PODER DE UMA MUDANÇA NO PARADIGMA

Talvez a mais importante noção a ser aprendida com a demonstração da percepção esteja na área de mudança de paradigma, aquilo que poderíamos chamar de experiência do tipo "Aha!!", na qual uma pessoa finalmente "vê" o desenho inteiro de outro modo. Quanto maior for a ligação de uma pessoa à percepção inicial, mais poderosa será a experiência do "Aha!!". É como se uma luz interna fosse acesa subitamente.

A expressão *mudança de paradigma* foi introduzida por Thomas Kuhn em seu memorável livro *Estrutura das revoluções científicas*, que influenciou muitos autores. Kuhn mostra como praticamente todas as revoluções no campo da pesquisa científica começaram em rupturas com a tradição, com o modo antigo de pensar e com velhos paradigmas.

Para Ptolomeu, o grande astrônomo egípcio, a Terra era o centro do universo. Mas Copérnico criou uma mudança de paradigma, além de uma imensa resistência e perseguição, ao colocar o Sol no centro. Repentinamente, tudo podia ser interpretado de modo diferente.

O modelo de Newton para a física era um paradigma preciso, e ainda constitui a base da engenharia moderna. No entanto, era parcial e incompleto. O mundo científico foi revolucionado pelo paradigma de Einstein, a Teoria da Relatividade, de valor muito maior para a explicação e previsão dos fenômenos.

Enquanto a teoria dos germes não foi elaborada, muitas mulheres e crianças morreram durante o parto, sem que ninguém soubesse por quê. Durante as batalhas morriam mais soldados por pequenos ferimentos e doenças do que na linha de frente, em combate. Mas assim que a teoria dos germes foi aperfeiçoada, um paradigma totalmente novo, uma forma aperfeiçoada e melhor de se entender o que acontecia, tornou possível um avanço significativo na medicina.

Os Estados Unidos de hoje são o fruto de uma mudança de paradigma. O conceito tradicional de governo, por séculos, foi a monarquia, baseada no direito divino dos reis. Com o tempo, um paradigma diferente foi criado — o governo do povo, pelo povo e para o povo. A democracia constitucional nasceu, libertando a imensa energia e capacidade do homem, criando um padrão de vida, influência, esperança e liberdade inigualados na história mundial.

Nem todas as mudanças de paradigma ocorrem para o bem. Conforme já verificamos, a mudança da Ética do Caráter para a Ética da Personalidade nos afastou das raízes que realmente nutrem a felicidade e o sucesso verdadeiros.

Contudo, quer nos levem a direções positivas ou negativas, quer sejam instantâneas ou fruto de longos processos, as mudanças de paradigma nos conduzem de uma visão de mundo para outra. E essas mudanças promovem transformações poderosas. Nossos paradigmas, corretos ou incorretos, são a fonte de nossos comportamentos e atitudes e, portanto, de nosso relacionamento com os outros.

Eu me recordo de uma mudança de paradigma que me aconteceu em uma manhã de domingo no metrô de Nova York. As pessoas estavam sentadas, lendo jornais, divagando, descansando com os olhos semicerrados. Era uma cena calma, tranquila.

Subitamente, um homem entrou no vagão do metrô com os filhos. As crianças faziam algazarra e se comportavam mal, e o clima mudou na mesma hora.

O homem sentou-se a meu lado e fechou os olhos, aparentemente ignorando a situação. As crianças corriam de um lado para o outro, atiravam objetos e chegavam até a puxar os jornais dos passageiros, incomodando a todos. Mesmo assim, o homem a meu lado não fazia nada.

Ficou impossível evitar a irritação. Eu não conseguia acreditar que ele pudesse ser tão insensível a ponto de deixar que seus filhos incomodassem os outros daquele jeito sem tomar uma atitude. Estava fácil de perceber que as demais pessoas também estavam irritadas. A certa altura, enquanto ainda conseguia manter a calma e o controle, virei para ele e disse:

— Senhor, seus filhos estão perturbando muitas pessoas. Será que não poderia dar um jeito neles?

O homem olhou para mim, como se estivesse tomando consciência da situação naquele exato momento, e disse calmamente:

— Sim, creio que o senhor tem razão. Acho que deveria fazer algo. Acabamos de sair do hospital, onde a mãe deles morreu há uma hora. Eu não sei o que pensar, e parece que eles também não sabem como lidar com isso.

Podem imaginar o que senti naquele momento? Meu paradigma mudou. De repente, vi as coisas de um modo diferente, e como eu estava *vendo* as coisas de outro modo, eu *pensava*, *sentia* e *agia* de um jeito diferente. Minha irritação desapareceu. Não precisava mais controlar minha atitude ou meu comportamento, meu coração ficou inundado com o sofrimento daquele homem. Os sentimentos de compaixão e solidariedade fluíram livremente.

— Sua esposa acabou de morrer? Sinto muito. Gostaria de falar sobre isso? Posso ajudá-lo? — Tudo mudou naquele momento.

Muita gente passa por uma experiência fundamental similar de mudança no pensamento quando enfrenta uma crise séria, encarando suas prioridades sob nova luz. Isso também acontece quando as pessoas assumem repentinamente novos papéis, como marido, esposa, pai, avô, gerente ou líder.

Poderíamos passar semanas, meses ou até mesmo anos usando a Ética da Personalidade para tentar alterar atitudes e comportamentos, sem sequer nos aproximarmos do fenômeno da mudança, que ocorre espontaneamente quando vemos o mundo por uma nova óptica.

Torna-se óbvio então que a vontade de realizar mudanças relativamente pequenas combina com o foco nas atitudes e nos comportamentos. Mas, se desejarmos empreender mudanças qualitativas significantes, precisamos trabalhar em nossos paradigmas básicos.

Ou, nas palavras de Thoreau: "Para cada mil talhos nas folhas do mal, há apenas um na raiz." Um salto qualitativo somente pode ser realizado em nossas vidas quando deixamos de cortar as folhas da atitude e do comportamento e passamos a trabalhar nas raízes, nos paradigmas que determinam nossa conduta.

■ VER E SER

É óbvio que nem todas as mudanças de paradigmas são instantâneas. Comparada à compreensão imediata da situação no metrô, a experiência de mudança de paradigma que Sandra e eu tivemos com nosso filho foi um processo lento, difícil e deliberado. A abordagem inicial do problema era resultado de muitos anos de condicionamento e vivência da Ética da Personalidade. Derivava de paradigmas enraizados que definiam nosso sucesso como pais, além de medir o sucesso dos filhos. Apenas depois de modificar estes paradigmas básicos, após mudarmos a maneira de ver as coisas, fomos capazes de realizar uma mudança qualitativa em nós mesmos e na situação.

Para podermos *ver* nosso filho de um modo diferente, Sandra e eu tínhamos de *ser* diferentes. O novo paradigma foi criado à medida que investimos no crescimento e no aprimoramento de nosso caráter.

Os paradigmas são inseparáveis do caráter. Na dimensão humana, *ser* é *ver*. Aquilo que *vemos* está profundamente interligado com o que *somos*. Não conseguimos ir muito longe na tentativa de mudar o que vemos sem simultaneamente modificar o que somos, e vice-versa.

Mesmo no caso da experiência matinal de mudança de paradigma no metrô, a nova visão foi resultado de meu caráter básico, e estava limitada por ele.

Tenho certeza de haver no mundo pessoas que, ao entender subitamente a situação real, não sentiriam mais do que uma ponta de arrependimento, ou uma vaga sensação de culpa, e continuariam indiferentes, sentadas ao lado daquele homem que sofria desnorteado. Por outro lado, também tenho certeza da existência de pessoas mais sensíveis, que desde o início teriam percebido que havia um problema grave e procurariam compreender e ajudar imediatamente.

Os paradigmas são poderosos, pois eles criam as lentes através das quais vemos o mundo. A força de uma mudança de paradigma impulsiona os saltos qualitativos, seja essa mudança um processo lento e deliberado ou uma transformação instantânea.

■ O PARADIGMA DE CENTRAR-SE EM PRINCÍPIOS

A Ética do Caráter se baseia na ideia fundamental de que existem *princípios* governando a eficácia humana — leis naturais para o relacionamento humano que são tão reais, imutáveis e indiscutíveis quanto a lei da gravidade no plano físico. Uma noção da existência real — e do impacto — desses princípios pode ser percebida em mais uma experiência de mudança de paradigma, relatada por Frank Koch em *Proceedings,* a revista editada pelo Instituto Naval.

> Dois navios de guerra, realizando uma missão de treinamento da esquadra, estavam no mar havia vários dias, enfrentando mau tempo durante as manobras. Eu servia no navio líder, e estava de sentinela na ponte ao cair da noite. A visibilidade era quase nula, devido ao nevoeiro, de modo que o capitão permanecia na ponte, atento a todas as atividades.
>
> Pouco depois do escurecer, o vigia da ponte avisou:
>
> — Luz à proa, a boreste.
>
> — Parada ou movendo-se para a popa? — perguntou o capitão.
>
> — Parada, capitão — retrucou o vigia.

Significava que estávamos em perigo, em rota de colisão com o outro navio.

Imediatamente o capitão chamou o sinaleiro:

— Avise aquele navio: estamos em rota de colisão. Altere o curso em 20 graus.

— É melhor vocês alterarem o curso em 20 graus. — A resposta veio logo.

— Envie a mensagem: "Aqui é o capitão, mude a rota em 20 graus" — retrucou o capitão.

— Aqui é um marinheiro de segunda classe. — Foi a resposta. — É melhor vocês alterarem o curso em 20 graus.

— Envie a mensagem: "Este é um navio de guerra. Mude o curso em 20 graus" — disse o capitão, àquela altura, já furioso, rangendo os dentes.

— Este é um farol terrestre. — O homem sinalizou de volta.

Nós mudamos o rumo.

A mudança de paradigma experimentada pelo capitão — e por nós, ao lermos este relato — coloca a situação em um contexto totalmente diferente. Podemos ver uma realidade que é maior do que sua percepção limitada, uma realidade tão difícil para nós compreendermos em nossa vida cotidiana quanto para o capitão no meio do nevoeiro.

Os princípios são como os faróis. Constituem leis naturais, que não podem ser rompidas. O diretor de cinema Cecil B. deMille comentou os princípios expostos em seu filme monumental, *Os Dez Mandamentos:* "É impossível para nós quebrar a lei. No máximo, quebramos a nós mesmos contra a lei."

Embora os indivíduos possam examinar as próprias vidas e relacionamentos em termos de paradigmas, ou de mapas resultantes de sua experiência e condicionamento, esses mapas não são o território. São apenas a "realidade subjetiva", ou seja, somente uma tentativa de descrição do território.

A "realidade objetiva", ou o território em si, é composta por princípios, o "farol", que governam o progresso e a felicidade dos seres humanos, leis naturais que se entrelaçam, formando o tecido social de todas as comunidades civilizadas da história, abrangendo as raízes de cada uma das instituições e famílias que sobreviveram e prosperaram.

O grau de exatidão com que nossos mapas mentais descrevem o território não altera sua existência.

A validade destes princípios, ou leis naturais, torna-se óbvia para aqueles que examinam em profundidade e refletem sobre os ciclos da história social. Tais princípios vêm à tona de tempos em tempos, e o grau de harmonia e respeito que os membros de uma sociedade demonstram por eles leva essa sociedade para a estabilidade e a sobrevivência, ou então para a desintegração e destruição.

Os princípios a que me refiro não são ideias esotéricas, misteriosas ou "religiosas". Não existe um único princípio mencionado neste livro que seja exclusivo de qualquer fé ou religião específica, o que inclui a minha. Esses princípios estão presentes em todas as religiões importantes e duradouras, bem como nos sistemas éticos e filosofias sociais importantes. Eles são evidentes, em si mesmos, e podem ser facilmente adotados por qualquer indivíduo. É quase como se esses princípios ou leis naturais fizessem parte da condição humana, parte da consciência humana, parte do conhecimento humano. Ao que parece, eles existem dentro de todos os seres humanos, independentemente do condicionamento social e da lealdade a eles, apesar deles poderem ser obscurecidos por esses condicionamentos e pelo abandono.

Eu estou me referindo, por exemplo, ao princípio da *imparcialidade*, a partir do qual se desenvolveu toda a noção de justiça e equidade. As crianças pequenas parecem possuir um senso inato de imparcialidade, mesmo submetidas a situações de condicionamento divergente. Existem amplas diferenças na definição e no modo de conquistar a imparcialidade, mas existe uma consciência quase universal do conceito.

Outros exemplos incluem a *integridade* e a *honestidade*. Elas criam as bases da confiança, algo fundamental para o estabelecimento da cooperação e do crescimento pessoal e interpessoal a longo prazo.

Um outro princípio é a *dignidade humana*. O conceito básico na Declaração de Independência dos Estados Unidos demonstra este valor ou princípio:

"Sustentamos que estas verdades são evidentes em si: todos os homens foram criados iguais, e dotados, por seu Criador, de determinados direitos inalienáveis, entre os quais se encontram a vida, a liberdade e a busca da felicidade."

Outro princípio é o de *servir*, ou a ideia de dar uma contribuição. Outro ainda é o da *qualidade*, ou *excelência*.

Existe o princípio do *potencial*, a ideia de que temos a capacidade de evoluir e crescer, desenvolvendo um potencial cada vez maior, aprimorando nossos talentos. Bastante ligado ao *potencial* está o princípio do *crescimento* — o processo de desenvolvimento de talentos e exercício do potencial, com a decorrente necessidade dos princípios da *paciência*, da *educação* e do *encorajamento*.

Princípios não são *práticas*. Uma prática é uma atividade ou ação específica. Uma prática que funciona em determinada circunstância não funcionará necessariamente em outra, conforme pode ser atestado por pais que tentaram educar um segundo filho da mesma forma como educaram o primeiro.

Enquanto as práticas são específicas para situações, os princípios são verdades profundas, fundamentais, cuja aplicação é universal. Elas servem para indivíduos, casamentos, famílias, organizações públicas e privadas de todos os tipos. Quando estas verdades são interiorizadas, como hábitos, elas conferem às pessoas a força para criar uma vasta gama de práticas capazes de lidar com as situações mais diversas.

Os princípios não são *valores*. Uma quadrilha pode compartilhar alguns valores, mas eles estão violando um dos princípios fundamentais que citamos. Os princípios são o território. Os valores são os mapas. Quando valorizamos os princípios corretos, temos a verdade — o conhecimento das coisas como elas são.

Os princípios são guias para a conduta humana, cujo valor permanente foi comprovado. Eles são fundamentais. Eles são indiscutíveis, pois em sua essência são objetivos. Uma maneira de compreender rapidamente a natureza evidente dos princípios é simplesmente refletir sobre a tentativa absurda de se tentar viver uma vida eficaz baseada em seus opostos. Duvido que alguém considere seriamente a parcialidade, a artimanha, a mesquinhez, a inutilidade, a mediocridade e a degeneração como fundamentos sólidos para a felicidade e o sucesso duradouros. Apesar das pessoas poderem discutir sobre a maneira como estes princípios devam ser definidos, divulgados ou atingidos, parece haver uma consciência inata de que eles existem.

Quanto mais nossos mapas ou paradigmas estão próximos a esses princípios ou leis naturais, mais precisos e funcionais eles serão. Mapas corretos causarão um impacto imenso em nossa eficácia pessoal e interpessoal, muito mais do que qualquer esforço despendido na mudança de atitudes ou comportamentos.

■ PRINCÍPIOS DE CRESCIMENTO E MUDANÇA

O brilho e o apelo mais popular da Ética da Personalidade encontram-se na crença de que existe um caminho rápido e fácil para se obter qualidade de vida — eficácia em nível pessoal e relacionamentos satisfatórios e profundos com outras pessoas, sem passar pelo processo natural de esforço e amadurecimento que a torna possível.

Trata-se de uma forma sem conteúdo, de um esquema para se "ficar rico depressa", por meio de promessas de "fortuna sem fazer esforço". Pode até ser que dê certo, mas a picaretagem permanece.

A Ética da Personalidade é ilusória e enganosa. Tentar aumentar a qualidade de vida utilizando suas técnicas e receitas rápidas equivale a uma tentativa de ir a um ponto de Chicago tendo como base um mapa de Detroit.

Devemos ter em mente as palavras de Erich Fromm, um arguto observador das raízes e dos frutos da Ética da Personalidade:

> Hoje em dia nos deparamos com indivíduos que se comportam como autômatos, que não conhecem ou compreendem a si mesmos, e a única pessoa que conhecem é a que pensam ser, alguém cuja conversa vazia substituiu a comunicação real, alguém em quem o sorriso sintético tomou o lugar do riso genuíno e a sensação de desespero total ocupou o vazio deixado pela dor autêntica. Duas coisas podem ser ditas de tais indivíduos. A primeira é que sofrem de defeitos aparentemente incuráveis, como a falta de espontaneidade e personalidade. Ao mesmo tempo, podemos dizer que eles não diferem de milhões de pessoas que, como nós, caminham pela face da Terra.

Durante toda a vida, passamos por estágios sequenciais de crescimento e desenvolvimento. Uma criança aprende a virar, sentar, engatinhar e depois a andar e a correr. Cada fase é importante, e cada uma delas leva tempo. Nenhuma parte do processo pode ser pulada.

Isso vale para todas as fases da vida, em todas as áreas nas quais há desenvolvimento, seja o aprendizado do piano ou a comunicação eficaz com um companheiro de trabalho. E vale para indivíduos, casamentos, famílias inteiras e organizações.

Reconhecemos e aceitamos a existência do fato ou princípio do *processo* quando se trata de elementos físicos, materiais, mas compreender isso em áreas emocionais, como as relações humanas, ou áreas de caráter pessoal é mais difícil e raro. E mesmo que as pessoas entendam isso, aceitar este princípio e viver em harmonia com ele é ainda mais difícil e raro. Consequentemente, de vez em quando buscamos um atalho, sonhando em saltar algumas dessas fases vitais, de modo a economizar tempo e esforço para atingir o resultado pretendido.

Mas o que acontece quando tentamos encontrar um atalho para um processo natural em nosso crescimento e desenvolvimento? Se alguém é um jogador de tênis apenas mediano e resolve jogar com adversários muito superiores, de forma a causar uma boa impressão, o que acontece? Será que o pensamento positivo, sozinho, torna possível enfrentar um profissional com bons resultados?

E se você convencer seus amigos de que pode dar um concerto de piano, apesar de seu nível real, no momento, ser apenas o de um principiante?

As respostas são óbvias. É simplesmente impossível violar, ignorar ou cortar caminho desse processo de desenvolvimento. Contraria a natureza, e as tentativas de reduzir o caminho só resultam em desapontamento e frustração.

Em uma escala de 1 a 10, se eu estou na posição 2, em qualquer atividade, e desejo atingir o nível 5, preciso primeiro dar um passo em direção ao nível 3. "Uma jornada de mil quilômetros começa pelo primeiro passo", diz um ditado, e só pode ser feita na base de um passo a cada vez.

Se você não permite ao mestre saber em que estágio está — fazendo uma pergunta ou revelando sua ignorância —, jamais vai aprender ou amadurecer. Ninguém consegue fingir por muito tempo, pois será descoberto algum dia. Admitir que não sabe é com frequência o primeiro passo em nossa educação. Thoreau nos ensinou: "Como podemos nos lembrar de nossa ignorância, uma exigência para o amadurecimento, se estamos usando nossos conhecimentos durante todo o tempo?"

Eu me recordo de uma ocasião em que duas moças, filhas de um amigo meu, vieram a mim em prantos, reclamando da rigidez e da falta de compreensão do pai delas. Elas temiam falar abertamente com os pais, por causa das possíveis consequências. Precisavam desesperadamente, contudo, de conselhos, amor e compreensão deles.

Conversei com o pai delas, e descobri que ele tinha consciência do que estava acontecendo, em nível intelectual. Mas, apesar de admitir que tinha um problema de temperamento, recusava-se a aceitar a responsabilidade por isso e a aceitar honestamente o fato de que seu amadurecimento emocional era baixo. Seu orgulho não suportava dar o primeiro passo em direção à mudança.

Precisamos aprender a ouvir, para nos relacionarmos eficazmente com nossas esposas, nossos filhos, amigos ou colegas de trabalho. E isso exige força interior. Ouvir implica paciência, mente aberta e vontade de compreender — qualidades supremas do caráter. É muito mais fácil agir de um modo grosseiro e ficar dando conselhos de alto nível.

Nosso nível de desenvolvimento é bem óbvio quando se trata de tênis ou piano, pois é impossível fingir. Mas as coisas não são tão evidentes quando se trata do caráter e do amadurecimento emocional. Podemos fazer "pose" ou "enganar" um estranho ou um colega. Podemos fingir. E, por algum tempo, ir levando adiante a farsa — pelo menos em público. Podemos até enganar a nós mesmos. Contudo, creio que a maioria de nós sabe a verdade, no que se refere ao que somos lá no fundo. E acredito que a maioria das pessoas com quem convivemos e trabalhamos também sabe a própria verdade.

Tenho visto as consequências das tentativas de encurtar esse processo natural com frequência, no mundo dos negócios, onde executivos buscam "adquirir" uma nova cultura, com produtividade maior, qualidade, moral alta e satisfação dos clientes por meio de discursos convincentes, sorrisos forçados e intervenções externas, ou então através de fusões, aquisições e jogadas amigáveis ou não para assumir o controle de outras empresas. Mas eles ignoram o clima de desconfiança produzido por tais manipulações. Quando esses métodos dão errado, procuram outras técnicas da Ética da Personalidade que funcionem, ignorando e violando, durante todo o tempo, os princípios e processos naturais em que uma cultura confiável se baseia.

Recordo que eu mesmo violei este princípio, como pai, há muitos anos. Um dia, voltei para casa, era o aniversário de minha filha, que fazia três anos, e a encontrei em um canto, na sala da frente, agarrada a todos os presentes, em atitude desafiadora, sem querer deixar que as outras crianças brincassem com eles também. A primeira coisa que me chamou a atenção foi a presença de outros pais na sala, testemunhando aquela demonstração de egoísmo. Fiquei constrangido, mais ainda porque na época estava dando um curso na universidade sobre relações humanas. E eu sabia, ou pelo menos sentia, a expectativa dos pais presentes.

A atmosfera na sala estava de fato carregada — as crianças rodeavam minha filha com as mãos estendidas, pedindo para brincar com os presentes que haviam acabado de trazer, mas ela se recusava firmemente a permitir tal "divisão". Disse a mim mesmo: "Sem dúvida preciso ensinar à minha filha a necessidade de compartilhar seus presentes. A capacidade de compartilhar é um dos valores básicos em que mais acredito."

Comecei, portanto, com um pedido bem direto.

— Querida, será que você não poderia deixar seus amiguinhos pegarem um pouco os brinquedos que trouxeram para você?

— Não — retrucou ela, lacônica.

Minha segunda tentativa incluiu uma argumentação mais sofisticada.

— Querida, se você aprender a compartilhar seus brinquedos com eles quando estamos em nossa casa, eles compartilharão os brinquedos deles, quando for visitá-los.

— Não! — respondeu ela mais uma vez.

Fiquei com mais vergonha ainda, pois estava nítido que não conseguia influenciá-la nem um pouquinho. O terceiro método foi o do suborno. Com muito cuidado, eu falei:

— Querida, se deixar que eles brinquem também, tenho uma surpresa especial para você. Um chiclete.

— Não quero chiclete! — explodiu ela.

Eu estava ficando exasperado. Na quarta tentativa, apelei para a ameaça e para o medo.

— Se você não deixar os outros brincarem, vai ver só!

— Não quero nem saber! Os brinquedos são meus. Não tenho de deixar ninguém pegar!

No final, recorri à força. Peguei alguns brinquedos e dei para as outras crianças.

— Pronto, podem brincar com estes aqui.

Talvez minha filha precisasse passar pela experiência de possuir os brinquedos antes de poder compartilhá-los. (Na verdade, como posso dar sem antes passar pela experiência de ter?) Ela precisava de mim, como pai, para adquirir um nível mais alto de maturidade emocional, que lhe permitisse tal experiência.

Mas, naquele momento, eu pensei mais na opinião daqueles pais a meu respeito do que no crescimento e no amadurecimento de minha filha, ou no nosso relacionamento. Simplesmente parti de um pressuposto inicial, de que eu estava certo, que ela deveria dividir os brinquedos e errava ao se recusar a fazê-lo.

Talvez eu tenha imposto a ela uma expectativa excessiva, apenas porque eu estivesse em um nível baixo em minha própria escala. Eu não fui capaz, nem estava disposto a ter *paciência* ou *compreensão,* e ainda queria que ela *compartilhasse* suas coisas. Em uma tentativa de compensar minha deficiência, *usei a força* de minha posição e a autoridade para obrigá-la a fazer o que eu queria que fizesse.

Mas a força derivada da posição é uma fraqueza. Ela diminui o potencial de quem a usa, pois reafirma a dependência de fatores externos para conseguir resultados. E diminui o potencial da pessoa obrigada a aquiescer, brecando o desenvolvimento da capacidade de pensar por conta própria, de crescer e de aprimorar a disciplina interna. E, finalmente, enfraquece o relacionamento. O medo substitui a cooperação, e as duas pessoas envolvidas passam a ser mais arbitrárias e defensivas.

E o que acontece quando a fonte que fornece a força — seja ela o tamanho maior, a força física, a posição, a autoridade, os títulos, os símbolos de *status,* a aparência ou as conquistas passadas — se modifica ou desaparece?

Se eu fosse mais maduro, teria confiado em minha força interior — minha compreensão do que é compartilhar e amadurecer, em minha capacidade de amar e ajudar — e teria permitido que minha filha fizesse uma escolha livre, compartilhando ou não seus brinquedos.

Talvez eu tivesse conseguido, depois de tentar convencê-la, desviar a atenção das crianças para uma brincadeira interessante, desviando a pressão emocional concentrada na menina. Aprendi que as crianças, após adquirirem o sentido real de propriedade, passam a compartilhar suas coisas de forma livre, natural e espontânea.

Minha experiência demonstra que há momentos em que se deve ensinar e momentos em que não se deve ensinar nada. Quando os relacionamentos estão tensos, e o ar carregado de emoções, uma tentativa de ensinar, com frequência, é vista como uma forma de julgamento e rejeição. Por outro lado, uma aproximação tranquila, longe dos outros, em um momento bom do relacionamento com a criança, para discussão aberta dos ensinamentos ou valores, parece causar um impacto muito maior. Aparentemente, a maturidade emocional para agir assim estava além do nível de paciência e controle interno que eu dispunha naquele momento.

É possível que o sentido da posse venha necessariamente antes da capacidade de compartilhar. Muitas pessoas dão mecanicamente, ou se recusam a dar e compartilhar, em seus casamentos e famílias. Elas podem não ter experimentado nunca a sensação de ser donas de si mesmas, vivendo desprovidas da noção de identidade e valor como pessoas. Ajudar os filhos a crescer de verdade implica ter paciência suficiente para lhes permitir o sentido da posse, bem como sabedoria suficiente para mostrar a importância de compartilhar a partir de nosso próprio exemplo.

■ O PROBLEMA *É* O MODO COMO *VEMOS* O PROBLEMA

As pessoas ficam intrigadas quando veem que acontecem coisas boas nas vidas de indivíduos, famílias e organizações baseadas em princípios sólidos. Admiram a força pessoal e a maturidade, a unidade familiar e o trabalho em equipe e também a flexibilidade da cultura organizacional sinérgica.

E sua primeira reação é bastante reveladora de seu paradigma básico. "Como isso é possível? Mostre as técnicas utilizadas." O que estão realmente dizendo é: "Mostre uma solução ou dê um conselho milagroso que alivie a dor da minha condição."

Elas encontrarão pessoas que tentarão realizar seus desejos e ensinar tais coisas e, por um curto período, as técnicas e os conselhos parecerão funcionar. Talvez eliminem alguns problemas superficiais e agudos, por meio de aspirinas e band-aids sociais.

Mas a condição problemática crônica, básica, permanece, e mais dia menos dia os sintomas agudos voltarão a se manifestar. Quanto mais as pessoas se concentram nas soluções rápidas para resolver os problemas agudos e aliviar a dor, mais esta atitude contribui para piorar o caráter crônico da situação.

A maneira como vemos o problema é o problema.

Leia novamente algumas das preocupações citadas na abertura deste capítulo, e o impacto das ideias da Ética da Personalidade.

Tenho feito vários cursos sobre treinamento de gerência eficaz. Fiz vários cursos para aumentar a eficácia dos meus métodos de treinamento de pessoal. Eu espero muito de meus funcionários, e faço o possível para ser cordial e justo com todos. Mas não percebo nenhuma lealdade da parte deles. Se eu ficasse em casa um dia, doente, acho que passariam todo o tempo batendo papo e tomando café. Por que não consigo treiná-los para que sejam independentes e responsáveis — nem encontrar outros que o sejam?

A Ética da Personalidade diz que posso tomar algumas atitudes dramáticas — botar as coisas nos devidos lugares, despedir alguém — para obrigar meus empregados a tomar jeito e dar valor ao que possuem. Ou que eu posso descobrir algum programa de treinamento motivacional que os torne mais interessados. Em último caso, posso contratar outras pessoas, mais competentes, para o serviço.

Mas não é possível que, por trás desse comportamento, aparentemente desleal, exista um questionamento quanto à minha real atitude, no que se refere aos interesses deles? Eles não poderiam sentir que os trato como objetos inanimados? Haveria alguma verdade nisso?

Lá no fundo, de que maneira eu os vejo realmente? Há alguma chance de que o modo como vejo as pessoas que trabalham para mim faça parte do problema?

Tenho tanta coisa para fazer. Nunca dá tempo. Eu me sinto pressionado e tenso o dia inteiro, sete dias por semana. Compareci a seminários sobre organização do tempo e tentei meia dúzia de sistemas de planejamento diferentes. Eles ajudaram um pouco, mas, ainda assim, eu percebo que não estou levando a vida feliz, produtiva e pacífica que pretendia.

A Ética da Personalidade me diz que existe algo capaz de resolver meu problema — um novo método de planejamento, ou um seminário que vai me ajudar a lidar com todas as pressões de forma mais eficaz.

Entretanto, não haveria uma chance de que a *eficiência* não seja a resposta? Será que fazer mais coisas em menos tempo vai mesmo fazer diferença, ou apenas aumentar a velocidade com que reajo às pessoas e circunstâncias que parecem controlar minha vida?

Não poderia haver algo que preciso notar de um modo mais profundo, mais fundamental? Um paradigma, dentro de mim, que afete o modo como vejo o tempo, a vida e minha própria natureza?

Meu casamento empacou. Nós não brigamos nem discutimos. Simplesmente não nos amamos mais. Fizemos terapia de casal. Tentamos inúmeras outras coisas, mas não conseguimos mais ressuscitar os sentimentos antigos.

Segundo a Ética da Personalidade, há um novo livro, ou um seminário no qual as pessoas colocam todos os sentimentos para fora, e isso vai ajudar minha esposa a me entender melhor. Ou, quem sabe, seja mesmo inútil continuar tentando, e só um novo relacionamento possa fornecer o amor de que tanto necessito.

Mas é possível que minha esposa não seja o problema real? Poderia eu estar promovendo a fraqueza dela, tornando minha vida uma consequência da forma como a trato?

Será que eu tenho algum paradigma básico referente à minha esposa, ao casamento, ao amor como deve ser, que esteja alimentando o problema?

* * *

Dá para perceber como os paradigmas da Ética da Personalidade afetam profundamente a própria maneira como encaramos os problemas, bem como as tentativas de solução que adotamos?

Quer as pessoas vejam isso ou não, muita gente vem se desiludindo com as promessas vazias da Ética da Personalidade. Em minhas viagens pelos Estados Unidos e em trabalhos com instituições, percebo que os executivos com visão de longo prazo não dão a menor importância à psicologia de estímulos fáceis e aos conferencistas "motivacionais" que não trazem nada além de histórias divertidas entremeadas de lugares-comuns.

Eles querem substância, querem processos. Desejam muito mais do que aspirinas e *band-aids.* Eles precisam solucionar os problemas intrínsecos, crônicos, e se concentrar nos princípios que fornecem resultados a longo prazo.

■ UM NOVO NÍVEL DE PENSAMENTO

Albert Einstein disse: "Os problemas significativos com os quais nos deparamos não podem ser resolvidos no mesmo nível de pensamento em que estávamos quando eles foram criados."

Quando olhamos à nossa volta, e para nosso íntimo, identificamos os problemas criados pela convivência e pela interação com a Ética da Personalidade. Então, começamos a perceber que temos problemas sérios, fundamentais, impossíveis de serem resolvidos no nível superficial em que foram criados.

Precisamos de um novo estágio do pensamento, um nível mais profundo, um paradigma baseado nos princípios que descrevem exatamente o território efetivo da existência e das interações humanas. Assim, poderemos resolver as preocupações mais sérias.

Os 7 hábitos das pessoas altamente eficazes trata precisamente deste novo nível de pensamento. É uma abordagem centrada em princípios e baseada no caráter, "que vem de dentro para fora" e se volta para a eficácia pessoal e interpessoal.

"De dentro para fora" significa começar consigo mesmo, ou, melhor ainda, começar pelo mais *íntimo* — seus paradigmas, seu caráter e seus motivos.

Dessa forma, se você pretende ter um casamento feliz, *seja* uma pessoa capaz de gerar energia positiva, afastando as más vibrações em vez de atraí-las. Se você pretende *ter* um filho adolescente que coopere mais, *seja* um pai mais compreensivo, solidário, coerente e amoroso. Se pretende *ter* mais liberdade, mais latitude em seu trabalho, *seja* um empregado mais responsável, generoso e envolvido com sua atividade. Se pretende conquistar a confiança das pessoas, *seja confiável*. Se busca a grandeza secundária do reconhecimento de seu talento, concentre-se inicialmente na grandeza primária do caráter.

A abordagem de dentro para fora mostra que as vitórias particulares precedem as vitórias públicas, que cumprir as promessas feitas a nós mesmos vem antes do cumprimento de promessas feitas a terceiros. Mostra que é inútil colocar a personalidade acima do caráter e tentar melhorar as relações com os outros sem dar atenção ao próprio crescimento.

A abordagem de dentro para fora privilegia um processo contínuo de renovação baseada nas leis naturais que governam o crescimento e o progresso humanos. Manifesta-se como uma espiral ascendente de amadurecimento, que leva a formas progressivamente mais elevadas de independência responsável e interdependência efetiva.

Eu já tive a oportunidade de trabalhar com vários tipos de pessoas — gente maravilhosa, talentosa, ansiosa para atingir o sucesso e conquistar a felicidade, gente que deseja mudar e gente que causa danos aos outros. Trabalhei com executivos de empresas, estudantes universitários, grupos ligados a igrejas e organizações cívicas, famílias e casais. E em todas as minhas experiências não vi, nem uma única vez, soluções duradouras ou felicidade e sucesso sólidos que viessem de fora para dentro.

Como resultado do paradigma de fora para dentro, só vi pessoas infelizes, que se sentiam perseguidas e imobilizadas, concentrando-se nas fraquezas dos outros e nas circunstâncias que, na opinião delas, eram responsáveis por sua estagnação. Já observei casamentos infelizes, em que um cônjuge quer que o outro mude seu jeito de ser, em que um só fala dos defeitos do outro, em que cada um quer moldar o outro conforme um modelo preestabelecido. Acompanhei disputas sobre política de pessoal em que se gastava bastante tempo e energia na tentativa de se criarem regras para forçar as pessoas a agir como se a mais pura verdade estivesse contida nessas regras.

Alguns membros de minha família moraram em três dos locais mais "quentes" do planeta: África do Sul, Israel e Irlanda. Acredito que a fonte dos problemas permanentes desses três países tem sido o paradigma social dominante das coisas feitas de fora para dentro. Cada um dos grupos envolvidos está plenamente convencido de que o problema está "nos outros", e se "eles" (ou seja, os outros) pudessem repentinamente "entrar na linha" ou desaparecer da face da Terra, a questão estaria solucionada.

Buscar soluções de dentro para fora constitui uma mudança dramática de paradigma para a maioria das pessoas, em grande parte por causa do imenso impacto do condicionamento e do paradigma social em vigor explicitado pela Ética da Personalidade.

Contudo, a partir de minha própria experiência — tanto pessoal quanto no contato profissional com milhares de outros seres humanos —, e a partir do estudo cuidadoso dos indivíduos e sociedades bem-sucedidas no decorrer da história, estou convencido de que a maioria dos princípios contidos nos 7 Hábitos faz parte de nossa natureza íntima, de nossa consciência e de nosso senso comum. Para identificá-los, desenvolvê-los e utilizá-los para resolver nossos problemas mais graves precisamos modificar os nossos paradigmas, passando a um nível diferente, novo, no qual adotamos uma atitude "de dentro para fora".

À medida que buscarmos sinceramente compreender e integrar esses princípios em nossas vidas, tenho a certeza de que poderemos descobrir ou redescobrir a importância e a verdade desta observação de T. S. Eliot:

Não devemos parar de explorar. E o fim de toda nossa exploração será chegar ao ponto de partida e ver o lugar pela primeira vez.

Desenho 3

Os 7 Hábitos — Uma Visão Geral

Somos o que repetidamente fazemos.
A excelência, portanto, não é um feito, mas um hábito.

Aristóteles

Nosso caráter, basicamente, é composto pelos hábitos que desenvolvemos. "Plante um pensamento, colha uma ação; plante uma ação, colha um hábito; plante um hábito, colha um caráter; plante um caráter, colha um destino", diz o ditado.

Os hábitos constituem fatores poderosos em nossas vidas. Uma vez que representam padrões coerentes, e muitas vezes inconscientes, eles servem para exprimir nosso caráter no dia a dia, sendo responsáveis por nossa eficácia... ou ineficácia.

Horace Mann, um grande educador, um dia disse: "Os hábitos são como cordas. Se acrescentarmos um fio por dia, em pouco tempo não podem mais ser rompidos." Eu, pessoalmente, não acredito na última parte de seu pensamento. Sei que os hábitos podem ser rompidos. Os hábitos podem ser aprendidos e desaprendidos. Sei, por outro lado, que isso não é nada fácil. Implica um processo que exige dedicação total.

As pessoas que viram a viagem da Apolo 11 à Lua ficaram deslumbradas quando o primeiro homem pisou na superfície lunar e retornou à Terra. Adjetivos bombásticos como "fantástico" e "incrível" foram inadequados para descrever aqueles dias movimentados. Os astronautas, para chegarem lá, precisaram romper literalmente com a tremenda força da gravidade da Terra. Gastou-se mais energia nos primeiros minutos da subida, durante a decolagem e os quilômetros iniciais da jornada, do que nos dias que se seguiram, quando foram percorridos mais de 750 mil quilômetros.

Os hábitos, da mesma forma, possuem uma força de gravidade terrível — maior do que a maioria das pessoas percebe ou admite. Romper com tendências profundamente arraigadas como as de procrastinar, criticar, ser impaciente e egoísta, tendências que violam princípios básicos da eficácia humana, exige muito mais do que um pouquinho de força de vontade e mudanças diminutas em nossas vidas. A "decolagem" demanda um esforço tremendo, mas, assim que superamos a força da gravidade, toda liberdade assume um novo sentido.

Como qualquer força natural, a gravidade pode trabalhar para nós ou contra nós. A força da gravidade de certos hábitos pode nos impedir de ir aonde desejamos. Mas é também a força da gravidade que mantém nosso mundo no lugar, os planetas em suas órbitas e o universo em ordem. Trata-se de uma força poderosa e, se a usarmos eficazmente, esta força da gravidade do hábito servirá para criar a ordem e a coerência necessárias para introduzir a eficácia em nossas vidas.

■ DEFINIÇÃO DOS "HÁBITOS"

Para nossos objetivos, definiremos um hábito como a interseção entre o *conhecimento*, a *habilidade* e o *desejo.*

O conhecimento é o paradigma teórico, o *que fazer* e o *porquê.* A habilidade é o *como fazer.* E o desejo é a motivação, o *querer fazer.* Para tornar algo um hábito em nossa vida precisamos reunir esses três elementos.

Eu posso ser ineficaz nas minhas interações com meus colegas de trabalho, com minha esposa e com meus filhos porque constantemente digo a eles o que penso, mas sem nunca parar para ouvir de verdade o que eles têm a dizer. A não ser que eu busque os princípios corretos para a interação humana, corro o risco de nem sequer *saber* que preciso ouvi-los.

Mesmo sabendo que preciso ouvir de verdade o que as pessoas dizem, para interagir com elas, posso não ter a capacidade para tanto. Pode ser que eu não saiba *como* ouvir, de fato, o que outra pessoa está dizendo.

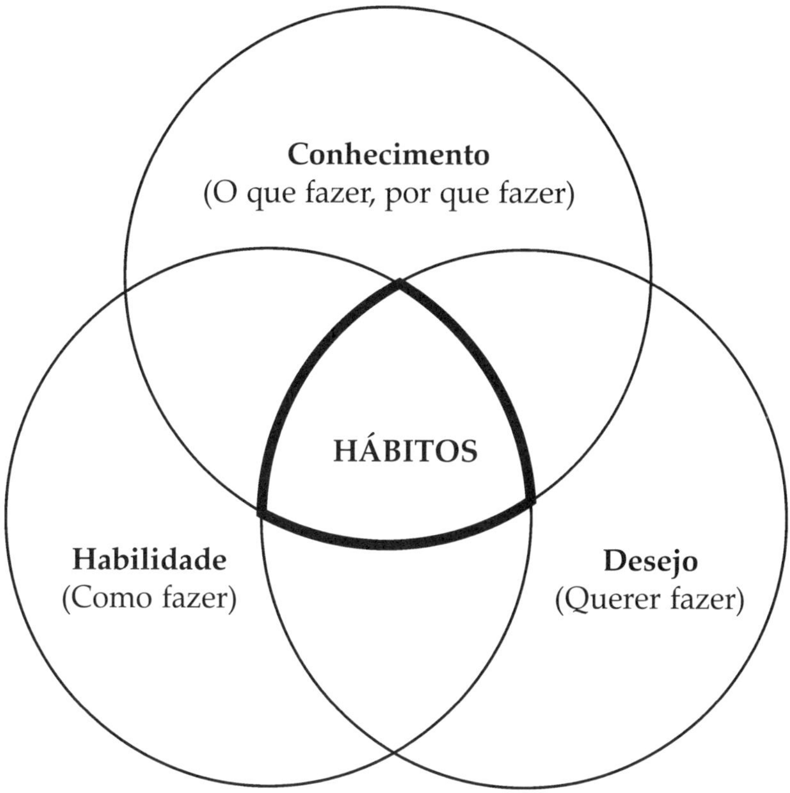

HÁBITOS EFICAZES
Princípios interiorizados e padrões de comportamento

Mas saber que preciso ouvir e saber como ouvir não é o bastante. A não ser que eu *queira* ouvir, que eu tenha o desejo necessário, isso não se tornará um hábito em minha vida. Formar um hábito exige esforço nestas três dimensões.

A mudança ser/ver é um processo ascendente. O ser altera o ver, que, por sua vez, muda o ser e assim por diante, quando nos movemos em uma espiral ascendente de amadurecimento. Por meio do trabalho no conhecimento, na habilidade e no desejo, conseguimos atingir novos níveis de eficácia pessoal e interpessoal, rompendo com os antigos paradigmas que representaram a fonte da pseudossegurança por tantos anos.

Trata-se, por vezes, de um processo doloroso. Uma mudança precisa ter como motivação um objetivo nobre, acrescida da disposição para subordinar o que você pensa que quer no momento ao que realmente quer para o futuro. Este processo, contudo, produz felicidade, "o objetivo e a função de nossa existência". A felicidade pode ser definida, pelo menos em parte, como o fruto da habilidade e do desejo de sacrificar o que queremos *agora,* em função do que queremos *futuramente.*

■ O *CONTINUUM* DA MATURIDADE

Os 7 Hábitos não são um conjunto desconexo de fórmulas milagrosas para estimular as pessoas. Em harmonia com as leis naturais do crescimento, eles abordam de modo progressivo, sequencial e altamente integrado o desenvolvimento da eficácia pessoal e interpessoal. Eles nos levam a realizar paulatinamente o *Continuum* da Maturidade, que passa da *dependência* para a *independência* até alcançar a *interdependência.*

A nossa vida começa pela infância, quando somos totalmente *dependentes* dos outros. Somos orientados, alimentados e sustentados por outras pessoas. Sem este apoio, viveríamos apenas umas poucas horas, ou no máximo alguns dias.

Depois, gradualmente, com o passar dos meses e dos anos, nós ficamos cada vez mais *independentes* — física, mental, emocional e financeiramente —, até chegarmos ao ponto em que conseguimos tomar conta de nós e nos tornamos confiantes e seguros.

À medida que prosseguimos em nosso crescimento e amadurecimento, tomamos consciência, cada vez mais, de que tudo na natureza é *interdependente,* de que existe um sistema ecológico que governa a natureza, inclusive as sociedades. Mais tarde, descobrimos que o ponto culminante de nossas vidas tem a ver com o nosso relacionamento com os outros, pois a vida humana se caracteriza pela interdependência.

O crescimento, desde a infância até a idade adulta, se faz em conformidade com as leis naturais. Lógico, existem diversas direções no crescimento. Atingir a maturidade física total, por exemplo, não assegura automaticamente a maturidade emocional ou intelectual. Por outro lado, a dependência física de uma pessoa não significa que esta seja intelectual ou emocionalmente imatura.

No *continuum* de maturidade, a *dependência* é o paradigma do *você*. *Você* tem de tomar conta de mim. *Você* fez a coisa certa. *Você* não fez a coisa certa. Eu culpo *você* pelos resultados.

A *independência* é o paradigma do *eu*. *Eu* sei fazer. *Eu* sou responsável. *Eu* tenho certeza. *Eu* sei escolher.

A *interdependência* é o paradigma do *nós*. *Nós* podemos fazer isso. *Nós* podemos cooperar. *Nós* vamos unir nossos talentos e habilidades para juntos criarmos algo maior.

As pessoas dependentes precisam das outras para conseguir o que desejam. As pessoas independentes conseguem obter o que desejam por meio de seu próprio esforço. As pessoas interdependentes combinam seus próprios esforços com os esforços dos outros para conseguir um resultado muito melhor.

Se eu fosse fisicamente dependente — paralítico, deficiente ou incapaz fisicamente —, precisaria da ajuda das pessoas. Se eu fosse emocionalmente dependente, meu senso de valor e minha segurança dependeriam da opinião dos outros a meu respeito. Seria devastador se alguém não gostasse de mim. Se eu fosse intelectualmente dependente, precisaria de terceiros que iriam pensar em meu lugar e resolver as questões e os problemas da minha vida.

Se eu fosse independente, poderia me virar sozinho fisicamente. No plano intelectual, seguiria minhas próprias ideias e teria capacidade de passar de um nível de abstração a outro. Poderia pensar de modo crítico e analítico, organizando e expressando meus pensamentos de forma inteligível. Emocionalmente, saberia reconhecer meu valor sozinho. Conduziria minha vida tendo minha personalidade como base. Não dependeria do fato de os outros gostarem de mim ou me tratarem bem para reconhecer meu próprio valor.

Não é difícil perceber que a independência revela mais maturidade do que a dependência. A independência é, em si e por si, uma grande conquista. Mas a independência não é suprema.

Não obstante, o paradigma social privilegia a independência. Ela representa o objetivo supremo de muitos indivíduos e movimentos sociais. A maioria da literatura sobre motivação coloca a independência em um pedestal, como se a comunicação, o trabalho em equipe e a cooperação fossem valores secundários.

Mas grande parte da ênfase atual na independência reflete uma reação à dependência — ao fato de outras pessoas controlarem, definirem, usarem e manipularem nossas vidas.

O conceito de interdependência, tão mal compreendido, lembra para muita gente a dependência. Sendo assim, encontramos muitas pessoas, às vezes por razões egoístas, destruindo o casamento, abandonando os filhos e deixando de lado todas as responsabilidades sociais, sempre em nome da independência.

O tipo de reação que leva as pessoas a "arrancar as algemas", "promover a liberação", "buscar a afirmação" e "se impor", com frequência revela uma dependência mais profunda, da qual elas não podem fugir, pois vem de dentro, não de fora — uma dependência que permite à fraqueza alheia arruinar sua vida emocional, ou que coloca a pessoa na posição de vítima dos outros e dos acontecimentos que escapam do seu controle.

Lógico, por vezes é preciso mudar as circunstâncias. Mas o problema da dependência é uma questão ligada à maturidade emocional, tendo pouco ou nada a ver com as circunstâncias. Mesmo que as condições sejam mais favoráveis, a imaturidade e a dependência frequentemente persistem.

A verdadeira independência do caráter nos dá o poder para agir, abandonando a posição passiva. Ela nos liberta da dependência das circunstâncias e das outras pessoas, sendo um objetivo valioso, libertador. Mas nem por isso é o objetivo supremo de uma vida eficaz.

Uma postura independente, por si só, não se adapta à realidade interdependente. Pessoas independentes podem ser eficazes em nível individual, mas não constituem líderes adequados ou bons elementos em uma equipe. Eles não adquiriram ainda o paradigma da interdependência, necessário para se conseguir o êxito na vida familiar, no casamento e no mundo profissional.

A vida é, por natureza, totalmente interdependente. Tentar atingir o máximo de eficácia por intermédio da independência equivale a tentar jogar tênis com um taco de golfe — a ferramenta não é adequada à realidade.

A interdependência é um conceito muito mais maduro e avançado. Se sou fisicamente interdependente, sou autoconfiante e capaz, mas sei que nós dois juntos podemos fazer muito mais do que um de nós isoladamente, por melhor que seja. Se sou emocionalmente interdependente, tenho noção do meu valor, e esta noção vem do íntimo, mas também reconheço a necessidade do amor, de dar e de receber o amor dos outros. Sendo intelectualmente interdependente, tenho consciência de que preciso de toda a capacidade mental das outras pessoas, para somar à minha.

Como pessoa interdependente, tenho a oportunidade de me relacionar de modo mais profundo e significativo com os outros, conseguindo o acesso ao potencial e aos imensos recursos dos demais seres humanos.

A interdependência é uma escolha que só pessoas independentes podem fazer. Os dependentes não conseguem atingir a interdependência. Não possuem personalidade suficiente para tanto, não conhecem o bastante de si.

Por esta razão, os Hábitos 1, 2 e 3, nos capítulos seguintes, tratam do autodomínio. Eles levam a pessoa da dependência para a independência. Estes hábitos formam as "Vitórias Particulares", a essência do desenvolvimento do caráter. *As vitórias particulares precedem as vitórias públicas.* Não se pode inverter este processo, assim como não se pode fazer a colheita antes do plantio. Ele vem de dentro para fora.

Quando alguém se torna verdadeiramente independente, adquire as bases para a real interdependência. Torna-se possuidor do caráter básico a partir do qual se podem trabalhar eficazmente as "Vitórias Públicas", mais dirigidas à personalidade, tais como o trabalho em equipe, a cooperação e a comunicação, presentes nos Hábitos 4, 5 e 6.

Isso não significa que você precise ser perfeito no tocante aos Hábitos 1, 2 e 3 antes de trabalhar nos Hábitos 4, 5 e 6. A compreensão da sequência ajuda a tornar o crescimento mais eficaz, mas não pretendo sugerir que você se isole por vários anos, até que desenvolva os Hábitos 1, 2 e 3 de forma plena.

Como parte de um mundo interdependente, você precisa se relacionar com este mundo diariamente. Mas os problemas agudos do mundo podem, contudo, obscurecer as causas crônicas presentes no caráter.

Compreender o modo como sua maneira de ser interfere em todas as interações interdependentes vai ajudá-lo a se concentrar paulatinamente, dando um passo de cada vez, em harmonia com as leis da natureza e do crescimento.

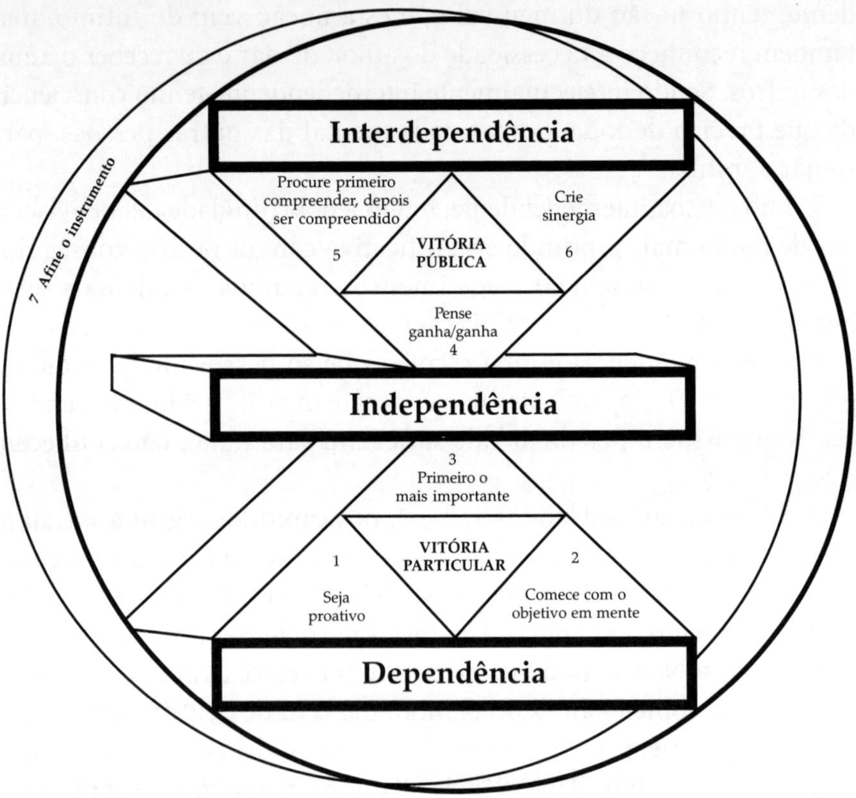

O PARADIGMA DOS 7 HÁBITOS

O Hábito 7 é o hábito da renovação — uma renovação regular, equilibrada, das quatro dimensões básicas da vida. Ele abrange e envolve todos os outros hábitos. Trata-se do hábito do aprimoramento contínuo, criador da espiral ascendente do amadurecimento, capaz de levá-lo a níveis inéditos de compreensão e de vida, onde se desfruta o resultado de cada um dos hábitos, conforme se atinge um plano superior.

O diagrama anterior é uma representação visual da sequência da interdependência dos 7 Hábitos, e será utilizada com frequência neste livro, à medida que explorarmos tanto o relacionamento sequencial entre os hábitos, bem como sua sinergia — a maneira como, ao se relacionarem com os outros, geram novas formas, o que aumenta ainda mais seu valor. Cada um dos conceitos ou hábitos será explicado no momento de sua introdução.

■ DEFININDO A EFICÁCIA

Os 7 Hábitos são hábitos *eficazes*. Como estão baseados em princípios, conduzem ao máximo possível de resultados benéficos a longo prazo. Tornam-se a base do caráter da pessoa, criando um centro poderoso de mapas corretos, a partir dos quais um indivíduo pode resolver problemas com eficácia, maximizar oportunidades, aprendendo a integrar novos princípios em sua espiral ascendente de crescimento.

Eles são hábitos eficazes também porque se baseiam em um paradigma de eficácia harmônico com as leis naturais, um princípio que chamei de "Equilíbrio P/CP", o que causa estranheza a muita gente. Este princípio pode ser facilmente compreendido se recordarmos a fábula de Esopo sobre a galinha dos ovos de ouro.

A fábula conta a história de um pobre fazendeiro que um dia descobre no ninho de sua galinha preferida um reluzente ovo de ouro. No início, ele desconfia de algum tipo de brincadeira. Mas, no momento em que vai jogar o ovo fora, pensa melhor e o leva para ser avaliado.

O ovo era de ouro maciço! O fazendeiro não consegue acreditar em sua sorte. Fica ainda mais surpreso no dia seguinte, quando o fenômeno se repete. Dia após dia, ele se levanta e corre para o galinheiro para apanhar mais um ovo de ouro.

Ele acaba ficando imensamente rico, e mal podia acreditar em tanta sorte.

Junto com a fortuna, porém, vieram a cobiça e a impaciência. Incapaz de esperar pelo ovo de ouro de cada dia, o fazendeiro decide matar a galinha e pegar todos os ovos de uma só vez. Mas, quando abre a ave, descobre que não havia nada dentro dela. Nenhum ovo de ouro. E agora não havia mais meio de consegui-los. O fazendeiro destruíra a galinha que os produzia.

Acredito que nessa fábula se manifeste uma lei natural, um princípio — a definição básica da eficácia. A maioria das pessoas enxerga a eficácia a partir do paradigma dos ovos de ouro: quanto mais alguém produz, quanto mais faz, mais eficaz a pessoa é.

Entretanto, conforme se pode ver na história, a eficácia resulta de duas coisas: o produto (ou seja, os ovos de ouro) e o meio de produção, ou a capacidade de produzir (a galinha).

Se você adotar um modo de vida focalizado nos ovos de ouro, negligenciando a galinha, em pouco tempo perderá a fonte dos ovos de ouro. Por outro lado, se cuidar apenas da galinha, sem dar importância aos ovos de ouro, logo não terá mais meios para alimentar a galinha, ou a si próprio.

A eficácia consiste no equilíbrio — no que chamo de Equilíbrio P/CP. *P* representa a *Produção* dos resultados desejados, os ovos de ouro. *CP* indica a *Capacidade de Produção*, a habilidade ou bem que produz os ovos de ouro.

■ TRÊS TIPOS DE ATIVOS

Existem basicamente três tipos de bens ou ativos: físicos, financeiros e humanos. Vamos abordá-los um a um.

Há alguns anos comprei um *bem físico* — uma máquina de cortar grama. Usei o cortador diversas vezes, sem me preocupar em fazer a manutenção. Ele funcionou adequadamente durante dois anos, mas, depois disso, começou a dar problemas. Quando tentei recuperá-lo, afiando as lâminas e revisando o motor, descobri que a máquina tinha perdido mais da metade de sua força original. Não servia para mais nada.

Se eu tivesse investido em CP — manutenção e conservação do bem —, ainda desfrutaria de sua P — a grama aparada. Como não cuidei dele, precisei gastar muito mais tempo e dinheiro para comprar um cortador de grama novo do que teria gasto na manutenção adequada da máquina original. A eficácia, no caso, foi nenhuma.

Em nossa busca frenética por resultados ou vantagens a curto prazo, frequentemente destruímos um bem físico precioso — seja ele um carro, um computador, uma máquina de lavar ou até nosso corpo e o meio ambiente. Manter P e CP em equilíbrio representa uma enorme diferença na utilização eficaz dos bens físicos.

Esta visão também prejudica o uso eficaz dos ativos financeiros. As pessoas não confundem frequentemente o capital com o lucro? Você já lançou mão do capital para melhorar seu padrão de vida, para obter mais ovos de ouro? O capital reduzido tem um poder reduzido em termos de produção de renda ou lucro. E o capital em processo de redução encolhe mais e mais, até que se torna incapaz até mesmo de suprir as necessidades mais básicas da pessoa.

Nosso meio financeiro mais importante é a capacidade de ganhar. Se não investimos continuamente na melhoria de nossa própria CP, limitamos drasticamente nossas opções. Ficamos presos à nossa situação atual, morrendo de medo do chefe, da opinião que tenham de nós na empresa, dependentes economicamente e sempre na defensiva. Mais um exemplo de ineficácia.

Na área *humana* o equilíbrio P/CP é igualmente fundamental, até mais importante, pois as pessoas controlam os ativos físicos e financeiros.

Quando duas pessoas, em um casamento, estão mais preocupadas em conseguir os ovos de ouro, os benefícios, do que em preservar o relacionamento que torna tais benefícios possíveis, com frequência agem de maneira insensível, sem consideração pelo outro, negligenciando a boa vontade e a cortesia, tão importantes em um relacionamento profundo. Passam a lançar mão de estratégias para manipular o outro, concentram-se em suas próprias necessidades para justificar a atitude tomada e ficam procurando provas de que o outro está sempre errado. O amor, a delicadeza, o enriquecimento mútuo e a espontaneidade começam a se deteriorar. A galinha dos ovos de ouro mostra-se mais enferma a cada dia.

E o que dizer do relacionamento entre pai e filho? Quando as crianças são pequenas, sua vulnerabilidade e sua dependência são enormes. Torna-se muito fácil negligenciar o esforço exigido pela CP — treinamento, comunicação, relacionamento e atenção fundamentais. É mais fácil aproveitar as vantagens, manipular, conseguir o que você quer do jeito que quer — já! Você é maior e mais esperto, e está sempre certo! Então por que não dizer a eles o que fazer e pronto? Se for preciso, grite com eles, lance mão da intimidação, insista até que façam as coisas do seu jeito.

Ou então seja indulgente. Agarre-se ao ovo de ouro da popularidade, tente agradar seus filhos, deixe que façam tudo como quiserem. Assim, eles crescerão sem parâmetros ou expectativas, sem um compromisso pessoal interno com a disciplina e a responsabilidade.

Em qualquer um dos caminhos — autoritário ou permissivo — você revela uma mentalidade de "ovo de ouro". Ou você quer ver as coisas feitas do seu jeito, ou prefere ser adorado. Mas o que acontece com a galinha dos ovos de ouro, enquanto isso? Qual a disciplina, a confiança na capacidade de fazer as escolhas certas e de atingir metas importantes que uma criança assim terá após alguns anos? E quanto ao seu relacionamento? Quando seu filho chegar aos anos críticos da adolescência, e passar pela crise da identidade, será que ele saberá, a partir das experiências vividas, que você é capaz de ouvi-lo sem julgar, que realmente se importa com ele como pessoa e que é digno de confiança, não importa o que aconteça? O relacionamento será forte o suficiente para que você consiga ficar próximo dele, comunicar-se com ele e influenciá-lo?

Suponha que você queira que o quarto de sua filha esteja sempre em ordem — isso é P, produção, o ovo de ouro. E suponha que você deseje que ela o limpe — isso é CP, capacidade de produção. Sua filha é a galinha dos ovos de ouro, o ativo, que produz os ovos de ouro.

Se houver um equilíbrio entre P e CP, ela vai limpar o quarto com prazer, sem que seja necessário ordenar, pois ela é responsável e tem a disciplina para arcar com as responsabilidades. Ela é um bem precioso, a galinha que produz ovos de ouro.

Entretanto, se o seu paradigma estiver focalizado na produção, ou seja, na limpeza do quarto, vai acabar atormentando sua filha para que ela faça isso. Quem sabe seus esforços o levem a fazer ameaças ou a gritar, de modo que, na ânsia de conseguir os ovos de ouro, você prejudique a saúde e o bem-estar da galinha.

Vou relatar uma experiência interessante de CP, ocorrida com uma de minhas filhas. Estávamos planejando um passeio a dois, algo que gosto de fazer regularmente, com cada um de meus filhos. Sabemos que programar o passeio é tão gostoso quanto a sua realização.

Sendo assim, falei para minha filha:

— Querida, hoje é a nossa noite. O que você quer fazer?

— Qualquer coisa, papai — foi a resposta.

— Nada disso. Sei que você quer ir a algum lugar especial.

— Sabe o que é... — ela finalmente se abriu. — Acho que você não ia gostar do que tenho vontade de fazer.

— De jeito nenhum — retruquei veemente. — Estou disposto a fazer o que você quiser. Qualquer atividade. A escolha é sua.

— Quero assistir ao filme *Guerra nas Estrelas*. Mas sei que você não gosta de *Guerra nas Estrelas*. Na última vez, dormiu o filme inteiro. Você não gosta desse tipo de filme. Mas não faz mal, papai.

— Tudo bem, querida. Se é isso que você quer fazer, então vamos fazer, eu vou gostar.

— Ora, papai, não se preocupe com isso. Não temos a obrigação de sair. — Ela fez uma pausa e acrescentou: — Sabe por que você não gosta de *Guerra nas Estrelas*? Porque não compreende a filosofia e o treinamento de um cavaleiro Jedi.

— Como?

— Sabe estas coisas que você ensina, papai? São iguais às coisas que fazem parte do treinamento de um cavaleiro Jedi.

— É mesmo? Então vamos ver *Guerra nas Estrelas*!

E foi o que fizemos. Ela sentou-se a meu lado e me explicou o paradigma. Tornei-me o estudante, o aprendiz. Foi absolutamente fascinante. Consegui ver, com este novo paradigma, a maneira como a filosofia básica presente no treinamento de um cavaleiro Jedi se manifesta nas mais diversas circunstâncias.

A experiência não foi um evento P planejado. Ela resultou de um investimento CP, foi um fruto inesperado e benéfico deste investimento. Foi muito interessante e satisfatório. Mostra que nós aproveitamos melhor os ovos de ouro quando a galinha — a qualidade do relacionamento — recebe a alimentação apropriada.

■ CP NAS ORGANIZAÇÕES

Um dos aspectos mais valiosos de qualquer princípio correto é a sua validade e a possibilidade de aplicação em uma ampla gama de circunstâncias. Neste livro, eu gostaria de mostrar a vocês algumas maneiras como esses princípios se aplicam a organizações, inclusive a famílias, e a indivíduos também.

Quando as pessoas deixam de respeitar o equilíbrio P/CP, ao usarem os bens físicos nas organizações, elas provocam a queda da eficácia organizacional e deixam para os outros apenas galinhas mortas.

Por exemplo, um indivíduo encarregado de um bem físico, como uma máquina, pode estar ansioso para causar uma boa impressão em seus superiores. Talvez a empresa esteja crescendo rapidamente, e as promoções aconteçam com frequência. Sendo assim, ele produz em ritmo acelerado — nada de pausas ou manutenção. A máquina trabalha dia e noite. A produção é fenomenal, os custos baixos, e os lucros disparam. Em pouco tempo, o sujeito ganha a promoção esperada. Os ovos de ouro!

Suponha, contudo, que você seja seu sucessor no trabalho. Vai herdar uma galinha muito doente, uma máquina que, a esta altura, está desgastada e começa a dar problemas. Exige investimentos altos em manutenção e passa muito tempo parada. Os custos sobem barbaramente, os lucros desaparecem. E quem leva a culpa pela perda dos ovos de ouro? Você. A culpa é sua. Seu antecessor arruinou o bem, mas a contabilidade só registra o número de peças produzidas, os custos e os lucros.

O equilíbrio P/CP torna-se particularmente importante quando aplicado aos seres humanos envolvidos com uma organização — clientes e funcionários.

Conheço um restaurante que servia um ensopado de mariscos delicioso, e vivia lotado de fregueses diariamente na hora do almoço. Quando a firma foi vendida, o novo proprietário concentrou-se nos ovos de ouro — e resolveu aumentar a água do ensopado. Durante mais ou menos um mês, com os custos reduzidos e a receita mantida, os lucros aumentaram barbaramente. Pouco a pouco, entretanto, os fregueses começaram a sumir. A confiança se fora, e os negócios se reduziram a zero, praticamente. O novo proprietário tentou desesperadamente recuperar a clientela, mas ele havia negligenciado seus fregueses, abusando de sua confiança. Perdeu um bem precioso: a lealdade dos consumidores. Não havia mais galinha para produzir os ovos de ouro.

Existem também as organizações que falam muito no consumidor, mas negligenciam totalmente as pessoas que lidam com o público — os funcionários. O princípio CP diz *trate sempre seus funcionários do modo como deseja que eles tratem os clientes mais importantes.*

Você pode comprar o trabalho de uma pessoa, mas não pode comprar seu coração. O entusiasmo e a lealdade encontram-se no coração. Você pode comprar a força, mas não pode comprar o cérebro. E a criatividade, a engenhosidade e o potencial são encontrados no cérebro.

A receita CP é tratar os empregados como se fossem voluntários, assim como devemos também tratar os clientes, pois é isso que eles são. Eles podem fornecer voluntariamente o que têm de melhor — seus corações e suas mentes.

Fiz parte de um grupo, uma vez, em que alguém perguntou:

— Como fazer para colocar empregados incompetentes e preguiçosos na linha?

— Jogue uma granada de mão! — respondeu um dos presentes.

Muitos dos outros membros do grupo elogiaram este estilo machão de gerenciamento, a abordagem "ou dá ou desce" na supervisão do pessoal. Mas alguém do grupo perguntou:

— E quem vai catar os pedaços?

— Não haverá pedaços.

— Então por que você não tem a mesma atitude com seus clientes? — O homem que adotou uma postura crítica quis saber. — Diga, simplesmente: "Se não vai comprar nada, pode cair fora daqui."

— Mas não posso fazer isso com meus clientes — falou o machão.

— Então por que acha que pode fazer isso com seus empregados?

— Porque são meus empregados.

— Sei... Seus empregados são dedicados ao serviço? Trabalham duro? Qual é a taxa de rotatividade da mão de obra?

— Está querendo me gozar? Não dá para encontrar ninguém competente hoje em dia. Temos excesso de rotatividade, absentismo, corpo mole. Ninguém dá a mínima para o trabalho.

O foco nos ovos de ouro — uma atitude e um paradigma como este — mostra-se totalmente inadequado para lidar com as energias poderosas existentes no coração e na mente de outra pessoa. Estabelecer limites e metas a curto prazo é importante, mas não é tudo.

A eficácia está no equilíbrio. O foco excessivo em P resulta em saúde comprometida, máquinas desgastadas, contas bancárias exauridas e relações rompidas. O foco excessivo em CP equivale a uma pessoa que passa três ou quatro horas por dia correndo e se gaba dos dez anos extras de vida que consegue com isso, sem perceber que está gastando esses dez anos na corrida. Ou então a uma pessoa frequentando eternamente a escola, sem nada produzir, vivendo dos ovos de ouro alheios — a síndrome do estudante profissional.

A manutenção do equilíbrio P/CP, entre os ovos de ouro (a produção) e a saúde e bem-estar da galinha (a capacidade de produção), exige com frequência uma boa capacidade de discernimento. Mas tenho a impressão de que isso é a verdadeira essência da eficácia. Consegue-se o equilíbrio entre o curto e o longo prazo. Equilibra a necessidade de uma boa educação e o preço a ser pago por ela. Equilibra a vontade de ter um quarto arrumado e o investimento em uma relação na qual uma criança é estimulada a ser ordeira em seu íntimo — de boa vontade, espontaneamente, sem necessidade de supervisão externa.

Este princípio pode ser visto na vida de uma pessoa que se mata de trabalhar, passando a noite acordada para conseguir mais ovos de ouro e acaba exausta e incapaz de continuar produzindo, em oposição a uma outra que desfruta de uma boa noite de sono e acorda disposta a produzir durante todo o dia.

Este princípio pode ser reconhecido quando você força a barra para que as coisas sejam do seu jeito em um relacionamento e descobre que este se esvaziou, ou quando dedica realmente muito tempo a um relacionamento e percebe que o desejo e a capacidade de trabalhar com alguém e de se comunicar levam a um salto qualitativo.

O equilíbrio P/CP é a verdadeira essência da eficácia. Aplica-se a todos os setores da vida. Podemos trabalhar com ele ou contra ele, mas sempre estará presente. É como o farol. É a definição e o paradigma da eficácia em que se baseiam os 7 Hábitos deste livro.

■ COMO UTILIZAR ESTE LIVRO

Antes de começar a trabalhar com *Os 7 hábitos das pessoas altamente eficazes* gostaria de sugerir que você faça duas mudanças de paradigma que aumentarão muito os benefícios que você pode obter com este material.

Em primeiro lugar, gostaria de recomendar que não "visse" este material como um livro, no sentido de algo que se lê uma vez e se coloca na estante.

Você pode preferir ler tudo de uma vez, para ter uma noção de conjunto. Mas este material pretende ser um companheiro durante o processo contínuo de mudança e crescimento. Foi organizado de modo progressivo, com sugestões de aplicação ao final de cada hábito, de modo que a pessoa possa estudar e se concentrar em qualquer hábito específico quando estiver pronta.

À medida que você progride e tem acesso a níveis mais profundos de entendimento e prática, pode voltar repetidas vezes aos princípios contidos em cada um dos hábitos e trabalhar para expandir seu conhecimento, sua habilidade e seu desejo.

Em segundo lugar, gostaria de sugerir que mudasse o paradigma de relação com este material, passando do papel de estudante para o de professor. Utilize uma abordagem de dentro para fora, e leia tudo com um propósito em mente, o de compartilhar e discutir o que aprendeu com outras pessoas, em 48 horas após a leitura.

Se você soubesse, por exemplo, que teria de ensinar o material contido no equilíbrio P/CP para outra pessoa dentro de 48 horas, isso faria diferença em sua experiência de leitura? Tente agora, ao ler a seção final deste capítulo. Leia como se fosse dar uma aula para sua esposa, seu filho, seu colega de trabalho ou seu amigo dentro de um ou dois dias, enquanto tudo ainda estiver fresco na memória, e procure notar a diferença em seu processo mental e emocional.

Garanto que se você abordar o material deste modo, em cada um dos capítulos seguintes, não somente vai se lembrar melhor do que leu como também a compreensão se expandirá, o entendimento será mais profundo e a motivação para aplicar o material será muito maior.

Além disso, à medida que você compartilhar com os outros o que está aprendendo, de forma aberta e sincera, ficará surpreso ao notar que as impressões ou os conceitos negativos que os outros possam ter a seu respeito tenderão a desaparecer. Aqueles aos quais você transmite conhecimento passarão então a vê-lo como uma pessoa diferente, amadurecida. Todos tenderão a ajudar e apoiar o processo de integração dos 7 Hábitos em sua vida e, quem sabe, também os integrem na vida deles.

■ O QUE VOCÊ PODE ESPERAR

Em última análise, como observou Marilyn Ferguson, "ninguém pode persuadir outra pessoa a se modificar. Cada um de nós toma conta da porta da mudança, que só pode ser aberta pelo lado de dentro. Não podemos abrir a porta de outra pessoa, seja por meio de argumentos ou de pressão emocional".

Se você resolver abrir a sua "porta da mudança" para compreender e viver de verdade os princípios contidos nos 7 Hábitos, estarei tranquilo para assegurar que muitos resultados positivos acontecerão.

Em primeiro lugar, seu crescimento será uma evolução, mas o resultado concreto será uma revolução. Você não concorda que o princípio do equilíbrio P/CP, por si só, possa provocar uma transformação em indivíduos e organizações, desde que integralmente aplicado?

O efeito final da abertura da "porta da mudança" aos três primeiros hábitos — os hábitos da Vitória Particular — será o sensível aumento da autoconfiança. Você vai se conhecer melhor, de um modo mais profundo e significativo — entenderá mais sua própria natureza, seus valores mais arraigados e sua capacidade específica de contribuir com o que tem de melhor. À medida que vive de acordo com seus valores, seu senso de identidade, integridade, controle e direção própria preencherá sua vida com paz e alegria. Você se definirá pelo que é por dentro, não pela opinião ou comparações feitas pelos outros. "Certo" e "errado" não terão mais nada a ver com ser descoberto.

Ironicamente, você descobrirá que, ao se preocupar menos com o que os outros pensam a seu respeito, vai se importar mais com o que os outros pensam de si mesmos e de suas vidas, incluindo o relacionamento que têm com você. Deixará de basear sua vida emocional na fraqueza das outras pessoas. Além disso, verificará que é mais fácil e desejável mudar, pois existe algo — um centro, lá no fundo — que é essencialmente imutável.

Quando você se abrir para os três hábitos seguintes — os hábitos da Vitória Pública —, irá descobrir e libertar tanto a disposição quanto os recursos para recuperar e reconstruir relacionamentos importantes que se deterioraram ou mesmo que tenham sido interrompidos. Os relacionamentos em boa situação irão se beneficiar, tornando-se mais profundos, sólidos, criativos e movimentados.

O sétimo hábito, se for profundamente interiorizado, renovará os seis primeiros e o tornará verdadeiramente independente e capaz da interdependência efetiva. A partir dele, você poderá reciclar suas forças.

Qualquer que seja sua situação atual, eu garanto que você não é seus hábitos. Você pode trocar os antigos padrões autodestrutivos por padrões novos, por hábitos inéditos de eficácia comprovada, pela felicidade e por relacionamentos baseados em confiança mútua.

Com o maior cuidado possível, eu gostaria de estimulá-lo a abrir a porta da mudança e do crescimento, à medida que estuda estes hábitos. Tenha paciência consigo mesmo. O amadurecimento delicado acontece em um terreno sagrado. E não há investimento maior.

Não se trata, obviamente, de nenhum "quebra-galho". Mas, posso assegurar, você sentirá benefícios e vantagens imediatos, que irão encorajá-lo. Citando as palavras de Thomas Paine: "Tudo que obtemos com excessiva facilidade valorizamos muito pouco. Só damos real valor ao que amamos. O céu sabe colocar o preço certo nas coisas."

NOVAS REFLEXÕES SOBRE "PARADIGMAS E PRINCÍPIOS"

POR SEAN COVEY

Quando o meu filho Nathan era jovem, ele enfrentou uma batalha contra a ansiedade social. Consequentemente, ele perdeu muitas aulas durante seus primeiros anos de ensino fundamental. Lembro-me de tentar retirá-lo do carro certa manhã, quando ele estava na primeira série. Tive de desprender seus dedos, um por um, do assento e entregá-lo nas mãos do diretor da escola. O diretor, que saíra do prédio para me encontrar no estacionamento, colocou Nathan por cima de seus ombros e o carregou para a escola, enquanto ele o esmurrava nas costas. Entrei novamente no meu carro e comecei a chorar.

Na segunda série, eu o convenci a jogar beisebol. Quando chegamos ao primeiro treino e ele avistou os outros jogadores e o treinador, ficou tão assustado que se deitou no chão e "se fingiu de morto", inspirado em livros que relatam como sobreviver a ataques de ursos. Tentei retirá-lo da grama, mas ele não se mexia. O treinador tentou convencê-lo, mas ele não emitia nenhum som. Ele "se fingiu de morto" durante todo o treino.

Em outra ocasião, enquanto assistíamos a um jogo de futebol, Nathan falava alto demais e não parava de chutar o assento à sua frente. Percebi que as pessoas começaram a olhar. Desesperado, apertei o braço de Nathan e disse, bruscamente: "Pare de uma vez!"

Naquele momento, fiquei com vergonha por conta da minha reação. Fiquei constrangido com a minha raiva e o meu tom de voz, e pelo fato de estar julgando tão duramente aquele garotinho inocente. Era como se a minha consciência estivesse me dizendo: "Como você ousa julgar Nathan desse jeito? Você sabe quem ele é? Ele é um menino admirável, com um potencial ilimitado. Você não tem o direito de tratá-lo dessa forma, ou de pensar nele com esse grau de desaprovação. Espere e veja em quem ele vai se transformar." Essa epifania foi tão inesperada e tão profunda que continuou me impactando por muitos e muitos dias.

Mais tarde, contei para minha esposa sobre a experiência, e sobre como ocorrera uma completa mudança de paradigma em relação a Nathan. Havia um menino especial sob toda aquela ansiedade. Precisávamos apenas ser pacientes com ele, acreditar nele, e permitir que ele se desenvolvesse de acordo com seu próprio ritmo.

Lentamente, Nathan começou a mudar. Na quarta série, houve um grande progresso, quando ele foi convidado a falar em um evento escolar sobre o Hábito 5. Ele voltou para casa e disse: "Por favor, ligue para a escola e diga que não vou falar nada. Eu sei que eles só me convidaram porque você é o cara dos 7 Hábitos." Por um momento, achei que talvez eu devesse ligar para a escola, porque ele poderia se fingir de morto quando se levantasse para falar. Mas, então, eu reconsiderei e pensei: "Não. Nathan é capaz de fazer isso."

Algumas semanas depois, Nathan estava diante de duzentas pessoas, fazendo um ótimo discurso que ele mesmo havia escrito. Ele quase desmaiou durante o discurso, mas conseguiu ir até o fim. Sua autoconfiança cresceu imensamente naquele dia, e ele começou a procurar outras oportunidades de se expressar em público. Acredite ou não, quando Nathan chegou ao ensino médio, ele era um dos garotos mais extrovertidos, falantes e autoconfiantes que você jamais poderia imaginar. A fraqueza dele transformou-se em força, e, pelo fato de ele ter enfrentado tantos desafios quando criança, saía agora de sua zona de conforto com amor e compaixão, disposto a ajudar outras pessoas que estavam passando por dificuldades. Depois que a minha esposa e eu "vimos" o potencial de Nathan, passamos a tratá-lo de maneira diferente, e isso fez toda a diferença. Essa é a força de uma mudança de paradigma.

■ VER-FAZER-OBTER

O meu pai costumava dizer: "Você não entende. Ninguém entende. Os paradigmas são tudo. Não falamos sobre eles o suficiente. Se você quiser fazer pequenas melhorias, mude o seu comportamento. Mas se quiser fazer melhorias significativas, mude os seus paradigmas."

Na FranklinCovey, depois de treinar milhões de pessoas em milhares de organizações, nos demos conta do quanto isso é verdadeiro. Muitas vezes, usamos o diagrama abaixo, que ilustra que o que você vê determina o que você faz, e o que você faz determina o que você obtém. Descobrimos que quando pessoas, equipes e organizações dedicam-se apenas a fazer — aos comportamentos —, elas nunca obtêm os resultados que almejam. Para obter ótimos resultados, você deve, primeiro, trabalhar a visão — os paradigmas. Novos comportamentos não conseguem ser consolidados, a menos que você os encare de forma diferente.

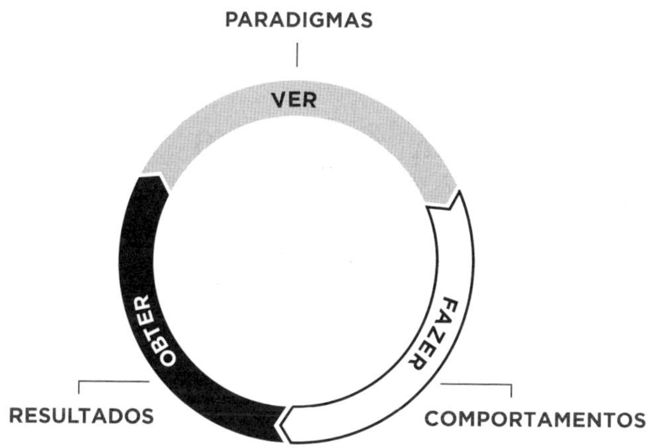

O meu pai era tão obcecado pelos princípios quanto pelos paradigmas, e nos prometeu que, se vivêssemos de acordo com os princípios, sempre seríamos bem-sucedidos a longo prazo. Cada um dos 7 Hábitos é baseado em alguns princípios e paradigmas essenciais, para os quais chamarei a atenção após cada hábito. Mas, antes de prosseguir, quero que você passe por uma experiência.

Na próxima página, há um gráfico com números de 1 a 54. O seu desafio é encontrar cada um dos números em ordem crescente, começando com o 1, depois o 2, depois o 3 e assim por diante, até chegar ao 54. Separe 60 segundos e veja quantos números você consegue encontrar. Não há números faltando nem nenhum truque. Preparar, apontar, fogo.

Até onde você foi? A maioria das pessoas chega à casa dos 20 (quando faço esse jogo com crianças, geralmente algumas conseguem chegar ao 54, o que ilustra como nós, adultos, muitas vezes, inadvertidamente, "desgenializamos" os nossos filhos).

Agora quero que você tente de novo, mas desta vez vou lhe dar um método de organização para ajudá-lo a localizar os números. Vá para a página 70; as instruções estarão bem sinalizadas lá.

Bem-vindo de volta. E então, até onde você foi desta vez? Quase todo mundo terá conseguido chegar ao 54. E qual foi a diferença? A diferença foi que você dispunha de um método, de um modelo de organização de algum tipo, que o ajudou a se guiar. Embora se trate de um joguinho simples, suas implicações são profundas. Nossas vidas são como números em uma página. Elas são difíceis de guiar. Há inúmeras opções e desafios. É muito fácil se perder ou ser menos eficaz.

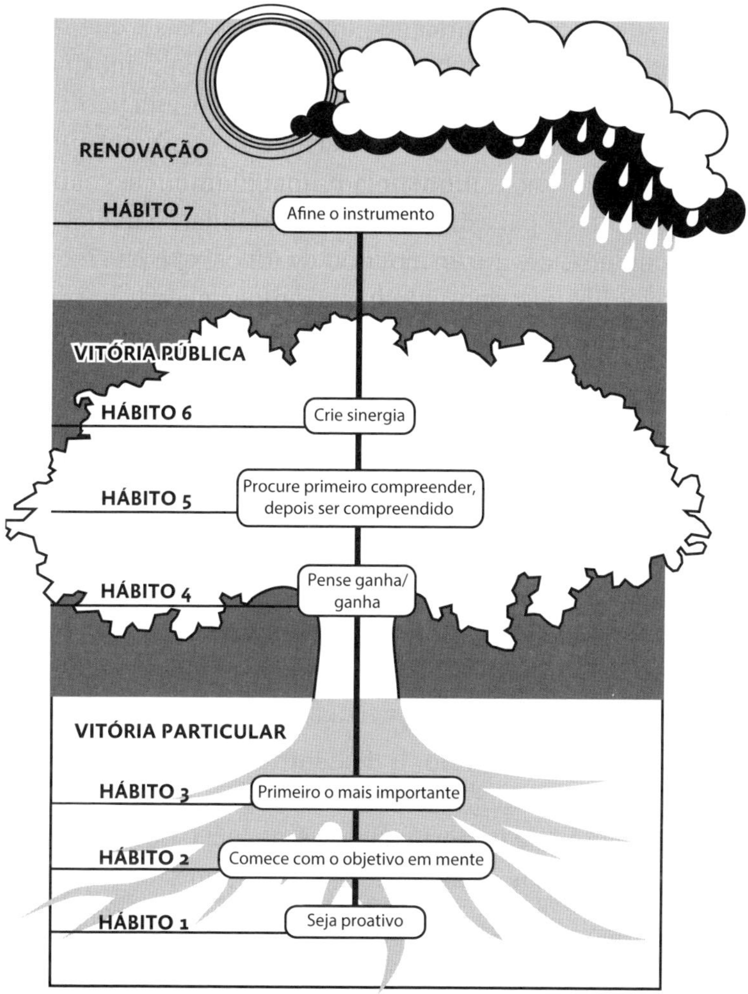

É aqui que entram os 7 Hábitos. Eles fornecem um modelo de organização, ou uma forma de pensar, que pode ajudá-lo a alcançar os seus objetivos e a resolver os seus problemas de uma maneira melhor e mais rápida. É a diferença entre terminar a contagem em 20 e chegar ao 54. Depois de assimilar esse modelo, você nunca mais será o mesmo. Ele fornece um padrão para criar uma vida plena de significado e contribuição.

Estude o diagrama apresentado nesta página. Ele é diferente do *Continuum* da Maturidade usado ao longo deste livro. Eu gosto deste diagrama de árvore porque ele mostra que os hábitos da Vitória Particular estão sob o solo, significando que são pessoais e que ninguém os vê. Os hábitos da Vitória Pública estão sobre o solo, à mostra, para que todos os vejam. O Hábito 7, o hábito da renovação, está perto do sol e da chuva, o que representa a nossa necessidade de constante alimentação.

Com os 7 Hábitos, a sequência é importante. Há mais de trinta anos, quando o meu pai estava concluindo a redação inicial deste livro, ele disse à equipe (para a consternação de todos) que precisava começar tudo de novo. Ele percebeu que havia subestimado a importância da sequência dos hábitos e que precisava reescrever o livro a partir desse paradigma. Os 7 Hábitos são uma abordagem de dentro para fora. Temos de conquistar a Vitória Particular (Hábitos 1, 2 e 3) antes de podermos conquistar a Vitória Pública (Hábitos 4, 5 e 6). Se, por exemplo, você tem um relacionamento ruim com o seu chefe, em vez de tentar pensar em termos de ganha/ganha com ele, primeiro você precisa se examinar e identificar o que pode estar fazendo de errado. Talvez você esteja pouco motivado ou alimentando uma agenda oculta. Sempre que tenho algum problema de relacionamento, a minha experiência mostra que, em oitenta por cento das vezes, o problema está em mim, e não nos outros, e que a chave para resolver esse problema é me corrigir primeiro. É de dentro para fora. As Vitórias Particulares sempre precedem as Vitórias Públicas.

Além de perceber a importância da sequência, outra ótima maneira de conhecer os hábitos é entender o que eles não são, ou o que eu chamaria de:

■ OS 7 HÁBITOS DAS PESSOAS ALTAMENTE INEFICAZES

Hábito 1: Seja reativo

Ponha a culpa de todos os seus problemas no seu péssimo chefe, nos seus pais, nos seus genes, no seu cônjuge, no seu parceiro, no seu ex, na economia, no governo, ou em qualquer outra coisa. Seja uma vítima. Não se responsabilize por sua vida. Se você estiver com fome, coma. Se estiver com raiva, grite. Se alguém lhe disser algo rude, responda rispidamente. Seja reativo.

Hábito 2: Comece com quase nada em mente

Não planeje com antecedência. Não estabeleça metas. E não se preocupe com as consequências de suas ações. Siga o fluxo. Viva o momento e divirta-se, cara, pois amanhã você pode estar morto.

Hábito 3: Por último o mais importante

Procrastine. Faça primeiro as coisas urgentes, como reagir a cada toque, luz chamativa e bipe que surgir em seu caminho. Você se ocupará das coisas importantes mais tarde. Não se preocupe em fortalecer seus relacionamentos; eles sempre estarão esperando por você. E para que fazer exercícios físicos? Você ainda está com saúde. Certifique-se apenas de passar tempo suficiente assistindo ao YouTube todos os dias.

Hábito 4: Pense ganha/perde

Encare a vida como uma competição feroz. Todo mundo está querendo alcançá-lo, então é melhor você alcançá-los primeiro. Não deixe os outros serem bem-sucedidos, porque, lembre-se: se eles ganharem, você perde. Porém, se tudo indicar que você vai perder, certifique-se de arrastar aquele idiota junto com você.

Hábito 5: Procure primeiro falar, depois finja ouvir

Você nasceu com uma boca, então use-a. Fale bastante. Certifique-se de que todos entendam suas opiniões primeiro; então, se for preciso, finja que está ouvindo, dizendo "uh-huh" enquanto a sua mente divaga, pensando no que vai comer no almoço. Ou, se você realmente quiser a opinião dos outros, ofereça-lhes você mesmo.

Hábito 6: Seja uma ilha

Vamos ser francos: as outras pessoas são estranhas pois são diferentes de você, então por que tentar se entender com elas? O trabalho em equipe é superestimado. A cooperação atrasa tudo, então deixe isso para lá. Como você sempre tem as melhores ideias, é melhor fazer as coisas sozinho. Seja a sua própria ilha especial.

Hábito 7: Entre em colapso

Fique ocupado demais dirigindo, a ponto de não ter tempo para abastecer. Fique ocupado demais vivendo, a ponto de não ter tempo para recarregar-se e renovar-se. Não aprenda coisas novas. Evite fazer exercícios físicos, como se isso fosse uma praga. E, pelo amor de Deus, fique longe dos bons livros, da natureza, da arte, da música, ou de qualquer outra coisa que possa inspirá-lo. Entre em colapso, meu caro, em colapso.

Logicamente, não são estes os hábitos que buscamos. Mas, muitas vezes, nós os colocamos em prática (inclusive eu), pois eles representam um percurso que oferece menor resistência.

Em resumo, espero que os 7 Hábitos proporcionem uma estrutura única para ajudá-lo a se guiar e a se tornar uma pessoa mais eficaz em casa e no trabalho. Espero que você se lembre de que as Vitórias Particulares precedem as Vitórias Públicas. E espero que você questione e atualize alguns dos seus paradigmas.

Frequentemente, perguntavam ao meu pai: "Qual dos hábitos é o mais importante?" Segundo as minhas impressões e as dos meus irmãos, aqui e ali ele respondia que todos os hábitos eram os mais importantes. "O Hábito 2", dizia ele enfaticamente, "é o hábito mais importante, porque se você não tiver uma visão para a sua vida, você não tem nada". Ou "o Hábito 6 é o hábito principal, porque quando você coloca em prática todos os outros hábitos, você chega à sinergia". Ou "o hábito mais importante de todos é, de longe, o Hábito 1, porque se você não assumir que está no comando, não poderá colocar em prática nenhum dos outros hábitos". Nós, crianças, sempre nos divertíamos com isso.

No meu ponto de vista, eu diria que o hábito mais importante é aquele que você está tendo mais dificuldade para praticar.

Boa sorte!

Na página a seguir, colocamos o mesmo gráfico com o qual você se exercitou antes: no entanto, desta vez eu dividi a área total em nove quadrados iguais. Para encontrar os números, basta seguir o seguinte padrão. Em outras palavras, o primeiro número está na área 1, o número seguinte está na área 2, o número seguinte está na área 3, o número seguinte está na área 4, e assim por diante, até a área 9. Em seguida, vá para a área 1 novamente e repita o mesmo padrão.

1	2	3
4	5	6
7	8	9

Separe novamente 60 segundos e veja até onde você consegue chegar desta vez. Quando terminar, volte para a página 65. Você está pronto? Preparar, apontar, fogo.

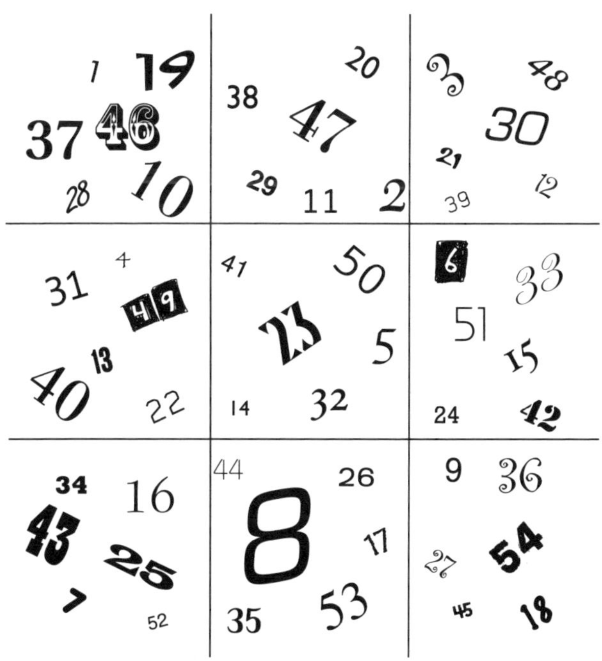

Segunda Parte

VITÓRIA PARTICULAR

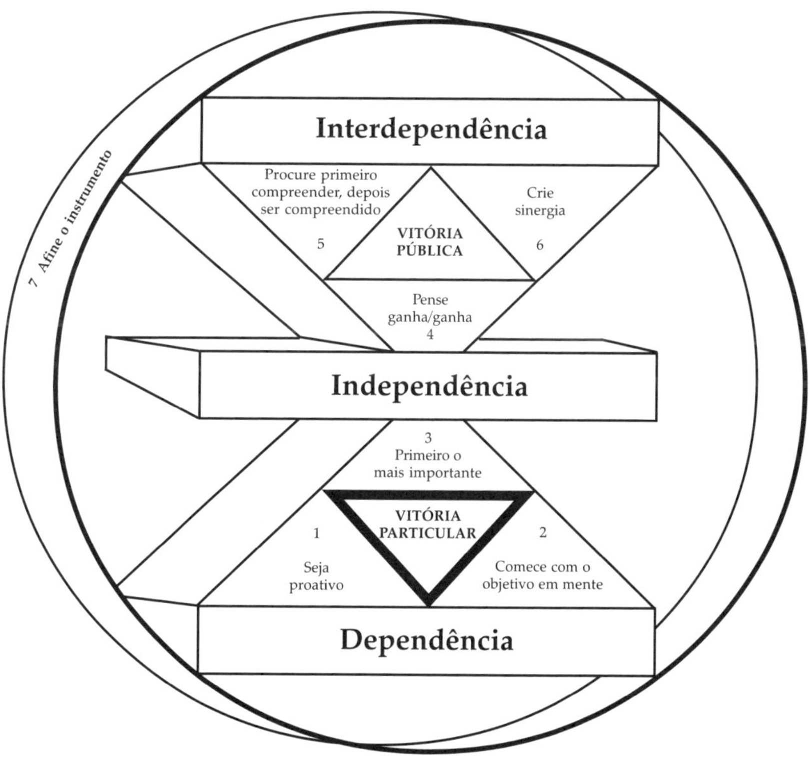

Hábito 1
Seja Proativo

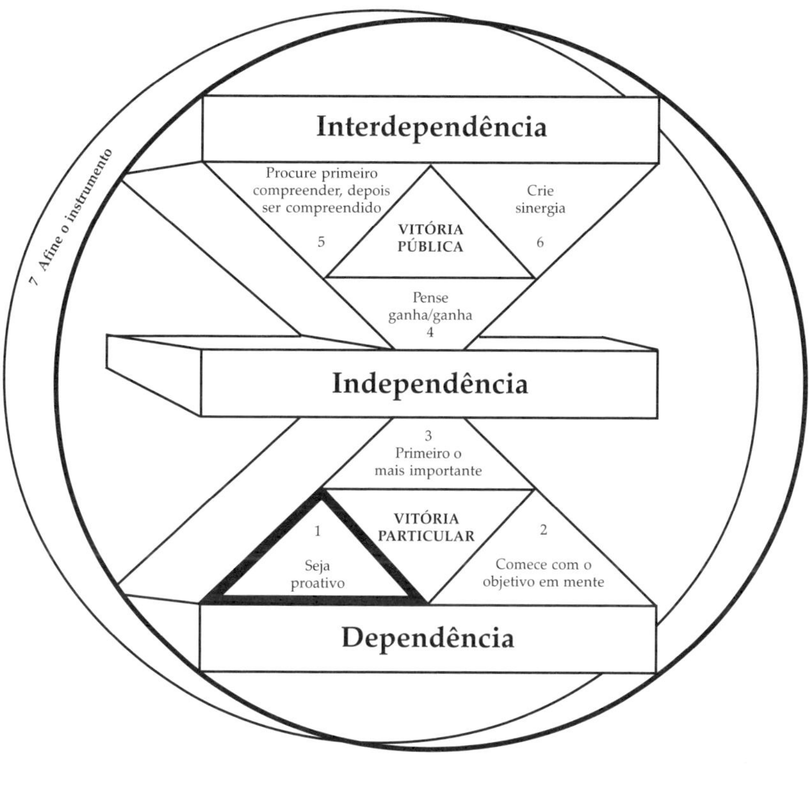

Princípios da Visão Pessoal

Não conheço nenhum fato mais encorajador
que a inquestionável capacidade humana
de aceitar a própria vida através do esforço consciente.

Henry David Thoreau

Quando estiver lendo este livro, tente sair um pouco de si mesmo. Tente projetar sua consciência para o alto, em um canto da sala, e olhar para você com a visão da mente, lendo. Consegue ver-se como se fosse outra pessoa?

Agora tente outra coisa. Pense em seu estado de espírito neste exato momento. Consegue identificá-lo? O que está sentindo? Como descreveria seu estado mental atual?

Agora pense por um minuto no modo como sua mente trabalha. Ela está ativa e alerta? Você sente que está dividido entre fazer este exercício mental e descobrir o motivo para ele?

Sua habilidade para fazer o que acabou de fazer é unicamente humana. Os animais não possuem esta capacidade. Chamamos isso de "autoconsciência", ou a habilidade para pensar a respeito do próprio processo de pensamento. Esta é a razão para o homem ter o domínio sobre todas as coisas do mundo, garantindo avanços de geração em geração.

Graças a isso, podemos avaliar e aprender com a experiência alheia, bem como com a nossa. E esse também é o motivo pelo qual podemos criar e romper com nossos hábitos.

Nós não somos nossos sentimentos. Tampouco somos nosso estado de espírito. Nem mesmo somos nossos pensamentos. O próprio fato de conseguirmos refletir sobre estas coisas nos separa delas e do mundo animal. A autoconsciência permite que guardemos certa distância e examinemos até mesmo o modo como "vemos" a nós mesmos — nosso paradigma pessoal, o paradigma mais fundamental da eficácia. Ele afeta não somente nossas atitudes e comportamentos, mas também o jeito como vemos as outras pessoas. Ele se torna nosso mapa da natureza básica da humanidade.

De fato, até levarmos em conta o modo como vemos a nós mesmos (e como vemos os outros), seremos incapazes de compreender como os outros sentem e veem a si mesmos e ao mundo. Sem esta consciência, projetaremos nossa vontade no comportamento deles e ainda chamaremos isso de objetividade.

Essa atitude limita significativamente nosso potencial pessoal e nossa habilidade para o relacionamento com os outros. Mas, em função de nossa capacidade humana e única para a autoconsciência, podemos examinar nossos paradigmas e determinar se eles estão baseados em realidades ou princípios, ou se constituem uma consequência do condicionamento e das circunstâncias.

■ O ESPELHO SOCIAL

Se a única visão que possuímos de nós vem do espelho social — do paradigma social em vigor e das opiniões, imagens e paradigmas das pessoas à nossa volta —, nossa noção de personalidade equivale ao que se vê em uma sala de espelhos mágicos de parque de diversões.

"Você chega sempre atrasado."

"Por que não consegue nunca manter suas coisas em ordem?"

"Você deve ser um artista!"

"Você come como um cavalo!"

"Não acredito que você tenha vencido!"

"Mas isso é tão simples. Como você não entende?"

Estas visões são fragmentadas e desproporcionais. São, em geral, mais projeções do que reflexões, pois projetam as preocupações e falhas do caráter das pessoas que dão palpites sobre nós, sem saber realmente como somos.

O paradigma social atualmente aceito nos diz que nosso condicionamento e nossa condição determinam o que somos. Apesar de reconhecermos o imenso poder do condicionamento em nossas vidas, dizer que ele *determina* o que somos e que não temos controle algum sobre esta influência cria uma situação radicalmente diferente.

Atualmente, existem três mapas sociais — três teorias do determinismo amplamente aceitas, independentes ou combinadas, para explicar a natureza do ser humano.

O *determinismo genético* diz que a culpa é dos seus avós. Por causa deles, você é tão mal-humorado. Seus avós eram rabugentos, e isso está no DNA. Passa de uma geração a outra, e você herdou tudo. Ainda por cima, você é irlandês, e os irlandeses são assim por natureza.

O *determinismo psíquico* diz que a culpa é de seus pais. Sua educação e as experiências na infância deram forma às tendências da sua personalidade e à estrutura de seu caráter. É por isso que você tem medo de encarar um grupo. Seus pais o criaram assim. Você sente uma culpa terrível quando comete um erro, porque lá no fundo você se "lembra" do roteiro emocional que decorou quando era muito pequeno, dependente e vulnerável. Você se "recorda" das punições emocionais, da rejeição e da comparação com os outros quando sua *performance* fica aquém do esperado.

O *determinismo ambiental* diz basicamente que a culpa é do seu chefe — ou de sua mulher, do filho adolescente respondão, da situação econômica ou da política internacional. Alguém ou algo em seu ambiente é responsável por sua situação.

Cada um destes mapas se baseia na teoria do estímulo/resposta que associamos mais comumente com os experimentos de Pavlov com cachorros. A ideia básica é que somos condicionados a reagir de determinada maneira a um estímulo em particular.

Com que precisão e funcionalidade esses mapas deterministas descrevem o território? Com que nitidez esses espelhos refletem a verdadeira natureza do homem? Não seriam eles profecias feitas com cartas marcadas? Seriam eles baseados em princípios que consideramos válidos, em nosso íntimo?

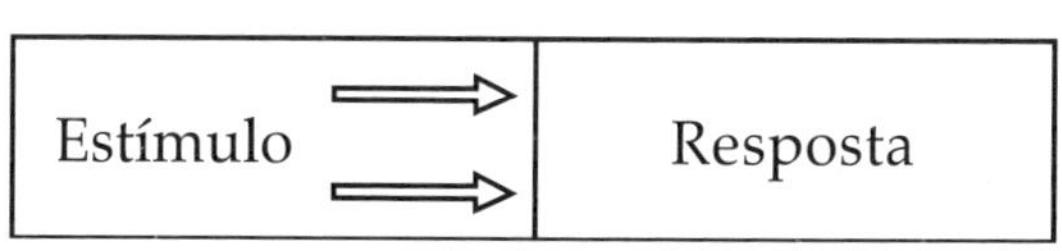

MODELO REATIVO

■ ENTRE O ESTÍMULO E A RESPOSTA

Para responder a estas perguntas, vou contar a história catalítica de Victor Frankl.

Frankl era um determinista, educado na tradição da psicologia freudiana, e postulava que os eventos da infância de uma pessoa, quaisquer que fossem, moldavam caráter e personalidade, passando basicamente a governar a vida dela. Os limites e parâmetros da vida eram estabelecidos, e não havia muito que se fazer a respeito.

Frankl era também psiquiatra e judeu. Ele viveu como prisioneiro, nos campos de extermínio da Alemanha nazista, onde passou por experiências tão repugnantes para nosso senso de decência que mencioná-las é o suficiente para deixar qualquer um arrepiado.

Seus pais, seu irmão e sua mulher morreram nos campos, ou foram mandados para as câmaras de gás. Com exceção da irmã, sua família inteira foi exterminada. O próprio Frankl sofreu torturas e humilhações indescritíveis, sem nunca saber se, de uma hora para outra, ele deixaria de fazer parte dos "sobreviventes", que removiam os corpos e varriam as cinzas dos mortos, e seria conduzido à câmara de gás.

Um dia, nu e sozinho em um pequeno quarto, ele começou a tomar consciência do que mais tarde chamou de "a última das liberdades humanas" — a liberdade que seus carrascos nazistas não podiam tirar dele. Eles podiam controlar a situação e o ambiente, podiam fazer o que quisessem com seu corpo, mas o próprio Victor Frankl era um ser dotado de autoconsciência, e podia atuar como observador do próprio destino, sua identidade básica estava intacta. *Ele podia decidir, dentro de si, como aquilo tudo iria afetá-lo.* Entre o que acontecia com ele, ou o estímulo, e sua reação, estava sua liberdade ou seu poder de escolher qual seria a resposta.

Em meio a suas agruras, Frankl costumava projetar a si mesmo em situações distintas, como dar aulas para seus alunos quando fosse libertado do campo de extermínio. Ele descrevia a si mesmo na classe, com os olhos da mente, e transmitia as lições que estava aprendendo naqueles momentos difíceis.

Graças a uma série de atitudes disciplinadas — mentais, emocionais e morais, utilizando principalmente a imaginação e a memória —, ele exerceu aquela liberdade diminuta, embrionária, que cresceu cada vez mais, tornando-o mais livre que seus carrascos nazistas. Estes possuíam mais *liberdade* em termos de opções dentro daquele ambiente, mas ele tinha mais *liberdade* interna, mais poder para exercer suas opções. Tornou-se uma fonte de inspiração para os que estavam ao seu redor, e mesmo para alguns guardas. Ajudou outros a encontrar um sentido para o sofrimento e dignidade em sua vida na prisão.

No meio das circunstâncias mais degradantes que se possa imaginar, Frankl usou o dom humano da autoconsciência para descobrir um princípio fundamental da natureza do homem: *Entre o estímulo e a resposta encontra-se a liberdade de escolha do ser humano.*

A liberdade de escolha abrange os dons que nos tornam humanos, distintos dos outros animais. Além da *autoconsciência*, temos a *imaginação* — a capacidade de criar, na mente, imagens que transcendem a realidade presente. Temos a *consciência*, um entendimento profundo do que é certo ou errado, dos princípios que governam nosso comportamento, e a noção do grau em que nossos pensamentos e ações estão em harmonia com eles. Temos também a *vontade independente* — a capacidade de agir conforme manda a autoconsciência, livre de qualquer influência.

Nem mesmo os animais mais inteligentes possuem tais dons. Para usar uma metáfora de computação, eles são programados pelo instinto e/ou pelo treinamento. Eles podem ser treinados para serem responsáveis, mas não podem ter a responsabilidade de treinar. Em outras palavras, não são capazes de interferir. Eles não podem mudar a programação feita. Nem mesmo possuem consciência do programa.

Em compensação, podemos fazer novos programas para nós, graças aos dons únicos mencionados, próprios dos seres humanos e completamente separados de instinto e treinamento. Por essa razão, a capacidade dos animais é relativamente limitada, e a dos seres humanos, ilimitada. Entretanto, se vivermos como animais, apenas com os instintos e condicionamentos, desvinculados da memória coletiva, também seremos limitados.

O paradigma determinista tem origem principalmente no estudo de animais — ratos, macacos, pombos, cachorros — e pessoas neuróticas e psicóticas. Apesar de isso atender a determinados critérios dos pesquisadores, sendo mensuráveis e previsíveis, a história da humanidade e nossa autoconsciência revelam que este mapa não representa o território de forma alguma!

Nossos dons exclusivos nos elevam acima do mundo animal. A amplitude com que exercemos e aprimoramos esses dons nos permite realizar nosso potencial essencialmente humano. Entre o estímulo e a resposta, encontra-se nosso maior poder — a liberdade de escolha.

■ DEFININDO A "PROATIVIDADE"

Ao descobrir o princípio básico da natureza humana, Frankl desenhou um mapa acurado de si, a partir do qual começou a desenvolver o hábito principal e básico de uma pessoa supereficaz em qualquer ambiente: o hábito da *proatividade.*

Apesar de a palavra *proatividade* ser atualmente muito comum nos livros sobre administração, trata-se de um termo que não encontraremos na maioria dos dicionários. Ela significa muito mais do que tomar a iniciativa. Implica que nós, como seres humanos, somos responsáveis por nossas próprias vidas. Nosso comportamento resulta de decisões tomadas, não das condições externas. Temos a capacidade de subordinar os sentimentos aos valores. Possuímos iniciativa e responsabilidade suficientes para fazer os fatos acontecerem.

Pense na palavra *responsabilidade* — responsabilidade —, a habilidade para escolher sua resposta. Pessoas superproativas acostumam-se com a responsabilidade. Não colocam a culpa por seu comportamento em circunstâncias, condições ou condicionamentos. Seu comportamento é produto de sua escolha consciente, baseada em valores, não resultado de um condicionamento, baseado em sentimentos.

Uma vez que somos, por natureza, proativos, nossa vida só será consequência das condições e dos condicionamentos se deixarmos que estes fatores controlem nossa mente, por decisão consciente ou omissão.

Se esta foi nossa opção, tornamo-nos *reativos.* As pessoas reativas são afetadas somente pelo ambiente físico. Se o tempo está bom, elas se sentem bem. Caso contrário, mudam a atitude e a *performance.* As pessoas proativas carregam o tempo dentro de si. Faça chuva ou faça sol, não interessa, elas avançam graças a seus valores. E se um de seus valores é realizar um trabalho de qualidade, ela não depende de o tempo estar bom ou não.

As pessoas reativas também são afetadas pelo ambiente social, pelo "clima social". Quando as pessoas as tratam bem, sentem-se bem. Quando acontece o contrário, assumem uma postura defensiva ou protetora. As pessoas reativas constroem sua vida emocional em torno do comportamento dos outros, permitindo que a fraqueza alheia as controle.

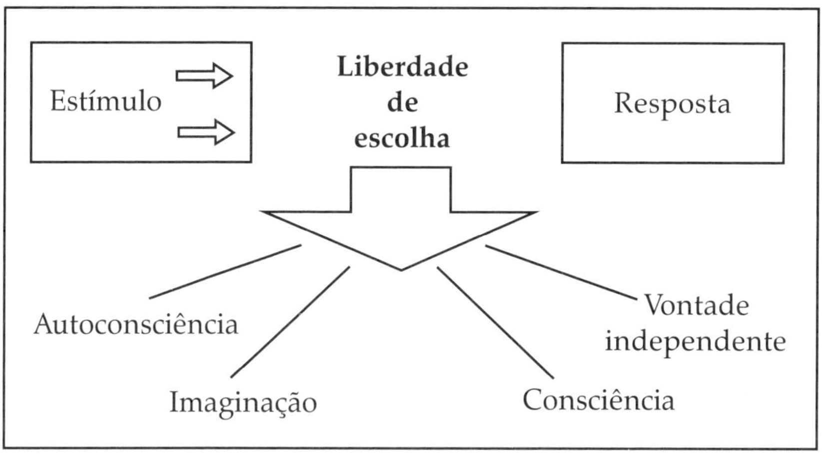

MODELO PROATIVO

A capacidade de subordinar um impulso a um valor é a essência de uma pessoa proativa. Os reativos são levados por sentimentos, circunstâncias, condições e ambiente. Os proativos são guiados por seus valores, cuidadosamente pensados, selecionados e interiorizados.

Os proativos continuam sendo influenciados pelos estímulos externos, sejam estes sociais, físicos ou psicológicos. Mas a resposta aos estímulos, consciente ou inconsciente, é uma escolha ou resposta baseada em valores.

Eleanor Roosevelt disse: "Ninguém pode feri-lo sem seu consentimento." Nas palavras de Gandhi, isso aparece também: "Eles não conseguem tirar nosso respeito próprio se não o entregarmos a eles." É nosso consentimento, nossa permissão para que as coisas aconteçam a nós que nos fere, muito mais do que os eventos propriamente ditos.

Concordo que tudo isso é muito difícil de se aceitar emocionalmente, em especial se carregamos nas costas por anos a fio o costume de responsabilizar o comportamento alheio ou as circunstâncias por nossos problemas. Mas uma pessoa só pode dizer "Eu escolho isso" quando se torna capaz de dizer "Sou o que sou hoje por causa das escolhas que fiz ontem".

Durante uma conferência sobre a proatividade, certa vez, em Sacramento, uma senhora da plateia se levantou, no meio da explicação, e começou a falar alto e excitadamente. Havia muita gente, e quando várias pessoas voltaram a cabeça na direção dela, a mulher tomou consciência repentina do que estava fazendo e sentou-se, muito envergonhada. Mas pelo jeito teve dificuldade em se conter, pois começou a conversar com as pessoas ao redor. Ela parecia muito feliz.

Mal pude esperar por um intervalo para descobrir o que estava acontecendo. Quando tive finalmente a oportunidade, fui falar com ela e perguntei se poderia relatar sua experiência.

— Não pode imaginar o que aconteceu comigo! — exclamou ela. — Sou enfermeira em tempo integral, e cuido do homem mais miserável e ingrato que se pode imaginar. Nada do que faço é bom o bastante para ele. Nunca se mostra satisfeito. Na verdade, mal se dá conta da minha presença. Quando percebe minha existência, é para reclamar e colocar defeito em tudo. Este homem tornou minha vida um inferno, e carrego estas frustrações quando vou para casa. As outras enfermeiras sentem o mesmo. Nós torcemos para que ele morra.

"E o senhor tem o atrevimento de chegar e insinuar que nada pode me ferir, que ninguém vai me fazer mal sem meu consentimento, que eu mesma escolhi tornar minha vida emocional um inferno... Sabe, não pude aceitar isso de jeito nenhum.

"Aí eu pensei um pouco. Procurei a resposta a esta pergunta bem lá no fundo do meu coração: 'Eu tenho o poder de escolher minha resposta?'

"Quando finalmente me dei conta de que tenho este poder, quando engoli essa grande pílula amarga e percebi que havia escolhido viver neste inferno, vi também que poderia escolher sair dele.

"Naquele instante, eu me levantei da cadeira. Era como se estivesse saindo da penitenciária de San Quentin. Queria gritar para o mundo todo: 'Estou livre! Saí da prisão! Nunca mais serei controlada pelo tratamento que receber de outra pessoa.'"

Não é o que nos acontece que nos magoa, mas a resposta que damos ao episódio.

É óbvio que os fatos podem nos atingir física ou economicamente, e podem causar dor. Mas nosso caráter ou nossa identidade básica não tem de ser necessariamente atingido. Na verdade, as experiências mais difíceis tornam-se os cadinhos que forjam o caráter e aprimoram a força interior, a liberdade para lidar com situações difíceis no futuro e para estimular os outros a fazerem o mesmo.

Frankl é uma entre muitas pessoas que foram capazes de desenvolver a liberdade pessoal em circunstâncias difíceis, inspirar e ajudar os outros. Os relatos autobiográficos dos prisioneiros de guerra no Vietnã fornecem um testemunho adicional revelador sobre o poder de transformação dessa forma de liberdade pessoal e sobre o uso responsável desta no ambiente da prisão, entre os presos, tanto na época quanto agora.

Todos nós conhecemos pessoas que em circunstâncias extremamente penosas, como no caso de doenças terminais ou danos físicos severos, mantêm uma força emocional admirável. Como a integridade deles nos inspira! Nada é capaz de causar uma impressão mais forte e duradoura em um ser humano do que ver alguém superar o sofrimento, transcender as circunstâncias, abrigar e transmitir valores que inspiram, enobrecem e valorizam a vida.

Um dos períodos mais plenos de inspiração por que Sandra e eu passamos teve a duração de quatro anos, quando convivemos com uma grande amiga, Carol, portadora de um câncer progressivo. Ela havia sido uma das damas de honra em nosso casamento e a melhor amiga de Sandra por mais de 25 anos.

Quando Carol estava no estágio final da doença, Sandra passava muito tempo a seu lado, ajudando-a a escrever a história de sua vida. Sandra voltava dessas sessões difíceis e demoradas assombrada com a coragem da amiga e sua disposição de escrever mensagens para serem entregues aos filhos em diversos estágios da vida deles.

Carol tomava o mínimo possível de medicamentos analgésicos, para não afetar suas faculdades mentais e emocionais. Depois sussurrava para o gravador, ou para a própria Sandra, que tomava notas. Carol era tão proativa, tão corajosa e tão preocupada com os outros que se tornou uma fonte de inspiração imensa para muitas das pessoas que se concentravam em torno dela.

Jamais esquecerei a experiência de olhar no fundo dos olhos de Carol na véspera de seu falecimento e perceber a presença de uma pessoa de incrível grandeza interior, apesar da profunda agonia por que passava. Eu podia perceber nos seus olhos a vida de caráter, contribuição e serviço, bem como amor, cuidado e atenção.

Por muitas vezes, no decorrer dos anos, perguntei a grupos de pessoas quantos haviam passado pela experiência de conviver com uma pessoa prestes a morrer e que, no entanto, mantinha uma atitude magnífica, transmitindo amor e compaixão, servindo aos outros de modo admirável até o fim. Normalmente um quarto da plateia dava uma resposta afirmativa. Então, perguntava quantos desses jamais se esqueceram dessas pessoas — ou do quanto se modificaram, pelo menos temporariamente, pelo exemplo dado por tanta coragem, ficando profundamente impressionados pelos atos nobres de cuidado e compaixão. Praticamente todas as pessoas respondiam novamente de forma afirmativa.

Victor Frankl mostra que existem três valores centrais na vida: a experiência, ou seja, aquilo que acontece a nós; a criação, ou seja, aquilo que trazemos para o mundo; e a atitude, ou seja, nossa resposta em momentos difíceis, como, por exemplo, uma doença terminal.

Minha própria experiência com as pessoas confirma as afirmações feitas por Frankl — que considera a atitude como o maior valor entre os três, no sentido paradigmático ou referencial. Em outras palavras, o que importa mais é a forma como respondemos às experiências da vida.

As circunstâncias difíceis trazem mudanças nos paradigmas, novos padrões de referência pelos quais as pessoas veem o mundo e a si mesmas dentro dele, bem como o que a vida lhes pede. Uma perspectiva mais ampla reflete os valores ligados à atitude, que enobrecem e inspiram todos nós.

■ TOMANDO A INICIATIVA

Nossa natureza básica nos torna ativos, não passivos. Assim como isso nos permite escolher a resposta em circunstâncias determinadas, também nos dá o poder para criar as circunstâncias.

Tomar a iniciativa não significa ser abusado, desagradável ou agressivo, e sim reconhecer a responsabilidade de fazer com que as coisas aconteçam.

No decorrer dos anos, muitas vezes aconselhei quem desejava empregos melhores a mostrar mais iniciativa — fazer testes de aptidão e interesse, estudar seu ramo de negócios e até mesmo os problemas específicos que as empresas em que estavam interessadas enfrentavam, para depois aperfeiçoar uma forma eficaz de se apresentar, mostrando como suas habilidades poderiam ajudar a resolver os problemas da organização. Isso leva o nome de "venda de soluções" e constitui um paradigma-chave para o sucesso profissional.

A resposta em geral é positiva — as pessoas, em sua maioria, conseguem entender que tal abordagem tem uma influência poderosa quando se trata de um novo emprego ou promoção. Mas a muitos falta a iniciativa para dar os passos necessários, para fazer o objetivo acontecer.

"Não sei aonde ir para fazer os testes de aptidão e interesse."

"Como posso estudar os problemas destes ramos e das empresas? Ninguém quer me ajudar."

"Não tenho a menor ideia de como me apresentar de forma eficaz."

Muita gente espera que algo aconteça, ou que alguém tome conta delas. Mas as pessoas que acabam conseguindo os melhores empregos são as proativas que apresentam soluções para os problemas, e não mais problemas, que aproveitam a iniciativa para fazer tudo que é preciso, em harmonia com seus princípios, para que as tarefas sejam cumpridas.

Sempre que alguém em minha família, mesmo que seja uma das crianças menores, assume uma atitude irresponsável e espera que os outros façam com que as coisas aconteçam ou forneçam uma solução, digo invariavelmente: "Use seu RI!" (recursos e iniciativa). Na verdade, muitas vezes, antes que eu possa dizer isso, a resposta já vem junto com a reclamação: "Já sei, use seu RI!"

Orientar as pessoas no sentido da responsabilidade não diminui ninguém. Ajuda na afirmação, na verdade. A proatividade faz parte da natureza humana, e mesmo que os músculos da proatividade possam estar adormecidos, eles existem. Ao respeitarmos a natureza proativa das outras pessoas, damos a elas no mínimo um reflexo objetivo, sem distorções do espelho social.

Óbvio, o nível de maturidade de um indivíduo precisa ser levado em consideração. Não podemos esperar uma cooperação criativa daqueles que se encontram em uma situação de profunda dependência emocional. Mas podemos, pelo menos, reafirmar sua natureza básica e criar uma atmosfera em que as pessoas possam aproveitar as oportunidades para solucionar problemas de um modo cada vez mais confiante.

■ SER ATIVO OU PASSIVO

A diferença entre as pessoas que exercem a iniciativa e as que não o fazem é igual à diferença entre o dia e a noite. Não falo de uma diferença na casa dos 25 ou cinquenta por cento em eficácia. Eu me refiro a uma diferença de cinco mil por cento ou mais, particularmente se a pessoa for inteligente, atenta e sensível aos outros.

Exige-se iniciativa para criar o equilíbrio P/CP eficaz na sua vida. Exige-se iniciativa para desenvolver os 7 Hábitos. Quando os outros seis hábitos são estudados, percebe-se que cada um depende do aprimoramento dos seus músculos proativos. Cada um deles mostra que a responsabilidade pela ação é sua. Se você esperar que os outros façam, *será* um passivo. O crescimento e as oportunidades estão reservados para os ativos.

Trabalhei certa vez com um grupo de pessoas ligadas à produção de eletrodomésticos, representantes de vinte empresas diferentes, que se reuniam trimestralmente para discutir seus resultados e problemas, de modo informal.

Passávamos por uma recessão pesada, e o impacto negativo naquele setor específico era ainda mais pesado do que na economia em geral. As pessoas estavam bastante desanimadas quando começamos.

No primeiro dia, o tema em discussão era "O que está acontecendo conosco? Qual o problema?". Havia vários problemas. As pressões ambientalistas eram poderosas. O desemprego aumentava e muitos empresários ali presentes estavam despedindo amigos para manter a fábrica em funcionamento. No final do dia, estavam ainda mais desanimados.

No segundo dia, eles discutiram o tema "O que vai acontecer no futuro?". Analisaram as tendências dos movimentos ecológicos de modo preconceituoso, achando que causariam prejuízos a eles. Ao final do segundo dia, estavam ainda mais deprimidos. As coisas ainda piorariam muito antes de melhorar, e todos sabiam disso.

No terceiro dia, portanto, decidi me concentrar no tema proativo "Qual será a nossa resposta? O que faremos? Qual a iniciativa que podemos tomar nesta situação?". Pela manhã, falamos sobre gerenciamento e redução de custos. Na parte da tarde, discutimos o aumento da participação no mercado. Esmiuçamos as duas áreas, para depois nos concentrar em alguns pontos práticos, exequíveis. O encontro foi concluído, naquele dia, dentro de um novo espírito de esperança, animação e conscientização proativa.

No final do terceiro dia, resumimos os resultados dos trabalhos em uma resposta em três partes para a questão "Como vão os negócios?".

Primeira parte: O que está acontecendo agora conosco é ruim, e as tendências detectadas indicam que as coisas ainda podem piorar mais, antes de começarem a melhorar.

Segunda parte: Mas tudo isso acaba sendo bom, porque cuidamos melhor dos aspectos gerenciais, reduzimos custos e aumentamos nossa participação no mercado.

Terceira parte: Portanto, os negócios vão muito bem, obrigado.

Sabe o que uma mentalidade reativa diria ao ouvir isso? "Ah, não vem com essa. Encare os fatos. Não adianta querer adotar esta abordagem otimista e psicológica. Mais cedo ou mais tarde você vai ter de encarar a realidade."

Esta é a diferença entre ter pensamento positivo e ser proativo. Nós estávamos encarando a realidade. Encaramos a realidade das circunstâncias atuais e das projeções para o futuro. Mas também encaramos a realidade de que temos o poder para escolher uma resposta positiva a estas circunstâncias e perspectivas. Não encarar a realidade é aceitar a ideia de que os acontecimentos ocorridos em nosso meio ambiente determinam nossas vidas.

Empresas, grupos comunitários, organizações de todos os tipos — inclusive famílias — podem ser proativas. Elas podem unir a criatividade e a engenhosidade de indivíduos proativos para criar uma cultura proativa dentro da organização. A instituição não precisa ficar à mercê do ambiente, pode assumir a iniciativa de conquistar as metas e os valores compartilhados pelos indivíduos envolvidos.

■ OUVINDO NOSSA LINGUAGEM

Uma vez que nossas atitudes e comportamentos derivam dos paradigmas, podemos usar nossa autoconsciência para examiná-los, descobrindo nesses paradigmas, com frequência, a natureza dos nossos mapas ocultos. Nossa linguagem, por exemplo, é um bom indicador da medida com que vemos a nós mesmos como pessoas proativas.

A linguagem das pessoas reativas tenta absolvê-las de toda a responsabilidade.

"Eu sou assim. Sou assim e pronto." *Sou teimoso. Não há nada que possa ser feito a este respeito.*

"Ela me deixa louco." *Não sou responsável. Minha vida emocional é governada por algo fora do meu controle.*

"Não posso fazer isso. Não tenho tempo." *Algo fora de mim — o tempo limitado — está controlando minha vida.*

"Ah, se minha esposa tivesse um pouco mais de paciência!" *O comportamento de outra pessoa está limitando minha capacidade.*

"Tenho de fazer isso." *As circunstâncias, ou outras pessoas, estão me forçando a agir desta forma. Não sou livre para escolher minhas ações.*

Linguagem Reativa	Linguagem Proativa
Não há nada que eu possa fazer.	Vamos procurar alternativas.
Sou assim e pronto.	Posso tomar outra atitude.
Ela me deixa louco.	Posso controlar meus sentimentos.
Eles nunca vão aceitar isso.	Vou buscar uma apresentação eficaz.
Tenho de fazer isso.	Preciso achar a resposta apropriada.
Não posso.	Eu escolho.
Eu preciso.	Eu prefiro.
Ah, se eu pudesse...	Eu vou fazer.

Essa linguagem deriva de um paradigma básico do determinismo. Seu espírito consiste na transferência da responsabilidade. *Eu não sou responsável, não sou capaz de escolher minha resposta.*

Certa vez, um estudante perguntou:

— O senhor poderia me dispensar dessa aula? Preciso participar de um campeonato de tênis em outra cidade.

— Você *precisa* ir ou *deseja* ir? — indaguei.

— Na verdade, *preciso* mesmo ir!

— E o que vai acontecer se você não for?

— Bem, serei expulso da equipe.

— E gostaria que isso acontecesse?

— Óbvio que não.

— Em outras palavras, você *escolheu* viajar, pois deseja continuar na equipe. O que acontecerá se você perder as aulas?

— Eu não sei.

— Faça um esforço. Qual seria a consequência natural de faltar às aulas, em sua opinião?

— Eu não seria expulso, não é?

— Isso seria uma consequência social. Algo artificial. Se você não participar do campeonato de tênis, não poderá jogar. Isso é natural. E se você não frequentar as aulas, qual será a consequência natural?

— Acho que não vou aprender a matéria.

— Correto. Você precisa, portanto, comparar esta consequência com a outra consequência e fazer uma escolha. Se eu estivesse em seu lugar, preferiria disputar o campeonato. Mas jamais afirme que *precisa* fazer algo.

— Eu *escolho* disputar o campeonato de tênis — retrucou ele calmamente.

— E perder minha aula? — perguntei brincando.

Um dos problemas sérios da linguagem reativa reside no fato de ela se voltar contra si. As pessoas se convencem do paradigma determinista e fornecem provas para confirmar suas crenças. Sentem cada vez mais que são vítimas, não controlam suas vidas nem seu destino. Colocam a culpa em forças externas — outras pessoas, circunstâncias ou mesmo nos astros — por sua condição.

Quando eu falava sobre o conceito de proatividade em um seminário, um homem ergueu-se e falou:

— Stephen, aprovo o que você está dizendo. Mas cada caso é um caso. Meu casamento, por exemplo. Estou muito preocupado. Minha esposa e eu não temos mais os mesmos sentimentos de antigamente um pelo outro. Creio que não a amo mais e que ela também não me ama. O que posso fazer?

— O sentimento desapareceu?

— Isso mesmo — confirmou ele. — E nós temos três filhos, o que muito nos preocupa. O que sugere?

— Ame sua esposa.

— Acabei de dizer, o sentimento desapareceu.

— Ame-a.

— Você não compreende. Este sentimento, o amor, não existe mais.

— Então, ame-a. Se o sentimento desapareceu, você tem um bom motivo para amá-la.

— Mas como amar alguém que a gente não ama?

— Meu caro, amar é um verbo. O amor, o sentimento, é um fruto do verbo amar. Sendo assim, ame-a. Seja bom para ela. Sacrifique-se. Ouça os problemas de sua esposa. Faça um esforço de compreensão. Goste. Compareça. Está disposto a tanto?

Na alta literatura de todas as sociedades desenvolvidas, amar é um verbo. As pessoas reativas o tornam um sentimento. Elas são levadas pelos sentimentos. Os filmes de Hollywood nos levam a acreditar que não somos responsáveis, que somos o resultado de nossos sentimentos. Mas os roteiros hollywoodianos não descrevem a realidade. Se nossos sentimentos controlarem nossas ações, estaremos abdicando de nossas responsabilidades e transferindo aos sentimentos o comando de tudo.

As pessoas proativas fazem de amar um verbo. Amar é algo que se realiza: os sacrifícios feitos, o desprendimento equivalente ao de uma mãe que traz ao mundo uma criança. Se você quiser estudar o amor, preste atenção às pessoas que se sacrificam pelos outros, mesmo que os beneficiados as magoem ou não correspondam ao amor. Se você é pai, repare no amor que sente pelos filhos. Amar é um bem, que se valoriza por meio de atos amorosos. As pessoas proativas subordinam os sentimentos aos valores. O amor, sentimento, pode ser resgatado.

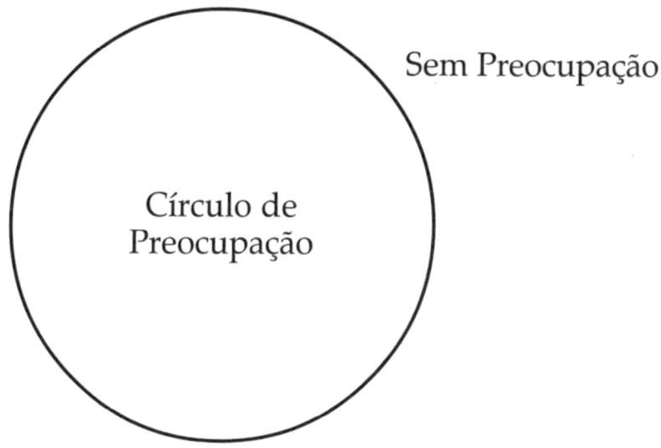

■ CÍRCULO DE PREOCUPAÇÃO/CÍRCULO DE INFLUÊNCIA

Uma das maneiras mais eficazes de melhorar nossa consciência sobre o grau de proatividade que atingimos é perceber onde concentramos nosso tempo e nossa energia. Todos temos um amplo espectro de preocupações — saúde, filhos, problemas profissionais, dívida externa, guerra nuclear. Podemos separá-las dos assuntos com os quais não temos um envolvimento mental ou emocional maior, criando um "Círculo de Preocupação".

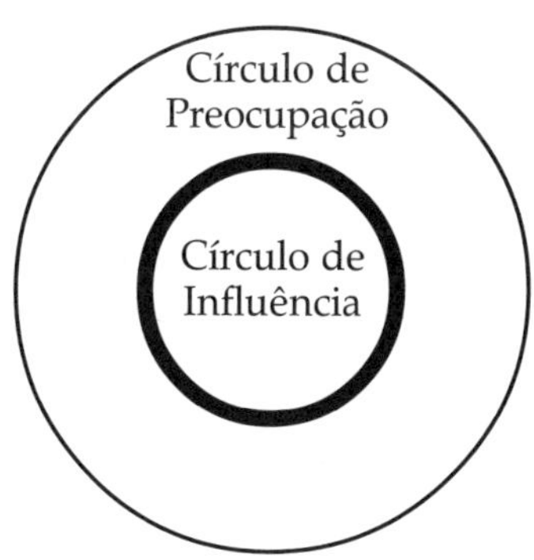

Quando olhamos para o que se encontra dentro do nosso Círculo de Preocupação, fica nítido que existem situações sobre as quais não temos controle efetivo e outras em que podemos interferir. Vamos então separar umas das outras, colocando as últimas dentro dos limites do Círculo de Influência, um pouco menor.

Ao determinar em qual dos dois círculos concentramos a maior parte de nosso tempo e nossa energia, podemos descobrir muito sobre nosso grau de proatividade.

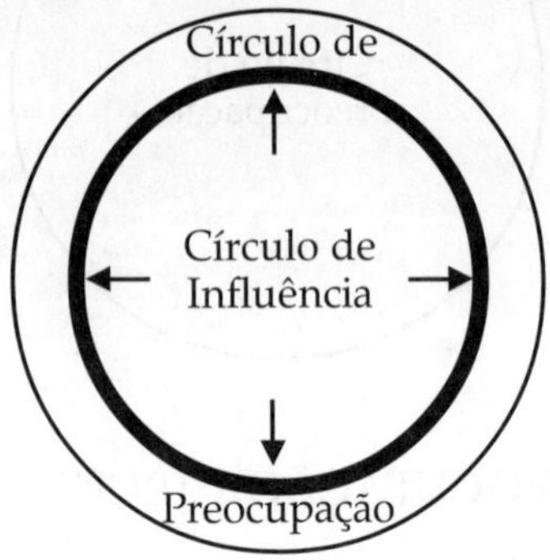

FOCO PROATIVO
(A energia positiva aumenta o Círculo de Influência)

As pessoas proativas concentram seus esforços no Círculo de Influência. Elas mexem com aquilo que podem modificar. A natureza de sua energia é positiva, engrandecedora e ampla, o que leva ao aumento do Círculo de Influência.

As pessoas reativas, por outro lado, concentram os esforços no Círculo de Preocupação. Seu foco recai na fraqueza dos outros, nos problemas do meio ambiente, nas circunstâncias que fogem a seu controle. Este foco resulta em atitudes acusatórias e lamentações, linguagem reativa e postura de eterna vítima. A energia negativa gerada por essa postura, somada à negligência com relação aos setores em que poderia atuar, provoca o encolhimento do Círculo de Influência.

Enquanto trabalhamos no âmbito do nosso Círculo de Preocupação, permitimos que os elementos pertinentes a ele nos controlem. Não tomamos as iniciativas proativas necessárias para provocar mudanças positivas.

Em um trecho anterior, contei o caso do meu filho que teve problemas escolares sérios. Sandra e eu estávamos preocupados com sua aparente fraqueza e com o modo como as outras pessoas o tratavam.

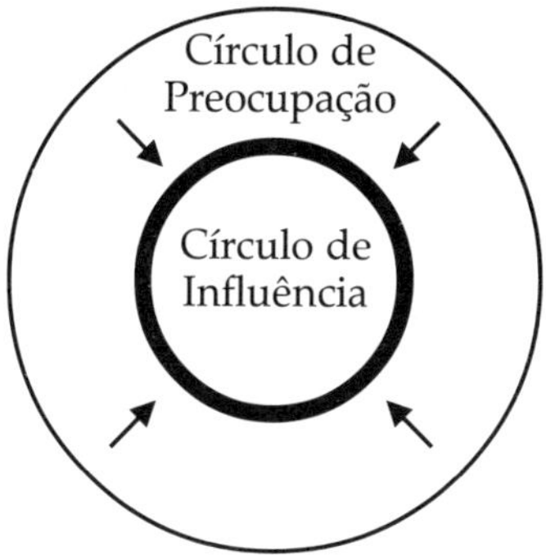

FOCO REATIVO
(A energia negativa reduz o Círculo de Influência)

Mas esses pensamentos faziam parte de nosso Círculo de Preocupação. Enquanto focalizamos nossas energias nesses aspectos, fomos incapazes de progredir. Apenas exacerbamos sentimentos como a inadequação e a impotência, além de aumentar a dependência de nosso filho.

Apenas quando começamos a trabalhar dentro do Círculo de Influência, focalizando nossos paradigmas, começamos a criar uma energia positiva que modificou nosso modo de ser e, com o passar do tempo, influenciou também nosso filho. Ao voltarmos a atenção para nós mesmos, em vez de ficarmos restritos às condições externas, fomos capazes de modificar essas condições.

Em função de posição, fortuna, atividade ou relacionamentos, existem certas circunstâncias nas quais o Círculo de Influência de alguém é maior do que seu Círculo de Preocupação.

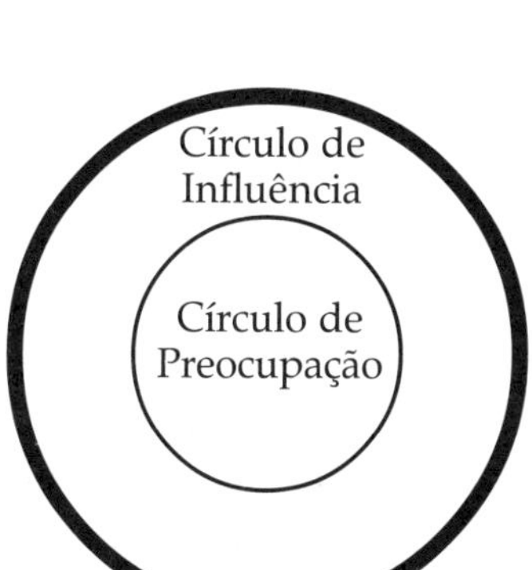

Esta situação reflete uma miopia emocional autoinfligida — outra manifestação de um estilo de vida egoísta e reativo, focalizado no Círculo de Preocupação.

Apesar de a prioridade poder recair sobre o uso de sua influência, as pessoas proativas possuem um Círculo de Preocupação que é no mínimo tão grande quanto seu Círculo de Influência, aceitando a responsabilidade pelo uso eficaz de sua influência.

■ CONTROLE DIRETO, INDIRETO E INEXISTENTE

Os problemas que enfrentamos encaixam-se em uma das três categorias seguintes: controle direto (problemas que envolvem nosso comportamento); controle indireto (problemas que envolvem o comportamento dos outros) e controle inexistente (problemas em que não podemos interferir; como nosso passado ou realidades situacionais). A abordagem proativa representa o primeiro passo para a solução dos três tipos de problemas, no âmbito do nosso Círculo de Influência atual.

Problemas que envolvem o *Controle Direto* são resolvidos quando trabalhamos em nossos hábitos. Estes estão obviamente dentro de nosso Círculo de Influência. Eles formam as "Vitórias Particulares" dos Hábitos 1, 2 e 3.

Os problemas de *Controle Indireto* são resolvidos pela modificação de nossos métodos de influência. Eles representam as "Vitórias Públicas" dos Hábitos 4, 5 e 6. Já identifiquei pessoalmente mais de trinta métodos distintos de influência humana — tão diferentes entre si como a empatia e o confronto, tão distantes como o exemplo e a persuasão. A maioria das pessoas possui apenas três ou quatro desses métodos em seu repertório, começando geralmente pela argumentação e, caso esta não funcione, passando para o afastamento ou a discussão. Como liberta aceitar a ideia de que posso aprender novos métodos de influência humana, em vez de tentar constantemente usar métodos antigos e ineficazes para "melhorar" uma outra pessoa!

Problemas de *Controle Inexistente* implicam assumir a responsabilidade de mudar nossa atitude em relação ao que não podemos modificar — aprender a sorrir, a aceitar de modo genuíno e pacífico esses problemas, aprender a conviver com eles, apesar de não gostarmos do fato. Dessa forma, impedimos que os problemas nos controlem. Agimos de acordo com a máxima contida na oração dos Alcoólicos Anônimos: "Senhor, dai-me a coragem para mudar as coisas que podem ser mudadas a serenidade para aceitar as coisas que não podem ser mudadas, e a sabedoria para distinguir umas das outras."

O primeiro passo para a solução de um problema, seja de controle direto, indireto ou inexistente, está ao nosso alcance. Modificar nossos hábitos, modificar nossos métodos de influência e modificar o modo como vemos os problemas de solução inexistente são metas contidas dentro de nosso Círculo de Influência.

■ EXPANDINDO O CÍRCULO DE INFLUÊNCIA

É inspirador perceber que ao escolhermos nossa reação a uma circunstância afetamos intensamente essa mesma circunstância. Quando modificamos parte de uma fórmula química, alteramos a natureza do resultado.

Trabalhei em uma organização por vários anos sob a liderança de uma pessoa muito dinâmica. Essa pessoa conseguia antecipar as tendências. Era criativa, talentosa, capaz e brilhante — e todos sabiam disso. Mas tinha um estilo ditatorial de direção. Mostrava a tendência de tratar as pessoas como servos, como se elas não tivessem qualquer opinião. Seu modo de se dirigir às pessoas que trabalhavam na organização sempre começava por "Faça isso... pegue aquilo... agora resolva isso... depois vá para lá... Eu tomo as decisões".

O resultado final praticamente alienava todo o corpo de executivos ao seu redor. Estes se reuniam no corredor para reclamar. As discussões eram sempre muito sofisticadas, muito articuladas, como se eles estivessem tentando resolver o impasse criado pela situação. Mas eles não passavam desse ponto, tirando o corpo fora das responsabilidades, em nome das fraquezas do presidente.

— Você não sabe o que aconteceu — disse alguém um dia. — O presidente veio até meu departamento. Eu estava com tudo pronto. Só que ele entrou e deu ordens completamente diferentes. Todo o serviço que eu realizara durante meses estava descartado, sem mais nem menos. Nem sei como consigo continuar trabalhando para ele. Quantos anos faltam para que ele se aposente?

— Ele tem apenas 59 anos — comentou a outra pessoa. — Acha que consegue aguentar mais seis anos?

— Sei lá. Ele não parece ser o tipo de sujeito que não vai querer se aposentar.

Um dos executivos, contudo, era proativo. Agia em função de valores, não de sentimentos. Ele tomou a iniciativa — estudou, procurou compreender e antecipar os desdobramentos da situação. Não fez vista grossa para as deficiências do presidente. Mas, em vez de criticá-las, procurou compensá-las. Onde este era fraco, em matéria de estilo, o executivo buscava estimular seu pessoal, de modo a tornar tais deficiências irrelevantes. E ele tentava estimular os pontos positivos do presidente — sua visão, seu talento, sua criatividade.

Este homem concentrou-se em seu Círculo de Influência. Ele também era tratado como se fosse um servo. Mesmo assim, fez mais do que era esperado. Ele antecipou as necessidades do presidente. Tentou compreender as preocupações deste, de modo que, ao apresentar seus relatórios, também fazia análises e recomendações baseadas nas informações levantadas.

Quando me sentei um dia para conversar com o presidente, em uma reunião de consultoria, ele falou:

— Stephen, mal consigo crer no que este homem fez. Ele não apenas forneceu as informações solicitadas como reuniu dados suplementares, por sinal exatamente do que precisávamos. Além disso, contribuiu com uma análise sintonizada com minhas preocupações mais sérias e uma lista de recomendações. As recomendações são coerentes com a análise, que se harmoniza com os dados. Ele é notável! Como fico contente por não precisar me preocupar com este setor da empresa!

Na reunião seguinte, era "faça isso" e "faça aquilo" para todos os executivos, menos um. Quando se tratava daquele homem, a frase era: "Qual é a sua opinião?" O Círculo de Influência havia crescido.

Esse fato agitou bastante a organização. As cabeças reativas começaram a fazer rodinhas para despejar seu despeito naquele homem proativo.

Absolver a si mesmas de qualquer responsabilidade é típico das pessoas reativas. Fica muito mais fácil dizer: "Eu não sou responsável."

Se a pessoa disser "Eu sou responsável", poderá ter de afirmar um dia "Eu sou irresponsável". Seria doloroso demais para a pessoa dizer que possui a capacidade de escolher qual atitude tomar e que sua decisão resultou no envolvimento em uma situação desgastante, conflitante, negativa, especialmente se, durante anos, essa pessoa se acostumou a se eximir das responsabilidades pelos resultados de seus atos, escondendo-se atrás de defeitos e fraquezas alheios.

Sendo assim, os executivos concentraram-se em procurar mais provas, evidências e elementos para provar que não eram responsáveis.

Aquele homem, contudo, foi proativo em relação aos colegas também. Pouco a pouco, seu Círculo de Influência cresceu também na direção deles. E continuou a se expandir, até chegar ao ponto em que ninguém na organização tomava uma decisão importante sem consultar e obter a aprovação dele, inclusive o presidente. Apesar disso, este não se sentia ameaçado, pois a força de um aumentava a força do outro, e aquele homem ainda compensava certas fraquezas do presidente, que agora contava com força dobrada.

O sucesso de alguém como ele não dependia das circunstâncias. Muitos outros estiveram na mesma situação. Seu sucesso decorreu das respostas dadas às circunstâncias, do foco sobre o Círculo de Influência. Esse foco o diferenciou.

Existem pessoas que interpretam o termo proativo como sinônimo de agressivo, insensível ou excessivamente exigente, mas não é nada disso. As pessoas proativas não são exigentes demais. Elas são tranquilas, agem conforme seus valores, percebem a realidade e sabem o que é preciso fazer.

Pensem em Gandhi. Enquanto seus acusadores ficavam no Congresso criticando sua recusa em se unir ao Círculo Retórico de Preocupação, condenando o Império Britânico por subjugar o povo indiano, Gandhi percorria os campos de arroz, calma, imperceptível e lentamente expandindo seu Círculo de Influência junto aos trabalhadores rurais. Uma imensa onda de apoio, confiança e fé percorreu o país, seguindo seus passos. Apesar de Gandhi não ter cargo ou função política, por meio da compaixão, da coragem, do jejum e da persuasão moral ele pôs a Inglaterra de joelhos, rompendo a dominação política de trezentos milhões de pessoas com o poder de seu Círculo de Influência imensamente expandido.

■ O "TER" E O "SER"

Uma das formas de se determinar em que círculo nossa preocupação se encontra é distinguir entre o *ter* e o *ser*. O Círculo de Preocupação vive cheio de *ter*.

"Ficarei feliz *quando tiver* acabado de pagar minha casa."

"*Se eu pelo menos tivesse* um chefe que não fosse tão ditador..."

"*Se eu tivesse* um marido mais paciente..."

"*Se eu tivesse* filhos obedientes..."

"*Se eu tivesse* um diploma..."

"*Se eu tivesse* mais tempo para mim..."

O Círculo de Influência está cheio de *ser*: Eu posso *ser* mais paciente, *ser* mais sábio, *ser* mais carinhoso. O foco dirige-se para o caráter.

Sempre que achamos que o problema está "lá fora", este pensamento em si é o problema. Damos ao que está lá fora o poder de nos controlar. A mudança de paradigma precisa acontecer de "fora para dentro" — o que está lá fora precisa mudar antes que nós possamos mudar.

A abordagem proativa prescreve a mudança de "dentro para fora": *ser* diferente e, ao ser diferente, alterar positivamente o que está lá fora. Eu posso *ser* mais engenhoso, posso *ser* mais diligente, posso *ser* mais criativo, posso *ser* mais compreensivo.

Uma de minhas histórias favoritas encontra-se no Antigo Testamento, que faz parte da tradição judaico-cristã, fundamental para nossa cultura. Trata-se da história de José, vendido como escravo no Egito pelos irmãos, quando tinha 17 anos. Dá para imaginar como seria fácil para ele sentir pena de si mesmo, como servo de Putifar, concentrando-se nos defeitos dos irmãos, de seu amo e em tudo aquilo que lhe faltava? Mas José era proativo. Ele lutava para *ser*. E dentro de pouco tempo ele era o encarregado do palácio de Putifar. Foi incumbido de cuidar de todos os bens de Putifar porque a confiança depositada nele era imensa.

Então, chegou o dia em que José se viu às voltas com uma situação difícil, e se recusou a comprometer sua integridade. Como resultado, ele foi injustamente aprisionado por 13 anos. Porém, mais uma vez, ele foi proativo. Trabalhou no círculo menor, no âmbito do *ser* e não no do *ter*, e em pouco tempo estava administrando a prisão e logo o Egito inteiro, obedecendo apenas ao faraó.

Sei que esta ideia representa uma mudança de paradigma dramática para muitas pessoas. É muito mais fácil acusar outras pessoas, o condicionamento ou as circunstâncias por nossa situação estagnada. Mas nós somos responsáveis, "capazes de responder", por controlar nossa vida, influenciando intensamente nossas condições externas se nos concentrar no *ser*, naquilo que somos.

Se eu tenho um problema no casamento, o que ganho ao apontar sistematicamente os defeitos de minha mulher? Ao dizer que não sou responsável, eu me torno uma vítima indefesa, fico aprisionado, imóvel, em uma situação negativa. Também diminuo minha capacidade de influenciá-la. Minha atitude implicante, acusatória e crítica apenas confirma para ela as fraquezas que possui. Minhas críticas são piores do que as deficiências que procuro corrigir. A possibilidade de interferir positivamente na situação definha e morre.

Caso eu, de fato, deseje melhorar minha situação, posso trabalhar com a única coisa sobre a qual tenho controle — eu mesmo. Se eu parar de tentar moldar minha esposa e trabalhar em minhas próprias deficiências, posso ser um companheiro melhor no casamento, uma fonte inesgotável de apoio e amor. Assim, se tudo der certo, minha esposa sentirá o poder de um exemplo proativo e reagirá de modo similar. Quer ela reaja bem ou não, a maneira mais positiva possível para influenciar a situação encontra-se em um trabalho dirigido a mim, ao meu *ser*.

Existem tantas maneiras de se trabalhar no âmbito do Círculo de Influência — *ser* um ouvinte mais atento, *ser* um companheiro mais carinhoso no casamento, *ser* um estudante melhor, *ser* um funcionário mais aplicado e cooperativo. Em certos momentos, a atitude mais proativa que podemos tomar é *ser* feliz, simplesmente sorrir com sinceridade. A felicidade, como a infelicidade, é uma escolha proativa. Existem coisas, como o tempo, que nosso Círculo de Influência jamais conseguirá abranger. Mas, como pessoas proativas, podemos ser felizes e aceitar os fatos que não podemos controlar no momento e concentrar esforços no que podemos mudar.

■ A OUTRA PONTA DA VARA

Antes de passarmos a focalizar o Círculo de Influência em nossa vida, precisamos levar em conta duas coisas em nosso Círculo de Preocupação que merecem ampla reflexão: *consequências* e *enganos*.

Apesar de livres para escolher nossas ações, não somos livres para determinar as suas consequências, que por sua vez são governadas pelas leis naturais. Elas estão fora do Círculo de Preocupação. Podemos decidir se ficamos ou não na frente de um trem veloz, mas não podemos determinar o que acontecerá se o trem nos pegar.

Podemos decidir pela desonestidade nos negócios. Apesar de a consequência social dessa decisão poder variar, dependendo da descoberta ou não das transgressões, as consequências naturais em nosso caráter básico são um resultado imutável.

Nosso comportamento é governado por princípios. Viver em harmonia com eles traz consequências positivas. Violá-los traz consequências negativas. Somos livres para escolher a resposta em qualquer situação, mas, ao fazê-lo, escolhemos também as consequências. "Quando pegamos uma vara por uma ponta, pegamos também a outra ponta."

Indubitavelmente, há momentos em nossa vida nos quais pegamos o que mais tarde se revela como sendo a ponta errada da vara. Nossas escolhas podem trazer consequências perfeitamente dispensáveis. Se tivéssemos a oportunidade de fazer a escolha novamente, a opção seria outra. Chamamos a essas escolhas de enganos, e elas constituem a segunda coisa a merecer nossa profunda consideração.

Para as pessoas oprimidas pelo arrependimento, o exercício de proatividade mais proveitoso é compreender que os erros do passado encontram-se também no Círculo de Preocupação. Não podemos chamá-los de volta, não podemos desfazê-los, não podemos controlar as consequências que surgiram em função deles.

Um de meus filhos, quarterback do time de futebol americano da faculdade, aprendeu a puxar e largar a munhequeira entre as jogadas, como uma espécie de exercício mental, sempre que alguém de sua equipe comete uma falha. Assim, o erro anterior não influencia a execução e a garra necessária para a jogada seguinte.

A atitude proativa em relação a um erro consiste em reconhecê-lo instantaneamente, corrigi-lo e aprender com ele. Isso transforma literalmente o fracasso em sucesso. "O sucesso é o outro lado do fracasso", declarou o fundador da IBM, T. J. Watson.

Deixar de reconhecer o engano, de corrigi-lo e de aprender a lição nele contida, entretanto, é um erro de outro tipo. Essa atitude geralmente leva a pessoa ao caminho da autocomplacência, das desculpas que frequentemente incluem a racionalização (mentiras racionais), para si e para os outros. Este segundo erro, esta fuga, reforça o primeiro, dá a ele importância desproporcional, e causa um mal enorme à personalidade.

Não é o que os outros fazem, ou mesmo nossos próprios erros, que causam a dor maior. É a nossa resposta a essas coisas. Correr atrás da cobra venenosa que nos picou só serve para espalhar o veneno por todo nosso sistema circulatório. Muito mais eficaz é tomar imediatamente medidas para eliminar o veneno do organismo.

Nossa reação a qualquer erro afeta a qualidade dos momentos seguintes. É importante admitir e corrigir imediatamente nossos erros, de forma que eles não ganhem força para influenciar os momentos posteriores e possamos retomar o controle.

■ ASSUMINDO E MANTENDO COMPROMISSOS

Bem no centro de nosso Círculo de Influência encontra-se nossa capacidade de fazer e manter compromissos e promessas. Os compromissos que assumimos conosco e com os outros e a manutenção destes compromissos são a essência e a manifestação mais objetiva da proatividade.

Esta também é a essência de nosso amadurecimento. Por meio de dons humanos, como a *autoconsciência* e a *consciência*, adquirimos a percepção das áreas deficientes, das áreas promissoras, das áreas em que o talento pode ser aprimorado, das áreas que precisam ser mudadas ou eliminadas em nossas vidas. Depois, conforme utilizamos nossa *imaginação* e nossa *vontade independente* para agir, a partir da consciência, fazemos promessas, estabelecemos metas e permanecemos fiéis a elas, construindo um caráter firme, que torna possível todas as coisas positivas em nossas vidas.

A esta altura, estamos descobrindo dois modos para assumir imediatamente o controle de nossas vidas. Podemos *fazer uma promessa* — e mantê-la. Ou então *estabelecer uma meta* — e trabalhar para atingi-la. À medida que assumimos e mantemos nossos compromissos, mesmo os pequenos, começamos a definir uma integridade em nosso íntimo, que nos dá a consciência do autocontrole, bem como a coragem e a força para aceitar uma dose maior de responsabilidade por nossa vida. Ao fazermos e cumprirmos as promessas para nós mesmos e para os outros, pouco a pouco a honra torna-se mais forte do que o estado de espírito.

O poder para fazer e manter compromissos internos forma o alicerce para o desenvolvimento de hábitos básicos de eficácia. Conhecimento, habilidade e desejo encontram-se sob controle. Podemos agir sobre qualquer um deles, para aumentar o equilíbrio entre os três. Conforme a área de interseção se amplia, interiorizamos mais profundamente os princípios nos quais estes hábitos se baseiam, e geramos a firmeza de caráter necessária para nos conduzir a uma eficácia cada vez maior em nossas vidas.

■ PROATIVIDADE: O TESTE DO TRIGÉSIMO DIA

Não precisamos passar pela experiência de Frankl no campo de extermínio para adquirir a capacidade de identificar e desenvolver nossa proatividade. Podemos desenvolver, nos eventos cotidianos mais singelos, a capacidade proativa para lidar com as pressões extraordinárias da vida. A questão é como lidamos com as promessas e os compromissos assumidos, com o engarrafamento do trânsito, com um freguês furioso ou com uma criança desobediente. A questão está em como vemos os problemas e onde concentramos nossas energias. É a linguagem que usamos.

Eu o desafio a testar o princípio da proatividade durante trinta dias. Tente, simplesmente, e veja o que acontece. Durante trinta dias, trabalhe somente com seu Círculo de Influência. Assuma pequenos compromissos e seja fiel a eles. Seja um guia, não um juiz. Seja um modelo, não um crítico. Seja parte da solução, não parte do problema.

Tente isso em seu casamento, em sua família, em seu trabalho. Não insista nas fraquezas dos outros. Não desculpe as suas. Quando cometer um erro, admita isso, corrija o engano e aprenda com ele — imediatamente. Não se refugie em um estado de espírito acusador, não ponha a culpa nos outros. Trabalhe com o que você puder controlar. Trate de você mesmo. Pense em ser.

Observe as fraquezas alheias com compaixão, não com acusações. O que eles não estão fazendo, ou o que deveriam estar fazendo, não importa tanto. O que importa é a resposta que você escolheu para determinada situação e o que você deveria estar fazendo. Se começar a pensar que o problema está "lá fora", pare. Esta maneira de pensar é o problema.

As pessoas que exercitam sua liberdade embrionária dia após dia conseguem, pouco a pouco, expandi-la. As pessoas que não o fazem descobrem que ela definha até que elas se perdem na vida. Agem conforme as receitas dos pais, amigos e da sociedade.

Somos responsáveis por nossa própria eficácia, por nossa felicidade e, em última análise, arrisco dizer, pela maioria das circunstâncias que nos rodeiam.

Samuel Johnson observou: "A fonte do contentamento precisa jorrar na mente, e aquele que possui um conhecimento tão pequeno da natureza humana, a ponto de buscar a felicidade transformando qualquer coisa, mas não a própria disposição, desperdiçará a vida em esforços infrutíferos e multiplicará a dor que se propôs eliminar."

Saber que somos responsáveis — capazes de responder — é fundamental para a sua eficácia e para todos os hábitos eficazes que discutiremos aqui.

■ SUGESTÕES DE APLICAÇÃO

1. Durante um dia inteiro, preste atenção à sua linguagem e à linguagem das pessoas a seu redor. Com que frequência você usa e escuta frases reativas como "Se eu pudesse", "Não posso" ou "Tenho de"?
2. Identifique uma situação provável de um futuro próximo em que, baseado em sua experiência passada, provavelmente se comportará de modo reativo. Reveja a situação no contexto do seu Círculo de Influência. Como reagiria proativamente? Dedique bastante tempo

a isso, recrie a experiência vividamente em sua imaginação, veja a si mesmo respondendo proativamente. Lembre-se do intervalo entre estímulo e resposta. Assuma um compromisso consigo mesmo e exerça sua liberdade de opção.

3. Escolha um problema de seu trabalho, ou de sua vida pessoal, que seja frustrante. Determine se é um problema direto, indireto ou fora de controle. Identifique o primeiro passo que você pode dar no Círculo de Influência para resolvê-lo, e dê este passo.
4. Tente o teste de proatividade de trinta dias. Tome consciência da mudança no seu Círculo de Influência.

NOVAS REFLEXÕES SOBRE O HÁBITO 1: SEJA PROATIVO

POR SEAN COVEY

Ser criado na minha casa costumava ser um suplício, porque o meu pai nos fazia assumir a responsabilidade por tudo. Se eu voltasse da escola para casa e dissesse algo como "A minha colega me irrita muito!", o meu pai respondia dizendo: "Ninguém pode deixá-lo irritado, a menos que você permita isso, Sean. A escolha é sua." Ou, se eu resmungasse "Não suporto o meu professor de matemática. Vou ser reprovado em álgebra por causa dele!", o meu pai me puxava para um canto e, gentilmente, me dizia: "Sean, preste atenção no que você está afirmando. Se você for reprovado em álgebra, a culpa será sua, não do seu professor. E, em vez de falar sobre o seu professor, por que você não fala com ele sobre como melhorar as coisas nas aulas?" E eu pensava: "Está falando sério, pai? Você não está entendendo." E aí eu ia procurar a minha mãe, que me deixava culpar as outras pessoas pelos meus problemas. Era um bom equilíbrio: o meu pai sempre foi leal aos princípios, enquanto a minha mãe sempre foi leal a nós.

Como seres humanos, a nossa tendência é nos vitimizar. E, se não ficar atento, essa tendência vai se aproximar de mansinho e você vai começar a culpar as forças externas — os pais, os cônjuges, os chefes, o clima, o governo, as circunstâncias, "o Homem", quem quer que seja — pelos seus problemas.

Na verdade, não somos vítimas. Somos agentes. Somos as forças criativas das nossas vidas, e somos livres para escolher. Mas temos de ser lembrados disso o tempo todo.

Muitos anos atrás, o meu pai me perguntou como estava indo o trabalho. Comecei fazendo uma lista das minhas queixas: "É difícil conciliar tantas coisas." "A política do escritório é horrível." "Estou esgotado." "O tempo que eu perco para ir e voltar do trabalho está me matando." E assim por diante. Eu esperava um pouco de empatia. Em vez disso, o meu pai me olhou de modo desapontado e disse: "Nossa, Sean. Isso nem parece você. Por que está agindo como uma vítima? Organize o seu tempo para não ficar tão ocupado. Não se meta na política do escritório. Se você não gosta do longo trajeto que tem de percorrer, então se mude." E aí ele se afastou. Fiquei perplexo, mas, de repente, percebi: "Ele está certo. Eu estou fazendo o papel de vítima. Como isso aconteceu? Pare imediatamente!" Foi uma boa chamada de atenção. Sim, eu era livre para escolher a minha atitude, o meu nível de sobrecarga, o meu deslocamento diário, e a minha reação a tudo o que estava acontecendo comigo! Eu me senti muito grato pelo alerta.

■ O QUE DIZEM OS DADOS

Hoje, dispomos de muitos dados empíricos que confirmam tudo o que o meu pai escreveu sobre proatividade em 1989. Apoiada em vinte anos de pesquisas, Carol Dweck, professora de Stanford, descobriu que, em relação à sua capacidade de aprender, a maioria das pessoas tem uma das duas mentalidades, ou paradigmas, seguintes: uma mentalidade "fixa" ou uma mentalidade "de crescimento". Pessoas com uma mentalidade fixa acreditam que sua inteligência e seu talento são fixos, e que não há muito o que possam fazer sobre isso. Essa é uma visão reativa do mundo. "Não sou bom em matemática", ou "Nunca fui bom no trato com as pessoas, então por que tentar?".

Por outro lado, as pessoas com uma mentalidade de crescimento acreditam que suas habilidades básicas podem ser desenvolvidas e aprimoradas por meio de dedicação e do trabalho árduo; pela crença de que elas estão no comando, e podem, portanto, melhorar e mudar. Essa visão proativa do mundo resulta em pensamento e linguagem proativos. "Preciso melhorar com os números", ou "Posso ser mais atencioso com o meu colega".

De forma semelhante, o Dr. Martin Seligman, renomado diretor do Centro de Psicologia Positiva da Universidade da Pensilvânia, explora os benefícios de nos concentrar em nosso Círculo de Influência. Em seu livro *Felicidade autêntica*, ele conclui que a nossa felicidade depende de (1) genética, (2) circunstâncias e (3) coisas que somos capazes de controlar. No entanto, sua pesquisa descobriu que a genética e as circunstâncias têm menos a ver com a felicidade do que a terceira categoria — as coisas que somos capazes de controlar. Portanto, para sermos felizes, sugere Seligman, é preciso nos concentrar nas coisas que somos capazes de controlar.

E temos, ainda, Angela Duckworth, também professora de psicologia da Universidade da Pensilvânia, que defende a ideia de que a desenvoltura e a iniciativa ("R&I", na sigla em inglês) são importantes prognosticadores do sucesso. Por muitos anos, ela estudou crianças e adultos em ambientes desafiadores, incluindo cadetes da academia militar de West Point, competidores do torneio de ortografia National Spelling Bee e professores novatos em escolas exigentes. Em cada um dos estudos, sua equipe de pesquisa fazia a pergunta: "Quem é bem-sucedido aqui e por quê?" Em vários contextos, uma característica emergiu como um relevante prognosticador do sucesso: a garra. Em seu livro *Garra: o poder da paixão e da perseverança*, Duckworth examina como a garra é a qualidade que permite que um indivíduo trabalhe arduamente e mantenha o foco — não apenas por semanas ou meses, mas por anos.

Concordo totalmente com Duckworth. Em minha função como executivo, já contratei centenas de pessoas. Eu costumava levar em consideração os coeficientes escolares dos candidatos, as escolas que frequentaram e as informações contidas em seus currículos. Hoje em dia, concentro-me em duas coisas: como eles interagem com as outras pessoas e a maneira como exercitam a "R&I", ou o que Duckworth chama de garra. Se eles obtiverem uma pontuação elevada em "R&I" e demonstrarem garra e uma mentalidade de crescimento, isso me transmite a confiança de que serão bem-sucedidos. Na verdade, "ter garra" é, atualmente, um atributo oficial em nosso formulário de contratação.

■ EQUIPES E ORGANIZAÇÕES PROATIVAS

A qualidade da proatividade também pode ser aplicada a equipes e organizações, não apenas a indivíduos. Organizações de todos os tipos — comerciais, governamentais, educativas, ou do setor sem fins lucrativos — enfrentam contratempos, mudanças de mercado, competição, ciclos e perturbações. E, a menos que sejam proativas e aprendam a se adaptar e a superar obstáculos, elas não sobreviverão. Um dos nossos clientes no sudeste da Ásia, fabricante de tecnologia de ponta e de alta qualidade, é um grande exemplo disso. Eles adotaram os 7 Hábitos, tendo treinado todos os colaboradores, desde o CEO até o pessoal da linha de frente. Eles acreditavam nos princípios — e, logo depois, foram colocados à prova.

Na época, a sede da fábrica estava enfrentando a estação de chuvas mais intensa dos últimos cinquenta anos. Inundações descomunais haviam expulsado 13 milhões de pessoas de suas casas, e mais de oitocentas pessoas morreram. Aquele foi considerado o quarto desastre natural mais caro da história mundial. O nosso cliente foi particularmente atingido; sua imensa fábrica ficou submersa sob quase dois metros de água, devastando uma operação que exigia um ambiente livre de poeira. Os especialistas estimaram que seria necessário um bilhão de dólares e, pelo menos, sete meses de limpeza para colocar apenas uma parte da fábrica novamente em operação, enquanto muitos dos equipamentos de última geração precisariam de anos para serem substituídos. Alguns balanços de mercado chegaram a prever o fim da empresa, o que deixaria cerca de 35 mil trabalhadores desempregados. Os efeitos foram imediatos e globais, uma vez que, em todos os lugares, a fabricação de tecnologia de ponta ficou paralisada diante da indisponibilidade de alguns daqueles componentes essenciais.

A equipe de liderança do nosso cliente rejeitava a ideia de que demoraria anos para que as operações fossem retomadas, e não estava disposta a ficar esperando pelo resgate. Os líderes haviam sido treinados nos 7 Hábitos, esforçando-se para que os princípios se tornassem seu "sistema operacional principal". Assim, com base em anos de prática, eles colocaram o Hábito 1, Ser Proativo, sob o teste definitivo.

Imediatamente, eles fizeram correr a notícia de que não haveria demissões — seus colaboradores eram como uma família, e eles se reergueriam juntos. A segurança de seu pessoal era sua primeira prioridade: as equipes se organizaram para ajudar os colaboradores mais atingidos em suas casas agora inundadas. Em seguida, eles contrataram equipes da marinha local para resgatar equipamentos que não poderiam ser substituídos e conduzi-los à terra firme para serem restaurados.

Enquanto as fábricas de outras grandes empresas localizadas no mesmo parque industrial enferrujavam sob a lama e seus funcionários eram dispensados, o trabalho do nosso cliente continuava sem cessar. Certamente, fez diferença manter todos na folha de pagamento, mas a decisão de reconstruir o negócio como uma equipe surgiu de maneira espontânea entre aqueles notáveis colaboradores. Dezenas de milhares deles, muitos ainda tentando lidar com as crises em seus próprios lares, apresentaram-se para fazer a fábrica renascer. Alguns saíam de centros de desabrigados e viajavam quilômetros todos os dias, geralmente em pequenos barcos ou montados em búfalos asiáticos durante várias horas por dia, determinados a ajudar.

Muitos se viram executando tarefas que nunca haviam feito antes — um trabalho árduo e envolto pela lama. Os líderes da empresa arregaçaram as mangas e labutaram ao lado do chão de fábrica. Alguns que nunca havia se encontrado antes formaram equipes e resolveram os problemas imediatamente.

Como resultado, a fábrica foi reaberta apenas quinze dias após as águas baixarem. Dentro de um ano, ela havia retomado a primeira posição no mercado. Os observadores ficaram surpresos com o fato de não terem sido necessários bilhões de dólares nem muitos anos para a plena recuperação. Bastou uma equipe excepcional, com pessoas dispostas a atravessar a lama umas pelas outras. Essa é a força de uma cultura proativa.

■ SEJA A TRANSIÇÃO

Todos nós passamos por coisas difíceis — e se você ainda não vivenciou nenhuma adversidade, acredite em mim, esse dia vai chegar. Nossa capacidade de deixar o passado para trás, aprender com ele e seguir em frente é uma das melhores maneiras de demonstrar proatividade. A própria essência de ser proativo pode ser capturada na ideia de se tornar uma pessoa de transição — alguém que interrompe as tendências, hábitos e padrões negativos do passado (como abuso, vícios prejudiciais e negligência) em sua geração e, em vez de dar continuidade a isso, transmitem tendências, hábitos e padrões mais positivos para sua família, amigos e parceiros. Podemos impedir que esses padrões destrutivos intergeracionais sejam passados adiante usando nossos quatro dons humanos: a autoconsciência (nossa capacidade de nos distanciar de nós mesmos e observar o que gostamos ou não gostamos), a consciência (nossa capacidade de discernir o certo do errado), a imaginação (nossa capacidade de visualizar novas possibilidades) e a vontade independente (nossa capacidade de agir livres de quaisquer influências).

Recentemente, tive uma conversa com um amigo que pega um avião todos os fins de semana e viaja do Arizona à Pensilvânia para ver o filho jogar futebol americano na faculdade. Eu comentei: "Não acredito que você saia de casa todo fim de semana para ver seu filho jogar. É um esforço enorme. Você é um pai muito bom!"

Ele me agradeceu e explicou: "Quando eu era criança, ficava apavorado com o som do meu padrasto voltando para casa, porque ele me batia o tempo todo."

"Sinto muito. Como você conseguiu superar isso?"

"Não sei exatamente quando aconteceu, mas quando eu era jovem, lembro-me de ter pensado: *Não vou ser como ele. Vou demonstrar amor ao meu filho.* E, desde então, tenho tentado ser um bom pai."

E o mais incrível ainda é que o meu amigo não guarda nenhum sentimento negativo em relação ao padrasto. Ele me disse: "Não sei como, mas consegui perdoá-lo e seguir em frente. Também consegui perdoar e esquecer o meu pai verdadeiro, que encontrei apenas uma única vez, por apenas uma hora. Quando penso na minha infância, consigo recuar e identificar aquela mancha escura em um canto, mas isso não me afeta mais."

Admiro o meu amigo e a forma como ele reinventou sua vida para se tornar uma pessoa de transição no seio de sua família. Ele interrompeu o abuso em sua geração, e hoje em dia está transmitindo uma tradição de amor e apoio para sua esposa e seus filhos. Todos os quatro dons humanos podem ser identificados aqui. Quando menino, o meu amigo sabia que o abuso era errado e ficava imaginando que, um dia, poderia se tornar um tipo de pai diferente. Ele conseguiu se distanciar e fazer uma escolha consciente de perdoar seu padrasto e seu pai biológico, e se livrar do sofrimento que caracterizou sua infância.

A autoconsciência é o catalisador dos outros três dons. Quando você consegue se distanciar da sua própria mente e examiná-la — refletir sobre os próprios pensamentos, sentimentos e estados de espírito —, então consegue ter uma base para usar a imaginação, a consciência e a vontade independente de maneiras totalmente novas. Você, literalmente, se torna transcendente. Você transcende sua formação, sua história e sua bagagem psíquica, exatamente como o meu amigo conseguiu fazer.

Tenho outro amigo com um passado semelhante, que também conseguiu reverter os abusos sob os quais foi criado e transmitir padrões saudáveis para os próprios filhos. Mas, no nível pessoal, ele foi incapaz de superar a bagagem psíquica de sua criação. "O meu pai realmente acabou comigo", diz ele. "Ele também acabou com a minha mãe e as minhas irmãs. Todas elas estão destroçadas. E, no fundo, também estou. Nunca fui capaz de superar essa herança que ele me deixou."

Não estou em condições de julgá-lo, porque nunca entenderei completamente as coisas pelas quais ele passou. No entanto, acredito que se ele exercitasse ao máximo seus quatro dons humanos, também encontraria mais paz de espírito do que jamais imaginou ser possível. Sim, os nossos genes, a nossa criação e as nossas dificuldades nos afetam, mas não acredito que nos determinem.

Lembre-se de que há uma razão para o primeiro hábito ser a proatividade. Não é possível colocar em prática nenhum dos outros hábitos sem que você decida, antes, que está no comando.

Todos os dias, você e eu tomamos centenas de decisões quanto a ser reativos ou proativos. Em um dia específico, faz mau tempo, você recebe uma mensagem desagradável, seu chefe o destrata, você é multado, um amigo fala pelas suas costas, não levam o seu nome em consideração para uma promoção, seu IPTU aumenta. E então? O que você vai fazer a respeito disso tudo?

Pessoas reativas fazem escolhas baseadas no impulso. Elas são como uma lata de refrigerante — quando a vida as sacode, a pressão aumenta e, de repente, elas explodem. Pessoas proativas fazem escolhas baseadas em valores. Elas pensam antes de agir. Elas reconhecem que não são capazes de controlar tudo o que lhes acontece, mas são capazes de controlar o que farão a respeito daquilo. Ao contrário das pessoas reativas, que estão repletas de carbonatação, as pessoas proativas são como água. Agite-as o quanto quiser — elas ficam calmas, tranquilas e sob controle.

Depois de tudo o que foi dito e escrito, ser proativo se resume a duas coisas. Primeiro, assuma a responsabilidade pela sua vida; e, segundo, tome a iniciativa. É simples assim. Seja um agente, não uma vítima. Não espere que a vida aconteça para você; aconteça para ela. Seja o condutor da sua vida, não apenas um passageiro. Viva da sua imaginação, não do seu passado.

HÁBITO 2
COMECE COM O OBJETIVO EM MENTE

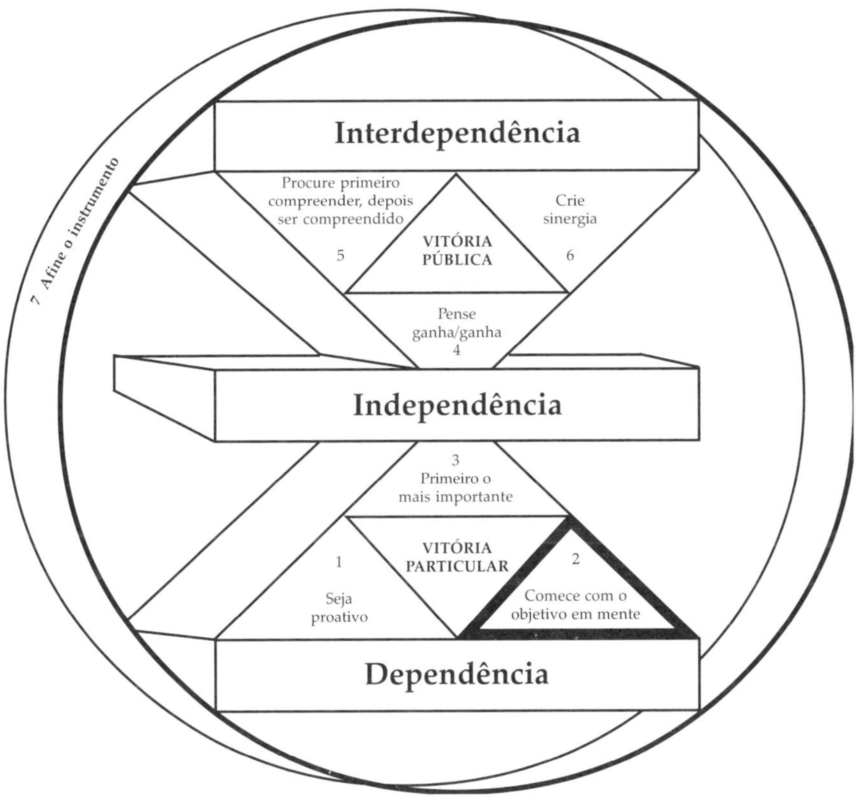

Princípios da Liderança Pessoal

O que existe atrás de nós e o que existe à nossa frente são problemas menores, se comparados com o que existe dentro de nós.

Oliver W. Holmes

Para ler as próximas páginas, por favor providencie um lugar onde possa ficar sozinho, e evite ser interrompido. Não pense em nada além do que estiver lendo e do convite que farei. Não se preocupe com compromissos, negócios, família ou amigos. Apenas abra sua mente e me acompanhe de perto.

Construa uma imagem mental da sua pessoa comparecendo ao enterro de um ente querido. Com os olhos da mente, observe enquanto guia até o local do velório, estaciona o carro e sai. Quando entra no prédio, percebe as flores, a música suave do órgão. Você repara nos rostos dos amigos e da família à medida que entra. Sente que todos compartilham a dor da perda e a alegria de terem conhecido aquela pessoa — tudo isso é irradiado pelo coração dos presentes.

Quando você caminha pelo local e olha dentro do caixão, de repente dá de cara com você mesmo. Este é seu velório, daqui a três anos. Todas aquelas pessoas vieram homenageá-lo, demonstrar o amor e o carinho que sentem por você.

Ao sentar-se e aguardar o início do serviço fúnebre, você olha para o programa em suas mãos. Haverá quatro oradores. O primeiro é alguém da sua família, imediata e ampliada — filhos, irmãs, irmãos, sobrinhos, sobrinhas, tias, tios, primos e avós que vieram de diversos pontos do país para seu enterro. O segundo orador é um de seus amigos, alguém que pode dar uma ideia de quem você era, como pessoa. O terceiro orador é do seu meio profissional ou local de trabalho. E o quarto é da igreja, ou organização comunitária à qual você pertença.

Agora pense bem. O que eles dirão sobre você e sua vida? Qual é o tipo de marido, esposa, pai ou mãe que gostaria que fosse descrito? Que tipo de filho, filha ou primo? Que tipo de amigo? E de colega de trabalho?

Que tipo de caráter gostaria que descrevessem? Quais as contribuições e conquistas que gostaria de ver recordadas? Olhe cuidadosamente para as pessoas à sua volta. Que papel gostaria de ter desempenhado na vida delas?

Antes de continuar a ler, dedique alguns minutos para anotar suas conclusões. Isso aumentará sua compreensão pessoal do Hábito 2.

■ O QUE SIGNIFICA "COMECE COM O OBJETIVO EM MENTE"

Se você participou seriamente desta experiência de visualização, tocou, por um momento, em seus valores mais profundos e fundamentais. Estabeleceu um contato breve com o sistema íntimo que o guia, no centro do seu Círculo de Influência.

Medite sobre as palavras de Joseph Addison:

> Quando olho para as tumbas dos grandes homens, qualquer resquício do sentimento de inveja morre dentro de mim; quando leio os epitáfios dos magníficos, todos os desejos desordenados desaparecem; quando me deparo com o sofrimento dos pais diante de um túmulo, meu coração se desmancha de compaixão; quando vejo a tumba deles próprios, lembro o quanto é vão chorarmos por aqueles a quem logo seguiremos; quando vejo reis colocados ao lado daqueles que os depuseram, quando medito sobre os espíritos antagônicos enterrados lado a lado, ou os homens sagrados que dividiram o mundo com suas discussões e contendas, medito, cheio de dor e surpresa, sobre a pequenez das disputas, facções e debates da humanidade. Quando leio as variadas datas dos túmulos, algumas recentes, outras de seiscentos anos atrás, penso no Grande Dia no qual seremos todos contemporâneos, e faremos nossa aparição conjunta.

Apesar de o Hábito 2 se aplicar a múltiplas circunstâncias e níveis de vida, a aplicação mais importante de "comece com o objetivo em mente" é iniciar hoje com a imagem, o quadro ou o paradigma do final da sua vida como quadro de referência ou critério a partir do qual todo o resto será examinado. Cada momento de sua vida — o comportamento de hoje, amanhã, da semana que vem ou mês que vem — pode ser analisado dentro do contexto geral daquilo que realmente é mais importante para você. Ao manter este objetivo em mente, tenha certeza de que qualquer coisa feita em um determinado dia não viola o critério que você definiu como tendo importância suprema e de que cada dia vivido contribuiu de modo significativo para a visão de sua vida como um todo.

Começar com o objetivo em mente significa começar tendo uma compreensão concreta do destino. Significa saber para onde você está seguindo, de modo a compreender melhor onde está agora e dar os passos sempre na direção correta.

É incrivelmente fácil ser pego pela ilusão da atividade, na correria da vida, e trabalhar cada vez mais para subir a escada do sucesso, só para descobrir que a escada estava apoiada na parede errada. É possível viver ocupado — muito ocupado — sem ser muito eficaz.

Muitas vezes, as pessoas conquistam vitórias que se mostram vazias, sucessos que chegam com o sacrifício daquilo que repentinamente percebem ser muito mais valioso para elas. Pessoas de todos os ramos — médicos, intelectuais, atores, políticos, homens de negócios, atletas e encanadores — batalham para aumentar sua renda, conseguir reconhecimento ou capacidade profissional, apenas para descobrir que a ânsia de atingir a meta estabelecida as cegou para as coisas que realmente importam, e que foram deixadas no meio do caminho.

Como nossa vida muda quando realmente sabemos o que, no fundo, é mais importante para nós e mantemos isso fresco na mente, conseguindo fazer e ser diariamente aquilo que de fato importa. Se a escada não estiver apoiada na parede certa, cada passo dado só nos levará mais depressa para o lugar errado. Podemos viver correndo, ser até muito *eficientes*, mas só seremos verdadeiramente *eficazes* quando tivermos o objetivo em mente.

Se você pensar com atenção no que deseja ouvir nos discursos de seu funeral, vai descobrir a *sua* definição de sucesso. Ela pode até ser muito diferente do que imaginava ter em mente. Talvez fama, reconhecimento, dinheiro e outras coisas pelas quais lutamos tanto, nem sequer façam parte da parede correta.

Quando se começa com o objetivo em mente, se ganha uma perspectiva diferente. Um homem perguntou a outro depois da morte de um amigo comum: "Quanto ele deixou?" E o interlocutor respondeu: "Ele deixou tudo."

■ TODAS AS COISAS SÃO CRIADAS DUAS VEZES

"Comece com o objetivo em mente" se baseia no princípio de que *todas as coisas são criadas duas vezes*. Há uma criação mental ou inicial e uma criação física, ou segunda criação, em todas as coisas.

Pegue, por exemplo, a construção de uma casa. Você a cria, detalhe por detalhe, antes mesmo de martelar o primeiro prego. Tente ter uma noção objetiva do tipo de residência que deseja. Deseja-se uma casa voltada para a família, decide colocar uma sala íntima no que poderia ser uma sala de visitas e prevê um quintal para as crianças brincarem e portas corrediças. Trabalhe com ideias. Trabalhe com a mente, até ter uma imagem nítida do que deseja construir.

Depois isso vira uma planta, e você começa a planejar a construção. Tudo isso se faz antes de tocar o solo. Caso contrário, na segunda criação, a criação física, você precisará gastar uma fortuna para fazer modificações, o que dobrará o preço da casa.

A regra do carpinteiro é "meça duas vezes, corte uma". Você precisa ter certeza de que a planta, a primeira criação, é o que deseja de verdade, e que pensou em todos os detalhes. Depois transforma aquilo em algo feito de tijolo e cimento. Diariamente você comparece ao local da obra e abre a planta, para dar as instruções para aquele dia. Comece com o objetivo em mente.

Vamos pensar em outro exemplo, do mundo dos negócios. Se você pretende ter uma empresa bem-sucedida, defina o que está tentando conseguir. Reflita cuidadosamente sobre o produto ou serviço que quer oferecer, em termos de mercado-alvo, e depois organize os elementos — finanças, pesquisa, desenvolvimento, operações, marketing, pessoal, instalações físicas e assim por diante — para atingir o objetivo. Sua capacidade de começar com o objetivo em mente determina se você é ou não capaz de criar uma empresa bem-sucedida. Muitos fracassos empresariais começam na primeira criação, com problemas como falta de capital suficiente, falta de compreensão do mercado ou de um planejamento adequado.

O mesmo vale para a educação dos filhos. Se deseja criar filhos responsáveis, disciplinados, precisa ter este objetivo em mente ao se relacionar diariamente com eles. Você não pode adotar comportamentos, em relação a eles, que diminuam neles o amor-próprio ou a autodisciplina.

Em graus variados, as pessoas usam este princípio em diversos setores da vida. Antes de viajar, você determina o destino e a melhor rota. Antes de plantar um jardim, faz um plano mental, ou o coloca no papel. As pessoas escrevem seus discursos, estudam a topografia do quintal antes de aterrar uma parte, desenham as roupas que desejam antes de cortar e costurar.

À medida que compreendemos o princípio das duas criações, e aceitamos a responsabilidade por ambas, agimos na parte interna e aumentamos os limites do nosso Círculo de Influência. Se não operarmos em harmonia com este princípio, nem assumirmos o controle da primeira criação, diminuiremos tais limites.

■ POR PLANEJAMENTO OU OMISSÃO

Por princípio, todas as coisas são criadas duas vezes, mas nem todas as primeiras criações acontecem por vontade consciente. Em nossas vidas pessoais, se não aprimorarmos a autoconsciência e nos tornarmos responsáveis pelas primeiras criações, transferiremos a outras pessoas, fora do nosso Círculo de Influência, o poder e as condições para determinar grande parte de nossas vidas, por pura omissão. Vivemos de modo reativo os papéis designados para nós pela família, por companheiros de trabalho, agendas alheias e pressões das circunstâncias. Esses papéis se originaram em nossa infância, nosso treinamento e condicionamento.

Esses papéis vêm de pessoas, não de princípios. Eles se apoiam em nossas maiores fraquezas, em nossa profunda tendência para depender dos outros e em nossa necessidade de aceitação, amor, de sentir que somos importantes, queridos e valorizados.

Quer tenhamos noção disso ou não, quer controlemos isso ou não, existe uma primeira criação em todos os setores de nossas vidas. Somos a segunda criação de nosso planejamento proativo, ou então a segunda criação das receitas dos outros, ou das circunstâncias, ou dos hábitos passados.

Os dons exclusivamente humanos, como a autoconsciência, a imaginação e a consciência, nos permitem observar as primeiras criações e nos possibilitam assumir o controle de nossa própria criação mental, escrevendo nosso próprio papel. Em outras palavras, o Hábito 1 diz: "Você é o criador." O Hábito 2 é a primeira criação.

■ LIDERANÇA E GERENCIAMENTO — AS DUAS CRIAÇÕES

O Hábito 2 se baseia em princípios de liderança pessoal, o que significa que a liderança é a primeira criação. A liderança não é o gerenciamento. O gerenciamento é a segunda criação, e será discutido no capítulo sobre o Hábito 3. A liderança precisa vir primeiro.

O gerenciamento é uma visão dos métodos: qual a melhor maneira de conseguir determinadas coisas? A liderança lida com objetivos: quais são as coisas que desejo conseguir? Nas palavras de Peter Drucker e Warren Bennis: "Gerenciar é fazer as coisas do jeito certo; liderar é fazer as coisas certas." O gerenciamento é o grau de eficácia necessário para subir mais rápido a escada do sucesso. A liderança determina se a escada está apoiada na parede correta.

Dá para perceber rapidamente a importante diferença entre os dois conceitos se imaginarmos um grupo de produtores abrindo caminho na floresta com machados. Eles são produtores, solucionadores de problemas. Limpam o terreno para depois cultivá-lo, e avançam resolutos.

Os gerenciadores seguem atrás deles, afiando os machados, redigindo manuais de procedimentos e métodos, elaborando programas para desenvolvimento muscular, introduzindo tecnologias mais eficientes, organizando os turnos e os descansos dos manejadores de machados.

O líder é aquele que sobe na árvore mais alta, estuda a situação em seu conjunto e grita: "Estamos na mata errada!"

E como a maioria dos produtores e os gerenciadores reage? Dizendo: "Cale a boca! Estamos avançando."

Na condição de indivíduos, grupos e profissionais, estamos tão ocupados com o corte das árvores que sequer percebemos que estamos na mata errada. E o ambiente em que vivemos se altera rapidamente, o que torna a liderança hoje mais crítica do que nunca — em todos os aspectos da vida independente e interdependente.

Precisamos cada vez mais de uma visão, ou um destino, e de uma bússola (um conjunto de princípios ou regras), e menos de um mapa da estrada. Na maioria das vezes, não conhecemos o estado do terreno à frente, ou o que precisaremos para atravessá-lo. Muita coisa vai depender do nosso discernimento naquela hora. Mas uma bússola interna sempre nos dará a direção certa.

A eficácia e muitas vezes a sobrevivência não dependem apenas de quanto esforço se faz, e sim se estamos realizando este esforço no terreno certo ou não. E as metamorfoses que ocorrem hoje em todas as áreas e profissões requerem liderança primeiro, e só então o gerenciamento.

No mundo dos negócios, o mercado muda tão rapidamente que muitos produtos e serviços bem-sucedidos, na preferência e na necessidade popular há poucos anos, ficam obsoletos. Uma liderança proativa forte precisa monitorar constantemente a mudança no meio social, em especial dos hábitos de compra e impulsos dos consumidores, fornecendo a energia necessária para organizar os recursos na direção certa.

Mudanças como a desregulamentação da indústria aeronáutica, os custos crescentes dos serviços de saúde, a quantidade e a qualidade dos carros importados atuam sobre o meio social de diversas formas importantes. Se as indústrias não monitorarem o meio social, o que inclui seu pessoal, e deixarem de exercer uma liderança criativa para seguir no rumo certo, não há gerenciamento eficaz que as impeça de falir.

Gerenciamento eficaz sem liderança eficaz é, em uma definição clássica, "ajeitar as cadeiras no convés do *Titanic*". Nenhum sucesso no gerenciamento consegue compensar o fracasso da liderança. Esta é algo raro, contudo, porque somos frequentemente pegos pela armadilha do paradigma do gerenciamento.

Na reunião final de um programa de aprimoramento de executivos de um ano, em Seattle, o presidente de uma companhia petrolífera aproximou-se de mim e disse:

— Stephen, quando você falou da diferença entre liderança e gerenciamento, no segundo mês, refleti sobre meu papel como presidente desta companhia, e percebi que nunca estive na liderança. Vivia apenas para o gerenciamento, afogado nas dificuldades de momento e nos detalhes da logística cotidiana. Assim sendo, resolvi me afastar do gerenciamento. Arranjei outras pessoas para fazer isso. Desejava liderar de verdade minha organização.

"Foi difícil. Sofri terrivelmente com o afastamento, porque deixei de lidar com a maioria das questões urgentes, importantes, que estavam bem ali na minha frente, e que me davam uma sensação momentânea de dever cumprido. Não consegui me sentir recompensado quando comecei a lidar com as questões de direção, aprimoramento de uma cultura empresarial, análises profundas dos problemas e aproveitamento de novas oportunidades. Outros diretores também enfrentaram problemas por terem sido afastados da acomodação a seus estilos de trabalho. Eles sentiram falta do acesso fácil que eu permitira até então. Queriam que eu continuasse disponível para eles, a responder a tudo, a resolver seus problemas cotidianos.

"Mas eu persisti. Estava convencido de que precisava exercer a liderança. Foi o que fiz. Hoje em dia, a companhia inteira mudou. Estamos mais sintonizados com o meio social. Dobramos nosso faturamento e quadruplicamos os lucros. Estou sendo um líder."

Estou convencido de que os pais caem na armadilha do gerenciamento com muita frequência, pensando em controle, eficiência e regras, em vez de apontar caminhos, mostrar motivos e sentimentos familiares.

A liderança faz mais falta ainda em nossas vidas pessoais. Estamos nos dedicando a gerenciar com eficácia, a estabelecer e a atingir metas antes de ter determinado quais são nossos valores.

■ REESCREVENDO OS PAPÉIS — TORNE-SE SEU PRÓPRIO CRIADOR MENTAL

Conforme foi ressaltado, a proatividade se baseia no dom exclusivamente humano da autoconsciência. Os demais dons exclusivamente humanos, que permitem a expansão da proatividade e o exercício da liderança pessoal em nossas vidas, são a *imaginação* e a *consciência*.

Através da imaginação conseguimos visualizar os mundos possíveis potencialmente existentes dentro de nós. Através da consciência, podemos entrar em contato com as leis e os princípios universais, através de nossos dons singulares e modos de atuação, bem como com as diretrizes pessoais para melhor desenvolvê-los. Combinados com a autoconsciência, estes dois talentos nos dão o poder de escrever nossos próprios papéis.

Uma vez que já vivemos diversos papéis que foram passados para nós, o processo de escrever nosso papel é, na verdade, muito mais um processo de "reescrever", ou de mudança de paradigma, de alteração de alguns paradigmas básicos que já temos. Conforme reconhecemos os papéis ineficazes, os paradigmas incompletos ou incorretos dentro de nós, podemos iniciar o processo proativo de reescrever os nossos.

Acredito que um dos relatos mais inspiradores do processo de reescrita encontra-se na autobiografia de Anuar Sadat, ex-presidente do Egito. Sadat nasceu, foi criado e profundamente doutrinado para sentir ódio de Israel. Ele fez uma declaração à televisão: "Jamais apertarei a mão de um israelense enquanto eles ocuparem um único centímetro de solo árabe. Nunca, nunca, nunca!" E multidões imensas em todo o país repetiam: "Nunca, nunca, nunca!" Ele aglutinava a energia e unia o desejo de todo o país ao desempenhar aquele papel.

Era um papel muito independente e nacionalista, e provocou manifestações de profunda emoção no povo. Mas era também muito irresponsável, e Sadat sabia disso. Ele ignorava a situação explosiva e altamente interdependente que existia.

Sendo assim, ele reescreveu seu papel. Este ato foi resultado de um processo que ele aprendeu quando era um jovem prisioneiro da Cela 54, uma solitária na Prisão Central do Cairo, em função de seu envolvimento em uma conspiração contra o rei Faruk. Ele aprendeu a esvaziar a sua mente e, através de um profundo processo de meditação, trabalhar em seus livros sagrados, sua própria maneira de orar e também a reescrever seu papel.

Ele conta que chegou a relutar em deixar a cela da prisão, pois fora lá que aprendera que o sucesso verdadeiro é o sucesso interior. Não se encontra na posse das coisas, mas na posse de si mesmo, na vitória sobre o eu.

Durante algum tempo, no governo de Nasser, Sadat foi relegado a uma posição de relativa insignificância. Todos acreditavam que seu espírito havia sido destroçado, mas não era verdade. Eles estavam projetando seu próprio modo de ser sobre ele. Não o compreendiam. Ele apenas esperava sua vez.

E quando a hora chegou, quando ele se tornou presidente do Egito e se deparou com a realidade política, reescreveu seu papel em relação a Israel. Visitou o Knesset, em Telaviv, e iniciou um dos mais importantes movimentos de paz na história do mundo, uma iniciativa tão valiosa que acabou produzindo o Acordo de Camp David.

Sadat foi capaz de utilizar sua autoconsciência, sua imaginação e sua consciência para exercer a liderança pessoal, para mudar um paradigma essencial, para alterar o modo como via a situação. Ele trabalhou no centro de seu Círculo de Influência. E a partir daquele momento, da mudança de paradigma, aconteceram modificações de comportamento e atitudes que afetaram milhões de vidas, no amplo Círculo de Preocupação.

No decorrer do desenvolvimento de nossa autoconsciência, muitos de nós identificamos papéis inadequados, profundamente arraigados, que são perniciosos para nós, incongruentes com as coisas que realmente valorizamos na vida. O Hábito 2 estabelece que não precisamos conviver com esses papéis. Somos capazes de usar a imaginação e a criatividade para escrever novos papéis, mais eficazes, mais de acordo com nossos valores mais profundos e com os princípios corretos que lhes dão sentido.

Vamos supor, por exemplo, que eu esteja extremamente sensível com relação a meus filhos. Sempre que eles começam a fazer algo que considero inadequado, sinto uma tensão imediata na boca do estômago. Percebo que as muralhas defensivas se levantam e que eu me preparo para a batalha. Minha preocupação não é o amadurecimento a longo prazo e a compreensão, é o comportamento a curto prazo. Estou tentando ganhar a batalha, não a guerra.

Preparo minha munição — meu tamanho superior, minha posição que confere autoridade — e grito, intimido, ameaço ou castigo e ganho. Fico parado lá, vitorioso, no meio dos destroços de um relacionamento abalado, enquanto meus filhos se mostram aparentemente submissos, embora revoltados no íntimo, reprimindo sentimentos que serão postos para fora mais tarde, de um modo muito pior.

Bem, se eu estivesse no funeral mencionado anteriormente, e um de meus filhos fosse falar, eu gostaria que sua vida representasse a vitória dos ensinamentos, do treino e da disciplina com amor, durante muito anos, e não as cicatrizes de batalha e de escaramuças de efeito apenas imediato. Gostaria que o coração dele e o meu estivessem lotados de lembranças de momentos de união, significativos e profundos. Gostaria que ele se lembrasse de mim como um pai carinhoso, que compartilhasse com ele a alegria e a dor do amadurecimento. Gostaria que ele se lembrasse dos momentos em que veio a mim com seus problemas e preocupações. Eu gostaria de ter ouvido, ajudado e amado. Gostaria que ele soubesse que eu não era perfeito, mas que fiz o melhor que pude. E que, talvez mais do que qualquer outro no mundo, eu o amei.

O motivo para eu desejar estas coisas é valorizar meus filhos, bem lá no fundo. Eu os amo, e desejo ajudá-los. Valorizo meu papel de pai.

Mas nem sempre percebo estes valores. Vivo preso aos problemas do dia a dia. O que interessa acaba sufocado por várias camadas de problemas urgentes, preocupações imediatistas e comportamentos exteriores. Eu me torno reativo. E o modo como me relaciono com meus filhos diariamente acaba tendo pouco a ver com o modo como me sinto em relação a eles.

Uma vez que possuo a autoconsciência, a imaginação e a consciência, posso examinar meus valores mais profundos. Posso me dar conta de que o papel que estou vivendo não está em harmonia com esses valores, que minha vida não é o resultado de meus planos proativos, mas sim da criação inicial, que cedeu a circunstâncias e a outras pessoas. E eu posso mudar. Posso viver da minha imaginação, e não da memória. Posso me reportar a meu potencial ilimitado, não a meu passado restrito. Posso me tornar meu próprio criador mental.

Começar com o objetivo em mente significa abordar meu papel como pai, bem como os outros papéis que desempenho na vida, a partir da determinação de meus valores e minhas pretensões. Significa ser responsável pela minha primeira criação, reescrever meu papel, de forma que os paradigmas determinantes de meu comportamento estejam em conformidade com meus valores mais profundos e em harmonia com os princípios corretos.

Isso também significa começar cada dia com estes valores determinados em mente. Assim, quando as vicissitudes e os desafios chegarem, posso tomar minhas decisões baseado nesses valores. Posso agir com integridade. Não preciso mais reagir às emoções, às circunstâncias. Posso me tornar proativo, movido pelos valores, porque meus valores estão nítidos.

■ MISSÃO PESSOAL

A forma mais eficaz que conheço para começar com o objetivo em mente é desenvolver uma *missão pessoal*, filosofia ou credo. Ela se concentra naquilo que a pessoa deseja ser (caráter) e fazer (contribuições e conquistas), e nos valores ou princípios nos quais o ser e o fazer estão fundados.

Uma vez que cada indivíduo é único, uma missão pessoal vai refletir sua unicidade, tanto na forma quanto no conteúdo. Um amigo meu, Rolfe Kerr, expressou seu credo pessoal desta forma:

> Primeiro, seja bem-sucedido no lar.
> Busque e seja digno da ajuda divina.
> Jamais comprometa sua honestidade.
> Lembre-se das pessoas envolvidas.
> Ouça os dois lados antes de julgar.
> Procure se aconselhar com os outros.
> Defenda os ausentes.
> Seja sincero e firme.
> Desenvolva uma nova habilidade por ano.
> Planeje hoje o trabalho de amanhã.
> Ocupe-se enquanto espera.
> Mantenha uma atitude positiva.
> Tenha senso de humor.
> Seja organizado pessoal e profissionalmente.
> Não tenha medo dos erros — tema apenas a falta de respostas criativas, construtivas e capazes de superar estes erros.
> Facilite o sucesso dos subordinados.

Ouça o dobro do que fala.
Concentre todas as habilidades e todos os esforços no trabalho que tem à frente, sem se preocupar com o próximo emprego ou com a promoção.

Uma mulher, procurando equilibrar seus valores relativos à família e ao trabalho, expressou seu senso de missão pessoal de modo bem diferente:

Procurarei equilibrar carreira e família da melhor forma possível, pois ambas são importantes para mim.
Meu lar será um local onde eu e minha família, amigos e convidados sentiremos alegria, conforto, paz e felicidade. Por isso, procurarei criar um ambiente limpo e ordeiro, e ao mesmo tempo gostoso de se viver e confortável. Usarei minha sabedoria para escolher o que vamos comer, ler, ver e fazer em casa. E, principalmente, pretendo ensinar meus filhos a amar, a aprender e a rir — e a lutar para aprimorar seus talentos específicos.
Eu valorizo os direitos, as liberdades e responsabilidades de nossa sociedade democrática. Serei uma cidadã informada e engajada no processo político, para garantir que minha opinião seja ouvida e meu voto, levado em conta.
Serei uma pessoa empreendedora, que exerce a iniciativa para conseguir atingir suas metas. Tomarei a dianteira em situações e oportunidades, recusando uma postura passiva.
Tentarei sempre me manter livre de hábitos e vícios destrutivos. Desenvolverei hábitos que me liberem dos velhos padrões e limites e que possam expandir minha capacidade de escolha.
O dinheiro será meu servo, não meu senhor. Procurarei a independência financeira, progressivamente. Minhas vontades se submeterão a minhas necessidades e posses. A não ser para adquirir casa ou carro, ficarei afastada das compras a crédito. Gastarei menos do que ganho e economizarei ou investirei parte de minha renda.
Além disso, usarei o dinheiro e os talentos que possuo para tornar a vida mais agradável para os outros, por meio do trabalho voluntário e da caridade.

Podemos dizer que uma missão pessoal é a constituição do indivíduo. Assim como a Constituição dos Estados Unidos, ela é fundamentalmente imutável. Em duzentos e tantos anos ela recebeu apenas 26 emendas, dez das quais faziam parte da Declaração de Direitos original.

A Constituição dos Estados Unidos é o modelo a partir do qual todas as leis do país são avaliadas. É o documento que o presidente concorda em defender e apoiar quando faz o juramento presidencial. É o critério para determinar a cidadania das pessoas. É a base e o centro que permitem às pessoas enfrentar traumas gigantescos como a Guerra Civil, o Vietnã ou Watergate. É o padrão escrito, o critério-chave pelo qual todo o resto é avaliado e considerado.

A Constituição tem permanecido e cumpre sua função ainda hoje porque se baseia em princípios corretos, em verdades por si só evidentes contidas na Declaração de Independência. Estes princípios conferem à Constituição uma força eterna, mesmo em épocas de ambiguidade ou convulsão social. "Nossa peculiar segurança está na posse de uma Constituição escrita", disse Thomas Jefferson.

Uma missão pessoal baseada em princípios corretos se torna o mesmo tipo de modelo para o indivíduo. Passa a ser sua constituição pessoal, uma base para a tomada de decisões importantes, cruciais em sua vida. E uma base para a tomada de decisões cotidianas, em meio ao turbilhão de circunstâncias e emoções que afetam sua vida. Ela confere ao indivíduo a mesma força eterna, nos momentos de mudança.

As pessoas não podem conviver com a mudança se não houver um centro imutável dentro delas. A chave para a faculdade de mudar é a sensação imutável do que somos, do que fazemos e do que valorizamos.

Com uma missão, podemos realizar muitas mudanças. Não temos necessidade de prejulgamentos ou preconceitos. Não precisamos justificar mais nada na vida, nem estereotipar e classificar tudo e todos para nos encaixarmos na realidade.

Nosso ambiente pessoal também está se modificando em ritmo crescente. Essas mudanças rápidas desconcertam muitas pessoas, que sentem não poder lidar com elas, nem com a vida em geral. Essas pessoas se tornam reativas e acabam desistindo, torcendo para que as coisas que aconteçam a elas sejam boas.

Mas a vida não precisa ser assim. Nos campos de extermínio nazistas, onde Victor Frankl aprendeu o princípio da proatividade, ele também aprendeu a importância do propósito, do significado da vida. A essência da "logoterapia", a filosofia que ele desenvolveu e mais tarde ensinou, é que muitas das chamadas doenças mentais e emocionais são na realidade sintomas de uma sensação subjacente de vazio ou falta de significado. A logoterapia elimina esse vazio, ajudando o indivíduo a detectar seu significado único, sua missão no mundo.

Quando a pessoa adquire este senso de missão, conquista a essência da própria proatividade. Passa a comandar a visão e os valores que dirigem sua vida. Passa a ter o ponto de partida básico, a partir do qual estabelece as metas de curto e longo prazo. Tem a força de uma constituição baseada em princípios corretos, para servir eficazmente de padrão de comparação com as decisões referentes ao uso mais eficaz do tempo, dos talentos e das energias.

■ NO CENTRO

Para escrever uma missão pessoal, precisamos começar pelo centro do Círculo de Influência, o centro no qual residem nossos paradigmas mais básicos, as lentes que usamos para observar o mundo.

É aqui que lidamos com nossa visão e nossos valores. É aqui que usamos nossos dons de autoconsciência para examinar os mapas e, ao adotarmos os princípios corretos, garantir que eles descrevam corretamente o território e também que nossos paradigmas estejam baseados em princípios e realidades. Para isso, utilizamos o dom da consciência como bússola para nos ajudar a detectar nossos talentos especiais e áreas onde podemos dar nossa contribuição. Aqui utilizamos o dom da imaginação para criar mentalmente o objetivo desejado, dando sentido e propósito a nossas tentativas iniciais, fornecendo a substância para uma constituição pessoal escrita.

Também é aqui que nossos esforços concentrados conquistam os melhores resultados. À medida que trabalhamos no centro de nosso Círculo de Influência, nós o expandimos. Trata-se de um trabalho CP do mais alto nível, capaz de provocar um impacto significativo no grau de eficácia de todos os setores de nossas vidas.

O que estiver no centro de nossa vida será a fonte de nossa segurança, orientação, sabedoria e poder.

A *Segurança* representa o senso de valor, a identidade, a estabilidade emocional, o amor-próprio, a força pessoal básica ou a falta dela.

A *Orientação* representa a fonte do rumo na vida. Incluída em seu mapa, o quadro interno de referências interpreta para você o que acontece no mundo. São padrões, princípios ou critérios implícitos que governam a tomada cotidiana de decisões e atitudes.

A *Sabedoria* é sua perspectiva de vida, o senso de equilíbrio, a compreensão de como várias partes e princípios se aplicam e se relacionam uns com os outros. Ela envolve o julgamento, o discernimento, a compreensão. É uma *gestalt*, ou integridade, um todo integrado.

O *Poder* é a faculdade ou capacidade para agir, a força e a potência para conquistar algo. É a energia vital para se fazerem escolhas e tomar decisões. Ele também inclui a capacidade para superar hábitos profundamente arraigados e cultivar outros mais nobres, mais eficazes.

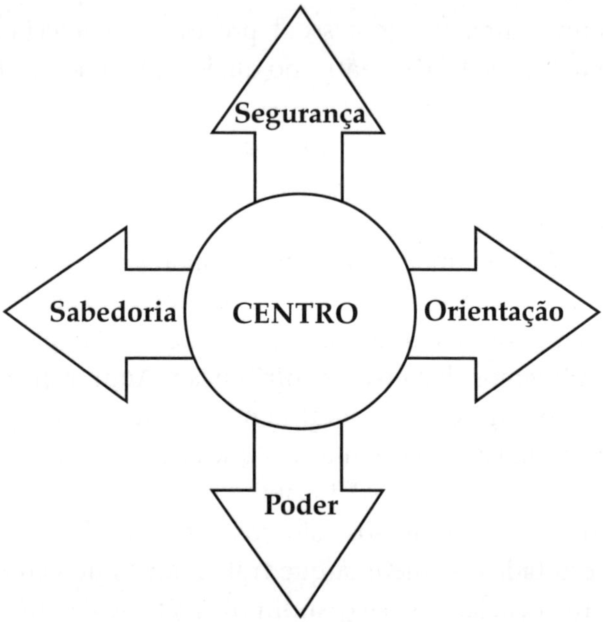

Esses quatro fatores — segurança, orientação, sabedoria e poder — são interdependentes. A segurança e uma orientação objetiva geram a verdadeira sabedoria, e a sabedoria é a faísca ou catalisador que liberta e dirige o poder. Quando esses quatro fatores estão presentes em conjunto, harmonizados e alimentados uns pelos outros, criam a força imensa de uma personalidade nobre, de um caráter equilibrado, de um indivíduo maravilhosamente íntegro.

Esses fatores de apoio na vida também servem de suporte para qualquer outra esfera da vida. E nenhum deles é uma questão de tudo ou nada. O grau de desenvolvimento atingido em cada um pode ser registrado como uma espécie de progressão, bem similar à progressão em direção à maturidade, já descrita. Em uma das extremidades, os fatores carecem de força. Você depende basicamente das circunstâncias, ou das outras pessoas, de coisas sobre as quais não exerce controle direto. Na outra ponta, você exerce o controle. Possui sua própria força e os alicerces para relacionamentos ricos, interdependentes.

Sua *segurança* encontra-se em algum ponto da progressão, entre a extrema insegurança, por um lado, na qual sua vida é um joguete das forças volúveis que agem sobre ela, e por outro, um senso profundo de alto valor interno e segurança pessoal. Sua *orientação* percorre uma escala que vai da dependência do espelho social, ou de outras fontes flutuantes, até chegar a uma noção objetiva de rumo. Sua *sabedoria* se situa em algum lugar entre um mapa impreciso, onde tudo está distorcido e nada parece se encaixar, e um mapa completo e preciso, no qual todas as partes e todos os princípios se relacionam apropriadamente entre si. Seu *poder* encontra-se em algum ponto entre a imobilização, ou a condição de marionete nas mãos de alguém, e a alta proatividade, o poder de agir conforme seus valores, em vez de depender das pessoas e circunstâncias que o controlam.

A posição destes fatores no *continuum*, o grau resultante de integração, harmonia e equilíbrio e seu impacto positivo em todos os aspectos da vida são uma função de seu centro, dos paradigmas básicos do seu âmago.

■ CENTROS ALTERNATIVOS

Cada um de nós tem seu centro, apesar de costumeiramente não o reconhecermos como tal. Tampouco aceitamos os efeitos abrangentes deste centro em todos os aspectos da vida.

Vamos nos deter por um momento nos diversos centros dos paradigmas básicos que as pessoas normalmente possuem, para alcançar uma compreensão melhor do modo como eles afetam essas quatro dimensões fundamentais e, em última análise, o conjunto da vida que flui a partir delas.

Centrado no cônjuge | O casamento pode ser a mais íntima, satisfatória, duradoura e estável das relações humanas. Pode parecer natural ou apropriado centrar a vida no marido ou na esposa.

Mas a experiência e a observação nos contam uma história diferente. Com o passar dos anos, eu estive envolvido com muitos casamentos problemáticos e observei um fio invisível percorrendo quase todos os relacionamentos centrados no cônjuge que encontrei. Este fio é a dependência emocional extrema.

Se nosso senso de valor emocional deriva primeiramente do casamento, existe um alto grau de dependência desse relacionamento. Nós nos tornamos vulneráveis aos humores e sentimentos, ao comportamento e ao tratamento dispensado pelo cônjuge, ou a qualquer outro evento externo que possa ameaçar o relacionamento — o nascimento de um filho, os sogros, as dificuldades econômicas, os sucessos sociais e assim por diante.

Quando a responsabilidade cresce e a tensão aumenta em um casamento, tentamos retornar aos papéis que nos deram quando crescíamos. Mas o outro cônjuge faz o mesmo. E os papéis são geralmente incompatíveis. Modos diferentes de lidar com o dinheiro, a educação das crianças ou com os pais de cada um. Quando essas tendências profundamente arraigadas se combinam com a dependência emocional no casamento, o relacionamento centrado no cônjuge revela toda a sua vulnerabilidade.

Quando dependemos da pessoa com quem entramos em conflito, tanto a necessidade quanto o conflito se exacerbam. Reações exageradas de amor ou ódio, tendência para a briga ou o afastamento, distanciamento, agressividade, amargura, ressentimento e competição calculista são alguns dos resultados frequentes. Quando eles acontecem, mostramos uma vocação para o entrincheiramento ainda maior nas tendências e nos hábitos tradicionais, em um esforço para justificar e defender nosso comportamento, e atacamos as tendências de nosso cônjuge.

Inevitavelmente, sempre que estamos vulneráveis demais, sentimos a necessidade de proteção contra novos ataques. Assim, recorremos ao sarcasmo, ao humor mordaz, às críticas — qualquer coisa que evite a exposição de ternura interior. Cada um dos parceiros espera do outro a iniciativa do amor, apenas para colher o desapontamento e a confirmação da veracidade das acusações feitas.

Existe apenas uma segurança ilusória nesses relacionamentos, quando tudo parece correr bem. A orientação se baseia nas emoções do momento. A sabedoria e o poder se perdem em interações negativas mutuamente dependentes.

Centrado na família | Outro centro comum é a família. Isso também pode parecer natural e apropriado. Como área de concentração de energia e grandes investimentos emocionais, ela fornece grandes oportunidades para relacionamentos profundos, amor, companheirismo, coisas que tornam a vida mais gratificante. Mas, como centro, ironicamente, ela destrói os elementos fundamentais para o sucesso familiar.

As pessoas que se centram na família obtêm seu senso de segurança ou o amor-próprio da tradição, cultura ou reputação familiar. Sendo assim, tornam-se sensíveis a qualquer mudança nessa tradição, cultura ou a influências que possam afetar tal reputação.

Pais centrados na família não possuem liberdade de sentir, nem poder suficiente para educar os filhos com o bem-estar destes, verdadeiramente, em primeiro lugar. Se eles dependem da família para sua segurança emocional, sua necessidade de ganhar popularidade com os filhos pode ser maior do que a importância de um investimento a longo prazo no amadurecimento e no crescimento deles. Ou eles podem se concentrar nos comportamentos corretos e adequados do momento. Qualquer comportamento considerado impróprio ameaça sua segurança. Eles ficam irritados, guiam-se pelas emoções do momento, reagem imediatamente às preocupações, em vez de pensarem no amadurecimento e no crescimento das crianças. Chegam a gritar e berrar. Exageram nas reações, e castigam quando ficam de mau humor. Mostram a tendência de amar impondo condições aos filhos, fazendo com que se tornem emocionalmente dependentes ou refratários e rebeldes.

* * *

Centrado no dinheiro | Mais um centro lógico e muito comum na vida das pessoas: ganhar dinheiro. A segurança econômica é a base para a existência de oportunidades de se agir em outras esferas da vida. Em uma hierarquia ou escala de necessidades, a sobrevivência física e a segurança econômica estão em primeiro lugar. As outras coisas importantes nem sequer são despertadas até que essa necessidade básica seja satisfeita, mesmo que minimamente.

A maioria das pessoas enfrenta problemas econômicos. Muitas forças culturais mais amplas podem agir sobre nossa situação econômica — e o fazem —, causando ou ameaçando causar tais estragos que, com frequência, nos deixam preocupados, mesmo que isso não apareça em nível consciente.

Por vezes, existem razões aparentemente nobres para se ganhar dinheiro, como o desejo de se cuidar da família. E essas coisas têm importância. Mas o foco no dinheiro como centro provoca o efeito oposto do desejado.

Pense novamente nos quatro fatores que sustentam a vida — segurança, orientação, sabedoria e poder. Suponha que eu dependa, para me sentir seguro, de meu emprego, renda ou riqueza. Como muitos fatores afetam essa base econômica, eu vivo ansioso e inquieto, cauteloso e defensivo contra qualquer coisa que possa afetar meus bens. Quando meu senso de valor deriva das minhas rendas, eu me torno vulnerável a tudo que possa afetá-las. Mas o trabalho e o dinheiro, por si, não fornecem sabedoria nem orientação, apenas um pouco de poder e segurança. Basta, para mostrar as limitações do dinheiro como centro, que haja uma crise em minha vida, ou na vida de uma pessoa amada.

As pessoas centradas no dinheiro normalmente deixam de lado a família e outras prioridades, presumindo que todos compreenderão que as exigências econômicas encontram-se em primeiro lugar. Conheço um pai que estava saindo com os filhos para o circo quando ligaram chamando-o para trabalhar. Ele se recusou. Quando sua esposa sugeriu que talvez ele devesse ter ido trabalhar, o marido respondeu: "Haverá mais trabalho depois. E a infância é uma vez só." Pelo resto de suas vidas, as crianças se recordaram daquele pequeno ato de prioridade, não como uma lição objetiva em suas mentes, mas como uma demonstração de amor que ficou registrada em seus corações.

Centrado no trabalho | Uma pessoa centrada no trabalho pode ficar viciada na sua atividade profissional, mergulhando na produção, com sacrifício da saúde, relacionamento com os outros e demais áreas importantes da vida. Sua identidade fundamental deriva do trabalho. "Sou ator", "Sou escritor", "Sou médico", dizem.

Considerando-se que seu senso de valor está vinculado ao trabalho, a segurança é vulnerável a qualquer coisa que o impeça de continuar. Sua orientação é resultado das exigências do trabalho. A sabedoria e o poder se limitam às áreas ligadas ao trabalho, tornando-o ineficiente em outros setores da vida.

Centrado nos bens | A força motriz de muita gente se encontra nos bens — não somente bens materiais, tangíveis, como roupas da moda, casas, carros, barcos e joias, mas também os intangíveis, como fama, glória ou projeção social. A maioria de nós sabe, por experiência própria, o quanto este centro é especialmente frágil, porque pode desaparecer rapidamente, influenciado por questões diversas.

Se meu senso de segurança se apoia na minha reputação, ou nas coisas que possuo, viverei em um estado permanente de temor e preocupação de que esses bens possam ser roubados, perdidos ou perder o seu valor. Se me encontro na presença de alguém com renda, fama ou *status* mais elevado, eu me sinto inferiorizado. Na presença de alguém com menos renda, *status* ou fama, sinto superioridade. Meu senso de valor flutua constantemente. Não tenho constância, tranquilidade ou personalidade marcante. Tento sempre proteger e garantir meus bens, propriedades, investimentos, posição ou reputação. Todos nós já ouvimos histórias de gente que comete suicídio depois de perder suas fortunas, em uma queda brusca da bolsa, ou a fama, em uma derrota política.

Centrado no prazer | Outro centro comum, aliado próximo dos bens, é o do prazer ou divertimento. Vivemos em um mundo em que a satisfação imediata está disponível e é estimulada. A televisão e o cinema influenciam cada vez mais o aumento das expectativas nas pessoas. Eles mostram na tela o que as outras pessoas têm e o que fazem, em uma vida fácil e "agradável".

Mas, apesar de o brilho dos modos de vida centrados no prazer ser levado à tela, os resultados naturais desses estilos de vida — o impacto no íntimo da pessoa, na produtividade e nos relacionamentos — raramente aparecem em detalhes.

Prazeres inocentes, com moderação, podem fornecer o relaxamento para o corpo e a mente, além de unir a família e os amigos. Mas o prazer, em si, é incapaz de oferecer uma satisfação completa, duradoura, ou a realização. A pessoa centrada no prazer, logo entediada com mais um degrau na escada do "divertimento", exige cada vez mais. Dessa forma, o prazer seguinte precisa ser mais intenso e melhor, mais excitante, com um "pique" maior. Uma pessoa nesse estado se torna extremamente narcisista, avaliando a vida em função dos prazeres que esta oferece para si, aqui e agora.

Férias demais, que não acabam nunca, filmes em excesso, TV o dia inteiro, exagero na hora de jogar *videogames*, abuso indisciplinado dos momentos de lazer, nos quais a pessoa adota a lei do mínimo esforço, desperdiçam pouco a pouco uma vida. Fazem com que o potencial de alguém permaneça adormecido, que os talentos continuem sem ser desenvolvidos, que a mente e o espírito se tornem letárgicos e o coração, angustiado. Onde estão a segurança, a orientação, a sabedoria e o poder? No limite, estão no prazer de um momento fugaz.

Malcolm Muggeridge escreve, em *A Twentieth-Century Testimony* [Um testemunho do século XX]:

> Hoje em dia, quando olho para trás e analiso minha vida, o que às vezes faço, o que mais me intriga é que as coisas aparentemente mais sedutoras e importantes agora parecem mais fúteis e absurdas. Por exemplo, o sucesso, nos seus mais variados disfarces; ser conhecido e elogiado; prazeres ostensivos, como ganhar dinheiro e conquistar mulheres bonitas, viajar, ir de um lado para outro do mundo e para cima e para baixo como Satã, explicando e experimentando tudo que a Feira das Vaidades tem a oferecer.
>
> Em retrospecto, todos estes exercícios de autossatisfação parecem pura fantasia, o que Pascal chamava de "lamber a terra".

Centrado nos amigos/inimigos | As pessoas jovens são em particular, mas não exclusivamente, mais suscetíveis de se centrar na amizade. A aceitação e a sensação de pertencer a um grupo distinto se tornam importantes, quase supremas. O espelho social, distorcido e instável, transforma-se na fonte dos quatro fatores que sustentam a vida, criando um alto grau de dependência dos humores, sentimentos, atitudes e comportamentos inconstantes dos outros.

O centro nos amigos também pode se concentrar exclusivamente em uma pessoa, assumindo algumas das características do casamento. A dependência emocional de um indivíduo, a espiral crescente da necessidade/conflito e as interações negativas resultantes geralmente surgem quando o centro recai em uma amizade.

E quanto a colocar um *inimigo* no centro da vida? A maioria das pessoas sequer pensaria nisso, e provavelmente ninguém faria isso de caso pensado. Não obstante, o centro na inimizade é bem comum, em particular quando não há alteração frequente entre as pessoas que estão em conflito real. Quando alguém acha que foi tratado com injustiça por uma pessoa, social ou emocionalmente representativa, fica muito fácil se preocupar com a injustiça, e fazer da outra pessoa o centro de sua vida. Em vez de cuidar proativamente de sua vida, a pessoa centrada no inimigo reage impulsivamente aos comportamentos e atitudes de quem considera inimigo.

Um amigo meu, professor universitário, ficou bastante incomodado com as deficiências de um determinado administrador, com quem teve um relacionamento negativo. Ele se permitiu pensar no sujeito constantemente, até que isso acabou por se tornar uma obsessão. Esta questão o preocupou tanto que afetou a qualidade de seus relacionamentos com a família, a igreja e os colegas de trabalho. Ele finalmente chegou à conclusão de que deveria sair da universidade e aceitar um cargo de professor em outro local.

— Mas você não preferiria continuar a dar aulas na universidade, se o tal sujeito não estivesse lá? — perguntei.

— Sim — respondeu. — Mas como ele continua lá, sua presença é por demais nociva a todos os aspectos da minha vida. Terei de sair.

— Por que você colocou este administrador no centro da sua vida?

Ele ficou chocado com a questão. Negou o fato. Mas mostrei que ele estava permitindo que um indivíduo e suas fraquezas deturpassem o mapa da vida dele, minando a fé e o nível do relacionamento com quem era importante para ele.

Meu amigo finalmente admitiu que o indivíduo causava um impacto enorme sobre ele, mas negou que tivesse feito esta escolha. Atribuiu a responsabilidade pela situação lamentável ao administrador. Ele mesmo, disse, não era responsável.

À medida que conversávamos, ele foi se dando conta de que era, na verdade, o responsável real, mas que se tornara irresponsável ao não assumir a responsabilidade adequadamente.

Muitas pessoas divorciadas se encaixam no mesmo modelo. Continuam sendo consumidas pela raiva, pela amargura e pelas justificativas em relação ao ex-cônjuge. Em um sentido negativo, psicologicamente, elas continuam casadas — cada uma depende das fraquezas do antigo parceiro para justificar suas acusações.

Muitos filhos "mais velhos" passam a vida odiando os pais, aberta ou disfarçadamente. Eles os culpam por abusos, negligência ou favoritismo no passado, e centram sua vida adulta no ódio, vivendo o papel reativo e o ressentimento que o acompanha.

O indivíduo que vive centrado nos amigos ou inimigos não possui segurança interna. O senso de valor é volátil, resultado do estado emocional ou do comportamento de outros. A orientação vem da percepção de como os outros vão responder e a sabedoria é limitada pela conveniência social, ou por uma paranoia centrada no inimigo. O indivíduo não tem poder. As outras pessoas dão as cartas.

Centrado na igreja | Acredito que pessoas seriamente envolvidas com qualquer crença admitirão que ir à igreja não é sinônimo de espiritualidade interior. Existem pessoas que se ocupam tanto com rezas e projetos da igreja que ficam insensíveis para as necessidades humanas prementes que as rodeiam, contradizendo os próprios preceitos em que dizem acreditar tão profundamente. Existem outros que comparecem à igreja com menos frequência, ou nem aparecem, cujas atitudes refletem um centro mais genuíno, apoiado na ética judaico-cristã básica.

Tendo participado a vida inteira das atividades organizadas por minha igreja e de grupos de auxílio comunitário, concluí que frequentar a igreja não equivale necessariamente a viver os princípios ensinados nas reuniões. A pessoa pode ser ativa na igreja, mas passiva quanto ao evangelho.

Na vida centrada na igreja, a imagem ou a aparência pode se tornar a preocupação dominante, conduzindo a pessoa a uma hipocrisia que mina a segurança pessoal e o valor intrínseco. A orientação vem da consciência social, e a pessoa centrada na igreja tende a rotular artificialmente os outros, com termos como "ativo", "inativo", "liberal", "ortodoxo" ou "conservador".

Uma vez que a Igreja é uma instituição composta por políticas, programas, práticas e pessoas, ela não pode, por si, dar a uma pessoa uma segurança profunda, permanente, ou um senso de valor intrínseco. Viver os princípios pregados pela Igreja pode fazer isso, mas a instituição apenas não.

Tampouco pode a Igreja dar a uma pessoa um senso constante de orientação. As pessoas centradas na igreja habitualmente tendem a viver alternando atitudes antagônicas, agindo, pensando e sentindo de determinado modo no Sabbath e de outro nos dias comuns. Essa falta de integridade, unidade ou conjunto é uma ameaça suplementar à segurança, criando a necessidade de novos estereótipos e justificativas.

Ver a Igreja como um fim, em vez de considerá-la um meio para se atingir um fim, prejudica a sabedoria e o senso de equilíbrio da pessoa. Apesar de a Igreja dizer que ensina às pessoas qual é a fonte do poder, nem a própria Igreja afirma que ela é o próprio poder. Ela se considera um veículo através do qual o poder divino pode ser canalizado para a natureza humana.

Centrado no eu | Talvez o centro mais comum nos dias de hoje seja esse. Sua forma mais óbvia é o egoísmo, que viola os valores da maioria das pessoas. Mas, se nos detivermos atentamente na maioria das abordagens do amadurecimento e da satisfação pessoal, encontraremos, muitas vezes, o eu em seu centro.

Há pouca segurança, orientação, sabedoria ou poder no centro limitado fornecido pelo eu. Assim como o mar Morto, na Palestina, ele aceita mas nunca dá. Está estagnado.

Por outro lado, ficar atento ao amadurecimento da personalidade, dentro de uma perspectiva mais ampla, de aumentar a capacidade do eu para servir, produzir e contribuir de forma significativa, cria as condições para um aumento dramático nos quatro fatores que sustentam a vida.

Estes são alguns dos centros mais comuns a partir dos quais as pessoas abordam a vida. Muitas vezes é mais fácil reconhecer o centro da vida de outra pessoa do que o centro da sua vida. Você deve conhecer alguém que coloca o dinheiro acima de tudo. Provavelmente conhece alguém cuja energia está voltada para justificar a posição assumida em um relacionamento negativo. Se olhar bem, conseguirá, por vezes, ver além do comportamento, atingindo o centro que o cria.

■ IDENTIFICANDO O SEU CENTRO

Mas onde você se encaixa? Qual é o centro da sua vida? Muitas vezes, não é fácil descobrir isso.

Talvez a melhor forma de identificar seu centro seja olhar detidamente os fatores de sustentação de sua vida. Se você se identificar com uma ou mais das descrições contidas nas páginas seguintes, pode segui-las até chegar ao centro a partir do qual elas fluem, um centro que pode estar limitando sua eficácia pessoal.

É muito comum o centro de uma pessoa ser uma combinação desses e/ou de outros centros. Muitos indivíduos são resultado de influências variadas que regem suas vidas. Dependendo das condições externas ou internas, um centro específico pode ser ativado, até que as necessidades existentes sejam satisfeitas. Então, outro centro se torna a força que impulsiona.

Conforme a pessoa oscila de um centro para outro, o resultado relativo é uma volta de montanha-russa pela vida. Em um momento a pessoa está por cima, em outro por baixo, esforçando-se para compensar as fraquezas e buscando força em outras fraquezas. Não há uma orientação consistente, nenhuma sabedoria duradoura, nenhum valor intrínseco ou identidade.

É lógico que o ideal é criar um centro límpido, a partir do qual se possa desenvolver consistentemente um alto grau de segurança, orientação, sabedoria e poder, possibilitando a proatividade e conferindo coerência e harmonia a todos os setores da vida.

Centro	Segurança	Orientação	Sabedoria	Poder
Se o centro está em seu *Cônjuge*	☐ Seu sentimento de segurança está baseado na forma como seu cônjuge o trata. ☐ Você é vulnerável aos humores e sentimentos de seu cônjuge. ☐ Há um profundo desapontamento, que leva ao afastamento ou conflito quando seu cônjuge discorda de você ou não corresponde às suas expectativas. ☐ Tudo que pode interferir no relacionamento é tido como ameaça.	☐ Sua orientação deriva das necessidades e vontades suas e de seu cônjuge. ☐ Seu critério para tomar decisões é limitado pelo que acredita ser o melhor para o casamento ou para seu cônjuge, ou pelas preferências e opiniões deste.	☐ Sua perspectiva de vida evita coisas que possam influenciar positiva ou negativamente seu cônjuge ou a relação de vocês.	☐ O poder de agir é limitado pelas fraquezas de seu cônjuge e pelas suas.
Se o centro está em sua *Família*	☐ Sua segurança se baseia na aceitação familiar e em corresponder às expectativas. ☐ Seu senso de segurança pessoal é tão volátil quanto a família. ☐ Seu senso de valor se baseia na reputação da família.	☐ As determinações familiares são a referência quanto à correção de suas atitudes e de seus comportamentos. ☐ Seu critério para a tomada de decisões encontra-se no que é bom para a família, ou no que os membros da família desejam.	☐ Você interpreta a vida em termos de família, criando uma compreensão parcial da realidade e o narcisismo familiar.	☐ Suas ações são limitadas por modelos e tradições familiares.

Centro	Segurança	Orientação	Sabedoria	Poder
Se o centro está em seu *Dinheiro*	☐ Seu valor pessoal é determinado por sua renda. ☐ Você é vulnerável a qualquer coisa que ameace sua segurança econômica.	☐ A lucratividade é seu critério para a tomada de decisões.	☐ Ganhar dinheiro é a lente que você usa para ver e entender a vida, e isso lhe dá uma capacidade falha de julgamento.	☐ Você está restrito ao que pode conseguir com seu dinheiro e sua visão limitada.
Se você é centrado no *Trabalho*	☐ Você costuma se definir a partir de seu papel ocupacional.	☐ Você toma suas decisões baseado nas necessidades e expectativas do trabalho.	☐ Você tem tendência a se limitar a seu papel profissional. ☐ Acha que o trabalho é a sua vida.	☐ Suas ações são limitadas pelos modelos de sua atividade profissional, oportunidades ocupacionais, restrições institucionais, opiniões de seu chefe e possivelmente por sua incapacidade, em determinado momento de sua vida, de realizar uma tarefa específica.
Se você é centrado em *Seus bens*	☐ Sua segurança se baseia na sua reputação, seu status social e bens materiais que controla. ☐ Você tem tendência a comparar o que tem com o que os outros possuem.	☐ Você toma decisões baseado no que irá aumentar, proteger, ou exibir melhor suas posses.	☐ Você vê o mundo a partir da comparação das relações sociais e econômicas.	☐ Você age dentro dos limites daquilo que pode comprar, ou da importância social conquistada.
Se você é centrado no *Prazer*	☐ Sente-se seguro só quando está no auge de sua sensação de prazer. ☐ Sua segurança tem vida curta, pouca criatividade e depende do ambiente.	☐ Você toma decisões baseado no que vai lhe proporcionar mais prazer.	☐ Você vê o mundo em termos do proveito que pode tirar dele.	☐ Seu poder é quase inexistente.

Centro	Segurança	Orientação	Sabedoria	Poder
Se você é centrado nos *Amigos*	☐ Sua segurança deriva do espelho social. ☐ Você é extremamente dependente da opinião dos outros.	☐ Seu critério para tomar decisões é: "O que os outros vão pensar de mim?" ☐ Você fica constrangido facilmente.	☐ Você vê o mundo pelas lentes sociais.	☐ Você está limitado pela sua zona de conforto. ☐ Suas ações são tão precárias quanto suas opiniões.
Se você é centrado no *Inimigo*	☐ Sua segurança é volátil, baseada em movimentos dos seus inimigos. ☐ Você vive se perguntando: "O que será que ele vai fazer agora?" ☐ Você procura se justificar e obter apoio dos que pensam da mesma forma.	☐ Você desenvolve uma dependência invertida, sendo guiado pelas ações do inimigo. ☐ Você toma decisões baseando-se naquilo que vai prejudicar o inimigo.	☐ Sua capacidade de julgamento é restrita e distorcida. ☐ Você é defensivo, extremamente sensível e com frequência paranoico.	☐ O pouco poder de que você dispõe deriva de raiva, inveja, ressentimento e vingança — uma energia negativa que contamina e destrói, deixando pouca energia para o resto.
Se você é centrado na *Igreja*	☐ Sua segurança se baseia na atividade religiosa e no apreço que as pessoas com autoridade e influência têm por você. ☐ Você se identifica e se sente seguro com as comparações e os rótulos religiosos.	☐ Você se guia pelo modo como os outros avaliam suas ações, no contexto dos ensinamentos e expectativas da igreja.	☐ Você divide o mundo em "crentes" e "não crentes", "participantes" e "omissos".	☐ Sua noção de poder deriva da posição ou do papel que ocupa na igreja.
Se você é centrado em *Si mesmo*	☐ Sua segurança muda e se altera constantemente.	☐ Seus critérios de julgamento são: "O que eu quero", "O que eu preciso", "O que eu ganho com isso?"	☐ Você vê o mundo pelas suas próprias decisões, eventos ou circunstâncias que o afetarão.	☐ Sua liberdade de agir está limitada por seus próprios recursos, sem os benefícios da independência.

■ OS PRINCÍPIOS NO CENTRO

Ao centrarmos nossas vidas em princípios corretos, criamos uma base sólida para o desenvolvimento dos quatro fatores que sustentam a vida.

Nossa segurança vem do conhecimento de que, ao contrário dos outros centros, baseados nas pessoas ou coisas sujeitos a mudança frequente e constante, os princípios corretos não mudam. Nós podemos confiar neles.

Os princípios não reagem a nada. Eles não ficam irritados, nem nos tratam mal. Eles nunca pedem divórcio ou fogem com nosso melhor amigo. Eles não tentam nos passar a perna. Eles não enchem nosso caminho de atalhos e ajudas superficiais. Eles não dependem do comportamento dos outros, do meio ou da última moda para ter validade. Os princípios não morrem. Eles não ficam conosco hoje e somem amanhã. Eles não podem ser destruídos pelo fogo, por terremotos ou levados por ladrões.

Os princípios são verdades profundas, fundamentais, verdades clássicas, denominadores comuns genéricos. Eles são linhas estreitamente interligadas, tecendo a vida com exatidão, consistência, beleza e força.

Mesmo em meio a pessoas ou ocasiões que parecem ignorar os princípios, podemos nos consolar com a certeza de que estes são superiores a isso, e de que milhares de anos de história assistiram ao seu triunfo, repetidas vezes. E, mais importante ainda, podemos ficar tranquilos, por saber que podemos comprovar a validade deles em nossas vidas, por meio de nossa própria experiência.

Não somos oniscientes, admito. Nosso conhecimento e nossa compreensão dos princípios corretos se restringem em função de nossa falta de consciência de nossa natureza e do mundo a nossa volta, em função da onda de teorias e filosofias passageiras, em desarmonia com os princípios corretos. Essas ideias desfrutam de aceitação passageira, mas, como tantas outras antes delas, desaparecem, pois não foram construídas sobre uma base sólida.

Somos limitados, mas podemos ampliar as fronteiras das nossas limitações. A compreensão do princípio do nosso amadurecimento nos permite sair em busca dos princípios corretos, com a certeza de que, ao aprender mais, conseguimos focalizar com mais nitidez as lentes através das quais vemos o mundo. Os princípios não mudam. A noção que temos deles sim.

A *sabedoria* e a *orientação* que acompanham a vida centrada nos princípios derivam de mapas corretos, originam-se nas coisas como elas são, foram e serão realmente. Mapas corretos permitem que vejamos aonde desejamos ir e como chegar lá. Podemos tomar as decisões usando as informações acertadas, e isso tornará sua realização possível e plena de significado.

O *poder* pessoal que vem com a vida centrada nos princípios é o poder da proatividade individual da autoconsciência, da compreensão, que não se limita em função de atitudes, comportamentos e ações dos outros, ou pelas diversas circunstâncias e influências do meio que restringem outras pessoas.

A única limitação real do poder se encontra nas consequências naturais dos próprios princípios. Somos livres para escolher nossas ações, baseando a escolha nos princípios corretos, mas não somos livres para escolher as consequências dessas ações. Lembrem-se: "Quando pegamos uma vara por uma ponta, pegamos também a outra."

Os princípios têm consequências naturais vinculadas a eles. Há consequências positivas, quando vivemos em harmonia com eles. Há consequências negativas, quando os ignoramos. Entretanto, como se aplicam a todos, quer as pessoas tenham ou não consciência deles, essa limitação é universal. E quanto mais conhecemos os princípios corretos, maior é a nossa liberdade pessoal para agir com sabedoria.

Ao centrar a vida em princípios imutáveis, eternos, criamos um paradigma fundamental para a existência eficaz. Este é o centro que coloca todos os centros na perspectiva correta.

Lembre-se de que seu paradigma é a fonte a partir da qual suas atitudes e seus comportamentos fluem. Um paradigma é como os óculos: afeta a maneira como você vê tudo na vida. Se você olha para as coisas através do paradigma dos princípios corretos, o que enxerga é drasticamente diferente do que pode ver a partir de qualquer outro paradigma central.

Incluí no Apêndice deste livro um quadro detalhado que mostra a maneira que cada um dos centros aqui discutidos pode possivelmente afetar a forma como você vê todo o resto (Apêndice A). Mas, para uma rápida compreensão da diferença feita por seu centro, vamos dar uma olhada em um único exemplo de um problema específico, conforme ele é visto por diferentes paradigmas. Enquanto lê, tente usar cada um desses óculos. Tente sentir as reações que cada um dos diferentes centros provoca.

Centro	Segurança	Orientação	Sabedoria	Poder
Se você é centrado nos Princípios	□ Sua segurança se baseia em princípios que não mudam, independentemente das condições e circunstâncias externas. □ Você está seguro de que os princípios verdadeiros serão constantemente validados em sua vida, através da experiência. □ Como servem de medida para o amadurecimento da personalidade, os princípios corretos funcionam com exatidão, consistência, beleza e força. □ Os princípios corretos o ajudam a compreender seu desenvolvimento, dotando-o da confiança necessária para aprender mais e, dessa forma, aumentando seu conhecimento e sua compreensão. □ Esta fonte de segurança cria uma base imutável, intocável e confiável, permitindo a você ver a mudança como uma excitante aventura e uma oportunidade para fazer contribuições significativas.	□ Você é guiado por uma bússola que lhe permite ver para onde quer ir e como fazer para chegar lá. □ Você se vale de informações precisas, o que torna suas decisões tanto exequíveis quanto significativas. □ Você se mantém à parte das situações, emoções e circunstâncias da vida, observando o todo equilibradamente. Suas decisões e ações levam em conta os fatores de curto e longo prazo e suas implicações. □ Em cada situação, você determina, de forma consciente e proativa, a melhor alternativa, baseando suas decisões na consciência determinada pelos princípios.	□ Seu julgamento abrange um largo espectro de consequências a longo prazo, e reflete um equilíbrio sábio e uma confiança serena. □ Você vê as coisas de forma diferente e, portanto, reage de modo diferente da maioria das pessoas reativas do mundo. □ Você encara o mundo através de um paradigma fundamental, o que lhe proporciona ter uma vida eficaz, proveitosa. □ Você vê o mundo em função do que pode fazer por ele e seus habitantes. □ Você adota um estilo de vida proativo, voltado para servir e engrandecer os outros. □ Você interpreta todas as experiências da vida em termos de oportunidades para aprender e dar sua contribuição.	□ Seu poder é limitado apenas por sua própria compreensão e observância da lei natural e dos princípios corretos, bem como pelas consequências naturais dos princípios em si mesmos. □ Você se torna um indivíduo consciente, instruído, proativo, que não é limitado por atitudes, comportamentos e ações dos outros. □ Sua capacidade de agir vai muito além de seus próprios recursos, e estimula níveis altamente encorajadores de interdependência. □ Suas decisões e ações não são ditadas pelas limitações financeiras ou circunstanciais do momento. Você experimenta a liberdade interdependente.

Suponha que você tenha convidado sua esposa para ir a um concerto à noite. Você tem os ingressos e ela está excitada com o programa. São quatro horas da tarde.

Repentinamente, seu chefe o chama no escritório, e anuncia que precisa de sua ajuda à noite, para preparar uma importante reunião que acontecerá no dia seguinte, às nove da manhã.

Se você está olhando pelas lentes centradas na *família* ou no *cônjuge*, sua maior preocupação será com sua esposa. Você pode dizer a seu chefe que não poderá ajudar e levá-la ao concerto, esforçando-se para agradá-la. Mesmo que você sinta que precisa ficar, para garantir seu emprego, sabe que só faria isso de má vontade, tentando justificar sua decisão e se proteger do desapontamento e da raiva dela.

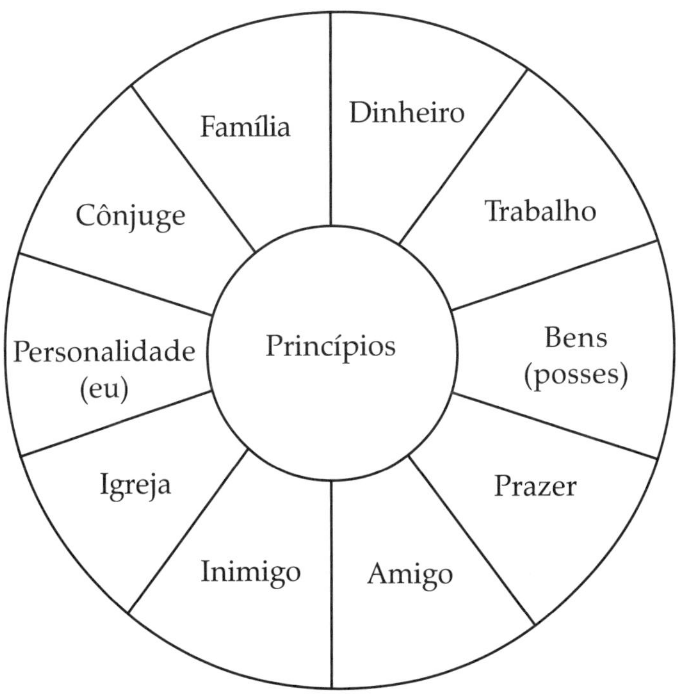

Se você olhar a questão a partir das lentes centradas no *dinheiro*, sua principal preocupação será com as horas extras que receberá, ou com a influência que isso terá em um possível aumento. Talvez simplesmente ligue para sua esposa e lhe diga que precisa ficar, presumindo que ela entenda que as questões econômicas devem ser prioritárias.

Se você é uma pessoa centrada no *trabalho*, pode ficar pensando na oportunidade. Vai aprender coisas novas sobre o serviço. Terá oportunidade de marcar pontos com o chefe e aumentar suas chances na empresa. Pode até se parabenizar por trabalhar muito mais do que é necessário, prova do quanto você é esforçado. Sua esposa deveria sentir orgulho de você!

Se for centrado nos *bens*, pode pensar nas coisas que o dinheiro das horas extras vai permitir comprar. Ou considerar um fato positivo para a sua reputação no escritório esta oportunidade de ficar até mais tarde. Todos saberão amanhã quanto você é nobre, esforçado e dedicado.

Se você centra sua vida no *prazer*, provavelmente dispensará o trabalho e irá ao concerto, mesmo que sua esposa fique contente se você trabalhar até mais tarde. Você merece uma noite de divertimento!

Se está centrado nos *amigos*, sua decisão será influenciada pela presença ou não dos amigos no concerto. Ou pela atitude dos amigos no trabalho: eles ficam ou não até mais tarde?

Se você tem o centro nos *inimigos*, pode ficar até tarde porque sabe que isso vai lhe dar uma grande vantagem sobre aquela pessoa no escritório que se acha o maioral da empresa. Enquanto ele sai para passear, você estará trabalhando como um escravo, fazendo o seu trabalho e o dele, sacrificando seu prazer pessoal pelo bem da companhia, que ele se dá ao luxo de ignorar com tanta tranquilidade.

Se for centrado na *igreja*, pode ser influenciado pelos planos de outros frequentadores de comparecer ao concerto, pelo fato de algum membro da congregação trabalhar na mesma empresa ou pelo tipo de concerto — *O Messias*, de Händel, está mais cotado do que um show de rock. Sua decisão também pode ser influenciada pelo que considera a conduta certa para um "bom membro da igreja", ou por sua visão do trabalho extra como "serviço" ou "busca de bens materiais".

Se você é centrado no *eu*, estará preocupado com o que será melhor para você mesmo. Será melhor sair à noite? Ou quem sabe seja mais vantajoso marcar alguns pontos com o chefe? A maneira como você será afetado pela escolha é o que mais importa.

* * *

Quando consideramos as várias maneiras de olhar para um único evento, chega a ser surpresa que tenhamos uma percepção dos problemas na linha da "velha/moça" na interação com os outros? Você consegue ver como os centros nos afetam profundamente? Até em nossas motivações, decisões diárias (ou, em muitos casos, nossas *reações*), nossa interpretação dos fatos? Por este motivo, a compreensão do seu centro é importante. E se o centro não o torna uma pessoa proativa, torna-se fundamental, para sua eficácia, realizar as mudanças de paradigma necessárias para criar um centro que o faça.

Como uma pessoa centrada em *princípios*, você tenta ficar afastado das emoções do momento, ou de outros fatores que podem influenciá-lo, e analisar as opções. Ao olhar para o todo, equilibradamente — as necessidades do trabalho, da família, outros fatores que possam estar envolvidos e possíveis implicações das diversas decisões alternativas —, você tentará encontrar a melhor solução, levando todos os aspectos em consideração.

Ir ao concerto ou trabalhar depois da hora é na verdade apenas uma pequena parte no processo de decisão real. Você pode fazer a mesma escolha a partir de vários outros centros. Mas existem diversas diferenças importantes quando se parte de um paradigma centrado nos princípios.

Em primeiro lugar, você não está agindo por influência de outras pessoas ou circunstâncias. Escolhe proativamente o que considera a melhor alternativa. Toma a decisão conscientemente, com lucidez.

Segundo, você sabe que a sua decisão é a mais eficaz, porque se baseia em princípios, com resultados a longo prazo previsíveis.

Terceiro, o que você escolhe fazer reforça seus valores fundamentais da vida. Ficar trabalhando à noite para conseguir uma vantagem sobre alguém no escritório é algo completamente diferente do fato de você ficar trabalhando por valorizar a eficiência de seu chefe e desejar sinceramente contribuir para o bem-estar da empresa. As experiências que você tem quando leva adiante suas decisões ganham em termos de qualidade e significado, no contexto de sua vida como um todo.

Quarto, você pode se relacionar com sua esposa e seu chefe a partir dos vínculos profundos que criou em seus relacionamentos interdependentes. Como você é independente, pode ser interdependente com eficácia. Pode decidir delegar a outros o que for possível e na manhã seguinte realizar o que falta.

E, finalmente, você se sentirá confortável quanto à sua decisão. Qualquer que seja a sua escolha, você poderá se concentrar nela e aproveitá-la ao máximo.

Na condição de uma pessoa centrada em princípios, você vê as coisas diferentemente, age diferentemente, pensa diferentemente. Como possui um grau mais elevado de segurança, orientação, sabedoria e poder, que fluem de um centro mais sólido e imutável, você conta com a base de uma vida altamente proativa e eficaz.

■ REDIGINDO E USANDO UMA MISSÃO PESSOAL

À medida que aprofundamos a compreensão de nós mesmos e realinhamos nossos paradigmas básicos, para harmonizá-los com princípios corretos, criamos tanto um centro eficaz, poderoso, quanto lentes límpidas com as quais podemos ver o mundo. Isso nos permite focalizar as lentes na maneira como nós, como indivíduos únicos, vemos o mundo.

Frankl disse que *detectamos*, mais do que *inventamos* nossas missões na vida. Aprecio esta escolha de palavras. Acredito que cada um de nós tem um monitor interno, ou um senso, uma *consciência*, que nos dá a noção de nossa singularidade e das contribuições únicas que podemos fazer. As palavras de Frankl: "Cada um possui sua missão ou vocação específica na vida. (...) Portanto, ele não pode ser substituído, nem sua vida repetida. Assim sendo, a missão de cada um é tão única quanto a oportunidade específica de implementá-la."

Ao procurarmos dar expressão verbal a esta singularidade, devemos lembrar mais uma vez da importância fundamental da proatividade e do trabalho dentro do nosso Círculo de Influência. Buscar um significado abstrato para nossas vidas fora de nosso Círculo de Preocupação é abdicar de nossa responsabilidade proativa, colocando nossa primeira criação nas mãos das circunstâncias e das outras pessoas.

Nossa importância vem do íntimo. Novamente, uso palavras de Frankl: "No fundo, o homem não deve perguntar qual é o sentido de sua vida, mas na verdade perceber que ela é quem pergunta. Em outras palavras, cada homem é questionado pela vida; e ele só pode responder à vida respondendo por sua própria vida; à vida, ele só pode responder sendo responsável."

A responsabilidade pessoal, ou a proatividade, é fundamental para a primeira criação. Usando a metáfora de computadores, o Hábito 1 diz: "Você é o programador." O Hábito 2 responde: "Escreva o programa." Até que você aceite a ideia de que é responsável pelo programa, você não estará investindo em escrever o programa.

As pessoas proativas começam por expressar o que pretendem ser e fazer na vida. Podemos escrever uma missão pessoal, uma constituição pessoal.

Uma missão não pode ser escrita de um dia para o outro. Ela exige introspecção profunda, análise cuidadosa, palavras refletidas e, com frequência, várias versões até chegar ao resultado final. Você pode levar várias semanas, até meses, antes de se sentir satisfeito de verdade com o que fez, antes que se convença de ter chegado a uma versão completa e concisa de seus valores e rumos importantes. Mesmo depois desse momento, você precisará revisar o texto periodicamente, fazendo pequenas mudanças conforme os anos fornecem conhecimentos adicionais ou circunstâncias diferentes.

Mas, fundamentalmente, a missão se torna sua constituição, a expressão sólida de sua visão de mundo e de seus valores. Ela se torna o critério pelo qual você passa a medir tudo em sua vida.

Terminei de revisar recentemente minha missão pessoal, algo que faço com regularidade. Sentado sozinho na praia, ao final de um passeio de bicicleta, peguei a agenda e comecei a trabalhar. Levei várias horas para terminar, mas senti depois uma sensação de elucidação, de organização e compromisso, um grande alívio e liberdade.

Acredito que o processo seja tão importante quanto o resultado. Escrever ou refazer uma missão modifica a pessoa, pois a leva a refletir sobre suas prioridades, com profundidade e atenção, bem como a sintonizar seu comportamento com suas crenças. À medida que você faz isso, outras pessoas começam a perceber que você não se abala com tudo o que lhe acontece. Você tem um senso de missão em relação ao que está tentando fazer, e fica animado com isso.

■ USANDO TODO O SEU CÉREBRO

A autoconsciência nos leva a examinar nossos pensamentos. Isso é particularmente útil para a criação de uma missão pessoal porque os dons humanos específicos que nos permitem praticar o Hábito 2 — imaginação e consciência — são funções primárias do lado direito do cérebro. Compreender como lidar com essa capacidade do cérebro direito aumenta significativamente nossa habilidade de primeira criação.

Inúmeras pesquisas vêm sendo realizadas há décadas sobre o que se convencionou chamar de teoria da dominação do cérebro. As descobertas indicam que cada um dos hemisférios do cérebro — esquerdo e direito — mostra tendência para a especialização e o controle de diferentes funções, processamento de tipos distintos de informação e abordagem de diferentes tipos de problemas.

Essencialmente, o hemisfério esquerdo é mais lógico/verbal e o direito, mais intuitivo, criativo. O esquerdo lida com palavras; o direito, com imagens. O esquerdo, com partes e itens específicos; o direito, com o todo e a relação entre as partes. O esquerdo lida com a análise, que significa desmontar. O direito, com a síntese, que significa reunir. O esquerdo lida com o pensamento sequencial; o direito, com o pensamento simultâneo e holístico. O esquerdo se liga ao tempo; o direito é intemporal.

Apesar de as pessoas usarem os dois lados do cérebro, um lado ou outro revela, em geral, a tendência de ser dominante no indivíduo. É óbvio que o ideal seria cultivar e desenvolver a capacidade de ter um bom trânsito entre as duas partes do cérebro, de forma que a pessoa possa primeiro sentir o que a situação pede e depois usar a ferramenta apropriada para tratar do problema. Mas as pessoas mostram tendência para ficar na "zona de conforto" de seu hemisfério dominante, tratar cada situação de acordo com uma preponderância do lado esquerdo ou direito do cérebro.

Nas palavras de Abraham Maslow: "Quem é bom com o martelo acha que tudo é prego." Este é outro fator que afeta a diferença de percepção da "moça/velha". O cérebro direito e o cérebro esquerdo tendem a ver as coisas de modos diferentes.

Quando vivemos em um mundo dominado pelo cérebro esquerdo, onde as palavras, medidas e a lógica dominam, os aspectos mais criativos, intuitivos, sensíveis e artísticos de nossa natureza, com frequência, estão em segundo plano. Muitos de nós encontram dificuldades para controlar o potencial do cérebro direito.

Reconheço que essas definições são simplificadas, e que novos estudos irão lançar indubitavelmente novas luzes sobre o funcionamento do cérebro. Mas o ponto aqui é que somos capazes de desempenhar muitos tipos diferentes de pensamentos, e que pouco desenvolvemos nosso potencial. Quando tomamos consciência dessas capacidades diferentes, podemos utilizar conscientemente a mente para atender a necessidades específicas de maneira mais eficaz.

■ DUAS MANEIRAS DE CONTROLAR O CÉREBRO DIREITO

Se utilizarmos a teoria da dominação do cérebro como modelo, torna-se evidente que a qualidade de nossa primeira criação é impactada significativamente por nossa capacidade de usar o cérebro direito criativo. Quanto mais somos capazes de aproveitar a criatividade do cérebro direito, mais seremos capazes de visualizar, sintetizar e transcender o tempo e as circunstâncias presentes, de projetar um quadro holístico daquilo que desejamos ser e fazer na vida.

Expandindo a perspectiva

Por vezes, somos afastados do ambiente e modos de pensar do cérebro esquerdo e jogados no direito por força de uma experiência inesperada. A morte de um ente querido, uma doença séria, um revés financeiro ou a adversidade extrema podem nos levar a dar um passo para trás, olharmos para nossa vida e a perguntar seriamente: "O que é realmente importante? Por que estou agindo assim?"

Mas, se você é proativo, não precisa esperar pelas circunstâncias ou por outras pessoas para criar situações de expansão de experiência. Você pode criá-las conscientemente.

Existem várias maneiras de se fazer isso. Por meio dos poderes de sua imaginação, você pode visualizar seu próprio funeral, como fizemos no início deste capítulo. Escrever a própria biografia. Escrevê-la de verdade. Ser específico.

Você pode visualizar o 25º e depois o 50º aniversário do seu casamento. Peça à sua esposa que faça isso com você. Tente capturar a essência do relacionamento familiar que deseja criar ao longo do investimento diário, em um período de muitos anos.

Você pode imaginar sua aposentadoria do trabalho atual. Que contribuições, que conquistas terá feito em seu campo? Quais os planos traçados para depois da aposentadoria? Você vai tentar outra carreira?

Amplie sua mente. Visualize tudo em detalhes. Inclua o máximo de emoções e sentimentos que conseguir. Alcance o máximo que puder em termos de sensações.

Já realizei exercícios similares de visualização com alguns de meus alunos da universidade. "Imaginem que só tenham este semestre de vida", digo aos estudantes, "e que neste semestre deverão continuar na escola, como bons alunos. Visualizem agora o que farão durante o semestre".

De repente, as coisas são vistas sob outra perspectiva. Valores que antes não eram reconhecidos vêm à tona rapidamente.

Também peço aos estudantes que vivam dentro dessa perspectiva expandida por uma semana, e mantenham um diário de suas experiências.

Os resultados são reveladores. Eles começam por escrever aos pais, dizendo o quanto os amam e respeitam. Eles se reconciliam com um irmão, uma irmã ou um amigo, com o qual o relacionamento se deteriorara.

O tema dominante, central, de suas atividades, o princípio subjacente, é o amor. A futilidade da calúnia, dos maus pensamentos, do desprezo e das acusações se torna muito evidente quando eles pensam em termos de ter pouco tempo de vida. Os princípios e valores se tornam mais evidentes para todos.

Existem diversas técnicas de uso da imaginação que podem colocá-lo em contato com seus valores. Mas o efeito final de cada uma que já experimentei é o mesmo. Quando as pessoas se dedicam seriamente a identificar o que importa de verdade para elas em sua vida, o que desejam ser e fazer, elas se tornam mais reverentes. Elas começam a pensar de um modo mais amplo, além do dia de hoje e de amanhã.

Valorização e afirmação

A liderança pessoal não é uma experiência isolada. Ela não começa e termina com a elaboração de uma missão pessoal. Pelo contrário, trata-se de um processo contínuo de fixação da óptica e dos valores que se encontram à sua frente, e de adequação da vida a estas coisas tão importantes. E no decorrer desse esforço os recursos poderosos do seu cérebro direito podem ser de grande ajuda, cotidianamente, enquanto você batalha para integrar sua missão pessoal à sua vida. Temos aí mais uma aplicação de atitude de "comece com o objetivo em mente".

Vamos voltar ao exemplo que mencionei antes. Suponhamos que eu seja um pai que ame muito os filhos. Suponhamos que eu considere isso um dos valores fundamentais em minha missão pessoal. Mas suponhamos também que, no dia a dia, eu tenha tendência a me descontrolar.

Posso usar o poder de visualização do meu cérebro direito para redigir uma "afirmação" que me ajudará a ser mais coerente com os valores mais profundos em minha vida cotidiana.

Uma boa afirmação tem cinco ingredientes básicos: ela é *pessoal, positiva,* está *voltada para o presente,* é *visual* e *emocional.*

Sendo assim, talvez eu escreva algo do gênero: "Considero muito gratificante (emocional) para mim (pessoal) que eu responda (presente) com sabedoria, amor, firmeza e autocontrole (positiva) quando meus filhos não se comportarem direito."

Depois, posso visualizar a situação. Dedicar alguns minutos, todos os dias, e relaxar minha mente e meu corpo. Posso pensar nas situações em que os filhos se comportam mal. Posso vê-las em detalhes, nitidamente. Sentir a textura da cadeira na qual me sento, o chão sob meus pés, o pulôver que uso. Posso ver o vestido de minha filha, a expressão em seu rosto. Quanto mais nítida e vividamente eu puder imaginar os detalhes, mais profundamente eu os experimentarei, e me comportarei menos como espectador.

Depois, poderei vê-la fazer algo muito peculiar que faz meu coração disparar e me leva a perder a calma. Mas, em vez de responder da forma habitual, posso me ver lidando com a situação com todo o amor, o poder, o autocontrole que registrei em minha afirmação. Posso escrever o programa, redigir o roteiro em harmonia com meus valores, com minha missão pessoal.

E se eu fizer isso, meu comportamento mudará, dia após dia. Em vez de obedecer aos roteiros escritos para mim por meus pais, pela sociedade, pela herança genética ou pelo ambiente, viverei conforme um roteiro que eu mesmo terei escrito, a partir de um sistema de valores por mim selecionado.

Já utilizei este processo de afirmação com meu filho Sean, em sua carreira de jogador de futebol. Começamos quando ele era quarterback no segundo grau e, com o passar do tempo, ensinei-o a fazer isso por conta própria.

Tentamos fazer com que ele ficasse bem relaxado, por meio de respiração profunda e técnicas de relaxamento muscular progressivo, de forma que se sentisse por dentro. Isso o ajuda a visualizar a si mesmo corretamente, no meio das situações mais difíceis que se possam imaginar.

Ele depois imaginava um bloqueio vindo em sua direção rapidamente. Ele precisava analisar o bloqueio e reagir. Ele imaginava as instruções que passaria para a linha, depois de ouvir a defesa. Ele imaginava ações ágeis e tabelas com seu companheiro mais próximo, e com os mais distantes. Ele imaginava opções que normalmente deixaria passar.

Em determinado ponto de sua carreira de jogador de futebol, ele me contou que andava constantemente preocupado. Enquanto conversávamos, eu percebia que ele estava visualizando sua tensão. Sendo assim, trabalhamos com o relaxamento e a visualização em meio a uma situação de grande pressão. Descobrimos que o tipo da visualização é muito importante. Se a gente visualiza a coisa errada, produz o resultado errado.

O Dr. Charles Garfield realizou uma pesquisa abrangente sobre pessoas capazes de *performances* excepcionais, tanto no atletismo quanto no mundo dos negócios. Ele ficou fascinado com as *performances* excepcionais em seu trabalho no programa da Nasa, observando os astronautas ensaiando todas as etapas na Terra, repetidamente, em um ambiente simulado, antes de seguirem para o espaço. Apesar de ter um doutorado em matemática, ele resolveu voltar à universidade e obter outro ph.D., agora em psicologia, para estudar as características dessas pessoas.

Um dos fatos principais revelados por sua pesquisa é que praticamente todos os atletas de nível internacional e outras pessoas capazes de *performances* admiráveis são visualizadores. Eles veem, sentem, experimentam antes o que farão depois. Eles começam com o objetivo em mente.

Você pode fazer isso em qualquer área de sua vida. Antes de uma *performance*, como uma demonstração de vendas, um confronto difícil, ou o desafio diário de atingir uma meta, tente visualizar isso intensamente, objetivamente, incansavelmente, repetidas vezes. Crie uma "zona confortável" interna. Depois, quando você chegar à situação, ela não será mais estranha, não o assustará.

Seu cérebro criativo, visual, é um de seus bens mais importantes, tanto na hora de criar sua missão pessoal quanto no momento de integrá-la à sua vida.

Existe todo um setor de literatura e audiovisual que lidam com o processo de visualização e afirmação. Certas descobertas recentes nesses ramos incluem coisas como programação subliminar, programação neurolinguística e novas formas de relaxamento e autoestímulo. Todas elas envolvem explicação, elaboração e apresentação, de forma diferente, dos princípios fundamentais da primeira criação.

Minha pesquisa de literatura de sucesso me colocou em contato com centenas de livros sobre o assunto. Apesar de alguns fazerem afirmações extravagantes e se apoiarem em casos, em vez de se basearem em provas científicas, acredito que a maior parte desse material seja fundamentalmente valiosa. Grande parte parece se originar no estudo da Bíblia, por parte de diversos indivíduos.

Em uma liderança pessoal eficaz, as técnicas de visualização e afirmação emergem naturalmente de uma base feita de propósitos e princípios bem ponderados, que se tornam o centro da vida de uma pessoa. Eles são extremamente poderosos na hora de se refazer e reprogramar, na hora de se fixar propósitos e princípios profundamente importantes no coração e na mente. Acredito que em todas as religiões duradouras da sociedade encontramos os mesmos princípios e práticas centrais, disfarçados sob as mais diferentes linguagens — meditação, orações, pactos, ordenações, estudo das Escrituras, empatia, compaixão e diversas formas de uso tanto da consciência quanto da imaginação.

Mas, se essas técnicas tornam-se parte da Ética da Personalidade, e são retiradas de sua base de caráter e princípios, elas podem ser mal usadas, a serviço de outros centros, principalmente o centro do eu.

A afirmação e a visualização são formas de programação, e precisamos ter certeza de que não nos submeteremos a qualquer programação que não esteja em harmonia com nosso centro básico, ou que tenha origem em fontes centradas no dinheiro ou no interesse próprio, ou qualquer outra coisa que não os princípios corretos.

A imaginação pode ser usada para a conquista do sucesso rápido, que vem quando a pessoa está concentrada nos bens materiais, ou na "vantagem que ela leva". Mas creio que o uso mais nobre da imaginação esteja em harmonia com o uso da consciência para transcender o eu e viver uma vida de contribuições baseada no único propósito e nos princípios que governam a realidade interdependente.

■ IDENTIFICANDO PAPÉIS E METAS

É lógico que o cérebro esquerdo, lógico/verbal, torna-se também importante quando se tenta capturar as imagens, sensações e cenas do cérebro direito nas palavras de uma missão escrita. Assim como os exercícios de respiração ajudam a integrar o corpo e a mente, escrever é um tipo de atividade psiconeuromuscular que auxilia a integrar e unir a mente consciente e subconsciente. Escrever destila, cristaliza e elucida o pensamento, ajudando a dividir o todo em partes.

Cada um de nós possui uma quantidade de papéis diferentes para desempenhar na vida — áreas ou setores nos quais temos responsabilidades. Eu posso, por exemplo, ter o papel de indivíduo, marido, pai, professor, membro da igreja e homem de negócios. E cada um desses papéis tem sua importância.

Um dos maiores problemas que surgem quando as pessoas lutam para se tornar mais eficazes na vida é o fato de não pensarem de modo suficientemente abrangente. Elas perdem o senso de proporção, o equilíbrio, a natural ecologia necessária para uma vida eficaz. Elas podem ser consumadas pelo trabalho e negligenciar a saúde do corpo. Em nome do sucesso profissional, elas podem deixar de lado os relacionamentos mais preciosos de suas vidas.

Você pode achar que sua missão será mais equilibrada, mais fácil de lidar, se a dividir nas áreas em que desempenha papéis específicos na sua vida e registrar as metas que pretende atingir em cada área.

Olhe para seu papel profissional. Você pode ser um vendedor, um gerente ou trabalhar no desenvolvimento de produtos. O que pretende em sua área? Quais são os valores que devem guiá-lo? Pense em seus papéis pessoais — marido, esposa, pai, mãe, vizinho, amigo. O que pretende em cada um desses papéis? O que é importante para você? Pense nos papéis comunitários — a área política, o serviço comunitário, as organizações de voluntários.

Um executivo utilizou a ideia dos papéis e das metas para criar a seguinte missão:

Minha missão é viver com integridade e fazer diferença na vida das outras pessoas.

Para cumprir esta missão:

Eu sou caridoso: Procuro ajudar e amar as pessoas — qualquer pessoa —, independentemente de sua situação.
Eu me sacrifico: Dedico meus talentos, recursos e tempo à minha missão.
Eu sirvo de inspiração: Mostro, por meio do exemplo, que somos todos filhos de um Pai Divino amoroso, e que mesmo Golias pode ser sobrepujado.
Eu provoco impacto: O que eu faço provoca mudanças na vida das outras pessoas.

Estes papéis assumem prioridade no cumprimento de minha missão:

Marido: Minha companheira é a pessoa mais importante de minha vida. Juntos, produzimos os frutos da harmonia, dedicação, caridade e economia.
Pai: Ajudo meus filhos a experimentar alegrias cada vez maiores em suas vidas.
Filho/Irmão: Estou sempre presente para dar apoio e amar.
Cristão: Deus pode contar comigo, para manter a fé e servir seu rebanho.
Vizinho: O amor de Cristo é visível por meio de minhas ações direcionadas aos outros.

Agente de mudanças: Sou um catalisador para o desenvolvimento de *performances* melhores em grandes organizações.

Estudioso: Aprendo coisas novas todos os dias.

Redigir sua missão a partir da importância dos papéis em sua vida proporciona equilíbrio e harmonia. Isso mantém cada papel presente para você. Pode rever seus papéis e se assegurar de que não seja absorvido por um papel, com exclusão dos outros que são tão ou mais importantes em sua vida.

Depois que você identificar os vários papéis, estará pronto para pensar nos objetivos de longo prazo que pretende atingir em cada um deles. Voltamos mais uma vez ao cérebro direito, usando a imaginação, a criatividade, a consciência e a inspiração. Se estas metas constituírem o prolongamento de uma missão baseada em princípios corretos, elas serão fundamentalmente diferentes das metas que as pessoas normalmente estabelecem. Elas se harmonizarão com os princípios corretos, com as leis naturais, o que lhe dá um poder maior de realização e conquista. Elas não são metas de outra pessoa, que você tenha absorvido. São as suas metas. Refletem seus valores mais profundos, seu talento especial, seu sentido de missão. E elas nascem dos papéis que você escolheu na vida.

Uma meta eficaz se concentra primordialmente em resultados, não na atividade. Ela estabelece aonde você quer chegar e, durante o processo, o ajuda a determinar onde está. Ela lhe dá as informações importantes sobre como chegar lá, e avisa quando isso acontecer. Ela unifica seus esforços e energias. Dá significado e sentido a tudo que você faz. E, finalmente, ela pode ser traduzida em atividades diárias, de modo que você se torna proativo, comanda sua vida, faz com que aconteçam, a cada dia, coisas que lhe permitirão honrar sua missão pessoal.

Papéis e metas fornecem a estrutura e a orientação precisa para sua missão pessoal. Se você não tem ainda uma missão pessoal, pode começar por aí. Identificar as diversas áreas de sua vida e os dois ou três objetivos importantes que deseja atingir e mover-se nesta direção fornecem uma perspectiva abrangente e um senso de direção na vida.

Quando passarmos para o Hábito 3, nos aprofundaremos na área dos objetivos a curto prazo. A tarefa mais importante nesse momento é identificar os papéis e objetivos de longo prazo, que se relacionam com sua missão pessoal. Esses papéis e metas fornecerão as bases para se determinar e atingir metas de curto prazo com eficácia, quando chegarmos ao gerenciamento cotidiano do tempo e da vida, no Hábito 3.

■ DECLARAÇÕES DE MISSÃO FAMILIAR

Como o Hábito 2 se baseia em princípios, suas aplicações são vastas. Além dos indivíduos, famílias, grupos e organizações de todos os tipos se tornam significativamente mais eficazes quando começam com o objetivo em mente.

Muitas famílias são administradas na base da crise, do humor de momento, da panaceia e das alegrias passageiras — não em princípios sólidos. Os sintomas aparecem sempre que as tensões e pressões crescem: as pessoas se tornam cínicas, críticas, silenciosas, descontroladas e histéricas. As crianças que observam esse tipo de comportamento crescem pensando que a única forma de resolver os problemas é por meio das brigas ou do afastamento.

O âmago de cada família é tudo aquilo que não muda nunca, que sempre estará lá — visões e valores compartilhados. Ao escrever uma missão familiar, você estará dando expressão a essa base verdadeira.

A missão torna-se sua constituição, seu padrão, seu critério para a avaliação e a tomada de decisões. Ela cria condições para a continuidade e a unidade da família, bem como para uma boa orientação. Quando os valores individuais se harmonizam com os da família, os membros trabalham juntos para atingir propósitos comuns, que são sentidos profundamente.

Novamente, o processo é tão importante quanto o resultado. O próprio processo de redigir e revisar uma missão se torna um modo-chave de melhorar a família. Trabalhar em conjunto para criar uma missão aumenta a capacidade CP de vivenciá-la.

Ao receber a contribuição de cada membro da família, esboçar uma declaração, pedir opiniões, revisar e utilizar as sugestões de todos os membros da família, você estará levando esta a conversar, a se comunicar, com relação a coisas que importam profundamente. As melhores declarações de missão familiar resultam da reunião dos membros da família em um clima de mútuo respeito, expressando suas diferentes dúvidas e trabalhando juntos para criar algo maior do que qualquer indivíduo pode criar sozinho. As revisões periódicas, para ampliar as perspectivas, alterar a ênfase ou a orientação, reforçar ou dar novo sentido a frases gastas pelo tempo, mantêm a família unida em torno de propósitos ou valores comuns.

A missão se torna uma referência para a reflexão, para o gerenciamento familiar. Quando os problemas e crises surgem, as constituições estão ali, para lembrar aos membros da família as coisas mais importantes e dar elementos para a solução dos problemas e a tomada de decisões baseadas nos princípios corretos.

Em meu lar, colocamos nossa missão na parede, na sala de jantar, para que possamos olhá-la e monitorar nossas atitudes todos os dias.

Quando lemos as frases referentes a amor no lar, independência responsável, cooperação, auxílio, disponibilidade, desenvolvimento de talentos, interesse nos talentos dos outros e disposição para ajudar, temos um critério para saber como estamos nos saindo nas coisas mais importantes para nós como família.

Quando planejamos as atividades e metas familiares, dizemos: "À luz destes princípios, quais são as metas que estabeleceremos? Quais são os nossos planos de ação para atingi-las e atualizar estes valores?"

Revisamos a declaração frequentemente e revemos metas e tarefas duas vezes por ano, em setembro e junho — início e final do ano escolar nos Estados Unidos —, para que reflita a situação real e permita melhorar e reforçar os planos. Isso nos renova, nos prende com mais firmeza ao que acreditamos e defendemos.

■ MISSÃO ORGANIZACIONAL

As declarações de missão também são vitais para organizações bem-sucedidas. Um dos eixos mais importantes de meu trabalho com organizações reside na assistência para que desenvolvam uma missão eficaz. E para alcançar a eficácia a declaração precisa vir da base da organização. Todos devem participar de modo significativo — não somente os altos escalões do planejamento estratégico, mas todos. Outra vez, o envolvimento no processo é tão importante quanto o produto final escrito, e um dos fatores fundamentais para sua eficácia.

Sempre fico intrigado quando alguém vai à IBM e acompanha o processo de treinamento existente na empresa. Repetidas vezes vejo os executivos da organização se dirigirem a um grupo e dizerem que a IBM preza três coisas: dignidade do indivíduo, excelência e dedicação.

Essas três coisas representam o sistema de crenças da IBM. Todo o resto pode mudar, mas essas três coisas não mudarão. Em uma espécie de osmose, o sistema de crenças se espalhou por toda a organização, fornecendo uma base poderosa para os valores e a segurança compartilhados por aqueles que lá trabalham.

Uma vez, eu estava treinando um grupo de pessoas para a IBM em Nova York. Era um grupo pequeno, com cerca de vinte pessoas, e uma delas ficou doente. Ele chamou a esposa na Califórnia, que ficou preocupada, pois sua doença exigia um tratamento especial. Os funcionários da IBM encarregados do programa de treinamento tomaram providências para que ele fosse levado a um excelente hospital, onde havia médicos especializados naquela enfermidade. Mas eles perceberam que a esposa estava alarmada e preferia que ele voltasse para casa, onde seu médico particular poderia cuidar de tudo.

Sendo assim, ficou decidido que ele voltaria para casa. Preocupados com o tempo que seria gasto para levá-lo até o aeroporto e colocá-lo em um voo comercial, a empresa fretou um helicóptero, que o levou ao aeroporto, e alugou um avião para conduzir aquele homem para a Califórnia.

Desconheço os custos envolvidos na transferência. Meu palpite indica vários milhares de dólares. Mas a IBM acredita na dignidade do indivíduo. Esta é uma coisa que a empresa defende. Para as pessoas presentes, a experiência demonstrava o sistema de crenças, e não chegou a ser surpresa. Eu fiquei impressionado.

Em outra oportunidade, eu havia sido escalado para o treinamento de 175 diretores de *shopping center* em um hotel determinado. Fiquei deliciado com o nível do serviço lá. Podia ser sentido em todos os níveis, espontaneamente, sem supervisão.

Cheguei bem tarde, dei entrada e perguntei se era possível conseguir serviço de quarto. O funcionário da recepção disse: “Não, Sr. Covey.

Mas, se quiser, posso ir até a cozinha e fazer um sanduíche ou uma salada com o que houver lá." Sua atitude era de total preocupação com meu conforto e bem-estar. "Quando vai querer ver o salão de convenções?", prosseguiu ele. "Precisa de mais alguma coisa? O que posso fazer? Estou às ordens."

O gerente não estava lá para ver aquilo. O funcionário estava sendo sincero.

No dia seguinte, eu estava no meio de uma conferência quando percebi que não estava com todas as cores de canetas de que precisava. Por isso, dei um pulo até o saguão, durante um pequeno intervalo, e vi um funcionário que atendia o pessoal de outra convenção. "Estou com um problema", falei. "Estou realizando o treinamento de um grupo de gerentes e só disponho de um intervalo curto. Preciso de canetas hidrográficas coloridas."

Ele deu meia-volta e aproximou-se. Leu meu nome no crachá e disse: "Sr. Covey, vou resolver o seu problema."

Ele não disse: "Não sei onde conseguir as canetas." Ou então: "Preciso verificar na recepção." Ele simplesmente aceitou a incumbência. E ainda fez isso como se fosse um grande prazer.

Mais tarde, quando eu passeava pelo salão lateral, olhando os objetos de arte, um funcionário do hotel veio até onde eu estava e falou: "Sr. Covey, gostaria de ver um livro que descreve os objetos de arte do hotel?" Mas que antecipação oportuna! Que serviço perfeito!

Depois disso, eu estava olhando um dos empregados, no alto de uma escada, limpando as janelas do saguão. Em seu posto de observação privilegiado, ele viu uma senhora de bengala com dificuldades para andar no jardim. Ela não chegou a levar um tombo, havia outras pessoas com ela que a ampararam. Mas ele desceu da escada, saiu e a ajudou a entrar, providenciando para que alguém cuidasse dela. Depois, voltou a seu serviço.

Eu desejava descobrir como aquela organização havia criado uma cultura onde as pessoas davam uma importância tão grande à satisfação dos clientes. Entrevistei mensageiros, arrumadeiras e garçonetes do hotel e descobri que essa atitude estava profundamente impregnada nas mentes, nos corações e nas iniciativas de cada um dos empregados da casa.

Fui até a cozinha, entrando pela porta dos fundos, e descobri o valor central: "Serviço personalizado incondicional." Finalmente fui conversar com o gerente e disse:

— Meu trabalho é ajudar as organizações a desenvolver um forte espírito de equipe, uma cultura institucional. Estou maravilhado com os resultados obtidos aqui.

— Quer saber o motivo real? — perguntou ele. E mostrou a missão da rede hoteleira.

Após a leitura, eu a elogiei.

— Impressionante. Mas conheço muitas empresas que possuem uma declaração impressionante.

— Quer ver a do nosso hotel?

— Quer dizer que prepararam uma especialmente para esse hotel?

— Sim.

— Diferente da adotada pela rede de hotéis?

— Sim. Está em harmonia com a declaração da rede, mas esta aqui está vinculada a nossa situação, nosso meio, nosso momento. — Ele me passou outro papel.

— Quem preparou esta missão?

— Todos — respondeu o gerente.

— Todos? O senhor quer dizer todo mundo, mesmo?

— Sim.

— Arrumadeiras?

— Sim.

— Garçonetes?

— Sim.

— Recepcionistas?

— Sim. Quer ver a missão escrita pelas pessoas que o atenderam na noite passada?

Ele pegou uma missão que o pessoal havia escrito, que se interligava com todas as outras declarações. Todos, em todos os escalões, estavam envolvidos.

A missão daquele hotel era o eixo central de uma imensa roda. Ela incluía as declarações de missão elaboradas por grupos específicos de empregados. Era usada como critério para todas as decisões a tomar. Deixava explícito o modo como aquelas pessoas agiam — como se relacionavam com os hóspedes e entre si. Ela afetava o estilo dos gerentes e das lideranças. Afetava o sistema de recompensa. Influenciava no tipo de pessoa que seria contratada, em seu treinamento e seu aprimoramento. Cada um dos aspectos daquela organização, no essencial, era resultado daquele eixo central, daquela missão.

Em outra oportunidade, fiquei hospedado em outro hotel da mesma rede, e a primeira coisa que fiz quando dei entrada foi pedir para ver a missão deles, que me foi prontamente mostrada. Nesse hotel, pude entender um pouco melhor o lema "Serviço personalizado incondicional".

Durante um período de três dias, fiquei observando todas as situações imagináveis que requeriam serviços. E sempre notei que o atendimento era prestado de modo impressionante, excelente, e também era sempre personalizado. Por exemplo, nas proximidades da piscina, perguntei a um atendente onde ficava o bebedouro. Ele me acompanhou até o local.

A coisa que mais me impressionou, contudo, foi ver um funcionário, por iniciativa própria, admitir um erro ao chefe. Pedimos serviço de quarto, e nos informaram que seria enviado ao nosso apartamento. A caminho do nosso apartamento, o pessoal encarregado deixou derramar o chocolate quente, e precisou de alguns minutos extras para voltar e trocar a toalha da bandeja e preparar outro chocolate. Com isso, o serviço demorou 15 minutos mais do que o normal, o que não foi muito importante para nós.

Mesmo assim, na manhã seguinte, o gerente do serviço de quarto ligou para se desculpar e oferecer um café da manhã especial por conta do hotel, no salão ou no apartamento, para, de certa forma, compensar a inconveniência anterior.

A cultura de uma organização deve ser admirada quando um empregado admite seu erro, um engano que não foi notado por ninguém, e avisa o gerente, para que o hóspede ou cliente receba as desculpas devidas!

Conforme dissera ao gerente do primeiro hotel dessa rede que visitei, eu conhecia muitas companhias com declarações de missão impressionantes. Mas existe uma diferença concreta, uma diferença que altera tudo, entre uma missão criada por todas as pessoas envolvidas na organização e outra escrita por uns poucos executivos atrás de uma mesa de mogno.

Um dos problemas fundamentais das organizações, incluindo as famílias, é que as pessoas não se comprometem com as determinações que outras pessoas fazem para suas vidas. Elas simplesmente não as aceitam.

Muitas vezes, em meu trabalho com organizações, encontro pessoas cujas metas são diferentes das metas da empresa. Comumente eu me deparo com sistemas de recompensa fora de sintonia em relação aos sistemas declarados de valores.

Quando começo a trabalhar com uma companhia que já desenvolveu algum tipo de missão, eu pergunto aos executivos: "Quantas pessoas aqui dentro sabem que vocês têm uma missão? Quantos de vocês sabem o que ela contém? Quantos estiveram envolvidos em sua criação? Quantos realmente acreditam nela e a *usam* como quadro de referências ao tomar decisões?"

Sem envolvimento não há comprometimento. Marque bem isso. Faça um asterisco, grife a frase: *Sem envolvimento não há comprometimento.*

Bem, nos estágios iniciais — quando uma pessoa é nova na organização, ou quando, na família, o filho ou filha ainda é novo —, você pode muito bem dar uma meta a eles, pois irão cumpri-la, ainda mais se o relacionamento, a orientação e o treinamento forem bons.

Mas, quando as pessoas se tornam mais maduras, e suas vidas adquirem um significado distinto, elas desejam o envolvimento, o envolvimento significativo. E se não o possuem, não aceitam as metas. Nesse caso, temos um problema motivacional grave, que não pode ser resolvido no mesmo nível de pensamento em que foi criado.

É por isso que a missão organizacional exige tempo, paciência, envolvimento, habilidade, princípios corretos, a coragem e a integridade para harmonizar sistemas, estruturas e estilo de gerenciar com as visões e os valores compartilhados. Mas está fundada em princípios corretos e vai funcionar.

Uma missão organizacional — desde que reflita os valores e a visão mais profundos compartilhados por todos que pertencem à organização — cria uma grande unidade e um imenso envolvimento. Gera na mente e no coração das pessoas um quadro de referências, um conjunto de critérios e orientações, por meio dos quais eles poderão governar suas vidas. Não precisam então de ninguém para dirigi-los, contratá-los, criticá-los ou fazer comentários irônicos. Eles estão em harmonia com o âmago imutável que caracteriza a organização.

■ SUGESTÕES DE APLICAÇÃO

1. Dedique algum tempo a registrar as impressões que teve no funeral visualizado no início deste capítulo. Talvez você possa se valer do quadro a seguir para organizar seus pensamentos.

Área de Atividade	Caráter	Contribuições	Conquistas
Família			
Amigos			
Trabalho			
Serviço Comunitário/ Religioso etc.			

2. Dedique alguns momentos a anotar em seus papéis, da maneira como você os encara. Está satisfeito com a imagem obtida no espelho de sua vida?
3. Reserve algum tempo para se afastar das atividades diárias e se concentrar em sua missão pessoal.
4. Vá até o quadro no Apêndice A, mostrando diferentes centros, e faça um círculo em torno de todos aqueles com os quais se identifica. Será que eles mostram um padrão de comportamento em sua vida? Está satisfeito com as implicações de sua análise?
5. Inicie uma coleção de citações, anotações e ideias que pode desejar utilizar como material de pesquisa para redigir sua missão pessoal.
6. Escolha um projeto com o qual se defrontará em um futuro próximo, e aplique o princípio da criação mental. Anote os resultados que pretende atingir e os passos que o levarão a isso.
7. Mostre os princípios do Hábito 2 para sua família e amigos ou colegas de trabalho, e sugira que todos iniciem, juntos, o processo de desenvolver uma missão familiar ou grupal.

NOVAS REFLEXÕES SOBRE O HÁBITO 2: COMECE COM O OBJETIVO EM MENTE

POR SEAN COVEY

Quando participei da minha 20ª reunião na Harvard Business School, Clayton Christensen, um dos maiores pensadores sobre administração da atualidade, fez o discurso principal. Ele foi franco ao falar para uma plateia lotada de milhares de pós-graduandos da HBS sobre o tópico de como mensurar as nossas vidas. Sua mensagem foi essencialmente esta: "Não estraguem tudo."

Dentre os colegas de classe de Christensen, muitos estavam afastados de suas famílias, outros estavam na prisão, enquanto outros viviam vidas infelizes. No início, nenhum deles havia pensado: "Quero levar um tipo de vida na qual os meus filhos não falem comigo", ou "Quero cometer uma fraude", ou "Quero ser insatisfeito com minha vida". Porém, pelo fato de não terem pensado cuidadosamente no que era mais importante, e pelo fato de terem transigido repetidamente em pequenas decisões durante um longo período de tempo, eles se encontravam agora em um lugar completamente diferente do que pretendiam ter estado.

Clayton contou uma história sobre seu primeiro emprego em uma prestigiada firma de consultoria, logo após terminar a universidade. Na qualidade de jovem consultor, ele trabalhava arduamente, várias horas por dia, de segunda a sexta-feira, e se dedicava a seus colegas e clientes. Mas conciliar as exigências do trabalho com as da vida acabara se tornando um desafio. Certo dia, um de seus gerentes lhe disse para cancelar quaisquer compromissos no domingo seguinte, para que a equipe pudesse se preparar para uma importante reunião com o cliente na segunda-feira. Clayton fez uma pausa e afirmou que não poderia comparecer àquela reunião. "Lamento", explicou ele, "não trabalho aos domingos. Esse é o dia que reservo para a minha prática religiosa". O gerente saiu resmungando, mas voltou um pouco depois. "Está certo, tudo bem. Consegui transferir tudo para o sábado. Vamos fazer a reunião de preparação nesse dia." Clayton fez uma pausa antes de responder. "Sinto muito. Eu não trabalho aos sábados. Há muito tempo, minha esposa e eu tomamos a decisão de dedicar esse dia à nossa família. Eu passo os sábados com a minha família", explicou ele mais uma vez. Seu colega saiu furioso pela segunda vez, antes de retornar dizendo: "Você trabalha às sextas-feiras?"

Clayton explicou como tomou essa decisão, que foi a primeira de muitas que moldaram sua vida para melhor, impulsionaram sua carreira e o mantiveram ao lado de sua família e de sua fé. Ele percebeu que, caso cedesse à proposta de ficar até mais tarde ou de trabalhar nos fins de semana "só desta vez", a situação se tornaria um caminho sem volta. Ao longo dos anos, ele aprendeu que é mais fácil se manter fiel a seus princípios cem por cento do tempo do que 98 por cento do tempo. Em suas próprias palavras: "Decida o que você defende. E, a partir daí, defenda isso o tempo todo."

Depois do discurso, a plateia explodiu em uma ovação de pé como eu nunca havia visto antes. Literalmente, ninguém se sentava, continuava apenas batendo palmas. À sua maneira, Clayton estava desafiando todas aquelas personalidades do Tipo A, que planejavam abrir seus negócios e mudar o mundo, a pensar mais profundamente do que nunca sobre o que define o sucesso e a começar com o objetivo em mente.

Como essa história ilustra muito bem, você não pretende subir a escada do sucesso e, depois de chegar ao degrau mais alto, descobrir que a escada estava apoiada na parede errada.

Espero que você perceba o quanto meu pai era obcecado pelo poder do propósito e da missão. Quando jovem, seu avô, Stephen Mack Covey, cuidava de ovelhas. Certa vez, ele ficou preso em uma tempestade de inverno nas planícies do Wyoming. Fazia trinta graus abaixo de zero e, pensando que ia morrer, ele orou: "Deus, se você me salvar esta noite, prometo, um dia, construir um refúgio neste mesmo local para proteger outros viajantes exaustos." Felizmente, ele conseguiu sobreviver àquela noite, e, muitos anos depois, construiu um hotel bem ali naquelas planícies do Wyoming, que batizou de Covey's Little America. Mais tarde, ele abriu com sucesso um segundo hotel em Salt Lake City. O filho dele assumiu o negócio, e o meu pai foi treinado desde muito jovem para ser o próximo operador do hotel da família.

Mas enquanto estava na escola de negócios, meu pai descobriu que tinha paixão por ensinar e isso o levou a decidir que, afinal de contas, ele não queria administrar o hotel. E ficou com muito medo de contar ao pai, mas finalmente teve coragem para dizer: "Pai, não quero administrar o negócio da família." Surpreendentemente, o meu avô respondeu: "Sabe de uma coisa? Eu mesmo nunca gostei tanto assim. Vá em frente e torne-se professor." E foi exatamente isso que o meu pai fez.

Mesmo em sua juventude, meu pai sempre foi orientado por uma missão. Ele tinha uma breve declaração de missão por escrito, que foi sendo refinada ao longo de sua vida. Não acho que ele gostaria que eu compartilhasse as palavras exatas, mas, basicamente, a ideia era liberar o potencial humano e espalhar a liderança baseada em princípios pelo mundo inteiro. Ele se via como um desbravador, um pioneiro, um quebrador de paradigmas. Este era o papel que ele imaginou: levar a liderança baseada em princípios para o mundo inteiro e desatar o potencial humano.

Ele também sentia que todos tinham uma missão distinta ou uma contribuição única a fazer. E ele estava sempre comunicando isso às pessoas. Eu costumava ouvi-lo dizer coisas como: "Acho que você daria um extraordinário líder empresarial." Ou "Que diferença você está fazendo na sua família como pacificador". Ou "Você será um ótimo pai algum dia". Certa vez, perguntei-lhe ao acaso como ele definiria liderança. Ele pensou por um segundo e disse: "Liderança é comunicar o valor e o potencial dos outros com tanta nitidez que eles se sintam inspirados a enxergar isso em si mesmos." Quando ele falou isso, fiquei com os olhos marejados, porque era muito genuíno. Ele sempre me comunicava meu valor e meu potencial, mesmo quando eu não conseguia enxergar isso sozinho.

■ COMO REDIGIR UMA DECLARAÇÃO DE MISSÃO

A melhor maneira de começar com o objetivo em mente é escrever uma declaração de missão, filosofia ou crença pessoal. Depois de ler este capítulo, muitas pessoas se empolgam para escrever uma declaração de missão, mas logo depois se ocupam com seus afazeres, uma coisa leva à outra, e a empolgação passa. O fato é que você não pode deixar de fazer isso. Há muitas coisas em jogo. Há algo incrivelmente poderoso em ter uma missão por escrito — uma constituição pessoal, por assim dizer —, que guiará a sua vida e balizará suas decisões diárias. O segredo para fazer isso é não pensar demais. Lembre-se de que ela não precisa ser perfeita; comece e vá refinando com o passar do tempo. Eis aqui algumas ideias para desenvolver uma declaração de missão pessoal:

- **Escreva livremente.** Sente-se e, por 15 minutos, mantenha a caneta em movimento. Anote tudo que lhe vier à mente sobre o que você faz melhor (autoconsciência), o que você sente que precisa fazer (consciência) e o que você faria se não tivesse limites (imaginação). O segredo é continuar escrevendo até acabar o tempo. Quando terminar, faça uma pequena edição para formar um esboço.
- **Programe um retiro.** Tire um dia em que você possa ir a algum local que o inspire, seja a praia, as montanhas ou um parque. Pense no que é mais importante para você. Para estimular algumas ideias, faça a si mesmo algumas das perguntas a seguir e anote suas respostas. Em seguida, resuma e edite até formar um esboço.
    - Pense em uma pessoa que fez uma diferença positiva em sua vida. Que qualidades essa pessoa tem que você gostaria de desenvolver?
    - Descreva uma ocasião em que você se sentiu bastante inspirado.
    - Se você colocasse uma viga sobre o Grand Canyon, pelo que ou por quem você estaria disposto a atravessá-la?
    - Se você pudesse passar um dia em uma excelente biblioteca estudando qualquer coisa que quisesse, o que seria?
    - Quais são as dez coisas que você, explícita e indiscutivelmente, adora fazer?
    - Pense em algo em que você se veja representado: um animal, uma canção, um carro, um lugar. Como isso o representa singularmente?

- Expanda os horizontes. Use uma citação favorita: uma única palavra, um trecho de uma música, um poema. Não existe apenas um caminho certo. Eu ajudo adolescentes a redigir suas declarações o tempo todo. Os adolescentes não costumam se identificar com expressões verbais, mas adoram a ideia de criar uma colagem ou um painel, que é uma forma visual de capturar a própria missão.
- Use um modelo. Se precisar de mais orientações, criamos um Construtor de Declaração de Missão em https://msb.franklincovey.com (a página mais visitada no site da FranklinCovey, em inglês). Ele o ajudará a construir a própria missão. Responda algumas perguntas, pressione "imprimir" e pronto. Você terá uma missão em suas mãos.

Redigi uma missão pela primeira vez quando estava na faculdade e, a esta altura da minha vida, provavelmente estou no meu vigésimo esboço. Minha missão vem se tornando progressivamente mais curta. Hoje, ela se resume a uma única frase, mas é repleta de significado para mim.

Determinar o que é a sua vida por meio de uma declaração de missão pode impactar dramaticamente a sua existência. Quando criança, Elizabeth Marks sonhava em prestar o serviço militar. Quando completou 17 anos, alistou-se. Ela sofreu ferimentos graves durante um combate no Iraque, e seu maior medo era o de receber uma dispensa médica do exército. A sargenta Marks escreveu sua missão pessoal, "Apta para o serviço", em um pedaço de papel e passou a carregá-la consigo durante sua extenuante recuperação. Com o tempo, ela se tornou paranadadora detentora de recordes mundiais, ingressou no Programa de Atletas de Alto Rendimento do Exército dos EUA e foi declarada apta para o serviço em julho de 2012.[1]

Quando eu era adolescente, lembro-me do meu pai convocando uma reunião de família. "Certo, crianças!", anunciou ele. "Vamos es-

1 Crossman, M. (2016, 24 de maio). "The things she carries: The story of Paraswimmer and U.S. Army Sgt. Elizabeth Marks". Disponível em: <https://www.espn.com/espnw/culture/feature/story/_/id/15702441/the-things-carries-story-paraswimmer-us-army-sergeant-elizabeth-marks>.

crever a declaração de missão da nossa família!" Ouviram-se muitos resmungos e suspiros. Destemido, ele continuou: "A ideia é criar nossa própria constituição familiar. Eu gostaria da contribuição de todos."

Quando chegou a minha vez, eu disse, sarcasticamente: "Acho que deveria estar escrito assim: Somos uma família e tanto, e a gente arrebenta." Não participei da edição final. Mas nos reunimos como família várias outras vezes para refinar uma declaração de missão que dizia mais ou menos o seguinte: "A nossa casa é um lugar de diversão, descontração, aprendizado, amizade, crescimento e ordem, pois queremos nos transformar nos tipos de pessoas capazes de dar alguma contribuição ao mundo."

Apesar de ser um adolescente um tanto relaxado, lembro-me das sensações despertadas em mim com esse processo de escrever e postar uma declaração de missão familiar. Eu era uma parte vital da minha família, e nós tínhamos mesmo um propósito. Tínhamos um porquê. E, embora houvesse muitos problemas e brigas como em toda família, aquilo nos ajudou a criar uma cultura familiar resiliente e divertida, em meio à qual gostávamos de estar juntos e em meio à qual todos estavam dispostos a pedir desculpas e a tentar novamente.

Desde então, tenho visto muitas incríveis. Um grande amigo meu tem quatro filhos, e sua declaração de missão familiar parece uma enorme constituição pendurada em sua parede, com cerca de duas mil palavras. Pelo amor de Deus! Por outro lado, a minha tia e o meu tio têm uma de três palavras: Nenhuma cadeira vazia. E eu tenho um amigo dinamarquês cuja família tem uma missão com uma única palavra, que é o nome do chalé da família, Helsifor. Para eles, significa tudo.

■ DECLARAÇÕES DE MISSÃO ORGANIZACIONAL — NÃO SÃO APENAS PALAVRAS EM UMA PAREDE

Às vezes, as declarações de missão organizacional recebem uma série de críticas, pois, tendencialmente, são apenas banalidades que ninguém cumpre, ou foram criadas por alguns poucos membros da corporação e empurradas de cima para baixo no interior da organização, sem a adesão de todos. Mas não é possível subestimar o poder de uma missão concebida em equipe e do fato de ela ser cumprida integralmente. Algumas declarações de missão organizacional são tão autênticas que podemos sentir a missão emanando de seu pessoal, de seus produtos e de seus serviços. Para mim, duas que se destacam são a da IKEA e a da American Girl. Já comprei muitos móveis da IKEA e bonecas da American Girl, e suas declarações de missão capturam com perfeição minha experiência com ambas as empresas.

> **IKEA:** Criar um dia a dia melhor para o maior número de pessoas possível. Nossa ideia de negócio sustenta esta visão, oferecendo uma ampla gama de produtos para o lar, funcionais e com design inteligente, a preços baixos para que a maioria das pessoas possa comprá-los.

> **American Girl:** Por meio do prazer de brincar e dos encantos de um grande livro, ajudamos as meninas a descobrir seu senso de identidade com histórias atemporais e personagens memoráveis, incutindo valores importantes como honestidade, coragem, bondade e compaixão.

Talvez a transformação mais notável que já vi na implementação de uma declaração de missão organizacional venha da A. B. Combs Elementary — uma escola pública em Raleigh, Carolina do Norte, onde cerca de metade dos alunos vive em situação de pobreza ou análoga à pobreza.

Em 2000, essa escola técnica estava passando por dificuldades, e Muriel Summers acabara de ser nomeada diretora. A frequência era excepcionalmente baixa: a escola poderia acomodar oitocentos alunos, mas apenas trezentos estavam matriculados. O prédio estava malcuidado. Os pais não se envolviam. Os professores não gostavam de trabalhar lá, e as crianças percebiam isso. Então, o superintendente disse: "Muriel, vamos deixar de considerá-los como uma escola técnica, vocês não estão atraindo alunos o suficiente." Muriel entrou em desespero e não sabia o que fazer. Ela perguntou ao superintendente: "Você poderia me dar mais um ano?" Ele respondeu: "Vou lhe dar mais uma semana para que você me apresente alguma ideia nova."

Muriel desafiou a equipe da escola: por que não vamos ao encontro da comunidade e conversamos com os moradores, para descobrir o que eles querem que a escola ensine? Ela e sua equipe conversaram com pais e empregadores locais. Eles afirmaram: "Queremos que nossos filhos tenham iniciativa. Queremos que eles se relacionem bem com as outras pessoas — que aprendam a definir metas, a resolver problemas, a coordenar suas vidas, a chegar na hora certa, a resolver conflitos e a brincar no parque." Eles falaram sobre o que poderíamos chamar de habilidades de liderança, ou habilidades para a vida no século XXI. Ninguém falou nada sobre pontuações mais altas nos testes.

Antes de se ver nessa situação de apuro, Muriel havia participado de uma oficina sobre *Os 7 hábitos* ministrada por meu pai em Washington, D.C. Enquanto ele estava lecionando, ela se perguntava: "Por que temos de esperar até a idade adulta para aprender essas ideias poderosas? Por que não as ensinamos às crianças?"

Durante um intervalo, ela criou coragem, se aproximou do meu pai e perguntou: "Dr. Covey, você acha que esses hábitos podem ser ensinados a crianças pequenas?"

"De que idade?"

"De 5 anos."

Ele refletiu sobre o assunto, sorriu e disse: "Não vejo por que não. Se você algum dia fizer isso, gostaria de ser informado sobre os resultados."

Depois de sintetizar todas essas experiências, Muriel Summers e sua equipe perceberam que "liderança" era o elemento do qual sua escola mais precisava. O superintendente gostou da proposta. E sua nova declaração de missão foi postada no pátio central: Nossa missão é desenvolver líderes, uma criança de cada vez. A missão não pretendia transformar os alunos em futuros CEOs; visava ajudá-los a se tornarem líderes de suas próprias vidas e no âmbito escolar.

Os professores passaram a integrar os 7 Hábitos às aulas já existentes. Eles logo notaram um aumento significativo na autoconfiança dos alunos e uma redução nos problemas de disciplina. Os pais também perceberam que, dentro de casa, o comportamento dos filhos começou a mudar.

Citações inspiradoras sobre liderança foram postadas nos corredores. As assembleias e outros eventos escolares adotaram como tema a liderança. A linguagem dos 7 Hábitos era ouvida no interior da escola. Todos os alunos carregavam um bloquinho de anotações onde registravam suas pontuações nas provas e definiam e monitoravam seus objetivos. Cada um dos alunos tinha um papel de liderança a ser desempenhado na escola. Um aluno poderia ser o "líder" que dava as boas-vindas aos outros no início de cada aula; que transmitia os avisos matinais; que recebia os visitantes; que monitorava o recreio — em suma, todos eram uma espécie de líder. A liderança não era mais domínio de apenas algumas crianças; ela pertencia a cada um dos alunos.

Dentro de poucos anos, as pontuações acadêmicas cresceram de uma média de 84 por cento para 97 por cento. A moral cresceu. Os pais se envolveram. O índice de matrícula passou de trezentos para oitocentos alunos, com uma enorme lista de espera. Os preços de habitação na região escolar aumentaram. E, em 2005, e novamente em 2014, a A. B. Combs, uma escola pública com cinquenta por cento de seus alunos vivendo em situação de pobreza ou análoga à pobreza, falando 28 idiomas diferentes, foi nomeada a escola técnica número um dos Estados Unidos!

Hoje, mais de cinco mil escolas em mais de cinquenta países adotaram o modelo de liderança da A. B. Combs, chamado "Líder em mim", que afeta positivamente a vida de mais de dois milhões de alunos e suas famílias. Milhares de educadores do mundo inteiro foram visitar a A. B. Combs para vivenciar de perto o que eles criaram.

Quando Muriel Summers, seus alunos, equipe, pais e líderes comunitários se reuniram em torno de um poderoso "objetivo em mente", secundado por uma declaração de missão escolar, eles não tinham ideia do tamanho do impacto que causariam no mundo.

Eis aqui meu desafio para você: não termine de ler este capítulo sem redigir uma declaração de missão pessoal. Algumas são longas, outras são curtas. Algumas são canções, outras são painéis. Não importa. É tudo aquilo que funciona para você. Ela representa o que há de melhor e mais elevado dentro de você. Se você faz parte de uma família, reúna todo mundo e defina em conjunto o que vocês são. Ocupa-se uma posição influente no trabalho, faça o que for possível para redigir uma declaração de missão ou aprimorar a que vocês já possuem. Em seguida, aguarde e observe o que ela é capaz de fazer.

Hábito 3
Primeiro o Mais Importante

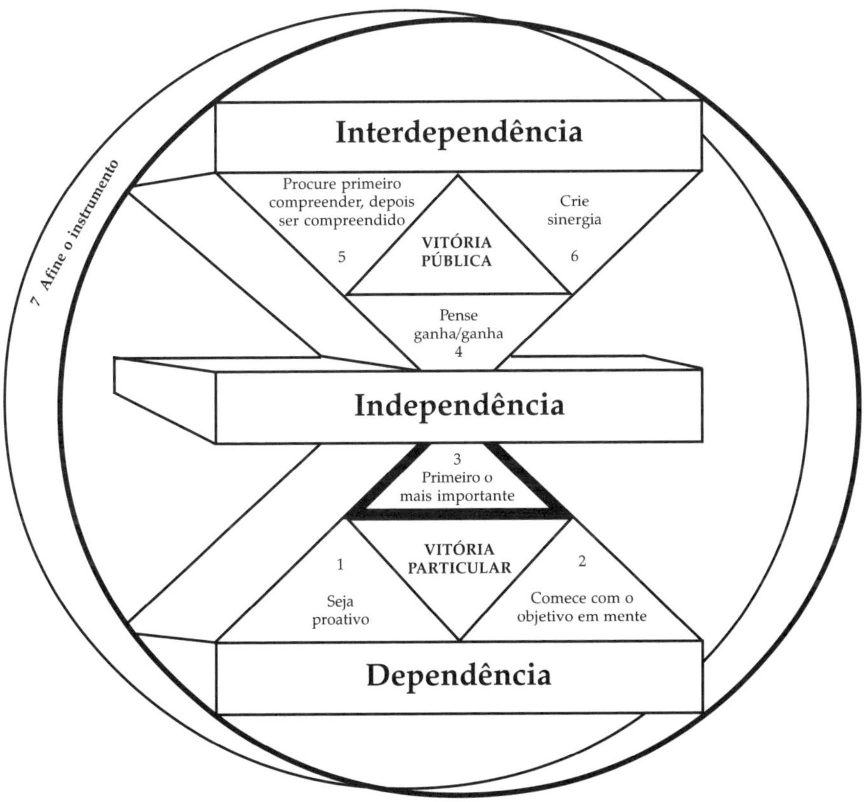

Princípios do Gerenciamento Pessoal

As coisas mais importantes nunca devem ficar
à mercê das coisas menos importantes.

Goethe

Você poderia parar por apenas um momento e redigir uma resposta curta para cada uma das duas questões seguintes? Suas respostas serão importantes para você, quando começar a trabalhar no Hábito 3.

Pergunta 1: O que você poderia fazer (e não está fazendo no momento) que, se fosse feito de maneira constante, causaria uma grande diferença positiva em sua vida pessoal?

Pergunta 2: O que, em sua vida profissional ou empresarial, teria o mesmo efeito?

Mais tarde voltaremos a estas respostas. Mas, antes, vamos colocar o Hábito 3 em perspectiva.

O Hábito 3 é o fruto pessoal, o lado prático dos Hábitos 1 e 2.

O Hábito 1 diz: "Você é o criador. Você está no comando." Ele se baseia nos quatro dons exclusivamente humanos: a *imaginação*, a *consciência*, a *vontade independente* e, em particular, a *autoconsciência*. Ele lhe dá o poder de dizer: "Esta é uma receita errada, que me ensinaram desde a infância, em meu espelho social. Não gosto do roteiro ineficaz. Eu posso mudar."

O Hábito 2 consiste na primeira criação, ou criação mental. Ele se baseia na *imaginação* — a capacidade para vislumbrar, ver o potencial, criar com a mente aquilo que não podemos ver com os olhos no momento; e na *consciência* — a capacidade de detectar nosso caráter único e as orientações pessoal, moral e ética dentro das quais podemos atingir o objetivo com alegria. É o contato mais profundo com nosso paradigma e valores básicos, e a visão daquilo que poderemos nos tornar.

O Hábito 3, então, é a segunda criação, a elaboração física. É a realização, a transformação em realidade, a emergência natural dos Hábitos 1 e 2. É o exercício da *vontade independente* para que a pessoa se torne centrada nos princípios. É uma atuação no dia a dia, a cada segundo.

Os Hábitos 1 e 2 são essenciais e pré-requisitos para o Hábito 3. Você não pode se centrar nos princípios sem primeiro ter noção e desenvolver sua natureza proativa. Você não pode se centrar nos princípios sem antes ter noção de seus paradigmas e compreender como modificá-los e harmonizá-los com seus princípios. Você não pode se centrar neles sem uma visão e um foco concentrado na contribuição única que pode dar.

Mas, com esta base, você *pode* se centrar nos princípios, dia após dia, momento a momento, vivenciando o Hábito 3 — praticando o gerenciamento pessoal eficaz.

O gerenciamento, lembre-se, é muito diferente da liderança. Liderança é fundamentalmente a poderosíssima atividade do lado direito do cérebro. É mais do que uma arte; baseia-se em uma filosofia. Você precisa fazer as perguntas mais radicais sobre a vida quando lida com questões de liderança pessoal.

Mas, tendo lidado já com estas questões, considerando-as resolvidas, aí você precisa se gerenciar com eficácia para criar uma vida coerente com suas respostas. A capacidade para administrar bem não faz muita diferença, caso você não esteja no "campo certo". Entretanto, se você estiver no campo certo, ela faz uma diferença enorme. Na verdade, a capacidade para um bom gerenciamento determina a qualidade e mesmo a existência da segunda criação. O gerenciamento é a divisão em partes, a análise, o sequenciamento, a aplicação específica, a tendência temporal do cérebro esquerdo, que leva ao autogoverno eficaz. Meu lema para a eficácia pessoal é: *Gerenciamento com o esquerdo; liderança com o direito.*

O PODER DA VONTADE INDEPENDENTE

Além da autoconsciência, da imaginação e da consciência, é o quarto dom humano — a *vontade independente* — que realmente torna possível o gerenciamento pessoal eficaz. É a capacidade para tomar decisões e fazer escolhas agindo de acordo com elas. É a habilidade para agir e não permitir que determinem suas ações, de levar adiante seus planos, desenvolvidos proativamente por meio dos três outros dons.

A vontade humana é algo espantoso. Repetidas vezes, ela triunfou contra prognósticos desfavoráveis. Pessoas como Helen Keller pertencem a este mundo, e fornecem uma prova comovente do valor e do poder da vontade independente.

Mas, à medida que examinamos este dom no contexto do gerenciamento pessoal eficaz, percebemos que não é o esforço drástico, palpável, uma vez na vida e outra na morte, gigantesco, que traz o sucesso duradouro. O fortalecimento vem de aprender a usar este grande dom nas decisões que tomamos todos os dias.

A extensão com que desenvolvemos nossa vontade soberana na vida cotidiana se mede por nossa integridade pessoal. A integridade é, fundamentalmente, o valor que damos a nós mesmos. É a nossa capacidade de assumir compromissos sérios com nossa própria mente, e manter os assumidos com os outros, é "fazer o que dizemos". Trata-se de respeitar a personalidade, uma parte fundamental da Ética do Caráter, a essência do crescimento proativo.

O gerenciamento eficaz é *fazer primeiro o mais importante.* Enquanto é a liderança que resolve o que é "mais importante", é o gerenciamento que coloca o mais importante em primeiro lugar, no dia a dia, a cada momento. Gerenciamento é disciplina, vontade de fazer direito.

A palavra disciplina vem de *discípulo* — discípulo de uma filosofia, de um conjunto de princípios, de um conjunto de valores, discípulo de um objetivo grandioso, de uma meta ambiciosa ou de uma pessoa que representa essa meta.

Em outras palavras, se você for um gerenciador eficaz de si próprio, a disciplina vem de dentro, é um produto de sua vontade independente. Você se torna um discípulo, um seguidor de seus próprios valores fundamentais e de sua fonte. E possui a vontade e a integridade para subordinar os seus sentimentos e humores a esses valores.

Um de meus ensaios favoritos é *The Common Denominator of Success* [O denominador comum do sucesso], escrito por E. M. Gray. Ele passou a vida pesquisando o denominador compartilhado pelas pessoas bem-sucedidas. Ele descobriu que não é o trabalho duro, nem a boa sorte ou o relacionamento perspicaz com os outros, embora todos sejam importantes. O fator que parece superar todos os demais personifica a essência do Hábito 3 — primeiro o mais importante.

"As pessoas bem-sucedidas têm o hábito de fazer coisas que os que falharam não gostam de fazer", ele escreveu. "Elas não gostam de fazê-las, tampouco. Mas sua contrariedade se subordina à força de seus propósitos."

Esta subordinação requer um propósito, uma missão, um senso de direção e um valor objetivo, tipo Hábito 2, um "sim" interno vibrante, que torna possível dizer "não" a outras coisas. Ela também exige uma vontade independente, o poder para fazer algo quando você não quer fazer, a força resultante de seus valores e não do impulso ou desejo momentâneo. É o poder para agir com integridade para a sua primeira criação proativa.

■ QUATRO GERAÇÕES DE ADMINISTRAÇÃO DO TEMPO

No Hábito 3 estaremos lidando com muitas das questões ligadas ao campo da administração da vida e do tempo. Na condição de estudioso deste tema fascinante há muitos anos, estou pessoalmente convencido de que a essência das melhores ideias na área de administração do tempo pode ser capturada em uma única frase: *Organize e execute conforme a prioridade.* Esta frase representa a evolução de três gerações da teoria de administração do tempo, e a melhor maneira de realizar isso é assunto para uma ampla variedade de abordagens e métodos.

O gerenciamento pessoal se desenvolveu de acordo com um padrão similar a muitas outras áreas do conhecimento humano. Saltos importantes em termos de desenvolvimento, ou "ondas", na terminologia de Alvin Toffler, sucedem-se periodicamente, acrescentando uma nova dimensão vital. Por exemplo, no desenvolvimento social, a revolução agrícola foi seguida pela revolução industrial, que foi seguida pela revolução da informática. Cada onda que chega cria um momento de progresso social e pessoal.

Similarmente, na área de administração do tempo, cada geração se apoia na geração anterior — cada uma delas se move em direção a um controle maior de nossa vida. A primeira onda ou geração se caracterizou por bilhetes e listas, em um esforço para conferir certa aparência de organização e pertinência às muitas demandas feitas sobre nosso tempo e energia.

A segunda geração pode ser caracterizada pelos calendários e agendas. Esta onda reflete uma tentativa de olhar à frente, de marcar eventos e atividades no futuro.

A terceira geração reflete o campo de administração do tempo atual. Ela adiciona às gerações precedentes a importante ideia de prioridade, de elucidação de valores e de comparação do peso relativo das atividades, com base em sua relação com esses valores. Além disso, ela se concentra em estabelecer metas — alvos específicos de curto, médio e longo prazo, em cuja direção o tempo e a energia serão direcionados em harmonia com os valores. Ela também inclui o conceito do planejamento diário, da elaboração de um plano específico para a conquista dessas metas e atividades consideradas mais valiosas.

Apesar de a terceira onda ter dado uma contribuição significativa, as pessoas começaram a perceber que a elaboração de agendas "eficientes" e o controle do tempo com frequência são improdutivos. A concentração na eficácia gera expectativas que conflitam com as oportunidades de desenvolver relacionamentos mais ricos, de satisfazer as necessidades humanas e de desfrutar momentos espontâneos diariamente.

Como resultado, muita gente se decepcionou com os programas e sistemas de administração do tempo que faziam com que se sentissem amarradas demais, tolhidas, "jogando o bebê fora, com a água do banho". Elas retornaram às técnicas de primeira e segunda geração, para preservar os relacionamentos, a espontaneidade e a qualidade de vida.

Mas há uma quarta geração emergente, de um tipo diferente. Ela reconhece que a "administração do tempo" é um nome infeliz, na verdade o desafio não é gerenciar o tempo, mas a pessoa. A satisfação resulta da expectativa, bem como da realização. E a expectativa (como a satisfação) se encontra em nosso Círculo de Influência.

Em vez de focalizar a atenção nas *coisas* e no *tempo*, as atenções da quarta geração se voltam para a preservação e a melhoria dos *relacio-*

namentos e para a obtenção de *resultados* — em resumo, para a manutenção do equilíbrio P/CP.

■ QUADRANTE II

O foco essencial da quarta geração da administração pode ser identificado na Matriz do Gerenciamento do Tempo constante do próximo diagrama. Basicamente, passamos o tempo de quatro maneiras.

Como se pode ver, os dois fatores que definem uma atividade são *urgente* e *importante. Urgente* significa que a atividade exige nossa atenção imediata. É "Agora"! As coisas urgentes se impõem a nós. Um telefone que toca é urgente. A maioria das pessoas não consegue admitir a hipótese de simplesmente deixar o telefone tocando.

Você pode levar horas preparando um material, vestir-se com esmero e fazer uma viagem até o escritório de uma pessoa para conversar sobre determinado assunto, mas se o telefone tocar enquanto você estiver lá, normalmente isso terá prioridade em relação à sua visita pessoal.

Se você fosse telefonar para alguém, dificilmente esta pessoa diria: "Falo com você em 15 minutos. Espere na linha." Mas essa mesma pessoa muito provavelmente é capaz de deixá-lo esperando no escritório, por 15 minutos ou mais, enquanto fala com alguém pelo telefone.

Assuntos urgentes normalmente são óbvios. Eles nos pressionam; insistem para que alguma providência seja tomada. Eles são populares com os outros. De costume, estão bem na nossa frente. E com frequência são agradáveis, fáceis, divertidos de resolver. Mas, com a mesma frequência, não são nada importantes!

A *importância*, por outro lado, tem a ver com resultados. Se algo é importante, contribui para nossa missão, nossos valores e metas prioritárias.

Nós *reagimos* a questões urgentes. As questões importantes que não são tão urgentes exigem mais iniciativa, mais proatividade. Precisamos *agir* para aproveitar as oportunidades, para fazer com que as coisas aconteçam. Se não praticamos o Hábito 2, não temos uma ideia objetiva do que é importante, dos resultados que pretendemos para nossas vidas, e caímos com facilidade na mera reação ao que é urgente.

Pense por um momento nos quatro quadrantes da matriz do gerenciamento do tempo. O Quadrante I é tão urgente quanto importante. Ele lida com os resultados significativos, que exigem atenção imediata. Costumeiramente, chamamos as atividades do Quadrante I de "crises" ou "problemas". Todos nós temos algumas atividades desse tipo de quadrante em nossas vidas. Mas ele sufoca muitas pessoas. Elas viram gerenciadores de crises, escravos dos problemas, capazes de produzir só na última hora.

A MATRIZ DE GERENCIAMENTO DO TEMPO

	Urgente	**Não Urgente**
Importante	**I** ATIVIDADES Crises Problemas urgentes Projetos com data marcada	**II** ATIVIDADES Prevenção, atividades CP Desenvolvimento de relacionamentos Identificação de novas oportunidades Planejamento, recreação
Não Importante	**III** ATIVIDADES Interrupções, telefone Relatórios e correspondência Questões urgentes próximas Atividades populares	**IV** ATIVIDADES Detalhes, pequenas tarefas Correspondência Perda de tempo Atividades agradáveis Telefonemas inúteis

Enquanto o foco permanecer no Quadrante I, as coisas ficam mais e mais sérias, até que o dominam. É como o mar bravio. Um problema imenso aparece, derruba-o e o joga de um lado para outro. Você luta para subir novamente à superfície, apenas para encontrar outra onda, que o derruba mais uma vez e o arrasta no turbilhão.

Algumas pessoas vivem literalmente esmagadas pelos problemas, dia após dia. Seu único alívio está nas atividades não importantes e não urgentes do Quadrante IV. Assim, quando olhamos para sua matriz total, noventa por cento de seu tempo encontra-se no Quadrante I e a maior parte dos dez por cento restantes no Quadrante IV, com uma atenção irrisória dedicada aos Quadrantes II e III. É assim que vivem as pessoas que administram suas vidas conforme as crises.

I RESULTADOS • Estresse • Esgotamento • Administração de crises • Sempre apagando incêndios	II IV
III	

Existem outras pessoas que gastam um tempo enorme em coisas do Quadrante III, "urgentes, porém menos importantes", pensando que estão no Quadrante I. Elas passam a maior parte do tempo reagindo a coisas que são urgentes, presumindo que sejam importantes. Mas a verdade é que a urgência dessas questões com frequência se baseia nas prioridades e expectativas de outros.

I	II
III RESULTADOS • Foco no curto prazo • Administração de crises • Caráter e reputação de camaleão • Considera planos e metas inúteis • Faz papel de vítima, não controla a vida • Relacionamentos superficiais ou rompidos	IV

As pessoas que passam o tempo quase que exclusivamente nos Quadrantes III e IV levam vidas basicamente irresponsáveis.

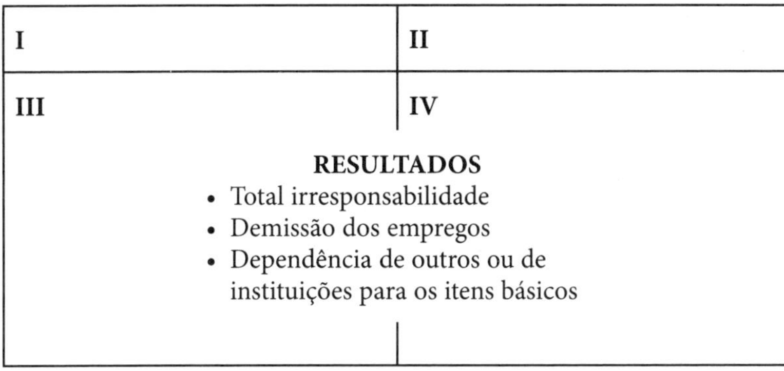

Pessoas eficazes ficam afastadas das coisas dos Quadrantes III e IV, porque não são importantes, urgentes ou não. Elas também diminuem o tamanho do Quadrante I, dedicando mais tempo ao Quadrante II.

O Quadrante II está no centro do gerenciamento pessoal eficaz. Ele lida com as coisas que não são urgentes, mas que são importantes. Ele lida com coisas como melhorar relacionamentos, redigir uma missão pessoal, planejamento a longo prazo, exercícios, manutenção preventiva, preparação — todas estas coisas que sabemos que precisamos fazer, mas às quais raramente nos dedicamos, pois sabemos que não são urgentes.

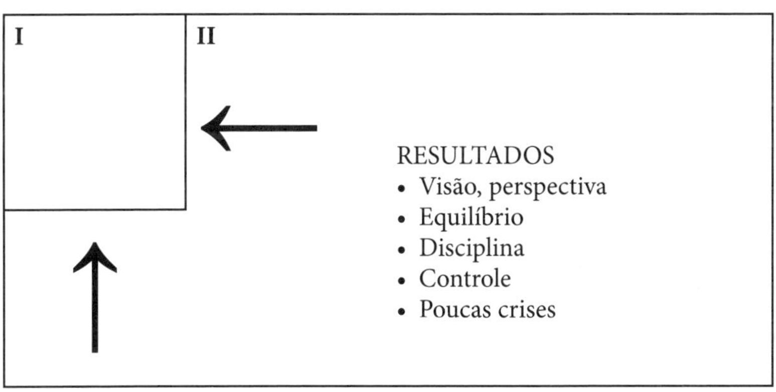

Parafraseando Peter Drucker, as pessoas eficazes não vivem voltadas para os problemas, elas vivem voltadas para as oportunidades. Elas alimentam oportunidades e deixam os problemas "morrer de fome".

Elas pensam preventivamente. Elas enfrentam crises e emergências genuínas, no Quadrante I, que exigem sua atenção imediata, mas seu número é comparativamente menor. Elas mantêm P e CP em equilíbrio, ao se concentrarem nas atividades importantes mas não urgentes do Quadrante II, altamente produtivas.

Tendo em mente a matriz do gerenciamento do tempo, pare um pouco e reflita sobre a maneira como respondeu às perguntas no início deste capítulo. Em que quadrante se encaixam? Elas são importantes? E são urgentes?

Meu palpite é que elas provavelmente se encaixam no Quadrante II. São obviamente importantes, profundamente importantes, mas não urgentes. E como não são urgentes, você não as realiza.

Agora, reveja a natureza destas questões: O que você poderia fazer (e não está fazendo no momento) *capaz de causar uma tremenda alteração para melhor em sua vida pessoal e profissional*, se feito de maneira constante? As atividades do Quadrante II provocam este tipo de impacto. Nossa eficácia dá um salto qualitativo quando fazemos isso.

Fiz uma pergunta similar a um grupo de gerentes de *shopping center*: "Se fossem fazer uma coisa, em suas atividades profissionais, capaz de ter efeitos positivos imensos, o que seria?" A resposta unânime foi construir um relacionamento pessoal proveitoso com os lojistas, donos das lojas dentro do shopping center, o que é uma atividade do Quadrante II.

Fizemos uma análise do tempo que eles estavam gastando naquela atividade. Era menos do que cinco por cento. Eles tinham bons motivos — problemas, um após outro. Precisavam fazer relatórios, comparecer a reuniões, responder a cartas, fazer ligações telefônicas e eram constantemente interrompidos. O Quadrante I consumia seu tempo.

Eles passavam muito pouco tempo com os gerentes das lojas, e quando o faziam, estavam carregados de energia negativa. O único motivo que os levava a visitar os gerentes era o contrato. Iam para receber o condomínio, discutir a propaganda ou outras práticas que pudessem estar em desarmonia com a linha geral do shopping, ou algo similar.

Os donos das lojas estavam lutando para sobreviver, nem pensavam em prosperar. Eles enfrentavam problemas com os empregados, problemas de custos, problemas de estoque e uma lista de outras dificuldades. A maioria deles não tinha qualquer tipo de treinamento em gerenciamento. Alguns eram negociantes de primeira, mas precisavam de auxílio. Os lojistas nem queriam ver a cara dos proprietários do shopping. Era mais um problema a ser resolvido.

Sendo assim, os proprietários resolveram ser proativos. Eles determinaram seus objetivos, seus valores, suas prioridades. E, em harmonia com estas, eles resolveram dedicar cerca de um terço de seu tempo para ajudar a melhorar o relacionamento com os lojistas.

Depois de trabalhar com aquela organização por cerca de um ano e meio, vi que o tempo passara a mais de vinte por cento, o que significava quatro vezes mais. Além disso, eles modificaram seu papel. Tornaram-se consultores, passaram a treinar e ouvir os lojistas. Os contatos se beneficiaram com a energia positiva.

O efeito foi drástico, profundo. Ao se concentrarem no relacionamento e nos resultados, e não em tempo e métodos, os números subiram, os lojistas se animaram com os resultados obtidos com as novas ideias e práticas e os gerentes de shopping aumentaram a produtividade, ficaram mais satisfeitos e ampliaram sua lista de lojistas em potencial, bem como o valor dos aluguéis, que se baseava no volume de venda das lojas. Eles deixaram de ser policiais ou supervisores hesitantes. Transformaram-se em pessoas capazes de resolver problemas, de ajudar.

Quer você seja estudante universitário, trabalhador na linha de montagem, dona de casa, *designer* de moda ou presidente de uma companhia, eu acredito que se você descobrir o que pertence ao Quadrante II e cultivar a proatividade necessária para ir atrás disso obterá os mesmos resultados. Sua eficácia aumentará drasticamente. Suas crises e seus problemas se reduzirão a dimensões razoáveis, porque você estará pensando por antecipação, trabalhando na base, fazendo as coisas preventivamente, impedindo que a situação se transforme em crise logo no início. No jargão administrativo, isso se chama Princípio de Pareto — oitenta por cento dos resultados se originam em vinte por cento das atividades.

■ O QUE É PRECISO PARA DIZER "NÃO"

No início, o único lugar para se conseguir o tempo necessário para o Quadrante II é nos Quadrantes III e IV. Você não pode ignorar as atividades urgentes e importantes do Quadrante I, mesmo que elas diminuam em tamanho à medida que se gasta mais tempo na prevenção e na preparação, no Quadrante II. Mas o tempo inicial para o Quadrante II tem de vir dos Quadrantes III e IV.

Você precisa ser proativo para trabalhar no Quadrante II, porque os Quadrantes I e III fazem imposições. Para poder dizer "sim" a prioridades importantes do Quadrante II é preciso aprender a dizer "não" a outras atividades, normalmente coisas aparentemente urgentes.

Há algum tempo, minha esposa foi convidada para dirigir um comitê de apoio comunitário. Ela estava tentando realizar uma série de trabalhos importantes e, no fundo, não queria a função. Mas ela se sentiu pressionada a aceitar, e acabou concordando.

Em seguida, ela ligou para uma amiga íntima, e perguntou se ela poderia auxiliar no comitê. A amiga a ouviu pacientemente, por um bom tempo, e disse: "Sandra, este parece ser um projeto maravilhoso, algo que realmente vale a pena realizar. Agradeço muito por você ter me convidado para participar. Sinto-me honrada. Por uma série de motivos, não poderei participar pessoalmente, mas gostaria que soubesse o quanto fiquei feliz pelo convite."

Sandra estava pronta para tudo, menos para um "não" tão educado. Ela se voltou para mim e falou, suspirando: "Eu gostaria de ter agido assim."

Eu não estou querendo dizer que as pessoas devam evitar projetos comunitários significativos. Estas coisas são importantes também. Mas você precisa resolver quais são suas prioridades maiores, e ter a coragem — de um modo educado, sorridente, mas sem se desculpar — para dizer "não" às outras coisas. E a melhor forma de fazer isso é ter um imenso "sim" brilhando dentro de si. O inimigo do "ótimo" com frequência é o "bom".

Tenha em mente que você está sempre dizendo "não" a alguma coisa. Se não é para as coisas urgentes e evidentes de sua vida, provavelmente é para as coisas mais fundamentais, mais importantes. Mesmo quando o urgente é bom, o bom pode afastá-lo do que é ótimo, mantê-lo distante de sua contribuição única, se você permitir.

* * *

Quando eu era diretor de Relações Universitárias em uma grande universidade, contratei um redator muito talentoso, criativo e proativo. Um dia, após alguns meses de trabalho, fui até a sala dele e pedi que se dedicasse a algumas tarefas urgentes, que exigiam solução rápida.

Ele disse: "Stephen, farei qualquer coisa que você me pedir. Mas gostaria de explicar minha situação."

Dizendo isso, ele me levou até o quadro de giz, onde havia relacionado mais de dúzias de projetos nos quais estava trabalhando, bem como o critério de elaboração e datas de entrega previamente acertadas. Ele era muito disciplinado, fora por isso que eu o contratara e estava ali pedindo sua ajuda. "Se você quer que uma coisa seja feita, procure alguém que não tem tempo."

Em seguida, ele falou: "Para fazer direito o serviço que você deseja, precisarei de vários dias. Que projetos você gostaria que eu adiasse ou cancelasse para poder atender a seu pedido?"

Bem, eu não queria assumir a responsabilidade por aquela decisão. Eu não queria colocar uma trava na roda de uma das pessoas mais produtivas da equipe apenas porque eu estava lidando com uma crise naquele momento. As tarefas que eu pedia a ele eram urgentes, mas não importantes. Sendo assim, fui procurar outro administrador para a crise, a quem passei o serviço.

Dizemos "sim" ou "não" para as coisas diariamente, ou melhor, várias vezes por dia. Viver concentrado nos princípios corretos e manter o foco na missão pessoal são atitudes que nos fornecem a sabedoria para fazer estes julgamentos com eficácia.

Em meu trabalho com diversos grupos, digo às pessoas que a essência do gerenciamento eficaz do tempo e da vida é a organização e a atuação a partir de prioridades equilibradas. Depois faço uma pergunta: Se uma das seguintes áreas estivesse deficiente, qual seria: (1) a incapacidade de estabelecer prioridades; (2) a incapacidade ou falta de vontade para organizar a vida a partir destas prioridades; ou (3) a falta de disciplina para executá-las, para manter fidelidade às suas prioridades e à organização?

A maioria das pessoas diz que sua principal falha é a falta de disciplina. Pensando bem, creio que o problema não é esse. A dificuldade básica é que suas possibilidades não foram suficientemente absorvidas por suas mentes e seus corações. Elas não interiorizaram bem o Hábito 2.

Existem muitas pessoas que reconhecem o valor das atividades do Quadrante II em suas vidas, quer as identifiquem como tal ou não. E elas procuram dar prioridades a estas atividades, e integrá-las a suas vidas por meio exclusivo da autodisciplina. Mas, sem se centrarem nos princípios, e sem uma missão pessoal, elas não possuem a base necessária para sustentar seus esforços. Elas trabalham no nível das folhas, das atitudes e dos comportamentos da disciplina, sem nem mesmo pensar em examinar as raízes, os paradigmas básicos a partir dos quais suas atitudes e seus comportamentos acontecem.

O foco no Quadrante II é um paradigma que deriva do centro em princípios. Se você está centrado na esposa, em dinheiro, amigos, prazer ou qualquer outro fator extrínseco, será sempre atirado de volta aos Quadrantes I e III, reagindo às forças externas nas quais sua vida está centrada. Mesmo que você esteja centrado em si mesmo, irá voltar ao I e ao III, reagindo ao impulso do momento. Sua vontade independente, por si só, não pode dar a disciplina necessária a você, contra seu centro.

Usando uma máxima da arquitetura, *a forma deriva da função.* Do mesmo modo, o gerenciamento deriva da liderança. O modo como você passa seu tempo resulta do modo como você vê seu tempo e da maneira como encara suas prioridades. Se estas decorrem de um centro em princípios e na missão pessoal, se elas estão profundamente enraizadas em seu coração e em sua mente, você verá o Quadrante II como um lugar natural, excitante, para investir seu tempo.

É quase impossível dizer "não" à popularidade do Quadrante III, ou ao prazer de escapar para o Quadrante IV, se você não contar com um "sim" poderoso brilhando em seu íntimo. Somente quando você tiver a autoconsciência para examinar seu programa — além da imaginação e da consciência para criar um programa novo único, centrado nos princípios, ao qual possa dizer "sim" —, só então possuirá uma vontade independente o suficiente para dizer "não" para as coisas menos importantes, com um sorriso verdadeiro nos lábios.

■ PASSANDO PARA O QUADRANTE II

Se as atividades do Quadrante II são o âmago do gerenciamento pessoal eficaz — as "coisas importantes" que devemos colocar em primeiro lugar —, então, como podemos fazer para organizar e colocar essas coisas em prática?

A primeira geração da administração do tempo nem sequer reconhece o conceito de prioridade. Ela nos dá conselhos e listas de coisas "para fazer" que podemos seguir para obter uma sensação temporária de realização, sempre que vamos verificar algo, mas nenhuma prioridade é apontada nos itens da lista. Além disso, não há correlação entre o que está na lista e nossos valores e propósitos fundamentais da vida. Simplesmente reagimos a tudo que entra em contato com nossa consciência e aparentemente precisa ser feito.

Muitas pessoas gerenciam suas vidas a partir deste paradigma da primeira geração. É a lei do menor esforço. Nada de dor ou pressão. É agradável "ir na onda". Disciplinas e programas impostos de fora dão às pessoas a sensação de que não são responsáveis pelos resultados.

Mas esses gerenciadores de primeira geração, por definição, não são pessoas eficazes. Eles produzem muito pouco, e seu estilo de vida não ajuda nada no incremento de sua capacidade de produção. Dominados por forças externas, eles são vistos como pessoas com as quais não se pode contar, irresponsáveis, com pouca capacidade de controle e amor-próprio.

Os gerenciadores de segunda geração assumem um controle um pouco maior. Eles fazem planos e projetos com antecedência, e normalmente são considerados mais responsáveis, porque "dão conta do recado" quando necessário.

Mas, novamente, as atividades que eles planejam não são prioritárias, nem estão relacionadas com valores mais profundos e metas. Eles conseguem poucas conquistas significativas e tendem a se conduzir só pelo planejamento.

Os gerenciadores de terceira geração dão um passo significativo à frente. Eles são objetivos quanto a valores e metas estabelecidos. Eles planejam cada dia e dão prioridades a certas atividades.

Como já foi dito, a moderna administração do tempo se concentra aí. Mas esta terceira geração tem suas limitações críticas. Primeiro, possui uma visão limitada — o planejamento diário passa longe de coisas importantes, que só podem ser vistas a partir de uma perspectiva mais ampla. A própria expressão "planejamento diário" está focalizada no urgente — no "agora". Apesar de a terceira geração priorizar a ordem das atividades, ela não questiona sua essencial importância de qual atividade é prioritária — não coloca a atividade no contexto de princípios, missão pessoal, papéis e metas. O planejamento diário de terceira geração, voltado para os valores, tem uma abordagem que prioriza os problemas e as crises de momento dos Quadrantes I e III.

Ademais, a terceira geração não toma providências para administrar os papéis de um modo equilibrado. Falta realismo aos projetos, que mostram tendência para se exceder na programação diária, resultando na frustração e no desejo ocasional de jogar os planos fora e fugir para o Quadrante IV. O foco na eficiência e na administração do tempo tende a dificultar os relacionamentos, em vez de estimulá-los.

Apesar de cada uma dessas três gerações ter reconhecido o valor de alguma forma de instrumento para a administração, nenhuma delas produziu um que possibilitasse às pessoas viver centradas nos princípios, no Quadrante II. As listas de "coisas a fazer" e os lembretes da primeira geração nos fornecem apenas um local para registrar essas coisas, para que penetrem em nossa consciência e nos impeçam de esquecê-las. As agendas e os calendários da segunda geração fornecem apenas um local para registrar os compromissos futuros, de modo que possamos estar onde nos comprometemos, na hora certa.

Mesmo a terceira geração, com sua vasta gama de planejamentos e materiais, se concentra primordialmente em ajudar as pessoas a priorizar e planejar suas atividades dos Quadrante I e III. Apesar de muitos consultores e professores reconhecerem o valor das atividades do Quadrante II, os instrumentos da terceira geração não facilitam a organização e o planejamento dessas atividades.

Como cada uma das gerações se afirma em cima daquilo que a precedeu, as vantagens e alguns dos instrumentos de cada uma das primeiras três gerações fornecem o material fundamental para a quarta. Mas existe uma necessidade suplementar de uma nova dimensão, para o paradigma e a realização que nos permitirão passar para o Quadrante II, tornar-nos centrados nos princípios e administrar nossa própria vida conforme o que é verdadeiramente mais importante.

■ A FERRAMENTA DO QUADRANTE II

O objetivo da administração Quadrante II é conduzir a vida com eficácia — a partir de um centro em princípios sólidos e de um conhecimento da missão pessoal, com foco no importante, bem como no urgente, dentro de um quadro de manutenção do equilíbrio entre o aumento da produtividade e o aumento da nossa capacidade de produção.

Este é um objetivo reconhecidamente ambicioso para as pessoas presas ao peso das coisas leves dos Quadrantes III e IV. Mas batalhar para conseguir isso causa um impacto fenomenal na eficácia pessoal.

Um gerente Quadrante II deve observar seis critérios importantes.

Coerência | A coerência indica que existe harmonia, unidade e integridade entre a visão e a missão, entre papéis e metas, entre prioridades e planos, entre desejos e disciplina. No planejamento, deve haver espaço para sua missão pessoal, de modo que você possa constantemente voltar a ela. Também há necessidade de deixar espaço para seus papéis, e para as metas de curto e longo prazos.

Equilíbrio | Seu instrumento deve ajudá-lo a manter o equilíbrio em sua vida, identificar os diversos papéis e mantê-los bem à sua frente, de modo que você não negligencie áreas importantes como saúde, família, aprimoramento profissional e desenvolvimento pessoal.

Muita gente parece pensar que o sucesso em uma área pode compensar o fracasso em outras áreas da vida. Mas pode mesmo? Talvez, por um período limitado, em algumas áreas. Mas o sucesso profissional pode compensar um casamento arruinado, a saúde abalada ou a fraqueza de caráter? A verdadeira eficácia exige equilíbrio, e você precisa dos instrumentos para criar e manter este equilíbrio.

Foco do Quadrante II | Você precisa de um instrumento que o encoraje, que o motive, que de fato o ajude a dedicar o tempo necessário ao Quadrante II, de forma que lide com a prevenção, em vez de dar prioridade às crises. Em minha opinião, a melhor maneira de fazer isso é organizar sua vida em uma base *semanal*. Você pode continuar a fazer adaptações e ter prioridades diárias, mas a energia fundamental vai para a organização da semana.

A organização com base na semana possibilita um equilíbrio maior e um contexto mais amplo do que o planejamento diário. Parece haver um consenso cultural implícito de que a semana é uma unidade de tempo única, completa. O mundo dos negócios, da educação e muitas outras facetas da sociedade operam dentro do quadro dado pela semana, determinando certos dias para o trabalho e outros para o relaxamento e inspiração. A ética judaico-cristã básica guarda o Sabbath, um dia a cada sete, para propósitos enaltecedores.

A maioria das pessoas pensa em termos de semanas. Mas a maior parte dos instrumentos de planejamento de terceira geração se concentra no planejamento diário. Apesar de ajudarem a priorizar as atividades, basicamente apenas auxiliam a organizar as crises e as tarefas urgentes. *O segredo não é priorizar a agenda, mas sim agendar as prioridades.* E isso pode ser feito melhor no contexto da semana.

Uma dimensão "humana" | Você também precisa de um instrumento que lide com as pessoas, não apenas com planos. Apesar de se poder pensar em termos de eficiência ao lidar com o tempo, uma pessoa centrada em princípios pensa em termos de eficiência ao lidar com gente. Há momentos nos quais a vida centrada em princípios, no Quadrante II, exige que se subordinem os planos às pessoas. Seu instrumento precisa refletir este valor, facilitando sua aplicação, em vez de gerar sentimentos de culpa quando o plano não está sendo cumprido.

Flexibilidade | O instrumento de planejamento deve ser seu escravo, nunca seu senhor. Uma vez que ele deve trabalhar em seu benefício, precisa ser talhado conforme seu estilo, suas necessidades e seu modo específico de agir.

Portátil | Seu instrumento também deve ser portátil, de forma que você possa carregá-lo a maior parte do tempo. Você pode querer revisar sua missão pessoal quando estiver no ônibus. Ou desejar analisar o potencial de uma nova oportunidade, em comparação com algo anteriormente planejado. Se seu instrumento for portátil, você o terá a seu lado, e as informações importantes estarão ao alcance.

Uma vez que o Quadrante II é a base do gerenciamento pessoal eficaz, você precisa de um instrumento que o leve ao Quadrante II. Meu trabalho com o conceito de quarta geração levou à criação de um instrumento especificamente elaborado com os critérios relacionados acima. Mas a maioria dos instrumentos de terceira geração pode ser adaptada com facilidade. Desde que os princípios sejam válidos, as práticas e aplicações específicas podem variar de um indivíduo para outro.

■ TORNANDO-SE UM GERENTE PESSOAL DO QUADRANTE II

Apesar de minha intenção aqui ser ensinar princípios de eficácia, não sua prática, acredito que você possa compreender melhor os princípios e a força da quarta geração se fizer a experiência concreta de organizar uma semana centrado nos princípios, com base no Quadrante II.

A organização Quadrante II envolve quatro atividades-chave.

Identificando papéis | A primeira tarefa é anotar seus papéis principais. Se você ainda não pensou seriamente nos papéis que desempenha na vida, pode anotar aquilo que vier à cabeça. Você tem um papel como indivíduo. Pode querer relacionar um ou mais papéis como membro da família — marido ou esposa, pai ou mãe, filho ou filha, ou membro da família ampliada de avós, tios e primos. Precisará anotar seus papéis no trabalho, indicando as diferentes áreas nas quais deseja investir tempo e energia de maneira sistemática. Pode desempenhar papéis na sua Igreja ou nas atividades da comunidade.

Você não precisa se preocupar em definir os papéis que desempenhará pelo resto da vida — considere apenas a semana, e marque as áreas em que você se vê gastando mais tempo, nos próximos sete dias.

Eis aqui dois exemplos do modo como as pessoas podem ver seus diversos papéis:

1. Indivíduo
2. Marido/Pai
3. Gerente de Novos Produtos
4. Gerente de Pesquisa
5. Gerente de Depto. Pessoal
6. Gerente Administrativo
7. Diretor da United Way

1. Desenvolvimento Pessoal
2. Esposa
3. Mãe
4. Corretora de Imóveis
5. Professora — Escola Dominical
6. Diretora da Sinfônica

Estabelecendo metas | O passo seguinte é pensar em dois ou três resultados que você pretende conseguir em cada um dos papéis, nos próximos sete dias. Eles devem ser registrados como metas. (Ver esquema na página seguinte.)

Pelo menos algumas dessas metas devem refletir atividades do Quadrante II. Essas metas de curto prazo, de preferência, precisam estar vinculadas às de longo prazo que você identificou ao elaborar sua missão pessoal. Mas, mesmo que não tenha escrito sua missão, pode sentir, intuir o que é importante no momento em que medita sobre cada um dos papéis, e sobre as duas ou três metas para cada papel.

Planejando | Agora, você pode olhar para a semana que tem pela frente, com as metas em mente e o tempo reservado para atingi-las. Por exemplo, se sua meta é elaborar a primeira versão da sua missão pessoal, você pode querer reservar um período de duas horas para trabalhar nisso. Domingo (ou qualquer outro dia da semana que seja especial para você, de acordo com sua fé ou suas condições) é o momento ideal para planejar as atividades pessoalmente mais gratificantes, o que inclui a organização da semana. É um bom momento para relaxar, buscar inspiração, olhar para a sua vida no contexto dos princípios e valores.

Se você estabelecer a meta de melhorar sua forma física por meio de exercícios, talvez seja bom reservar uma hora durante três ou quatro dias da semana, ou quem sabe todos os dias, para atingir esse objetivo. Existem algumas metas que você só conseguirá realizar durante as horas de trabalho, outras que dependerão da presença dos filhos em casa, no sábado. Consegue começar a ver algumas das vantagens de organizar a semana, em vez do dia?

Tendo identificado seus papéis e estabelecido as metas, você pode registrar cada uma a um dia específico da semana, seja na condição de item prioritário ou, melhor ainda, como tarefa específica. Você também pode checar sua agenda mensal ou anual, para verificar os compromissos que assumiu anteriormente, e avaliar sua importância no contexto das suas metas, transferindo aqueles que resolveu manter para sua agenda semanal, fazendo planos para adiar ou cancelar outros.

Papel	Metas
Desenvolvimento Pessoal/Individual	Esboço — Declaração de missão pessoal Inscrição no seminário Visitar Frank no hospital
Marido/ Pai	Adm. Doméstica / Aula missão pessoal Projeto de Ciências de Timmy / Bicicleta de Sarah
Gerente de Novos Produtos	Teste de parâmetros de mercado Entrev. candidatos a assistente Ler pesquisa consumidor
Gerente de Pesquisa	Ler resultado último teste Trabalhar em problema de aderência Ken e Peter — Reunião
Gerente de Equipe	Avaliação de desempenho com Janie Visitar Samuels
Gerente de Administração	Relatórios mensais — terminar Relatório revisão salários
Gerente da United Way	Preparar agenda Visita de RP com Conklin Iniciar plano próximo ano

Conforme você estuda o plano de trabalho para a semana a seguir, observe como cada um dos 19 itens mais importantes, em geral Quadrante II, foi programado ou traduzido em plano de ação específico. Além disso, note o compartimento chamado de “Afine o instrumento”, que fornece um espaço para o planejamento de atividades vitais de renovação do Quadrante II em cada uma das quatro dimensões humanas que serão explicadas no Hábito 7.

Mesmo com todo o tempo reservado para atingir 19 metas importantes durante esta semana, repare na quantidade de espaços em branco restantes na agenda! Além de dar condições para colocar as coisas importantes em primeiro lugar, a organização semanal baseada no Quadrante II lhe dá plena liberdade e flexibilidade para lidar com eventos inesperados, mudar compromissos se necessário, aprimorar relacionamentos e interações com outras pessoas e desfrutar experiências espontâneas, sabendo que organizou proativamente sua semana para conquistar as metas em todas as áreas de sua vida.

Adaptando-se diariamente | A partir da organização da semana no Quadrante II, o planejamento diário torna-se mais uma questão de adaptação diária, de priorizar atividades e responder a eventos, relacionamentos e experiências inesperadas de um modo proveitoso.

Dedicar alguns minutos, todas as manhãs, para repassar seus compromissos pode colocá-lo em contato com as decisões baseadas em valores que tomou quando organizou a semana, além de fatores inesperados que possam ter surgido. Conforme você revê o dia, percebe que papéis e metas implicam o estabelecimento de prioridades naturais, que derivam de seu senso interno de equilíbrio. Trata-se de uma priorização mais suave, do cérebro direito, que, em última análise, vem do senso de missão pessoal.

Você ainda pode achar que a priorização diária, de terceira geração, do tipo A, B, C, ou 1, 2, 3, dá uma ordem necessária às atividades diárias. Seria uma falsa dicotomia sustentar que essas atividades são importantes ou que não são. Elas se encaixam, obviamente, em uma progressão, e algumas atividades importantes são mais prioritárias do que outras. No contexto da organização diária, a priorização de terceira geração sistematiza o enfoque diário.

Plano Semanal de Trabalho	
Papéis	**Metas**
Desenvolvimento Pessoal/Individual	Esboço — Declaração da missão pessoal (1) Inscrição no seminário (2) Visitar Frank no hospital (3)
Marido/ Pai	Adm. Doméstica / Aula de Karla (4) Projeto Ciências Timmy (5) Bicicleta de Sarah (6)
Gerente de Novos Produtos	Teste de parâmetros de mercado (7) Entrevista Can. Assist. (8) Ler pesquisa consumidor (9)
Gerente de Pesquisa	Ler resultado último teste (10) Trabalhar em testes de consumo (11) Entrevista com Peter/Ken (12)
Gerente de Equipe	Avaliação de desempenho c/ Janie (13) Visitar Samuels (14)
Gerente de Administração	Relatórios mensais - terminar (15) Relatório revisão salários (16)
Gerente da United Way	Preparar agenda (17) Visita de RP c/ Conklin (18) Contabi. Iniciar plano próximo ano (19)

AFINE O INSTRUMENTO

Física ______
Mental ______
Espiritual ______
Social/Emocional ______

Semana	Domingo	Segunda
Prioridades da Semana	Prioridades do Dia	
		(16) Relatório
		Revisão Salários
	Reuniões/Compromissos	
	8 (1) Tempo Pessoal	8
	9 Declaração de Missão	9
	10	10
	11	11 (8) Entrevistas
	12	12 Assistentes
	1	1
	2	2
	3	3
	4	4 (3) Frank Hospital
	5	5
	6	6
	7	7 (8) Bicicleta de Sarah
	8	8
	Noite	Noite

Terça	Quarta	Quinta	Sexta	Sábado
Prioridades do Dia				
② Enviar inscrições	⑫ Ken/		⑭ Visitar Samuels	
	Peter			
Reuniões/Compromissos				
8	8	8 ↑	8	8 ④ Adm. Domést. Aula Karla
9	9 ⑦ Teste de mercado	9 ⑪ Problema de aderência	9 ⑩ Resultado Testes	9
10	10 Parâmetros	10	10 Estudar	10
11	11	11 ↓	11	11
12	12	12	12 ⑱ Conklin	12
1 ⑨ Estudar	1	1	1	1
2 Consumidor	2	2	2	2
3	3	3 ⑬ Revisão de desempenho	3 ⑮ Terminar relatórios mensais	3
4	4	4 Janie	4	4
5	5	5	5	5
6 ⑤ Projeto de Tim	6	6 ⑰ United Way	6	6
7	7	7 Agenda	7	7
8	8	8 ⑲ Planos próximo ano	8	8
Noite	Noite	Noite	Noite	Noite 7:00 Teatro — Brown e sra.

Entretanto, tentar priorizar informações sem nem mesmo saber como elas se relacionam com seu senso de missão pessoal, e como elas se encaixam no equilíbrio de sua vida, não é eficaz. Você corre o risco de dar prioridade ou de conquistar coisas que não queria ou das quais não precisava nem um pouco.

Você já começa a notar a diferença entre organizar sua semana na condição de gerente centrado em princípios, Quadrante II, e planejar seus dias como indivíduo centrado em qualquer outra coisa? Começa a perceber a imensa diferença que o foco no Quadrante II vai fazer em seu nível atual de eficácia?

Tendo experimentado o poder do Quadrante II, centrado nos princípios, para a organização de minha própria vida, e tendo observado a maneira como transformou a vida de centenas de outras pessoas, estou convencido de que ele faz diferença — uma diferença qualitativa positiva. E quanto mais as metas semanais estiverem completamente ligadas a um quadro mais amplo de princípios corretos e à missão pessoal, maior será o aumento da eficácia.

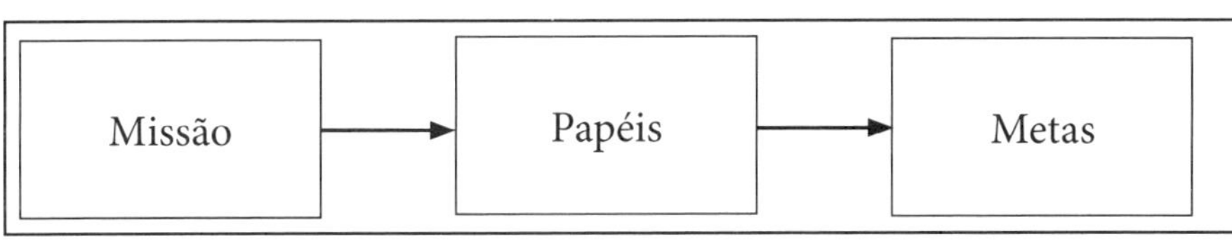

ORGANIZAÇÃO A LONGO PRAZO

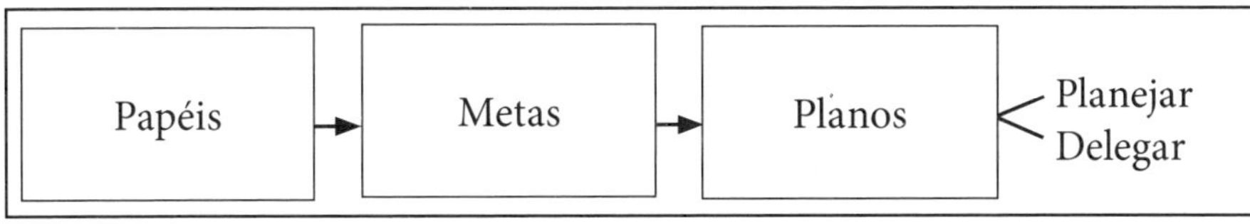

ORGANIZAÇÃO SEMANAL

■ VIVENCIANDO O PROCESSO

Voltando mais uma vez à metáfora do computador, se o Hábito 1 diz "Você é o programador" e o Hábito 2 diz "Escreva o programa", o Hábito 3 diz "Rode o programa", "Viva o programa". E viver é principalmente uma consequência da vontade independente, disciplina, integridade e comprometimento — não com planos e metas de curto prazo, ou com impulsos de momento, mas com os princípios corretos e com nossos valores mais profundos, que dão sentido e contexto às nossas metas, aos nossos planos e às nossas vidas.

Enquanto você atravessa sua semana, indubitavelmente haverá momentos em que sua integridade será colocada na berlinda. A popularidade da reação às prioridades urgentes, embora pouco importantes para outras pessoas no Quadrante III, ou a tentação de escapar para o Quadrante IV ameaçarão suplantar as atividades importantes do Quadrante II que foram planejadas. Seu princípio central, sua autoconsciência e sua consciência podem fornecer o alto nível de segurança íntima, orientação e sabedoria para lhe dar forças para colocar em ação sua vontade independente e manter a integridade do que é verdadeiramente importante.

Contudo, como você não é onisciente, não pode saber sempre com antecipação o que é verdadeiramente importante. Por mais que organize com cuidado sua semana, haverá momentos em que, na condição de pessoa centrada nos princípios, você precisará subordinar sua agenda a valores mais altos. Como você está centrado em princípios, fará isso com uma sensação incrível de tranquilidade.

Em determinada época, um de meus filhos estava muito voltado para o planejamento e a eficiência. Um dia, ele tinha uma agenda muito apertada, o que incluía deslocamentos cronometrados para os locais das diversas atividades, incluindo apanhar alguns livros, lavar o carro e "dispensar" Carol, sua namorada, entre outras coisas.

Tudo estava acontecendo conforme o planejado até chegar a hora de falar com Carol. Eles estavam saindo juntos havia bastante tempo, e finalmente chegaram à conclusão de que um relacionamento mais profundo não daria certo. Assim, ele havia planejado uma conversa telefônica de dez a 15 minutos para terminar o namoro.

Mas a notícia foi traumática demais para ela. Uma hora e meia depois, ele ainda estava envolvido em uma conversa intensa com a moça. Mesmo assim, a conversa não fora conclusiva. A situação era frustrante para ambos.

Repetindo: não se pode simplesmente pensar em *eficiência* quando há gente envolvida. Devemos pensar em *eficácia* com relação a *pessoas*, e em *eficiência* com relação a *coisas*. Tentei ser "eficiente" com uma pessoa da qual discordava ou com quem estava sendo desagradável, e simplesmente não funcionou. Tentei dar dez minutos do meu "precioso tempo" para ajudar uma criança a resolver um problema, só para descobrir que esta "eficiência" cria novos problemas e raramente consegue resolver as ansiedades mais profundas.

Vejo muitos pais, principalmente mães com filhos pequenos, frustrados com seu desejo de fazer muitas coisas, porque só o que fazem, aparentemente, é cuidar do nenê o dia inteiro. Lembre-se de que a frustração é consequência de nossas expectativas, e estas são muitas vezes reflexos do espelho social, mais do que de nossos valores e prioridades.

Mas se você tem o Hábito 2 profundamente embutido em seu coração e sua mente, conta com os valores mais elevados para guiá-lo. Pode subordinar sua agenda a estes valores com integridade. Pode se adaptar, ser flexível. E não se sentir culpado quando não cumpre a agenda, ou quando precisa alterá-la.

■ AVANÇOS DA QUARTA GERAÇÃO

Um dos motivos para as pessoas resistirem ao uso de instrumentos de administração do tempo de terceira geração é a perda da espontaneidade. Elas se tornam rígidas e inflexíveis. Esses instrumentos subordinam os seres à programação, pois o paradigma para a eficiência, na terceira geração de administração, encontra-se em desarmonia com o princípio de que *as pessoas são mais importantes do que as coisas.*

O instrumental de quarta geração aceita este princípio. Ele também reconhece que a primeira pessoa que se precisa levar em conta em termos de eficácia, e não de eficiência, é você mesmo. Ele o encoraja a concentrar seu tempo no Quadrante II, para compreender os princípios e centrar sua vida neles, e expressar de forma objetiva os propósitos e valores que devem orientar suas decisões cotidianas. Ele o ajuda a criar o equilíbrio na existência. Ajuda-o a se erguer acima das limitações do planejamento diário e a se organizar e planejar dentro do contexto semanal. E quando um valor mais categorizado conflita com o que planejou, ele fornece a força para que você use a autoconsciência para manter a integridade dos princípios e propósitos que são mais importantes, de acordo com o que determinou. Em vez de usar o mapa da estrada, você está se guiando por uma bússola.

A quarta geração do autogerenciamento é mais avançada do que a terceira em cinco aspectos importantes.

Primeiro, *é centrada em princípios.* Não apenas reconhece a importância do Quadrante II, como cria o paradigma central que lhe permite ver o tempo dentro do contexto do que é realmente importante e eficaz.

Segundo, *é orientada pela consciência.* Dá a oportunidade de organizar sua vida com o máximo de habilidade, em harmonia com os valores mais profundos. Mas também lhe proporciona a liberdade para subordinar pacificamente seu planejamento aos valores mais elevados.

Terceiro, *define o caráter único de sua missão, inclusive valores e metas de longo prazo.* Isso dá sentido e propósito ao modo como você passa cada dia.

Quarto, *ajuda a equilibrar sua vida, identificando os papéis,* estabelecendo metas e planejando atividades em cada um dos papéis-chave, a cada semana.

Quinto, *coloca-o em um contexto mais amplo, por meio do planejamento semanal* (com adaptação diária, conforme a necessidade), levando-o mais longe do que a perspectiva limitada de um único dia, colocando-o em contato com os valores mais profundos por meio da revisão de seus papéis importantes.

O fio central que liga estes cinco aspectos do progresso é o foco principal nos relacionamentos e resultados, e o foco secundário no tempo.

■ DELEGAÇÃO: AUMENTANDO P E CP

Conquistamos tudo aquilo que pretendemos por meio da delegação de poderes — seja ao tempo, seja a outras pessoas. Se delegamos poderes ao tempo, pensamos em *eficiência*. Se os delegamos a outras pessoas, pensamos em *eficácia*.

Muita gente se recusa a delegar poderes aos outros, porque acredita que leva muito tempo, dá muito trabalho e também que é possível fazer o serviço melhor sozinha. Contudo, delegar poderes é possivelmente a atividade de alto nível mais poderosa que há.

Transferir as responsabilidades para outras pessoas treinadas e capacitadas permite que você transfira suas energias para outras atividades de alto nível. A delegação de poderes significa crescimento, tanto para os indivíduos como para as organizações. O falecido J. C. Penney disse, uma vez, que a decisão mais sábia que já tomou foi "deixar correr o barco" ao perceber que ele não tinha mais condições de fazer tudo sozinho. Esta decisão, tomada há muito tempo, permitiu o desenvolvimento e o crescimento de centenas de lojas e de milhares de pessoas.

Como a delegação de poderes envolve outras pessoas, é uma Vitória Pública, e poderia muito bem ser incluída no Hábito 4. Mas, como estamos focalizando aqui os princípios de gerenciamento pessoal, e a capacidade para delegar poderes aos outros é a maior diferença entre o papel de gerente e de produtor independente, estou tratando da delegação de poderes a partir do ponto de vista de sua capacidade individual de gerenciamento.

Um produtor faz o que for necessário para atingir os resultados desejados, para conseguir os ovos de ouro. Um pai que lava os pratos, um arquiteto que faz um projeto ou uma secretária que datilografa uma carta são produtores.

Mas, quando uma pessoa se organiza e trabalha com e por meio de outras pessoas e sistemas para produzir os ovos de ouro, essa pessoa torna-se um gerente, no sentido interdependente. Um pai que delega o serviço de lavar pratos para o filho é um gerenciador. Um arquiteto que lidera um grupo de arquitetos é um gerente. Uma secretária que supervisiona outras secretárias e o pessoal do escritório é uma gerenciadora desse escritório.

Um produtor pode investir uma hora de seu esforço para produzir uma unidade de resultados, presumindo-se que não houve perda de eficácia.

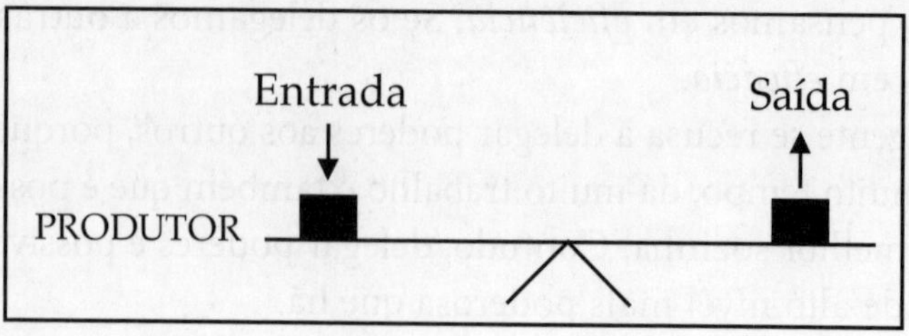

Um gerente, por outro lado, pode investir uma hora de esforço e produzir dez ou até cinquenta unidades, por meio da delegação de poderes eficaz.

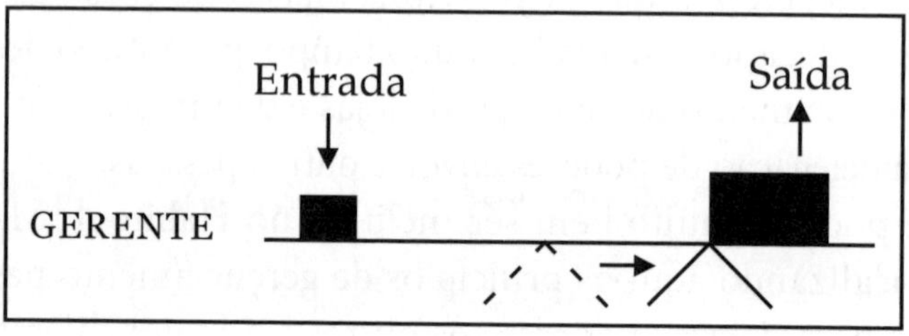

A administração cuida essencialmente de mover o ponto de apoio de posição, e a chave para o gerenciamento eficaz é a delegação de poderes.

■ DELEGAÇÃO RESTRITA

Existem basicamente dois tipos de delegação: "delegação restrita" e "delegação administrativa". A delegação restrita ordena: "Faça isso, faça aquilo, vá até ali, volte e diga o que foi feito." Muitas das pessoas que são apenas produtoras possuem um paradigma de delegação restrita de poderes. Lembra-se dos contadores de árvores na floresta? Eles são os produtores. Eles arregaçam as mangas e vão à luta. Se conseguem uma posição de supervisão ou gerência, continuam a pensar como produtores. Eles não sabem como passar uma tarefa, delegando poderes reais, de modo a comprometer a outra pessoa com a conquista de resultados. Como eles estão focalizando os métodos, tornam-se responsáveis pelos resultados.

Eu me envolvi em uma situação de delegar poderes restritos uma vez, quando minha família praticava esqui aquático. Meu filho, um excelente esquiador, estava na água, esquiando, enquanto eu pilotava o barco. Passei a máquina fotográfica para Sandra, e pedi a ela que tirasse algumas fotos.

No início, disse a ela que selecionasse bem as poses, porque não restava muito filme. Depois, percebi que ela não conhecia aquela máquina direito, de forma que fui mais específico. Disse a ela para esperar que o sol estivesse na frente do barco e nosso filho no meio de uma manobra, ou dando uma volta e tocando o cotovelo.

Quanto mais eu pensava na pequena quantidade de fotos restantes e na inexperiência dela com a câmera, mais preocupado eu ficava. Finalmente falei: "Sandra, aperte o botão quando eu mandar, está bem?" E passei os minutos seguintes gritando: "Agora, tire a foto. Agora não. Tire! Não tire!" Eu temia que ela fizesse tudo errado, se eu não orientasse cada movimento seu a cada segundo.

Esta era uma delegação de poderes realmente restrita, uma supervisão passo a passo dos métodos. Muitas pessoas delegam poderes assim com frequência. Mas o que conseguem? E quantas pessoas você consegue supervisionar ou gerenciar quando está envolvido com cada movimento que fazem?

Existe um modo muito melhor, mais eficaz, de delegar poderes a outras pessoas. E ele se baseia no paradigma do reconhecimento de autoconsciência, imaginação, consciência e vontade independente das outras pessoas.

■ DELEGAÇÃO ADMINISTRATIVA

A delegação administrativa está focalizada nos resultados, não nos métodos. Ela dá às pessoas uma oportunidade de escolher o método, e as torna responsáveis pelos resultados. Leva mais tempo, no começo, mas trata-se de um tempo bem gasto. Você consegue mover o ponto de apoio aumentando a eficácia do sistema, por meio da delegação administrativa dos poderes.

A delegação administrativa de poderes pressupõe compreensão e comprometimento mútuo com referência a cinco áreas.

Resultados desejados | Cria uma noção comum, evidente, do que precisa ser obtido, focalizando o *quê*, não o *como; resultados*, não *métodos*. Dedique seu tempo a isso. Seja paciente. Visualize o resultado desejado. Faça com que a pessoa o veja também, descreva em detalhes, faça uma antecipação das consequências dos resultados e do prazo em que serão conseguidos.

Orientação | Estabeleça os parâmetros dentro dos quais a pessoa deve agir. Estes devem ser no menor número possível, para evitar a delegação de métodos, mas devem incluir as restrições mais notáveis. Você não quer que uma pessoa pense que tem certa autonomia, desde que atinja os objetivos, embora viole práticas e valores estabelecidos. Isso acaba com a iniciativa, e leva as pessoas de volta para o lema da delegação restrita: "Diga o que é para fazer que eu faço."

Se você conhece os caminhos que não dão em nada nesta tarefa, mostre-os. Seja aberto e honesto — diga para a pessoa onde ficam os becos sem saída e as armadilhas. Ninguém é obrigado a reinventar a roda diariamente. Deixe que aprendam com os seus erros e com os erros dos outros. Aponte os caminhos potencialmente perigosos, e o que não devem fazer, mas não diga a eles o que fazer. Mantenha a responsabilidade pelos resultados com eles — para que façam o que for necessário, dentro da orientação dada.

Recursos | Identifique os recursos humanos, financeiros, técnicos ou organizacionais que a pessoa pode utilizar para atingir os resultados desejados.

Acompanhamento | Estabeleça os padrões de desempenho que serão usados para avaliar os resultados e o momento específico em que os relatórios e as avaliações devem ser feitos.

Consequências | Especifique o que vai acontecer, de bom ou ruim, como resultado da avaliação. Isso pode incluir itens como recompensas financeiras, psicológicas, diferentes tarefas profissionais ou funções no futuro e as consequências naturais ligadas à missão geral de uma organização.

Há alguns anos tive uma experiência interessante de delegação de poderes com um de meus filhos. Aconteceu durante uma reunião na sala onde mantínhamos nossa missão, em um quadro na parede, para assegurar que nossos planos estivessem em harmonia com nossos valores mais elevados. Todos estavam presentes.

Montei um quadro de giz grande e anotamos as nossas metas — as coisas mais importantes que desejávamos fazer — e as tarefas que derivavam delas. Depois, pedi voluntários para fazer o serviço.

— Quem quer pagar a hipoteca? — perguntei. Percebi que eu era o único com a mão levantada.

— Quem quer pagar o seguro? Fazer supermercado? Pagar o carro? — Pelo jeito, eu tinha um monopólio de todas as oportunidades.

— Quem quer dar comida ao bebê? — Esta tarefa despertou mais interesse, mas minha esposa era a única com qualificações adequadas para o serviço.

Conforme percorríamos a lista, ficava evidente que o papai e a mamãe tinham mais de 60 horas de trabalho na semana. Com este paradigma na cabeça, as outras tarefas assumiram uma perspectiva mais adequada.

Meu filho de 7 anos, Stephen, ofereceu-se para tomar conta do gramado. Antes de dar a tarefa a ele, iniciei um rápido processo de treinamento. Eu queria que ele tivesse uma ideia do que era um gramado bem cuidado, de modo que eu o levei até o gramado do vizinho.

— Olhe bem, filho — falei. — Está vendo como o gramado do vizinho está verde e limpo? É isso que nós queremos: um gramado verde e limpo. Agora, venha dar uma olhada em nosso jardim. Vê a mistura de cores? Está errado. Não está verde. Verde e limpo é o que queremos. Como você vai deixar a grama verde é problema seu. Tem liberdade para fazer o que quiser, menos pintar o gramado. Mas eu posso dizer como faria, se estivesse em seu lugar.

— Como você faria, papai?

— Eu usaria o borrifador. Mas você pode usar um balde ou o esguicho. Não faz diferença para mim. A única coisa que importa é a grama ficar verde. Certo?

— Certo.

— Bem, agora vamos falar da "limpeza", filho. Limpo quer dizer sem sujeira espalhada. Sem papéis, barbantes, ossos, gravetos, qualquer coisa que suje o gramado. Sabe o que vamos fazer? Vamos limpar metade do gramado agora, para ver a diferença.

Pegamos dois sacos de papel e limpamos uma parte do gramado.

— Agora, olhe este lado. Olhe o outro. Vê a diferença? Este lado está limpo.

— Espere aí! — falou ele. — Tem uns papéis atrás daquela moita!

— Isso mesmo! Eu não notei aquele jornal lá atrás. Você tem uma boa visão, filho. Agora, antes de você decidir se vai ou não assumir esta tarefa, deixe que eu explique mais algumas coisas. Porque, se aceitar esta tarefa, eu não vou mais fazê-la. Passa a ser um serviço seu. É o que se chama de delegar poderes. Quer dizer passar uma tarefa com confiança. Eu confio que você vai fazer o serviço. Agora, diga, quem vai ser o chefe?

— Você, papai.

— Eu não. Você vai ser o chefe. Você cuida de tudo. Você gosta que a mamãe e o papai fiquem pegando no seu pé o dia inteiro?

— Não.

— Nós também não gostamos de fazer isso. De vez em quando dá uma sensação ruim, não é? Por isso, você mesmo cuida do gramado. Agora, adivinhe quem é o ajudante?

— Quem?

— Eu sou o ajudante — falei. — Você me diz o que fazer.

— Eu?

— Isso mesmo. Mas o tempo de que disponho para ajudar é limitado. De vez em quando, preciso ficar fora. Mas, quando eu estiver aqui, você pode me dizer o que fazer para ajudar. Farei qualquer coisa que você pedir.

— Está bem!

— Agora, adivinhe quem vai julgá-lo.

— Quem?

— Você mesmo se julga.

— Eu?

— Correto. Duas vezes por semana nós dois vamos dar uma volta pelo gramado e você pode me mostrar como está se saindo. Como você vai fazer para julgar?

— Ver se está verde e limpo.

— Certo!

Eu o treinei com estas duas palavras por duas semanas, antes de considerar que estava pronto para assumir a tarefa. Finalmente, chegou o grande dia.

— Então, está combinado, filho?

— Está combinado.

— Qual é o serviço?

— Deixar a grama verde e limpa.

— O que é verde?

Ele olhou para o nosso gramado, que estava começando a melhorar. Depois, apontou para o do vizinho.

— Verde é a grama dele.

— E o que é limpo?

— Sem sujeira.

— Quem é o chefe?

— Eu sou.

— Quem é o ajudante?

— Você, quando tiver tempo.

— Quem é o juiz?

— Eu sou o juiz. Vamos passear juntos duas vezes por semana no jardim e eu vou mostrar como está.

— E o que vamos querer saber?

— Se está verde e limpo.

Naquele momento, não falei em pagamento. Mas eu não hesitaria em vincular uma mesada àquela tarefa.

Duas semanas e duas palavras. Eu imaginei que ele já estava preparado.

Era um sábado. Ele não fez nada. Domingo... nada. Segunda-feira... nada. Quando saí da garagem na terça-feira para ir trabalhar, olhei para o gramado sujo, amarelado, e para o sol quente de julho subindo no céu. "Com certeza, ele vai trabalhar hoje", pensei. Eu podia entender que não tivesse trabalhado no sábado porque foi o dia do acordo. Também entendia sua inatividade no domingo, era um dia para outras coisas. Mas não compreendia a falta de atividade na segunda-feira. Agora já era terça. Certamente, faria algo hoje. Em pleno verão. O que mais ele tinha para fazer?

Passei o dia esperando o momento de voltar para casa e ver o que tinha acontecido. Quando dobrei a esquina, deparei com o mesmo quadro que havia deixado naquela manhã. E lá estava meu filho, brincando no parque do outro lado da rua.

Aquilo não era aceitável. Fiquei irritado e decepcionado com o desempenho dele, depois de duas semanas de treinamento e compromisso. Todos nós tínhamos investido um bocado de orgulho, dinheiro e esforço no gramado, e eu estava vendo que ele não duraria muito. Além disso, o gramado do meu vizinho era bem cuidado e bonito. A situação estava começando a ficar embaraçosa.

E estava a ponto de recorrer à delegação de poderes restrita. *Filho, vá ao jardim imediatamente e recolha todo o lixo, ou então você vai ver uma coisa!* Eu sabia que conseguiria os ovos de ouro daquela maneira. Mas e quanto à galinha? O que aconteceria com seu comprometimento interno?

Sendo assim, forcei um sorriso e gritei, do outro lado da rua:

— Oi, filho. Como vai?

— Tudo bem. — Foi a resposta.

— E o gramado? — Eu soube, no instante em que disse aquilo, que havia desrespeitado nosso acordo. Não era aquela a maneira combinada de checar o serviço. Não foi o que acertamos.

Sendo assim, ele se sentiu liberado para desrespeitá-lo também.

— Tudo bem, papai.

Mordi a língua e aguentei até depois do jantar. Aí eu disse:

— Filho, vamos fazer como combinamos. Vamos dar uma volta no gramado e você vai me mostrar como vai indo sua tarefa.

Quando nos encaminhamos para a porta, seu queixo começou a tremer. As lágrimas surgiram nos olhos e, ao chegarmos ao meio do gramado, ele estava choramingando.

— É tão difícil, pai!

O que era tão difícil?, pensei. *Você não fez nada!* Mas eu sabia o que era difícil — o autogerenciamento, a supervisão própria.

— Há algo que eu possa fazer para ajudar? — falei.

— Você me ajuda, papai? — disse ele, fungando.

— O que foi que combinamos?

— Você disse que ajudaria quando tivesse tempo.

— Eu tenho tempo agora.

Ele correu para dentro da casa e voltou com dois sacos. Passando um para mim, falou:

— Você pode recolher aquela sujeira? — Ele apontou para o lixo do churrasco de sábado à noite. — Acho nojento!

E foi o que fiz. Exatamente o que ele me pediu. Nesse momento, ele se comprometeu de coração com a tarefa. Aquele passou a ser o seu gramado, sua responsabilidade.

Durante todo o verão, ele só pediu minha ajuda umas duas ou três vezes, depois disso. Tomou conta do gramado sozinho. A grama ficou mais verde e mais limpa do que na época em que eu cuidava dela. Ele chegava até mesmo a repreender os irmãos e irmãs quando deixavam papéis no chão.

A confiança é a forma mais elevada de motivação humana. Ela traz à tona o que há de melhor nos seres humanos. Mas exige tempo e paciência, e não elimina a necessidade de treinar e aprimorar as pessoas, de forma que sua competência possa fazer jus à confiança depositada.

Estou convencido de que a delegação administrativa de poderes, se conduzida adequadamente, beneficia as duas partes e, no final das contas, um volume maior de trabalho será feito em muito menos tempo. Acredito que uma família bem organizada, cujo tempo tenha sido gasto com eficácia, delegando poderes na base um a um, pode organizar o trabalho de forma que todos trabalhem uma hora por dia. Mas é preciso haver a motivação interna para gerenciar, não apenas para produzir. O foco se concentra na eficácia, não na eficiência.

Sem dúvida alguma, você pode arrumar o quarto melhor do que uma criança, mas o xis da questão é dar condições para que ela assuma a tarefa. Isso leva tempo. Você precisa se envolver no treinamento e no amadurecimento dela. Leva tempo, mas quão valioso será esse tempo mais adiante! Você vai se poupar muito, a longo prazo!

Esta abordagem implica a adoção de um paradigma de delegação de poderes inteiramente novo, uma mudança na natureza do relacionamento: o gerente se torna seu próprio chefe, guiado por uma consciência que contém o compromisso de atingir os resultados desejados. Mas ela também liberta as energias criativas para realizar o que for necessário, em harmonia com os princípios corretos, para atingir os resultados desejados.

Os princípios envolvidos na delegação administrativa de poderes são corretos e aplicáveis a qualquer tipo de pessoa ou situação. Com pessoas imaturas, você especifica menos resultados e mais orientações, mostra mais recursos, marca entrevistas para acompanhar resultados com mais frequência e vincula a tarefa a consequências mais imediatas. Com gente mais madura, você pode contar com desafios maiores em termos de resultados, menos orientações e checagens mais espaçadas, além de critérios menos mensuráveis, porém mais lógicos.

A delegação eficaz de poderes é talvez o melhor indicador de uma administração eficaz, simplesmente porque é básica tanto para o crescimento pessoal quanto da organização.

■ O PARADIGMA DO QUADRANTE II

A chave para o gerenciamento pessoal ou de outros com eficácia, por meio da delegação de poderes, não se encontra em nenhuma técnica, nenhum instrumento ou fator externo. Ela é interna — encontra-se no paradigma do Quadrante II, que nos dá o poder de ver através das lentes da importância, e não da urgência. Eu incluí no Apêndice um exercício chamado "Um Dia Quadrante II no Trabalho", que lhe permitirá ver a força deste paradigma em um ambiente profissional e seu impacto na eficácia. (Ver Apêndice B.)

Conforme você trabalha para desenvolver um paradigma Quadrante II, aumenta sua capacidade de organizar e viver cada semana de sua vida em torno das suas prioridades mais importantes, de fazer o que fala. Não dependerá mais de qualquer pessoa ou coisa para gerenciar sua vida de forma eficaz.

É interessante notar que todos os 7 Hábitos encontram-se no Quadrante II. Cada um deles lida com coisas fundamentalmente importantes que, se feitas com regularidade, criarão uma tremenda diferença positiva em sua vida.

■ SUGESTÕES DE APLICAÇÃO

1. Identifique uma atividade Quadrante II que tenha sido negligenciada até agora em sua vida — uma atividade que, benfeita, tenha um impacto significativo em sua vida, seja pessoal ou profissional. Anote o que é e comprometa-se a colocá-la em prática.

2. Prepare uma matriz de administração do tempo e tente estimar a porcentagem de seu tempo gasta em cada quadrante. Depois, acompanhe o tempo gasto, registrando as atividades a cada 15 minutos. Qual é a precisão de sua estimativa? Está satisfeito com o modo como passa seu tempo? O que precisaria mudar?
3. Faça uma lista das responsabilidades que pode delegar e das pessoas que podem assumi-las ou serem treinadas para isso. Identifique as medidas necessárias para iniciar o processo de delegação de responsabilidades ou de treinamento.
4. Organize a próxima semana. Comece anotando seus papéis e suas metas para a próxima semana, depois transfira essas metas para um plano de ação específico. No final da semana, avalie como o plano reflete seus valores e propósitos mais profundos da vida cotidiana, e o grau de integridade que foi capaz de manter em relação a esses valores e propósitos.
5. Comprometa-se a começar a organizar sua vida em bases semanais, e reserve periodicamente algum tempo para fazer isso.
6. Converta seu instrumento atual de planejamento em um instrumento de quarta geração, ou procure tal instrumento.
7. Passe para "Um Dia Quadrante II no Trabalho" (Apêndice B) para obter uma compreensão mais profunda do impacto do paradigma do Quadrante II.

NOVAS REFLEXÕES SOBRE O HÁBITO 3: PRIMEIRO O MAIS IMPORTANTE

POR SEAN COVEY

Muitos anos atrás, em uma reunião de família, o meu pai anunciou: "Planejei a melhor viagem de todas. Vocês estão prontos? Vamos para a Alemanha!" Os meus irmãos e eu ficamos muito animados e perguntamos: "Quando?" E ele respondeu: "Daqui a três anos!" Pegamos os nossos planejadores (ainda não tínhamos smartphones) e percebemos que nenhum de nós tinha um cronograma lotado com tanta antecedência assim!

Mesmo com a agenda extenuante do meu pai, fizemos muitas coisas juntos, pois ele era um mestre em colocar em primeiro lugar as coisas mais importantes e reservar tempo com antecedência. Ele dizia: "As famílias não fazem coisas juntas porque não planejam com antecedência." Ele planejava semanas, meses, anos e até décadas à frente. Acho que posso dizer, com segurança, que sou muito próximo de todos os meus irmãos exatamente por causa dessa prática.

Esse hábito não era espontâneo em todos nós. O meu irmão mais velho, Stephen, é autor de *A velocidade da confiança* e palestrante de renome mundial. Ele está sempre muito bem preparado, e nunca faz uma palestra sem realizar uma extensa pesquisa sobre a instituição para a qual está se apresentando. Mas, quando criança, ele era o pior procrastinador de todos os tempos. Na noite anterior à data de entrega de qualquer prova ou trabalho mais volumoso, ele ficava acordado a noite toda trabalhando até as primeiras horas da manhã e, então, tentava dormir por uma ou duas horas. Ele, literalmente, se deitava sobre a mesa da cozinha, com todas as luzes acesas, sabendo que alguém, inevitavelmente, trombaria com ele quando fosse preparar uma torrada para o café da manhã. Ele não poderia se dar ao luxo de pegar no sono durante a aula, e não havia outra maneira de conseguir se levantar se não fosse assim. Todavia, esse estilo de vida acabou cobrando o seu preço, depois de ele ter adiado o dever de matemática por todo o semestre. Na noite anterior ao exame, ele abriu o livro didático pela primeira vez e estudou o conteúdo inteiro, ao longo de toda a noite. No dia seguinte, enquanto fazia a prova, ele afirmou ter "pirado totalmente" e que não conseguia se lembrar de nada. Desnecessário dizer, ele foi reprovado no teste. Eu me diverti muito com isso.

■ O VÍCIO DA URGÊNCIA

É difícil aprender a fazer primeiro o mais importante. Na verdade, esse é o hábito, em geral, contra o qual as pessoas mais se debatem. Isso explica por que meu pai se sentiu compelido a escrever "Primeiro o mais importante" logo após concluir *Os 7 hábitos das pessoas altamente eficazes*.

Por que o Hábito 3 é tão difícil? Porque tem a ver com a urgência, pura e simplesmente. E a realidade é que muitos de nós somos viciados em urgência. Use este pequeno índice de urgência e veja como você se sai.

O índice de urgência

À medida que você for lendo cada afirmação, envolva o número que melhor descreve a sua resposta (0 = Nunca, 2 = Às vezes, 4 = Sempre).

1 Parece que rendo mais quando estou sob pressão.

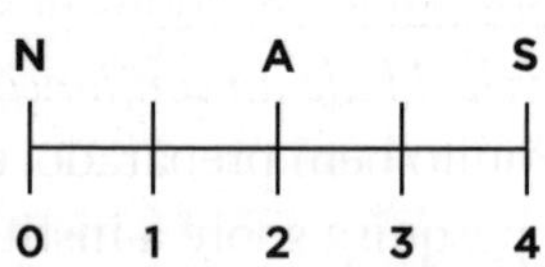

2. Costumo culpar a correria e a pressão das coisas externas pela minha incapacidade de passar um tempo profundo e introspectivo comigo mesmo.

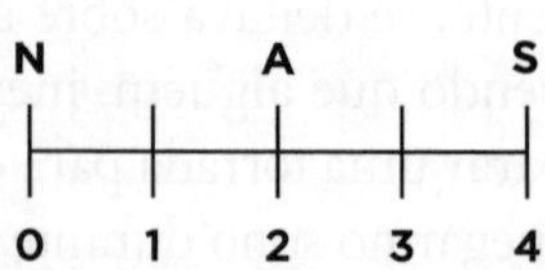

3. Muitas vezes, fico frustrado com a lentidão das pessoas e das coisas a meu redor. Eu odeio esperar ou ficar em filas.

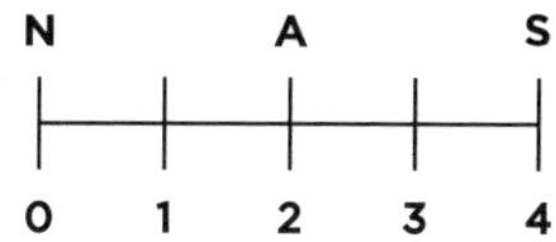

4. Sinto-me culpado quando tiro uma folga do trabalho.

5. Sempre pareço estar correndo entre lugares e eventos.

6. Frequentemente, me pego afastando as pessoas para que eu consiga terminar um projeto.

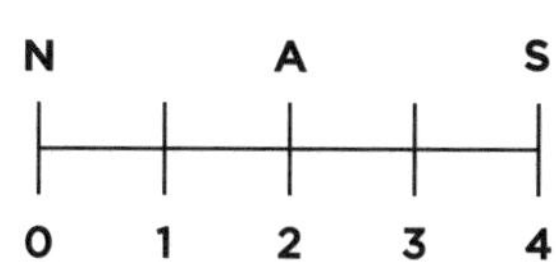

7. Fico ansioso quando perco o contato com o escritório por mais de alguns minutos.

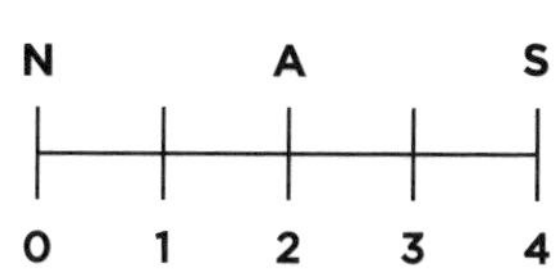

8. Geralmente, fico preocupado com uma coisa quando estou fazendo outra.

N A S

0 1 2 3 4

9. Sinto-me à vontade quando estou lidando com uma situação de crise.

N A S

0 1 2 3 4

10. Para mim, a descarga de adrenalina provocada por uma nova crise parece mais satisfatória do que a conquista sustentada de resultados de longo prazo.

N A S

0 1 2 3 4

11. Costumo abrir mão de momentos de qualidade com pessoas importantes na minha vida para enfrentar uma crise.

N A S

0 1 2 3 4

12. Presumo que as pessoas, naturalmente, vão entender se eu precisar desapontá-las ou deixar certas coisas para trás para poder lidar com uma crise.

N A S

0 1 2 3 4

13. Dependo da resolução de algumas crises para que meu dia tenha um sentido de significado e propósito.

N A S

0 1 2 3 4

14. Costumo almoçar ou fazer outras refeições enquanto trabalho.

N A S

0 1 2 3 4

15. Fico pensando que, um dia, serei capaz de fazer o que eu realmente quero fazer.

N A S

0 1 2 3 4

16. Realizar muitas tarefas ao mesmo tempo me dá a sensação de ter sido bastante produtivo.

N A S

0 1 2 3 4

Agora que você completou o índice, some a sua pontuação total e faça uma mensuração de si mesmo a partir da seguinte solução:

0-25 Baixa mentalidade de urgência
26-45 Alta mentalidade de urgência
46+ Vício da urgência

E então? Como você se saiu? Se você for como a maioria das pessoas, você tem o vício da urgência ou está desenvolvendo um. É um comportamento autodestrutivo.

De acordo com uma pesquisa dos professores Silvia Bellezza, Neeru Paharia e Anat Keinan, estar totalmente ocupado se tornou um símbolo de status, e isso não ajuda muito. Ao longo da história, o status vinha medido pela quantidade de tempo de lazer do qual a pessoa dispunha.[2] Não é mais assim.

Como escreve a autora Brigid Schulte: "Ao contrário de um século atrás, quando os norte-americanos exibiam seu status nas horas de lazer, estar ocupado se tornou o novo sinal distintivo de honra. Portanto, embora nos queixemos de locais de trabalho onde todos estão atarefados e ninguém se mostra produtivo, estar ocupado se tornou, na verdade, uma forma de sinalizar dedicação ao emprego e potencial de liderança. Uma razão para isso é que, embora a produtividade no chão de fábrica ou em uma fazenda sejam relativamente fáceis de medir, ainda precisamos desenvolver boas métricas para medir a produtividade dos trabalhadores do conhecimento. Portanto, dependemos das horas trabalhadas e do tempo presencial no escritório como indicadores do esforço. E, com o advento da tecnologia e da capacidade de trabalhar remotamente, estar conectado e ser responsivo a qualquer momento constitui a nova interação presencial."[3]

■ MUDE O SEU PARADIGMA

A solução para superar o vício da urgência é mudar seu paradigma de urgente para importante.

Aqui está o que aprendemos sobre a Matriz de Gerenciamento do Tempo. Graças aos smartphones, às mídias sociais e a outros recursos afins, está cada vez mais difícil ficar fora dos Quadrantes I e III. Na verdade, os

---

2 Silvia Bellezza, Neeru Paharia, Anat Keinan, "Conspicuous Consumption of Time: When Busyness and Lack of Leisure Time Become a Status Symbol", *Journal of Consumer Research*, Volume 44, Edição 1, junho de 2017, páginas 118-138. Disponível em: <https://doi. org/10.1093/jcr/ucw076>.

3 Schulte, B. (2019, 15 de abril). "Preventing Busyness from Becoming Burnout". Disponível em: <https://hbr.org/2019/04/preventing-busyness-from-becoming-burnout>.

nossos dados mostram que 51,2 por cento do nosso tempo é gasto respondendo coisas urgentes (Veja "Onde gastamos o nosso tempo").

	Urgente	**Não Urgente**
Importante	I O PROCRASTINADOR: Crises Reuniões emergenciais Prazos de última hora Problemas imperiosos Eventos inesperados	II O PRIORIZADOR: Trabalho proativo Metas de alto impacto Pensamento criativo Planejamento e prevenção Desenvolvimento de relacionamentos Aprendizagem e renovação
Não Importante	III O QUE NÃO SABE DIZER NÃO: Interrupções desnecessárias Relatórios dispensáveis Reuniões irrelevantes Questões secundárias relativas a outras pessoas E-mails, tarefas, ligações telefônicas, postagens de atualização de status insignificantes etc.	IV O PREGUIÇOSO: Trabalho banal Atividades de evitação Relaxamento, televisão, jogos, Internet em excesso Perda de tempo Fofocas

ONDE GASTAMOS O NOSSO TEMPO

	Urgente	**Não Urgente**
Importante	**I** 27,6%	**II** 30,8%
Não Importante	**III** 23,6%	**IV** 17,9%

Nomeei cada um dos quadrantes de acordo com sua característica predominante. Eu chamo quem vive no Quadrante I de Procrastinador. Os resultados de se passar muito tempo nesse quadrante incluem estresse e ansiedade, sensação de esgotamento e desempenho medíocre.

O que não sabe dizer não é a expressão que uso para aqueles que vivem no Quadrante III. Eles têm dificuldade em dizer Não a qualquer coisa que seja urgente ou popular, o que resulta em ficarem incrivelmente ocupados sem realizar nada de importante.

O Quadrante IV é onde muitas pessoas vivem: o Preguiçoso. Qualquer coisa feita em excesso cai no Quadrante IV. Sim, relaxar e assistir a um bom filme faz parte de um estilo de vida saudável. Somente quando aquele filme único leva a dois ou três consecutivos é que isso se torna uma perda de tempo, gerando sentimentos de culpa e apatia.

O Quadrante II é o quadrante da qualidade. É aqui que vive o Priorizador. É uma pena passarmos, em média, apenas 30,8 por cento do nosso tempo aqui. O tempo gasto no Quadrante II resulta em relacionamentos aprimorados, alto desempenho e equilíbrio. É aqui que arrumamos tempo para consertar a tela de proteção, em vez de ficar continuamente matando as moscas. Planejar uma viagem em família para a Alemanha com três anos de antecedência é uma atividade do Quadrante II, assim como exercitar-se, renovar-se, planejar sua semana, almoçar com um colega e fazer um trabalho proativo — ou seja, um trabalho que é importante, mas que ainda não é tão urgente.

O retorno sobre o tempo e a energia gastos no Quadrante II é exponencial, enquanto o retorno no Quadrante I é equivalente apenas ao que é recebido, e o retorno nos Quadrantes III e IV é virtualmente inexistente.

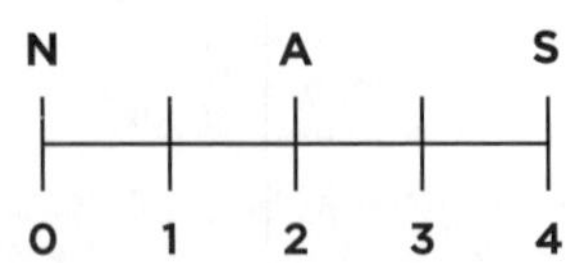

O segredo para passar mais tempo no Quadrante II é reduzir a quantidade de tempo que você gasta no Quadrante III, o quadrante do engano. Ele parece importante por ser urgente, e, por esse motivo, nos engana. Quando o tempo é escasso, passamos pelo que os psicólogos chamam de "afunilamento", o que significa que só conseguimos nos concentrar nas tarefas mais imediatas, geralmente aquelas de menor valor. Esse estado de urgência nos faz perder cerca de treze pontos de QI.[4] Não sei quanto a você, mas não posso me dar ao luxo de perder nenhum ponto de QI!

A solução para o Quadrante III é começar a dizer Não. Diga Não para a obrigação de responder imediatamente a cada e-mail ou mensagem que chegar até você. Diga Não para a participação naquele conselho comunitário quando, talvez, você esteja negligenciando sua família ou sua saúde. Diga Não para preparar aquele relatório que ninguém vai ler. O segredo para dizer Não é ter um Sim mais profundo consumindo-o por dentro. Tenha noção sobre as poucas coisas que você faz bem e comece a dizer Não para todo o resto. Lembre-se: o inimigo do melhor é o bom. Nas palavras de Emerson, "o crime que leva homens e nações à falência é deixar de lado seu propósito principal para fazer um trabalho aqui ou ali".

Lembro-me de quando decidi escrever o livro *Os 7 hábitos dos adolescentes altamente eficazes*. Na época, eu tinha um emprego em tempo integral e filhos em casa, e, portanto, não tinha certeza de como conseguiria concluir a tarefa. Mas sentia um senso de responsabilidade tão grande em tentar fazer os 7 Hábitos ganharem vida para os adolescentes que eu precisava encontrar uma maneira. Minha solução foi simples: eu tinha de dizer "não" para todo o resto, exceto minha família, meu trabalho e o próprio livro. Era mais fácil falar do que fazer. Poucas semanas depois, fui convidado a assumir um importante papel de liderança em minha comunidade, um papel que eu realmente queria desempenhar. E a pessoa que me convidou era um antigo mestre que eu admirava muito e a quem eu queria agradar. Fiquei dividido. O que eu deveria fazer? Mas quando pensei no meu "sim" mais profundo, tudo ficou óbvio. Então, dei um daqueles telefonemas pesadíssimos e disse "não" àquele mentor. Eu lhe falei como queria escrever o livro, mas acho que ele não entendeu.

Nos três anos seguintes, tive de dizer "não" para ficar dormindo até mais tarde nas manhãs de sábado, "não" para algumas férias em família, e "não" para uma centena de outras coisas boas e divertidas. Mas meu plano acabou dando certo e consegui terminar o livro enquanto mantinha as coisas sob controle no trabalho e em casa. De fato, o inimigo do melhor é o bom.

---

4 Ibid.

■ RESERVE TEMPO COM ANTECEDÊNCIA

Depois de ter trabalhado com milhões de pessoas ao redor do mundo, se eu tivesse de resumir tudo o que aprendemos sobre gerenciamento do tempo na FranklinCovey a uma ideia principal, seria esta: reserve trinta minutos todas as semanas para planejar a sua semana, e observe como isso mudará a sua vida. Várias vezes, ouvi meu pai dizer: "Se você fizer apenas um planejamento diário, estará se limitando a gerenciar crises." E, "se você soubesse que trinta minutos de planejamento semanal poderiam aumentar significativamente o rendimento das outras 168 horas da semana, por que razão não gostaria de fazer isso?"

Eu observava meu pai fazendo seu planejamento semanal, geralmente nas noites de domingo. Ele se sentava, tomava nota de suas diversas ocupações e, em seguida, pensava no que gostaria de alcançar em cada ocupação durante aquela semana. Ele gostava de escutar a própria consciência e de se perguntar: "Qual é a coisa mais importante que eu posso fazer nesta função na próxima semana?"

Ele também acreditava que os relacionamentos são o material do qual é feita a vida, e que pessoas eficazes priorizam as pessoas em vez de coisas; os relacionamentos em vez de agendas. Minha colega Sue Dathe-Douglass conta sobre um extraordinário amigo seu, o comandante Denny Flanagan, da United Airlines, que faz exatamente isso:

> Se existe alguém que sabe como fazer primeiro o mais importante — ou seja, colocar seus passageiros em primeiro lugar —, esse alguém é Denny Flanagan. Neste mundo em que as viagens aéreas costumam ser uma provação, ninguém trata os passageiros melhor do que ele. Eu sei disso.
>
> Ao fim de vinte tortuosas horas em um portão supercongestionado do aeroporto de Chicago, ele era o comandante que nos levaria ou não a Los Angeles, antes que o aeroporto viesse a ser fechado para o turno da noite. O fator tempo era crucial, e estava realmente apertado. Fiquei hipnotizada quando ele pegou o microfone e reuniu todos os passageiros. Ele nos disse que sabia que tínhamos passado por um dia horrível, cheio de atrasos, e que queria cumprir a promessa da companhia aérea de nos levar à Califórnia; mas ele precisaria contar com toda a nossa ajuda.
>
> Só sei dizer que, poucos momentos depois, os passageiros estavam fazendo fila, ajudando uns aos outros com as crianças, os carrinhos de

bebê, os andadores — o embarque foi realizado com mais eficiência do que nunca, e alegremente por todos os passageiros. Os comissários de bordo viram o comandante segurando bebês no colo, ajudando os passageiros a embarcar e carregando suas bagagens, e seguiram o exemplo. Após cerca de duas horas de voo, recebi uma mensagem pessoal dele, agradecendo minha lealdade. Eu ainda guardo isso comigo. Ao longo de anos de voo e milhões de milhas depois, nunca vi outro piloto de avião fazer o que ele fez naquela noite.

Mais tarde, descobri que essa era uma característica típica de Denny Flanagan. Se houver uma realocação ou um atraso, ele encomenda pizzas ou lanches do McDonald's suficientes para todos os embarcados no avião. Enquanto as pessoas comem, ele explica detalhadamente o motivo do atraso e faz uma brincadeira: "A propósito, este é o meu primeiro voo." Então, enquanto os passageiros emitem ruídos de preocupação, ele acrescenta: "Hoje."

O comandante Flanagan sorteia brindes para seus passageiros. Ele liga para os pais de crianças desacompanhadas para avisar que seus filhos chegaram em segurança. Com seu telefone, tira fotos de animais de estimação na área de carga e as mostra aos donos, para comprovar que seus bichinhos estão sãos e salvos. Ajuda pessoalmente os passageiros cadeirantes a embarcar no avião. Distribui seus cartões de visita pessoais para passageiros frequentes, com dizeres escritos à mão agradecendo-os por voarem com ele. Ninguém exige que ele faça nenhuma dessas coisas. Porém, de uma forma verdadeiramente proativa, ele afirma: "Todos os dias, eu trabalho com todo o meu coração e escolho a minha atitude."

Talvez alguém pudesse pensar que o comandante de um avião comercial teria coisas mais importantes a fazer do que tirar fotos de animais de estimação. Mas, para o comandante Flanagan, essa é a essência de colocar as coisas mais importantes em primeiro lugar. Ele acredita que passar a maior parte de seu tempo no Quadrante II — evitando urgências, planejando com antecedência e desenvolvendo relacionamentos — resulte em um grande retorno nas amizades, na fidelidade do cliente e na alegria pessoal.

Desejo que você seja bem-sucedido ao dizer Não com mais frequência, para que possa dizer Sim às pessoas e às coisas que você considera mais importantes.

Plano Semanal de Trabalho		Semana	Domingo	Segunda
Papéis	Metas	Prioridades da Semana	Prioridades do Dia	

Reuniões/Compromissos	
8	8
9	9
10	10
11	11
12	12
1	1
2	2
3	3
4	4
5	5
6	6
7	7
8	8
Noite	Noite

AFINE O INSTRUMENTO

Física ________
Mental ________
Espiritual ________
Social/Emocional ________

Terça	Quarta	Quinta	Sexta	Sábado
Prioridades do Dia				
Reuniões/Compromissos				
8	8	8	8	8
9	9	9	9	9
10	10	10	10	10
11	11	11	11	11
12	12	12	12	12
1	1	1	1	1
2	2	2	2	2
3	3	3	3	3
4	4	4	4	4
5	5	5	5	5
6	6	6	6	6
7	7	7	7	7
8	8	8	8	8
Noite	Noite	Noite	Noite	Noite

Terceira Parte

Vitória Pública

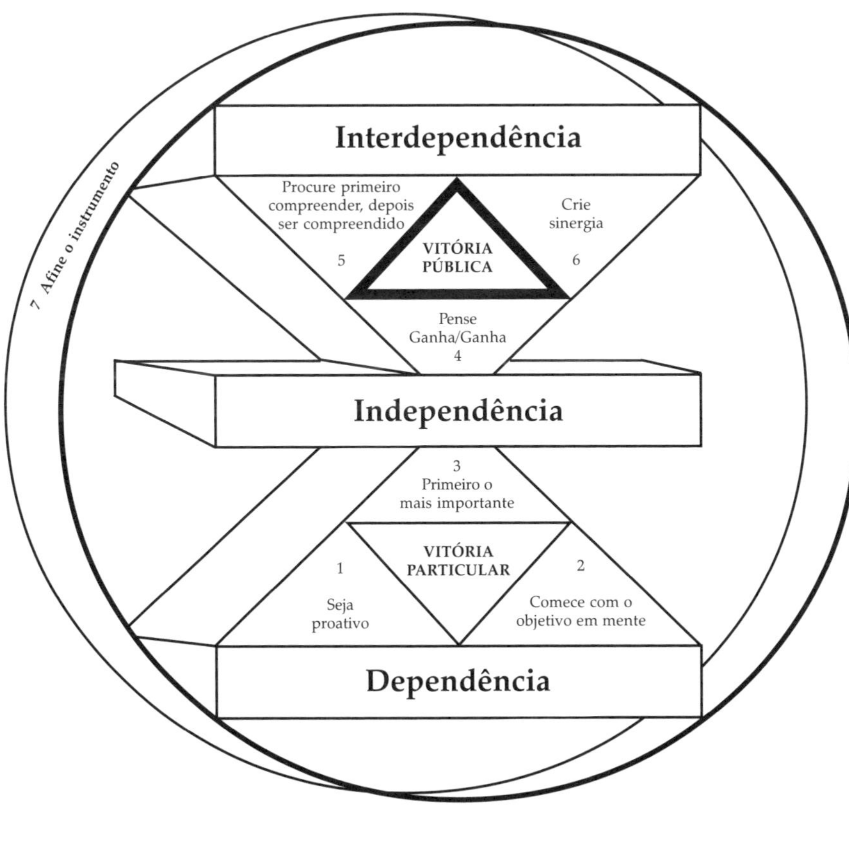

Paradigmas da Interdependência

Não pode haver amizade sem confiança,
nem confiança sem integridade.

Samuel Johnson

Antes de passarmos para a área da Vitória Pública, devemos lembrar que interdependência eficaz só pode ser construída em uma base de independência real. A Vitória Particular antecede a Vitória Pública. A álgebra vem antes do cálculo.

Conforme olhamos para trás e estudamos o terreno, para determinar onde estivemos e onde estamos, em relação ao local para onde vamos, podemos ver que não poderíamos ter chegado onde estamos sem ter vindo pelo caminho que viemos. Não há outros acessos; não existem atalhos. Não há como pular de paraquedas nesse terreno. A paisagem à frente está coberta de fragmentos de relacionamentos destruídos, deixados por pessoas que tentaram e fracassaram. Elas tentaram pular para os relacionamentos eficazes sem ter a maturidade e a firmeza de caráter necessárias para mantê-los.

Mas não se pode fazer isso. É preciso seguir pela estrada. Não se pode ter sucesso com outras pessoas sem pagar o preço do sucesso consigo mesmo.

Há alguns anos, quando eu dava um seminário na costa do Oregon, um homem veio a mim e disse:

— Sabe, Stephen, eu na verdade não gosto de participar destes seminários. — Ele atraiu minha atenção. — Olhe para todas estas pessoas. Olhe para esta costa maravilhosa, e para o mar lá fora, e para tudo que está acontecendo. E a única coisa que consigo fazer é ficar sentado pensando na bronca que vou tomar de minha esposa hoje à noite, pelo telefone.

"Ela cai em cima de mim sempre que eu viajo. Onde tomei café de manhã? Quem estava lá? Será que passei mesmo a manhã inteira em reuniões? Onde parei para almoçar? O que fiz durante o almoço? Como passei a tarde? Como me diverti à noite? Quem estava comigo? Sobre o que conversamos?

"E o que ela quer mesmo saber, embora nunca pergunte diretamente, é quem pode confirmar tudo que conto a ela. Fica pegando no meu pé, e duvida do que falo, sempre que viajo. A situação me deixa louco. Realmente não gosto nem um pouco disso."

Dava dó olhar para ele. O homem falou durante algum tempo e depois fez um comentário muito interessante.

— Creio que ela sabe fazer todas as perguntas necessárias — falou meio envergonhado. — Eu a conheci em um seminário deste tipo... quando eu estava casado com outra mulher!

Refleti sobre as implicações deste comentário, e depois disse:

— Você é um fã das "soluções rápidas", correto?

— O que quer dizer com isso? — retrucou.

— Bem, você gostaria de pegar uma chave de fenda, abrir a cabeça de sua esposa e reprogramar as atitudes dela, não gostaria?

— É óbvio que eu gostaria que ela mudasse! — exclamou. — Não acho que seja certo ela me pressionar constantemente, como faz.

— Meu amigo, você não pode sair simplesmente falando dos problemas em que se meteu graças ao seu comportamento.

Estamos lidando aqui com uma mudança de paradigma dramática e fundamental. Você pode tentar melhorar suas interações sociais por meio de técnicas e manipulação da personalidade, mas corre o risco de afetar o caráter básico vital durante o processo. Não se pode ter os frutos sem as raízes. É o princípio da sequência: a Vitória Particular precede a Vitória Pública. O autocontrole e a disciplina pessoal são a base de um bom relacionamento com os outros.

Certas pessoas dizem que você precisa gostar de si mesmo antes de gostar dos outros. Acredito que este conceito tenha lá seu mérito, mas, se você não conhece a si mesmo, não controla a si mesmo, não tem poder sobre si mesmo, fica muito difícil gostar de si mesmo, a não ser de uma forma superficial, forçada, breve.

O respeito real por si mesmo vem do domínio sobre a personalidade, vem da verdadeira independência. E este é o foco dos Hábitos 1, 2 e 3. A independência é uma conquista. A interdependência é uma escolha que só pessoas independentes podem fazer. A não ser que você esteja disposto a conquistar a independência real, é perda de tempo tentar desenvolver técnicas de relações humanas. Pode-se tentar. Quem sabe até obter algum sucesso, enquanto tudo estiver correndo bem. Quando as dificuldades chegarem, contudo, faltará a base necessária para manter as coisas nos devidos lugares. E as dificuldades chegarão, sem dúvida.

O ingrediente mais importante que depositamos, em qualquer relacionamento, não é o que dizemos ou fazemos, mas sim o que somos. E se nossos atos e palavras derivam de técnicas de relações humanas superficiais (a Ética da Personalidade) e não de nosso íntimo (a Ética do Caráter), as outras pessoas perceberão esta duplicidade. Seremos simplesmente incapazes, portanto, de criar e manter as bases necessárias para uma interdependência eficaz.

A habilidade e as técnicas que fazem diferença nas interações humanas são aquelas que fluem de modo quase natural de um caráter verdadeiramente independente. Sendo assim, o local para se começar a construir qualquer relacionamento é dentro de nós mesmos, dentro de nosso Círculo de Influência, de nosso próprio caráter. Quando nos tornamos independentes — proativos, centrados nos princípios corretos, guiados pelos valores e capazes de nos organizar e agir conforme as prioridades da nossa vida com integridade —, então podemos escolher a interdependência, a capacidade de construir relacionamentos ricos, duradouros e altamente produtivos com outras pessoas.

À medida que olhamos para o caminho que temos pela frente, vemos que estamos penetrando em uma dimensão totalmente nova. A interdependência nos abre as portas para novas possibilidades de relações profundas, ricas, significativas, para a produtividade que aumenta em progressão geométrica, para servir, para construir, para aprender, para amadurecer. Mas também é o lugar onde sentimos a dor mais forte, a frustração maior, onde enfrentamos os bloqueios mais poderosos contra nossa felicidade e nosso sucesso. E temos plena consciência desta dor, porque ela é aguda.

Com frequência, vivemos durante anos com a dor crônica da falta de visão, liderança ou capacidade de gerenciamento de nossas vidas pessoais. Sentimos um desconforto e um incômodo vagos, e ocasionalmente tomamos medidas para aliviar a dor, pelo menos por algum tempo. Como a dor é crônica, entretanto, acabamos por nos acostumar a ela, a conviver com ela.

Mas, quando temos problemas em nossas interações com outras pessoas, percebemos a dor aguda — com frequência, ela é intensa, e queremos que ela se vá.

Nesse momento, tentamos tratar os sintomas com receitas e técnicas fulminantes — os band-aids da Ética da Personalidade. Não percebemos que a dor aguda é um desdobramento do problema crônico, mais profundo. E até pararmos de tratar os sintomas e começarmos a tratar do problema, nossos esforços darão resultados contraproducentes apenas. Só conseguiremos mascarar ainda mais a dor crônica.

Neste ponto, ao pensarmos nos relacionamentos eficazes com os outros, vamos retornar a nossa definição inicial de eficácia. Dissemos que era o equilíbrio P/CP, o conceito fundamental na história da galinha dos ovos de ouro.

Em uma situação interdependente, os ovos de ouro são a eficácia, a sinergia maravilhosa, os resultados gerados por uma comunicação aberta e uma interação positiva com outras pessoas. E para conseguirmos esses ovos regularmente, precisamos tomar conta da galinha. Necessitamos criar e cuidar dos relacionamentos que tornam realidade esses resultados.

Assim sendo, antes de encerrar este reconhecimento prévio e penetrar nos Hábitos 4, 5 e 6, eu gostaria de introduzir o que acredito ser uma poderosa metáfora na descrição dos relacionamentos e na definição do equilíbrio P/CP em uma realidade interdependente.

■ A CONTA BANCÁRIA EMOCIONAL

Todos nós sabemos o que é uma conta bancária financeira. Fazemos depósitos e acumulamos reservas que nos permitem realizar saques quando necessário. Uma Conta Bancária Emocional é uma metáfora que descreve a quantidade de confiança acumulada em um relacionamento. Cuida da sensação de segurança que se tem com outro ser humano.

Se eu fizer depósitos na Conta Bancária Emocional que tenho com você, através de cortesia, gentileza, honestidade e observação dos compromissos que assumi com você, estou fazendo uma reserva. Sua confiança em mim fica maior, e posso contar com ela sempre que for preciso. Posso até cometer erros que o nível de confiança, a reserva emocional, os compensará. Meu modo de comunicar as mensagens pode não ser objetivo, mas você compreenderá seu sentido, de algum modo. Você não me considerará um "eterno ofendido". Quando a conta da confiança é alta, a comunicação é instantânea, fácil e eficaz.

Mas, se eu tiver o costume de demonstrar falta de cortesia, desrespeito, desatenção, desconsideração e arbitrariedade; se eu trair sua confiança, interromper suas conversas, ameaçá-la ou bancar o dono da sua vida, minha Conta Bancária Emocional vai ficar no vermelho. O nível de confiança atinge um nível muito baixo. Neste caso, que flexibilidade me resta?

Nenhuma. Estou andando em terreno minado. Preciso ser muito cuidadoso com tudo que falo. Medir cada palavra. Viver tenso, fazendo média, evitando ser pego de surpresa. Muitas organizações estão cheias disso. Muitas famílias estão cheias disso. Muitos casamentos estão cheios disso.

Se uma reserva de confiança abundante não recebe depósitos contínuos, o casamento se deteriora. Em vez de uma comunicação rica e espontânea, e do entendimento, a situação cai na acomodação, onde as duas pessoas tentam viver em estilos independentes, de modo relativamente respeitoso e tolerante. O relacionamento pode se deteriorar mais ainda, chegando à hostilidade e à atitude defensiva. As respostas de confronto ou afastamento provocam guerras verbais, portas batidas, recusa em conversar, distanciamento emocional e pena de si mesmo. Isso pode acabar numa guerra fria dentro de casa, que não explode apenas por causa das crianças, do sexo, da pressão social ou da proteção da imagem. Ou pode acabar em guerra total declarada, nos tribunais, onde as batalhas legais dos egos feridos podem ser levadas adiante durante anos, enquanto as pessoas confessam interminavelmente os pecados do ex-cônjuge.

E tudo isso acontece dentro do relacionamento mais íntimo, alegre, satisfatório, potencialmente rico e produtivo possível entre duas pessoas deste mundo. O farol P/CP está aí. Podemos nos lançar contra ele ou usá-lo como uma luz, um guia.

Nossos relacionamentos mais constantes, como o casamento, exigem os depósitos mais frequentes. Devido às expectativas permanentes, os antigos depósitos se evaporam. Se você se encontra de repente com um amigo do ensino médio, que não vê há anos, pode recomeçar do ponto onde parou, porque os antigos depósitos estão lá, intactos. Mas sua conta com as pessoas que se relacionam com você em termos mais regulares exige um investimento mais constante. Por vezes, há saques automáticos, em suas interações diárias, ou em função da maneira como o encaram, sem que você sequer perceba. Isso vale para adolescentes em sua casa.

Suponha que você tenha um filho adolescente e seu diálogo normal com ele seja do tipo: "Arrume seu quarto. Abotoe a camisa. Abaixe o rádio. Corte o cabelo. Não se esqueça de pôr o lixo para fora!" A médio prazo, os saques superam os depósitos.

Agora, suponha que seu filho esteja passando por um processo de tomada de decisões importantes, que afetarão o resto de sua vida. Mas o nível de confiança está tão baixo e o processo de comunicação tão fechado, mecânico e insatisfatório, que ele não consegue ouvir seus conselhos. Você possui o conhecimento e a sabedoria para ajudá-lo, mas como sua conta está no vermelho, ele vai acabar tomando as decisões a partir de uma perspectiva emocional limitada, o que pode resultar em consequências maléficas a longo prazo.

Você precisa conseguir um equilíbrio positivo para dialogar sobre estes assuntos delicados. O que faz?

O que aconteceria se você começasse a fazer depósitos na conta desse relacionamento? Talvez surja a oportunidade de fazer uma pequena gentileza — levar para casa uma revista sobre skate, caso ele se interesse por isso, ou se aproximar dele quando estiver trabalhando em um projeto e oferecer ajuda. Talvez você possa convidá-lo para ir ao cinema, ou para tomar um sorvete. O depósito mais importante que você pode fazer talvez seja apenas escutar, sem julgar, dar um sermão ou desafiar sua autobiografia sempre que ele começa a falar. Escute apenas, e tente compreender. Deixe que perceba sua preocupação com ele, e note que o aceita como pessoa.

Pode ser que ele não responda no começo. Talvez fique até ressabiado. "O que papai está pretendendo agora? Mamãe está testando alguma técnica nova?" Mas, à medida que esses depósitos genuínos continuam a ser feitos, eles começam a aumentar seu saldo. Você sai do vermelho.

Lembre-se de que as soluções milagrosas são uma miragem. Construir e reparar um relacionamento leva tempo. Se você ficar impaciente com a aparente falta de resposta ou ingratidão, vai acabar fazendo saques significativos e acabar com o saldo positivo conquistado. "Depois de tudo o que fizemos por você, de todos os sacrifícios, como tem coragem de ser tão ingrato? Tentamos ser legais, e você age assim? Mal posso acreditar!"

Não é fácil ter paciência. Ser proativo exige caráter firme, foco em seu próprio Círculo de Influência, capacidade para estimular o amadurecimento e não "arrancar as flores para verificar como as raízes cresceram".

Na verdade, não existem soluções rápidas. Construir e arrumar relações são investimentos a longo prazo.

■ SEIS DEPÓSITOS IMPORTANTES

Gostaria de sugerir seis depósitos importantes para aumentar a Conta Bancária Emocional.

Compreender o indivíduo

Tentar compreender a outra pessoa é provavelmente um dos depósitos mais importantes que se pode fazer, além da chave para todos os outros depósitos. Você não sabe o que constitui um depósito para a outra pessoa, até entendê-la como indivíduo. Aquilo que pode ser um depósito, em sua opinião — sair para dar uma volta e conversar sobre os problemas, tomar um sorvete, trabalhar em um projeto comum —, pode não ser entendido como tal pelo outro. Quem sabe até seja visto como uma retirada, caso não mexa com os interesses ou necessidades mais profundos da pessoa.

A missão de uma pessoa é um detalhe para a outra. Para fazer um depósito, o que é importante para a outra pessoa deve ser tão importante para você quanto essa pessoa. Você pode estar trabalhando em um projeto prioritário quando seu filho de 6 anos o interrompe com algo que lhe parece trivial, mas que pode ser muito importante do ponto de vista dele. O Hábito 2 é fundamental para que você possa reconhecer e se comprometer com o valor daquela pessoa, e o Hábito 3 o é para subordinar seu planejamento àquela prioridade humana. Ao aceitar o valor que ele coloca no que você tem a dizer, você demonstra que o compreende, e isso equivale a um grande depósito.

Tenho um amigo cujo filho desenvolveu um profundo interesse pelo beisebol. Esse meu amigo não se interessava nem um pouco pelo esporte. Mas, durante o verão, levou o filho para ver todos os times de categoria pelo menos uma vez. A viagem durou seis semanas e custou um bom dinheiro, mas criou um vínculo forte no relacionamento.

Perguntaram ao meu amigo, quando ele voltou:

— Mas você gosta tanto assim de beisebol?

— Não. Mas eu gosto muito do meu filho.

Tenho outro amigo, professor universitário, que tinha um relacionamento terrível com seu filho adolescente. A vida dele era essencialmente acadêmica, em sua totalidade, e ele achava que o filho estava desperdiçando o tempo trabalhando com as mãos, em vez de aprimorar a mente. Como resultado, ele vivia pegando no pé do garoto e, nos momentos de arrependimento, tentava fazer depósitos que acabavam não funcionando. O garoto via os gestos como novas formas de rejeição, comparação e julgamento, o que aumentava mais o afastamento. Estava ficando impossível o relacionamento, o que deixava o pai ainda mais amargurado.

Um dia, eu conversei com ele sobre o princípio de tornar o que é importante para a outra pessoa tão importante para você quanto a própria pessoa. Ele refletiu bastante sobre o assunto. Estimulou o filho a construir uma miniatura da Muralha da China em torno da casa. Era um projeto grandioso, e eles trabalharam lado a lado, por mais de um ano e meio.

A partir daquela experiência conjunta, o filho atravessou aquela fase de sua vida com um desejo cada vez maior de desenvolver sua mente.

Mas o verdadeiro benefício foi o que aconteceu ao relacionamento. Em vez de conflitante, ele se tornou uma fonte de alegria e força tanto para o pai quanto para o filho.

Nossa tendência é projetar nossa própria experiência de vida naquilo que acreditamos que as pessoas querem ou precisam. Projetamos nossas intenções no comportamento dos outros. Nossa interpretação do que constitui um depósito se baseia em nossas necessidades e nossos desejos, atuais ou de quando tínhamos a mesma idade, ou atravessávamos uma fase similar de nossa vida. Se os outros não consideram nosso esforço como um depósito, nossa tendência é considerar essa reação como uma forma de rejeição a nossas boas intenções, e desistir.

A Regra de Ouro diz: "Faça aos outros o que deseja que façam a você." Apesar de isso querer dizer superficialmente fazer aos outros o que você gostaria que fosse feito a você, acredito que o significado essencial seja entender os outros em profundidade, como indivíduos, do modo como você gostaria de ser compreendido, e depois tratá-los em função dessa compreensão. Um pai bem-sucedido disse a respeito da educação dos filhos: "Trate a todos igualmente, tratando a cada um de forma diferente."

Prestar atenção às pequenas coisas

As pequenas gentilezas e cortesias são muito importantes. A falta de cortesia, o descaso ou o desrespeito, mesmo mínimos, provocam um afastamento considerável. Nos relacionamentos, as pequenas coisas se equivalem às grandes coisas.

Eu me recordo de uma noite passada com dois dos meus filhos, há alguns anos. Tratava-se de uma saída planejada para pai e filhos, prevendo inclusive exercícios físicos, lutas, cachorros-quentes, laranjada e cinema. Serviço completo.

No meio do filme, Sean, então com 4 anos, dormiu na poltrona. Seu irmão mais velho, Stephen, com seis, ficou acordado, e assistimos ao resto do filme juntos. Quando a sessão acabou, eu peguei Sean no colo e o levei até o carro, colocando-o no banco traseiro. Era uma noite muito fria, tirei o casaco e o cobri gentilmente com ele.

Quando chegamos em casa, rapidamente carreguei Sean para o quarto, e o deitei na cama. Depois que Stephen vestiu o pijama e escovou os dentes, eu deitei a seu lado e conversamos sobre o passeio.

— O que você achou, Stephen?

— Legal — respondeu.

— Você se divertiu?

— Sim.

— De que você gostou mais?

— Sei lá. Dos acrobatas, acho.

— Foi demais, não foi? Aqueles saltos-mortais e truques no ar.

A reação dele não foi muito entusiástica. Percebi que eu estava forçando a conversa. Tentei imaginar por que Stephen não queria falar mais. Ele normalmente era expansivo quando aconteciam coisas animadoras. Mas ficara quieto na volta para casa e na hora de se aprontar para ir para a cama.

Repentinamente, Stephen virou para o lado da parede. Quis saber o motivo, e me ergui apenas o suficiente para ver seus olhos banhados de lágrimas.

— O que houve, filho? O que há de errado?

Ele se voltou para mim, e pude sentir que estava constrangido por causa das lágrimas, e que seu queixo e lábios tremiam.

— Papai, se eu estivesse com frio, você me cobriria com seu casaco também?

De todos os momentos daquela noite especial que passamos juntos, o mais importante foi um pequeno gesto de ternura — uma demonstração de amor inconsciente, momentânea, para com seu irmão.

Aquela experiência foi uma importante lição pessoal para mim na época, e o é até hoje. As pessoas são muito sensíveis, muito delicadas por dentro. Não creio que a idade ou a experiência façam muita diferença. Lá no fundo, mesmo as pessoas que por fora são mais calejadas e frias abrigam sentimentos suaves e emoções intensas.

Honrar os compromissos

Honrar um compromisso ou uma promessa é um depósito enorme. Romper com o prometido é uma retirada imensa. Na verdade, não há retirada maior do que fazer uma promessa que seja importante para alguém e depois não cumpri-la. Quando uma nova promessa for feita, não terá credibilidade. As pessoas costumam alimentar suas esperanças com promessas, em especial promessas sobre sua vida básica.

Tentei adotar uma filosofia, como pai, de jamais fazer uma promessa que não possa cumprir. Sendo assim, tento ser muito cuidadoso ao prometer algo, o mais consciente possível das múltiplas variáveis e contingências, para que não aconteça algo que me impeça de honrar o compromisso assumido.

Ocasionalmente, apesar de todos os meus esforços, o inesperado surge, criando uma situação na qual se torna desaconselhável ou impossível manter uma promessa feita. Mas tento honrar a promessa. Ou eu a cumpro, apesar de tudo, ou explico a situação detalhadamente para a pessoa envolvida, pedindo liberação do prometido.

Eu acredito que cultivar o hábito de sempre honrar a palavra empenhada cria laços de confiança que superam as dificuldades de entendimento com os filhos. Assim, quando seu filho deseja fazer algo que você não quer que ele faça, pois graças à sua maturidade percebe implicações que a criança não consegue ver, você pode dizer: "Filho, se você fizer isso, eu garanto que o resultado vai ser este." Se a criança cultivou o hábito de acreditar na sua palavra, nas suas promessas, vai agir de acordo com seu conselho.

Determinar as expectativas

Imagine as dificuldades que pode enfrentar se seu chefe e você têm ideias diferentes quanto a quem cabe o *papel* de definir qual é seu serviço.

— Quando conseguirei a definição de minhas tarefas? — pergunta você.

— Mas estou esperando que você prepare uma lista de tarefas para que possamos discuti-la juntos — seu chefe pode responder.

— Pensei que definir minhas tarefas fosse função sua.

— Isso não é função minha, de forma alguma. Você não se lembra? Desde o início eu disse que as tarefas que desempenharia no trabalho dependeriam principalmente de você.

— Mas eu entendi que a qualidade de meu trabalho dependeria principalmente de mim. E nem sequer sei qual é meu trabalho, afinal.

Expectativas pouco objetivas em termos de *metas* também prejudicam a comunicação e a confiança.

— Fiz exatamente o que me pediu, e aqui está o relatório.

— Eu não quero um relatório. Sua tarefa era resolver o problema e não analisá-lo e fazer um relatório.

— Eu pensei que o objetivo era estudar o problema, para que este fosse resolvido por outra pessoa.

Quantas vezes tivemos este tipo de diálogo?

— Você disse...

— Não, nada disso! Eu disse...

— Não disse! Você nunca falou que eu devia...

— Óbvio que falei! Expliquei muito bem que...

— Você nunca mencionou...

— Mas nós concordamos que...

A causa de quase todas as dificuldades de relacionamento se encontra em expectativas ambíguas ou conflitantes em torno de metas e papéis. Quer lidemos com a questão de quem faz o que no trabalho, a maneira de se comunicar com a filha quando você a manda arrumar o quarto, quem alimenta os peixes ou leva o lixo para fora, podemos estar certos de que expectativas pouco objetivas vão conduzir a uma situação de equívocos, desapontamentos e perda de confiança.

Muitas expectativas são implícitas. Elas não foram afirmadas ou enunciadas explicitamente, mas as pessoas, mesmo assim, as adquirem, em uma situação específica. No casamento, por exemplo, um homem e uma mulher possuem expectativas implícitas em relação ao outro quanto aos papéis conjugais. Apesar de estas nem sempre terem sido discutidas, ou por vezes admitidas pela pessoa que as abriga, preenchê-las resulta em grandes depósitos na relação, e violá-las, em afastamento.

Por isso, quando se começa uma nova relação, é importante colocar na mesa todas as perspectivas. As pessoas envolvidas vão julgar um ao outro conforme as perspectivas. E se elas sentirem que suas expectativas básicas foram violadas, a reserva de confiança diminui. Criamos muitas situações delicadas ao assumirmos que nossas expectativas são evidentes em si, e que elas foram compreendidas com exatidão e compartilhadas com outra pessoa.

O depósito acontece ao deixarmos objetivas e explícitas as expectativas desde o início. Isso exige um investimento real de tempo e esforço no começo, mas economiza um bocado de tempo e esforços posteriores. Quando as expectativas não estão objetivas e não são compartilhadas, as pessoas começam a se tornar emocionalmente sensíveis, e basta um mal-entendido para complicar tudo, criando choques de personalidade e falhas de comunicação.

Determinar as expectativas geralmente exige uma boa dose de coragem. Pelo jeito, é mais fácil agir como se as diferenças não existissem e torcer para que as coisas deem certo do que encarar as diferenças e trabalhar em conjunto para se chegar a um conjunto de expectativas mutuamente aceitável.

Demonstrar Integridade Pessoal

A Integridade Pessoal gera confiança, sendo a base para vários tipos de depósitos.

A falta de integridade pode minar a maioria dos esforços para criar contas em que a confiança é alta. As pessoas podem procurar entender, lembrar-se das pequenas coisas, manter promessas, elucidar e preencher as expectativas e, mesmo assim, fracassar na construção de saldos de confiança se forem emocionalmente desonestas.

A integridade inclui a honestidade, mas vai além dela. A honestidade implica contar a verdade — em outras palavras, *adequar nossas palavras à realidade.* A integridade é *adequar a realidade às nossas palavras* — em outros termos, manter as promessas e preencher as expectativas. Isso exige um caráter íntegro, firmeza em relação a si mesmo e em relação à vida também.

Uma das formas mais importantes de se demonstrar a integridade é ser *leal a quem não está presente.* Ao agir assim, conquistamos a confiança daqueles que estão presentes. Quando alguém defende os ausentes, ganha a confiança dos presentes.

Vamos supor que você e eu estivéssemos sozinhos, criticando nosso supervisor de um modo que não ousaríamos fazer se ele estivesse presente. O que aconteceria quando eu ou você cometêssemos um erro? Você saberia que eu iria discutir suas deficiências com outra pessoa. Foi o que você e eu fizemos pelas costas do supervisor. Você conhece minha natureza. Eu o elogio pela frente e o critico pelas costas. Sabe disso porque viu quando tal coisa aconteceu.

Esta é a essência da dubiedade. Será que isso aumenta a reserva de confiança em minha conta?

Por outro lado, suponha que você tenha começado a criticar nosso supervisor, e eu responda que concordo basicamente com o conteúdo de algumas críticas, e sugira que nós dois marquemos uma reunião para conversar com ele, e explicar nossas sugestões para melhorar as coisas. O que acha que eu faria quando alguém o criticasse pelas costas?

Dando outro exemplo, suponha que em meu esforço para melhorar o relacionamento com você eu revele algum segredo de outra pessoa. "Eu não deveria contar isso, mas como você é meu amigo...", posso dizer. Será que trair outra pessoa aumenta minha conta de confiança com você? Ou você pensará que as coisas ditas confidencialmente para mim serão contadas aos outros?

Tal atitude dúbia pode criar a impressão de fazer um depósito com a pessoa que está a seu lado, mas, na verdade, é uma retirada, pois está revelando sua falta de caráter. Talvez consiga o ovo de ouro do prazer temporário, ao diminuir alguém ou revelar uma informação privilegiada, mas estará estrangulando a galinha, enfraquecendo o relacionamento que fornece um prazer duradouro como consequência.

A integridade, em uma realidade interdependente, é apenas o seguinte: tratar a todos conforme o mesmo conjunto de princípios. A partir daí, as pessoas confiarão em você. Talvez elas, no começo, não valorizem a experiência de contato com a verdade que esta integridade provoca. Encarar a verdade exige bastante coragem, e muita gente prefere seguir o caminho mais fácil, hostilizando e criticando, traindo a confiança e participando de fofocas sobre os outros, pelas costas. Mas, a longo prazo, as pessoas confiarão em você e respeitarão sua postura, se for honesto, gentil e franco. Você se importa o suficiente com elas para adotar esta atitude. E ser de confiança, dizem, vale mais do que ser amado. A longo prazo, estou convencido de que ser de confiança conduzirá também a ser amado.

Quando meu filho Joshua era muito jovem, ele fazia uma pergunta elucidadora. Sempre que eu agia de modo extremado, demonstrava impaciência ou irritação, ele revelava sua vulnerabilidade e honestidade, e nosso relacionamento era tão bom que ele perguntava, olhando no fundo dos meus olhos: "Papai, você me ama?" Se ele pensasse que eu estava rompendo com um princípio básico de vida em relação a uma pessoa, imaginaria que eu poderia quebrá-lo no que se referia a ele também.

Como professor e como pai, descobri que a chave para o todo é a unidade. Principalmente se a unidade está testando a paciência e o bom humor de muitos. É o amor e a disciplina de um filho, de um estudante, que comunica o amor dos outros. A forma como você trata cada um revela a maneira como encara todos os outros, porque, em última análise, todos são um.

A integridade também inclui evitar qualquer comunicação que seja enganosa, venenosa ou abaixo da dignidade do ser humano. "Uma mentira é uma comunicação com o intuito de enganar", diz uma das definições da palavra. Seja na comunicação por meio das palavras ou do comportamento, havendo integridade, a intenção não pode ser enganar.

Pedir desculpas sinceras quando você faz uma retirada

Quando a gente faz uma retirada da Conta Bancária Emocional, precisa pedir desculpas, e fazer isso com sinceridade. Grandes depósitos derivam de palavras sinceras.

— Eu estava errado.

— Foi falta de gentileza minha.

— Faltei com o devido respeito.

— Passei por cima da sua dignidade, e sinto muito.

— Eu o deixei constrangido na frente de seus amigos, e não havia motivo para isso. Apesar de pretender defender meu ponto de vista, eu nunca deveria ter agido assim. Desculpe-me.

Pedir desculpas com o coração, e não por pena, exige muita firmeza de caráter. Uma pessoa precisa ser dona de si e ter um senso profundo de segurança quanto aos princípios e valores fundamentais para poder pedir desculpas com sinceridade.

As pessoas inseguras não conseguem fazer isso. Ficam por demais vulneráveis. Acham que tal coisa é sinal de fraqueza e vulnerabilidade, que os outros se aproveitarão disso. Sua segurança se baseia na opinião alheia, e elas se preocupam com o que os outros vão pensar. Além disso, encontram desculpas para o que fizeram. Elas situam seus erros no contexto do erro dos outros e, se chegam a pedir desculpas, estas são superficiais.

"Se você vai se curvar, abaixe bastante", diz um ditado oriental. "Pague até o último tostão", diz a ética cristã. Para valer como depósito, um pedido de desculpas precisa ser sincero. E ser recebido como algo sincero.

Conforme ensinou Leo Roskin: "Os fracos são cruéis. A suavidade só pode vir dos fortes."

Estava em meu escritório uma tarde, escrevendo sobre a questão da paciência, entre outras coisas. Ouvia meus filhos pulando de um lado para outro do corredor, fazendo barulho, e percebi que minha paciência estava se esgotando.

De repente, David começou a esmurrar a porta do banheiro, gritando a plenos pulmões:

— Quero entrar! Quero entrar! Quero entrar!

Saí do escritório imediatamente e disse a ele, muito bravo:

— David, você tem ideia de como isso está me perturbando? Sabe como é difícil uma pessoa se concentrar e escrever criativamente? Agora, você vai já para seu quarto, e fique lá dentro até conseguir se comportar direito!

Foi o que ele fez, deprimido, fechando a porta.

Quando virei, dei-me conta de outro problema. Os meninos brincavam de futebol americano no corredor estreito, e um deles havia sido atingido por uma cotovelada na boca. Ele estava deitado no chão, sangrando. David, assim que soube, fora ao banheiro para pegar uma toalha molhada para colocar no ferimento. Mas sua irmã Maria estava tomando banho e não queria abrir a porta.

Quando me dei conta de que havia interpretado a situação de modo errado e reagido impulsivamente, fui pedir desculpas a David na hora.

Quando abri a porta, a primeira coisa que ele disse foi:

— Nunca mais vou perdoar você!

— E por que não, meu filho? — retruquei. — Sinceramente, não percebi que você estava tentando ajudar seu irmão. Por que não pode me perdoar?

— Porque você fez a mesma coisa na semana passada — respondeu. Em outras palavras, ele estava dizendo: "Papai, você agiu errado, e não vai conseguir se safar só pedindo desculpas."

Desculpas sinceras representam depósitos, desculpas repetidas, tidas como insinceras, provocam o afastamento. E isso se reflete na qualidade do relacionamento.

Uma coisa é cometer um erro e outra completamente diferente é não admiti-lo. As pessoas perdoam os enganos, porque normalmente os enganos são produtos da mente, erros de avaliação. Mas as pessoas não perdoam facilmente os erros do coração, as intenções maldosas, ou os motivos torpes, as justificativas arrogantes que visam encobrir a falha anterior.

As leis do amor e as leis da vida

Quando fazemos depósitos de amor incondicional, quando respeitamos as leis básicas do amor, encorajamos os outros a viver conforme as leis básicas da vida. Em outras palavras, quando amamos as pessoas de verdade, sem condições, sem restrições, fazemos com que se sintam seguras, fortes e queridas, bem como tranquilas quanto a seu valor intrínseco, identidade e integridade. Seu processo natural de crescimento é encorajado. Tornamos mais fácil para elas viver conforme as leis da vida — cooperação, contribuição, disciplina interna, integridade — e viver de acordo com o que há de melhor dentro delas. Damos a liberdade para que ajam a partir dos próprios imperativos, em vez de reagirem a nossas condições e limitações. Isso não quer dizer ser permissivo ou condescendente. Estas atitudes significam um afastamento total. Damos conselhos, fazemos promessas, estabelecemos limites e consequências. Mas, mesmo assim, amamos.

Quando violamos as leis básicas do amor — quando criamos limites e condições para este dom —, estamos na verdade encorajando as pessoas a violarem as leis básicas da vida. Levamos as pessoas a uma atitude defensiva, reativa, onde elas sentem que precisam provar que "existem como pessoas, independentes de você".

Na realidade, elas não são independentes. São dependentes às avessas, outra forma de dependência, que se encontra no fundo do poço do *Continuum* da Maturidade. Elas se tornam reativas, quase centradas no inimigo, mais preocupadas em defender seus "direitos" e dar provas de sua individualidade do que ouvir proativamente e honrar os próprios imperativos internos.

A rebeldia é um nó no peito, não na mente. O segredo é fazer depósitos — depósitos constantes de amor incondicional.

Certa vez, tive um amigo diretor de uma faculdade de muito prestígio. Ele fez planos e economizou durante anos para dar ao filho a oportunidade de frequentar aquela instituição, mas, quando chegou o momento, o garoto se recusou a cursá-la.

Meu amigo ficou preocupado. Um diploma daquela faculdade seria um grande trunfo para o rapaz. Além disso, era uma tradição familiar. Três gerações se formaram lá, antes dele. Ele pediu, exigiu e tentou conversar. Também tentou ouvir o rapaz, e compreendê-lo, sempre esperando que o filho mudasse de ideia.

A mensagem oculta era o amor condicional. O filho sentia que o desejo do pai de que ele entrasse para aquela faculdade era maior do que o valor que colocava nele como pessoa e como filho, o que era algo terrível. Consequentemente, ele lutou por sua integridade e sua identidade, insistindo em sua decisão e em seus esforços de justificar sua atitude.

Depois de muita reflexão, meu amigo decidiu fazer um sacrifício: renunciar ao amor condicional. Ele sabia que o filho poderia fazer uma escolha diferente da que considerava acertada. Não obstante, ele e a esposa resolveram amar o filho incondicionalmente, fosse qual fosse sua escolha. Era algo extremamente difícil de fazer, pois o valor daquela experiência educacional estava muito arraigado dentro deles, e aquilo era algo planejado e batalhado desde o nascimento do menino.

Ele e a esposa passaram por um período dificílimo de reciclagem, lutando para entender a natureza do amor incondicional. Eles contaram ao rapaz o que estavam fazendo, e o motivo, e disseram que haviam atingido o ponto de poder dizer com toda a honestidade que a decisão não afetaria o sentimento incondicional de amor que nutriam por ele. Eles não tentaram isso para manipulá-lo, ou para que ele "acordasse". Eles o fizeram como consequência natural de seu amadurecimento e caráter.

O rapaz não respondeu a isso na época, mas seus pais tinham um paradigma de amor incondicional tão forte àquela altura que isso não fez diferença em relação ao amor que sentiam por ele. Uma semana depois, ele comunicou aos pais que decidira não cursar a faculdade. Eles estavam preparados para a decisão, e para continuar a demonstrar um amor incondicional por ele. Tudo continuou como antes, e a vida seguiu em frente normalmente.

Pouco tempo depois, algo interessante aconteceu. Já que o rapaz percebeu que não precisava mais defender sua posição, ele olhou para dentro de si e descobriu que na verdade gostaria de passar por aquela experiência educacional. Ele solicitou admissão, e quando contou a meu amigo, este demonstrou o mesmo amor incondicional, aceitando a decisão do filho. Meu amigo ficou contente, mas não em excesso, porque havia aprendido a amar sem impor condições.

Dag Hammarskjöld, ex-secretário-geral das Nações Unidas, fez certa vez uma declaração profunda, de amplo alcance: "É mais nobre se entregar completamente a um indivíduo do que trabalhar diligentemente pela salvação das massas."

Acho que isso significa que posso devotar 8, 10 ou 12 horas por dia, cinco, seis ou sete dias por semana para os milhares de pessoas e projetos "lá fora" e, mesmo assim, não ter um relacionamento profundo, significativo, com minha esposa, meu filho adolescente, meus colegas de trabalho mais próximos. E exigiria mais nobreza de caráter — mais humildade, coragem e força — para reconstruir um único relacionamento do que para continuar a dedicar todo aquele tempo às causas e pessoas.

Em 25 anos de consultoria a pessoas e organizações, fiquei muitas vezes impressionado com o poder desta declaração. Muitos dos problemas das organizações derivam das dificuldades de relacionamento no alto escalão — entre dois sócios de uma firma, entre o dono e o presidente de uma companhia, entre o presidente e o vice-presidente executivo. Enfrentar e resolver estes problemas exige mais firmeza de caráter do que a necessária para prosseguir trabalhando diligentemente para todos os projetos e pessoas "lá fora".

Quando me deparei com a declaração de Hammarskjöld pela primeira vez, eu estava trabalhando para uma organização em que havia expectativas pouco objetivas em relação ao indivíduo que me servia de braço direito e a mim mesmo. Eu não tinha coragem para enfrentar nossas diferenças quanto a papéis, metas e valores, particularmente no que se referia a métodos administrativos. Sendo assim, trabalhei durante vários meses de modo conciliatório, de forma a evitar o que poderia ser um intenso conflito. Durante todo esse tempo, os sentimentos negativos se avolumavam dentro de nós.

Depois de ler que era mais nobre devotar-se a *um indivíduo* do que trabalhar diligentemente pela salvação das massas, tomei a firme decisão de lutar pela ideia de reconstruir aquele relacionamento.

Precisei me concentrar na tarefa que tinha pela frente, porque sabia que seria duro lidar com os problemas e conseguir um entendimento e uma compreensão verdadeiros de ambas as partes. Eu me recordo que tremia antes de uma reunião. Ele parecia ser um sujeito muito duro, muito teimoso em seus pontos de vista, muito seguro a seu próprio ver. Contudo, eu precisava de sua força e de sua habilidade. Eu temia que um confronto pudesse prejudicar o relacionamento e resultar na perda daquela força.

Realizei um ensaio mental da reunião antecipada e decidi me comportar de acordo com os princípios e não com as questões práticas quando fosse agir e falar. Assim, consegui paz de espírito e coragem para o encontro.

Quando nos reunimos, para minha surpresa absoluta, descobri que o sujeito havia passado pelo mesmo tipo de processo, e esperava a oportunidade para uma conversa do gênero. Ele podia ser tudo, menos duro e inflexível.

Mesmo assim, nossos estilos administrativos eram distintos, e a organização inteira estava reagindo a essas diferenças. Nós reconhecemos os problemas que nossa desunião havia causado. Depois de várias reuniões, fomos capazes de resolver as questões mais graves, colocá-las todas na mesa e repassar cada uma delas dentro de um espírito de respeito mútuo. Fomos capazes de criar uma equipe poderosa, complementar, bem como uma profunda afeição pessoal, o que aumentou tremendamente nossa capacidade para o trabalho conjunto eficaz.

* * *

Criar a unidade necessária para administrar eficazmente uma empresa, uma família ou um casamento requer muita força de vontade e coragem em nível pessoal. Nenhuma quantidade de trabalho administrativo ou técnico, voltado para as massas, pode compensar a falta de nobreza no caráter para os relacionamentos pessoais. Vivemos as leis primárias da vida e do amor em um nível essencial, individual.

■ PROBLEMAS P SÃO OPORTUNIDADES CP

Esta experiência também me ensinou outro poderoso paradigma da interdependência. Ele diz respeito ao modo como encaramos os problemas. Passamos meses tentando evitar o problema, vendo nele uma fonte de irritação, uma pedra no caminho, e desejando que, de algum modo, ele desaparecesse. Mas, como vimos, o próprio problema criou a oportunidade para a construção de um relacionamento mais profundo, que nos deu as condições para trabalhar em conjunto, como uma equipe forte e complementar.

Acredito que, em uma situação interdependente, *cada problema P é uma oportunidade CP* — uma chance de abrir uma Conta Bancária Emocional que afete significativamente a produção interdependente.

Quando os pais encaram os problemas dos filhos como oportunidades para melhorar o relacionamento, e não como coisas irritantes e cansativas, a interação entre pai e filho muda por completo. Os pais ficam mais disponíveis, até se excitam com a profunda compreensão e o auxílio que prestam aos filhos. Quando estes vêm a eles com algum problema, em vez de pensarem, "Oh! Não! Mais um problema!", seu paradigma é "Eis aqui uma grande oportunidade para ajudar meu filho, e investir em nosso relacionamento". Muitas interações passam do transacional para o transformacional, e fortes laços de amor e confiança são criados quando os filhos percebem que os pais valorizam seus problemas e sua existência como indivíduos.

Este paradigma é poderoso também no mundo dos negócios. Uma cadeia de lojas de departamentos que opera com este paradigma criou fortes vínculos de lealdade com os consumidores. Sempre que o cliente chega à loja com um problema, não importa se pequeno ou grande, o funcionário vê imediatamente a oportunidade de melhorar o relacionamento com o consumidor. E responde demonstrando uma disposição sincera para resolver o problema, de modo a deixar o cliente contente. Eles tratam os consumidores com tanta graça e respeito, cuidam tão bem do caso, que a maioria dos consumidores sequer pensa em ir a outro lugar.

Ao reconhecer que o equilíbrio P/CP é fundamental para a eficácia em uma realidade interdependente, conseguimos valorizar nossos problemas, ao considerá-los oportunidades para aumentar a CP.

■ OS HÁBITOS DA INTERDEPENDÊNCIA

Tendo o paradigma da Conta Bancária Emocional em mente, estamos prontos a passar para os hábitos da Vitória Pública, do sucesso no trabalho com outras pessoas. Ao fazer isso, vamos ver que esses hábitos agem juntos para criar a interdependência efetiva. Também veremos como continuamos presos a outros padrões de pensamento e comportamento.

Além disso, veremos em um nível mais profundo ainda que a interdependência eficaz só pode ser conquistada por pessoas verdadeiramente independentes. É impossível atingir a Vitória Pública com as técnicas populares de "Ganha/Ganha nas negociações", ou a técnica de "atenção meditativa" e de "criação de soluções" que se concentram na personalidade e se afastam da base vital do caráter.

Agora, vamos nos concentrar em cada um dos Hábitos da Vitória Pública em profundidade.

Hábito 4
Pense Ganha/Ganha

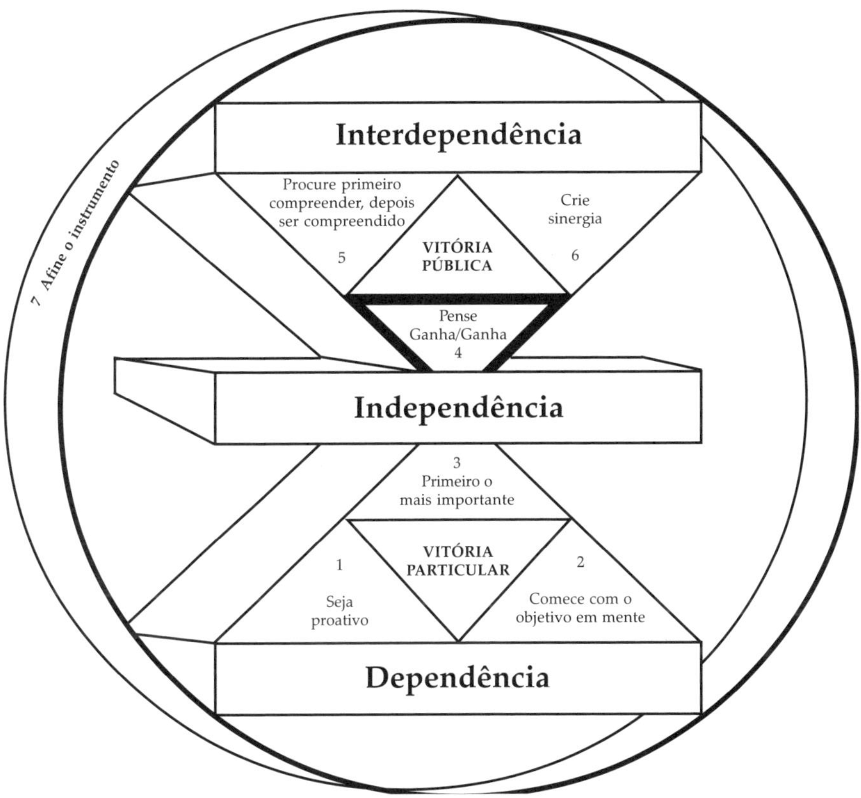

Princípios da Liderança Interpessoal

Guardamos a Regra de Ouro na memória;
está na hora de colocá-la em prática.

Edwin Markham

Certa vez, fui convidado para trabalhar em uma companhia cujo presidente estava muito preocupado com a falta de colaboração entre as pessoas.

— Nosso problema básico, Stephen, é que elas são egoístas — falou. — Não desejam cooperar. Sei muito bem que poderíamos produzir muito mais se as pessoas cooperassem. Você pode nos ajudar a desenvolver um programa de relações humanas que resolva o problema?

— Seu problema está nas pessoas ou no paradigma? — perguntei.

— Veja por você mesmo — foi a resposta.

Foi o que fiz. E descobri que havia mesmo muito egoísmo, falta de disposição para cooperar, resistência à autoridade, atitude defensiva. Dava para ver que o saldo negativo da Conta Bancária Emocional havia criado uma cultura de desconfiança. Mas voltei à questão.

— Vamos analisar a situação em profundidade — sugeri. — Por que seu pessoal não coopera? Qual é a recompensa pela falta de cooperação?

— Não há recompensa pela falta de cooperação — assegurou. — As recompensas são muito maiores se eles colaborarem.

— São mesmo? — perguntei.

Atrás de uma cortina, na parede do escritório de meu interlocutor, havia um quadro. Nele, vários cavalos de corrida estavam alinhados na pista. No lugar do focinho de cada cavalo, constava o de um gerente da empresa. No final da pista, havia um pôster maravilhoso das Bermudas, uma foto idílica com céu azul, nuvens passando e um par romântico andando de mãos dadas em uma praia de areia branca.

Uma vez por semana, esse homem reunia os auxiliares no escritório e falava em cooperação.

— Vamos trabalhar juntos. Ganharemos mais dinheiro se fizermos isso. — Depois ele abria a cortina e mostrava o quadro. — Muito bem, quem vai ganhar a viagem para as Bermudas?

Ele estava dando uma no cravo e outra na ferradura. Era o mesmo que dizer: "As demissões continuarão até que o moral suba." Ele desejava a cooperação. Queria que seu pessoal trabalhasse em equipe, compartilhasse as ideias, para que todos se beneficiassem com o esforço. Mas ele estava estimulando a competição. O sucesso de um gerente significava o fracasso dos outros.

O problema daquela companhia — assim como muitos problemas entre as pessoas na vida profissional, familiar e demais relacionamentos — resultava de um paradigma inadequado. O presidente estava tentando conseguir os frutos da cooperação por meio do paradigma da competição. E quando isso não deu certo, ele quis impor uma técnica, um programa, um antídoto fulminante para obrigar o pessoal a cooperar.

Mas não é possível mudar os frutos sem mudar as raízes. Trabalhar em cima das atitudes e dos comportamentos seria lidar com as folhas. Assim, o foco foi dirigido para a obtenção da excelência pessoal e profissional de uma maneira inteiramente diferente, desenvolvendo sistemas de recompensa e informação que reforçavam o valor da cooperação.

Não importa se você é o porteiro ou o presidente da companhia, no momento em que passa da independência para a interdependência em qualquer função que exerça você assume um papel de liderança. Encontra-se em posição de influenciar outras pessoas. E o hábito da liderança interpessoal eficaz é Pense Ganha/Ganha.

■ SEIS PARADIGMAS DA INTERAÇÃO HUMANA

Ganha/Ganha não é uma técnica, mas sim uma filosofia completa de interação humana. Na verdade, é um dos seis paradigmas da interação. Os paradigmas são:

- Ganha/Ganha
- Ganha/Perde
- Perde/Ganha
- Perde/Perde
- Ganha
- Ganha/Ganha ou Nada Feito

Ganha/Ganha

Ganha/Ganha é um estado de espírito que busca constantemente o benefício mútuo em todas as interações humanas. Significa entender que os acordos e as soluções são mutuamente benéficos, mutuamente satisfatórios. Com uma solução desse tipo, todas as partes se sentem bem com a decisão, e comprometidas com o plano de ação. Ganha/Ganha vê a vida como uma cooperativa, não como uma competição. A maioria das pessoas se acostuma a pensar em termos de dicotomias: forte ou fraco, duro ou mole, perder ou vencer. Mas este tipo de pensamento tem falhas estruturais. Ele se baseia no poder ou na posição, e não nos princípios. Ganha/Ganha se baseia no paradigma de que há bastante para todos, que o sucesso de uma pessoa não é conquistado com o sacrifício ou a exclusão de outra.

Ganha/Ganha é a crença na Terceira Alternativa. Não se trata do meu jeito ou do seu jeito, e sim de um jeito *melhor*, superior.

Ganha/Perde

Uma das alternativas a Ganha/Ganha é Ganha/Perde, o paradigma da corrida para as Bermudas. Ele diz: "Se eu ganhar, você perde."

Em termos de estilo de liderança, Ganha/Perde adota a abordagem autoritária: "Eu sigo em frente, você fica para trás." As pessoas que o seguem são propensas a usar posição, poder, cargo, coisas ou sua personalidade para avançar.

Muita gente foi criada dentro de uma mentalidade Ganha/Perde desde o nascimento. A força inicial e mais importante em ação é a família. Quando um filho é comparado a outro — quando a paciência, a compreensão ou o amor são dados ou negados com base nestas comparações —, as pessoas vivem dentro do pensamento Ganha/Perde. Sempre que o amor é dado condicionalmente, quando alguém tem de conquistar esse amor, o que está sendo comunicado a elas é que não são dignas de amor e não possuem valor intrínseco. Os valores não se encontram no fundo delas, e sim fora. Existem na comparação com outras pessoas, ou com determinada expectativa.

E o que acontece com uma mente jovem e um coração tenro, altamente vulnerável e altamente dependente do apoio e da afirmação emocional dos pais, quando se depara com o amor condicional? A criança acaba sendo moldada, formada e programada conforme a mentalidade de Ganha/Perde.

"Se eu for melhor do que meu irmão, meus pais vão me amar mais."

"Meus pais não gostam de mim como gostam de minha irmã. Eu não valho nada."

Outro grupo poderoso no reforço desta tendência é o círculo de amizades. Uma criança primeiramente busca aceitação por parte dos pais, depois, dos companheiros, sejam irmãos ou amigos. E todos nós sabemos como os companheiros podem ser cruéis de vez em quando. Eles aceitam ou rejeitam com base em suas expectativas e normas, fornecendo mais elementos para o Ganha/Perde.

A vida acadêmica reforça esse roteiro. A "curva de distribuição normal" diz basicamente que você teve um "A" porque outra pessoa teve um "C". Ela interpreta o valor de um indivíduo através da comparação com os outros. Nenhum reconhecimento é dado para o valor intrínseco; todos são definidos extrinsecamente.

— Ah, que bom encontrá-la aqui nesta reunião de pais e mestres. Você deve estar orgulhosa de sua filha Caroline. Ela está entre os dez primeiros da classe.

— Isso me deixa feliz.

— Mas seu filho, Johnny, tem problemas. Ele está entre os últimos.

— É mesmo? Mas isso é terrível! O que podemos fazer a respeito?

O que este tipo de informação comparativa deixa de informar é que talvez Johnny esteja se esforçando ao máximo, enquanto Caroline não precisa se dedicar muito. Mas as pessoas não são avaliadas em comparação com seu potencial, ou com o uso total de sua capacidade atual. Elas são avaliadas em comparação com outras pessoas. E as comparações carregam consigo valores sociais — elas abrem as portas para oportunidades, e as fecham. A competição, não a cooperação, está no centro do processo educacional. A cooperação, na verdade, normalmente está associada à desonestidade.

Outro fator poderoso é o esporte, principalmente para rapazes cursando o ensino médio ou a universidade. Eles desenvolvem o paradigma de que a vida é um grande jogo, um jogo decisivo em que alguns ganham e outros perdem. "Ganhar" é "vencer" no esporte.

Outro agente é a lei. Vivemos em uma sociedade litigiosa. A primeira coisa que as pessoas pensam quando estão com problemas é em processar alguém, levar a pessoa aos tribunais, "vencer" à custa do outro. Mas as mentes defensivas não são criativas nem capazes de cooperar.

Certamente necessitamos das leis, do contrário a sociedade se deterioraria. Elas garantem a sobrevivência, mas não criam sinergia. Na melhor das hipóteses, resultam em compromisso. A lei se baseia no conceito de adversário. A tendência recente de encorajar os advogados e as escolas de direito para se concentrarem na negociação conciliatória, e nas técnicas de Ganha/Ganha, além do recurso dos tribunais privados, pode não fornecer a solução final, mas sem dúvida reflete uma consciência melhor do problema.

Certamente há espaço para o pensamento Ganha/Perde em situações verdadeiramente competitivas e de pouca confiança mútua. Mas a maior parte da vida não é competitiva. Não precisamos viver cada dia competindo com o cônjuge e os filhos, colegas de trabalho, vizinhos e amigos. "Quem está ganhando no seu casamento?" É uma pergunta ridícula. Se as duas pessoas não estão ganhando, as duas estão perdendo.

A maior parte da vida se desenrola em um contexto interdependente, não independente. Muitos resultados desejados dependem da cooperação entre você e os outros. E a mentalidade Ganha/Perde é uma disfunção da cooperação.

Perde/Ganha

Algumas pessoas estão programadas ao contrário — Perde/Ganha.

"Eu perco, você ganha."

"Vá em frente. Faça o que quiser comigo."

"Pise em mim de novo. Todo mundo faz isso."

"Sou um fracassado. Sempre serei um fracassado."

"Sou pacífico. Faço qualquer coisa para manter a paz."

Perde/Ganha é pior do que Ganha/Perde, pois não tem padrões. Nada de exigências, expectativas ou visão. Pessoas que pensam dessa forma normalmente preferem ceder e concordar. Elas buscam sua força na popularidade ou na aceitação. Têm pouca coragem para expressar sentimentos e opiniões, e se intimidam facilmente com a força da referência alheia.

Em termos de negociação, Perde/Ganha leva o nome de capitulação — ceder ou desistir. Em estilo de liderança, permissividade ou indulgência. Perde/Ganha significa ser bonzinho, mesmo que "os bonzinhos cheguem por último".

As pessoas que seguem esse estilo adoram outras pessoas que também o seguem, porque se identificam. Amam suas fraquezas e tiram proveito delas. As deficiências alheias complementam sua força.

Mas o problema é que as pessoas do tipo Perde/Ganha ocultam muitos sentimentos. Um sentimento reprimido nunca morre. É enterrado vivo, e retorna mais tarde, muito pior. Doenças psicossomáticas, especialmente dos sistemas respiratório, nervoso e circulatório, frequentemente são o retorno do ressentimento acumulado, dos desapontamentos profundos e das desilusões reprimidas pela mentalidade Perde/Ganha. Raiva ou fúria desproporcional, reações extremadas à menor provocação e o cinismo constituem representações das emoções contidas.

As pessoas que se reprimem constantemente, incapazes de elevar os sentimentos a um patamar mais alto, descobrem que isso afeta seu amor-próprio e acaba por prejudicar a qualidade de seu relacionamento com os outros.

Tanto Ganha/Perde quanto Perde/Ganha são posições de fraqueza, baseadas na insegurança pessoal. A curto prazo, o primeiro tipo produz mais resultados, porque se alimenta da força e do talento considerável das pessoas que estão no topo. Já o segundo é uma posição fraca e caótica desde o início.

Muitos executivos, gerentes e pais oscilam de um lado para outro, como um pêndulo, da falta de consideração de Ganha/Perde para a indulgência de Perde/Ganha. Quando não conseguem suportar mais a confusão e a falta de estrutura, as expectativas e a disciplina, eles recorrem ao primeiro — até que a culpa abale sua postura, levando-os de volta para o segunto — até que a raiva e a frustração os conduzam outra vez para o Ganha/Perde.

Perde/Perde

Quando duas pessoas Ganha/Perde se encontram — ou seja, quando dois indivíduos determinados, teimosos, egoístas interagem —, o resultado é o Perde/Perde. Os dois perdem. Os dois se tornam vingativos, e querem a "revanche" ou a "vingança", cegos para o fato de que o assassinato é suicídio, e que a vingança é uma faca de dois gumes.

Sei de um caso de divórcio no qual o marido recebeu ordem do juiz para vender os bens familiares e dar a metade do apurado para a ex-esposa. Obediente, ele vendeu um carro que valia dez mil dólares por cinquenta, dando 25 dólares para a esposa. Quando a mulher protestou, o tribunal checou a situação e descobriu que ele estava agindo da mesma maneira, sistematicamente, com todos os bens da família.

Algumas pessoas se tornam tão centradas no inimigo, tão obcecadas com o comportamento de outra pessoa, que ficam cegas para qualquer coisa que não seja o desejo de prejudicar o outro, mesmo que isso signifique prejuízo para elas. Perde/Perde é a filosofia do conflito, a filosofia da guerra.

Também é a filosofia de uma pessoa dependente, sem orientação interna, que está mal e pensa que todos os outros também devem ficar assim. "Se todos perderem, talvez ser um perdedor não seja tão ruim."

Ganha

Outra alternativa é simplesmente pensar Ganha. Pessoas com essa mentalidade não desejam necessariamente que outras percam. Isso é irrelevante. Só importa para elas conseguir o que pretendem.

Quando não há uma noção de disputa ou competição, Ganha é provavelmente a abordagem mais comum para as negociações cotidianas. Uma pessoa que segue essa mentalidade pensa em termos de garantir seus objetivos — e que os outros se virem sozinhos.

Qual é a melhor opção?

Entre estas cinco filosofias discutidas até aqui — Ganha/Ganha, Ganha/Perde, Perde/Ganha, Perde/Perde e Ganha —, qual é a mais eficaz? A resposta é: "Depende." Se você ganhar um jogo de futebol, isso significa que o outro time perdeu. Se você cuida de uma filial que se encontra a quilômetros de distância de outra filial, sem que exista qualquer relação funcional entre as duas, você pode escolher a competição do tipo Ganha/Perde para incrementar os negócios. Entretanto, você não vai querer criar uma situação desse tipo, como a da "corrida das Bermudas", em uma companhia ou um contexto onde necessite do máximo de cooperação das pessoas ou grupos, para atingir o máximo de sucesso.

Se você valoriza um relacionamento, e a questão não é realmente importante, pode preferir a solução Perde/Ganha, para valorizar verdadeiramente a outra pessoa, em determinadas circunstâncias: "O que eu quero não é tão importante para mim quanto o relacionamento com você. Vamos fazer o que você quer desta vez." Pode-se escolher Perde/Ganha quando o dispêndio de tempo e energia para conquistar uma vitória de qualquer tipo viola outros valores mais importantes. De vez em quando, não vale a pena e pronto.

Há circunstâncias em que você deseja Ganha, e não se preocupa muito com as implicações da vitória para os outros. Se seus filhos estiverem em perigo, por exemplo, você se preocupará apenas marginalmente com as pessoas e circunstâncias. Salvar a vida deles será de importância suprema.

A melhor escolha, portanto, depende da realidade. O desafio é saber entender a realidade acertadamente, e não aplicar qualquer receita em todas as situações.

A maioria das situações, de fato, faz parte de uma realidade interdependente e, neste caso, Ganha/Ganha é a única alternativa viável.

Ganha/Perde não é viável porque, apesar de eu sair aparentemente como vencedor de um confronto com você, seus sentimentos e suas atitudes em relação a mim, bem como o relacionamento, serão prejudicados. Se sou um fornecedor de sua empresa, por exemplo, e saio vencedor em um determinado negócio, por ter conseguido impor minhas condições, terei conseguido o que pretendia desta vez. Mas você vai querer negociar comigo de novo? Minha Vitória a curto prazo representará uma Perda a longo prazo, se eu não conseguir novos contratos no futuro. Assim, uma relação interdependente Ganha/Perde significa, na verdade, Perde/Perde a longo prazo.

Se eu adotar uma postura de Perde/Ganha, você aparentemente terá conseguido o que quer no momento. Mas como isso vai afetar minha atitude no trabalho com você, no cumprimento do contrato? Talvez eu não fique muito ansioso para agradá-lo. Quem sabe as marcas da batalha não me acompanhem nas negociações futuras? A atitude negativa em relação a você e sua empresa pode se espalhar, quando eu me relacionar com outras firmas do mesmo ramo. Estamos, portanto, novamente no Perde/Perde. E Perde/Perde obviamente não é algo viável, em nenhum contexto.

Se eu me concentrar no Ganha, e nem sequer levar em consideração seu ponto de vista, não haverá base alguma para um relacionamento produtivo.

A longo prazo, ambos perderemos, se não houver vitória para os dois. Eis por que Ganha/Ganha é a alternativa real em realidades interdependentes.

Certa vez, trabalhei com um cliente que era presidente de uma grande rede de lojas de varejo, e ele me disse:

— Stephen, esta ideia Ganha/Ganha parece boa, mas é muito idealista. O mundo dos negócios é duro, realista, e não funciona assim. Há Ganha/Perde por todo lado, e se você não jogar este jogo, vai se dar mal.

— Certo — falei. — Tente então o Ganha/Perde com seus fregueses. Isso é realista?

— Bem, não — retrucou.

— Por que não?

— Eu perderia meus fregueses.

— Então, tente o Perde/Ganha; entregue as lojas. Isso é realista?

— Não. Nenhuma margem de lucro, sem missão.

Ao analisarmos as diversas alternativas, Ganha/Ganha parecia ser a única abordagem realista.

— Acho que isso vale para os fregueses — admitiu. — Mas não para os fornecedores.

— Você é o freguês do fornecedor — expliquei. — Por que não se pode aplicar o mesmo princípio?

— Bem, recentemente renegociamos nossos contratos com os proprietários e gerentes do shopping. Adotamos uma atitude de Ganha/Ganha. Fomos abertos, razoáveis, conciliatórios. Mas eles consideraram nossa posição fraca e vacilante, e impuseram exigências absurdas.

— Mas por que vocês agiram pensando em Perde/Ganha? — perguntei.

— Não agimos. A ideia era Ganha/Ganha.

— Pensei que você tinha dito que eles impuseram absurdos.

— Foi o que aconteceu.

— Em outras palavras, vocês perderam.

— Isso mesmo.

— E eles ganharam.

— Certo.

— Então, como se chama?

Quando ele se deu conta de que chamava de Ganha/Ganha o que na verdade era Perde/Ganha, ficou chocado. E, ao examinarmos o impacto a longo prazo disso, os sentimentos reprimidos, os valores confusos e o ressentimento guardado depois da transação, concordamos que realmente havia uma perda para as duas partes, no final.

Se aquele homem adotasse realmente uma atitude Ganha/ Ganha, ele teria mantido o processo de comunicação por mais tempo, ouvido melhor o proprietário do imóvel e depois externado seus pontos de vista com coragem. Teria continuado dentro do espírito Ganha/Ganha, até que uma solução fosse encontrada e deixasse ambos satisfeitos. E esta solução, esta Terceira Alternativa, teria sido sinérgica — provavelmente algo que nenhum dos dois havia pensado sozinho.

Ganha/Ganha ou Nada Feito

Se esses indivíduos não tivessem encontrado uma solução sinérgica — uma saída satisfatória para ambos —, eles teriam procurado uma expressão ainda mais alta do Ganha/Ganha — Ganha/Ganha ou Nada Feito.

Nada Feito significa que se não conseguimos encontrar uma solução mutuamente benéfica, concordamos em discordar amigavelmente — Nada Feito. Nenhuma expectativa foi criada, compromissos de desempenho não foram estabelecidos. Eu não o contrato, ou não assumimos uma determinada tarefa juntos, porque é óbvio que seus valores ou metas seguem em direção contrária aos meus. É muito melhor se dar conta disso logo, em vez de esperar até a hora em que as expectativas tenham sido criadas e ambas as partes se desiludam.

Quando você tem o Nada Feito como opção em mente, surge a sensação de liberdade, porque não há necessidade de manipular as pessoas, de forçar sua agenda, de pressionar para conseguir o que deseja. Você pode jogar limpo. Tentar entender os problemas mais profundos por trás das posições assumidas.

Tendo o Nada Feito como opção, você pode dizer honestamente: "Eu só aceito na base do Ganha/Ganha. Quero ganhar e quero que você também ganhe. Eu não gostaria de levar vantagem e saber que você ficou se sentindo mal por isso, porque mais adiante isso vai acabar ressurgindo e provocar um afastamento. Por outro lado, acho que você não se sentiria bem se as coisas fossem feitas do seu jeito, e eu tivesse de aceitá-las. Sendo assim, vamos procurar o Ganha/Ganha. Vamos até o fundo nesta busca. E se não acharmos nada, vamos concordar que é melhor não fechar negócio do que conviver com uma decisão que não seja boa para ambos. Talvez outro dia a gente consiga achar um ponto comum."

Algum tempo depois de aprender o conceito Ganha/Ganha ou Nada Feito, o presidente de uma empresa de software relatou a seguinte experiência:

— Desenvolvemos um novo software, que vendemos através de um contrato de cinco anos para um banco específico. O presidente do banco estava animado com o programa, mas o pessoal não apoiava sua decisão.

"Um mês depois, o banco trocou de presidente. Este marcou uma reunião comigo para dizer: 'Estou preocupado com esta conversão de programas. Está dando a maior confusão. Meu pessoal diz que não consegue entender o novo programa, e acho que não sou capaz de impor esta mudança no momento.'

"Minha empresa estava enfrentando dificuldades financeiras sérias. Eu sabia que legalmente tinha todo o direito de forçar o cumprimento de contrato. Mas também me convencera da validade do princípio Ganha/Ganha.

"Sendo assim, eu disse a ele: Temos um contrato. Seu banco aceitou nossos produtos e serviços para converter o sistema para este programa. Mas compreendemos que não estejam satisfeitos com isso. Então, gostaríamos de anular o contrato, devolver o depósito e torcer para que, no futuro, quando precisarem de solução para o software atual, nos procurem.

"Literalmente, joguei pela janela um contrato de 84 mil dólares. Estava próximo do colapso financeiro. Mas eu sabia que, a longo prazo, se o princípio fosse válido, eu teria algum retorno, como compensação.

"Três meses depois, o presidente me chamou de novo. 'Agora estou pronto para fazer as modificações no processamento de dados', disse. 'Quero fechar um contrato com vocês.' Ele assinou um contrato de 240 mil dólares."

Qualquer coisa que fuja da solução Ganha/Ganha em uma realidade interdependente é um prêmio de consolação, e provocará um impacto no relacionamento a longo prazo. O custo deste impacto precisa ser cuidadosamente analisado. Se você não consegue chegar a esse ponto de verdade, é melhor, muitas vezes, preferir o Nada Feito.

Ganha/Ganha ou Nada Feito gera uma liberdade emocional imensa no relacionamento familiar. Se os membros da família não conseguem chegar ao consenso sobre um vídeo que todos vão apreciar, podem optar por fazer uma outra coisa — Nada Feito —, em vez de ter alguém aproveitando a noite à custa da frustração dos outros.

Tenho uma amiga cuja família se dedica a cantar em conjunto há vários anos. Quando eram mais jovens, ela escolhia as músicas, fazia as roupas e os acompanhava ao piano, dirigindo a apresentação.

Quando os filhos cresceram, o gosto musical deles começou a mudar, e eles queriam ter maior participação na escolha das canções e das roupas. Não respondiam mais com tanto entusiasmo às orientações da mãe.

Como ela contava com vários anos de experiência musical e conhecia melhor o gosto das pessoas mais velhas, nos asilos em que se apresentavam, não acreditava que a maior parte das sugestões fosse adequada. Ao mesmo tempo, contudo, ela reconhecia a necessidade de expressão e de tomar parte no processo de decisão, por parte dos filhos.

Assim, ela optou pelo Ganha/Ganha ou Nada Feito. Disse a eles que gostaria de chegar a um acordo no qual todos se sentissem à vontade — ou então todos procurariam outras formas de usar seus talentos. Como resultado, todos sentiram que havia espaço para a manifestação dos sentimentos e opiniões ao batalharem para chegar a um entendimento Ganha/Ganha, sabendo que precisavam se entender, ou o vínculo emocional se desfaria.

* * *

A abordagem Ganha/Ganha ou Nada Feito é a mais realista no início de um relacionamento ou projeto profissional. Em uma relação profissional duradoura, o Nada Feito pode deixar de ser uma opção viável, o que pode criar problemas sérios, especialmente no caso de negócios familiares ou empresas iniciadas com base na amizade.

Em um esforço para preservar o relacionamento, as pessoas muitas vezes passam anos fazendo uma concessão depois da outra, pensando Ganha/Perde ou Perde/Ganha, apesar de falarem Ganha/Ganha. Isso cria problemas sérios para as pessoas e para a empresa, particularmente se os competidores operam com base no Ganha/Ganha e na sinergia.

Sem o Nada Feito, muitos negócios se deterioram e fracassam, ou precisam ser passados para administradores profissionais. A experiência mostra que é melhor, ao iniciar um negócio familiar ou com amigos, reconhecer a possibilidade do Nada Feito no futuro, e estabelecer alguma forma de acordo de compra e venda, de modo que o negócio possa prosperar sem danificar permanentemente o relacionamento.

Lógico que existem relações em que o Nada Feito se inviabiliza. Não posso abandonar minha esposa e meus filhos e partir para o Nada Feito (seria melhor, se preciso, fazer concessões; uma forma menor de Ganha/Ganha). Mas, na maioria dos casos, é possível iniciar uma negociação com uma atitude plena de Ganha/Ganha ou Nada Feito. A liberdade desta atitude é incrível.

■ CINCO DIMENSÕES DO GANHA/GANHA

Pensar em Ganha/Ganha é o hábito da liderança interpessoal. Ele envolve o exercício de cada um dos diversos dons humanos — autoconsciência, imaginação, consciência e vontade independente — no relacionamento com os outros. Implica aprendizado mútuo, influência mútua e benefícios mútuos.

Para criar esses benefícios mútuos, exige-se muita coragem, ainda mais se estamos interagindo com pessoas profundamente afetadas pelo Ganha/Perde.

É por isso que este hábito inclui princípios da liderança interpessoal. A liderança interpessoal eficaz exige visão, iniciativa proativa, segurança, orientação, sabedoria e poder que derivam de uma liderança pessoal centrada nos princípios.

O princípio Ganha/Ganha é fundamental para o sucesso de todas as nossas interações, e abrange cinco dimensões interdependentes da vida. Ele começa pelo *caráter*, passando para os *relacionamentos*, dos quais derivam os *acordos*. Ele se alimenta de um meio onde a *estrutura e os sistemas* se baseiam em Ganha/Ganha. E inclui um *processo*. Não conseguimos atingir metas Ganha/Ganha por meios Ganha/Perde ou Perde/Ganha.

O diagrama seguinte mostra como estas cinco dimensões se relacionam umas com as outras.

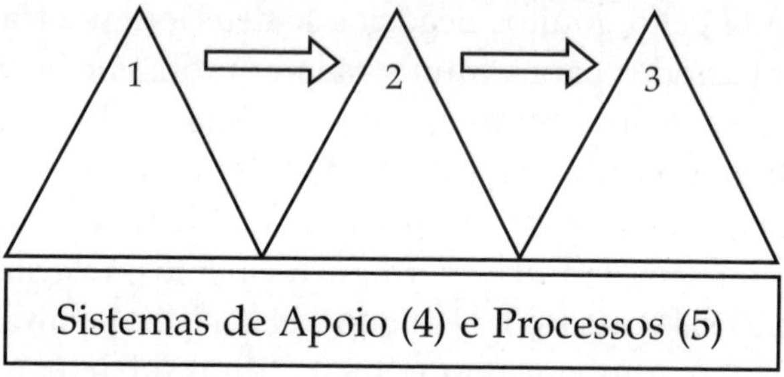

Agora, vamos estudar cada uma das dimensões.

Caráter

O caráter é a base do Ganha/Ganha, e todo o resto se apoia nesta base. Há três traços essenciais do caráter para o paradigma Ganha/Ganha:

Integridade | Já definimos anteriormente a integridade como o valor que damos a nós mesmos. Os Hábitos 1, 2 e 3 nos ajudam a desenvolver e manter a integridade. Quando identificamos nossos valores, organizamos nossa vida e agimos proativamente a partir deles, no dia a dia, desenvolvemos a autoconsciência e a vontade independente, ao fazermos e honrarmos as promessas e os compromissos importantes.

Não existe maneira de caminhar para o Ganha na vida se não tivermos nem ideia do que, no sentido mais profundo, constitui Ganhar. Ou o que está, na verdade, em harmonia com nossos valores mais centrais. E se não pudermos fazer e honrar compromissos conosco e com os outros, nossos compromissos perdem o sentido. Sabemos disso. Os outros também. Eles percebem a ambiguidade e recuam. Não há uma base para a confiança, e o Ganha/Ganha torna-se uma técnica superficial inócua. A integridade é a pedra fundamental do projeto.

Maturidade | A maturidade é *o equilíbrio entre a coragem e a consideração*. Conheci essa definição de maturidade no outono de 1955, mencionada por um professor incrível, Hrand Saxenian, que lecionava na classe de Controle na Harvard Business School. Ele me ensinou o mais apurado, simples, prático e profundo conceito sobre maturidade emocional que já encontrei: "a habilidade de expressar sentimentos e convicções de modo a considerar os pensamentos e emoções das outras pessoas". Como parte de sua pesquisa de doutorado, Hrand Saxenian desenvolveu esse critério ao longo de anos de estudo histórico e de campo. Mais tarde, publicou sua pesquisa original integralmente, com argumentações complementares e sugestões de aplicação, num artigo para a *Harvard Business Review* (janeiro-fevereiro, 1958). Ainda que seja complementar e experimental, a aplicação de Hrand para a palavra "maturidade" difere da utilizada nos 7 Hábitos: "*Continuum* da Maturidade", focada em um processo de crescimento e desenvolvimento que começa na dependência, passa pela independência até alcançar a interdependência.

Se você examinar a maioria dos testes psicológicos utilizados para a contratação, o treinamento e a promoção de funcionários, perceberá que eles foram planejados para avaliar este tipo de maturidade. Seu nome pode ser equilíbrio potencialidade/empatia, equilíbrio autoconfiança/respeito pelos outros; "Eu estou *Ok*/você está *Ok*", na linguagem da análise transacional, ou 9.1, 1.9, 5.5, 9.9, na linguagem de *grid* gerencial, a qualidade procurada é o equilíbrio entre o que chamo de coragem e consideração.

O respeito por esta qualidade está profundamente arraigado na teoria da interação humana, gerenciamento e liderança. Trata-se de uma aplicação profunda do equilíbrio P/CP. Enquanto a coragem se concentra na obtenção dos ovos de ouro, a consideração trata do bem-estar a longo prazo dos outros envolvidos. A tarefa básica da liderança é aumentar o nível e a qualidade de vida de todos.

Muita gente pensa em dicotomias, em termos de oposições. Acham que se você é gentil, não é duro. Mas Ganha/Ganha é algo gentil... e duro. Duas vezes mais duro do que Ganha/Perde. Para agir com base em Ganha/

Ganha, você não somente tem de ser gentil, mas também precisa ser corajoso. Não apenas precisa de empatia, como também de firmeza. Não só necessita de consideração e de sensibilidade, como também precisa de bravura. Fazer isso, adquirindo o equilíbrio entre coragem e consideração, é a essência da maturidade real, a base para o Ganha/Ganha.

Se tenho muita coragem e pouca consideração pelos outros, como vou pensar? Em Ganha/Perde. Tenho força e sou egoísta. Terei a coragem das minhas convicções, mas não demonstrarei muita consideração pelas suas.

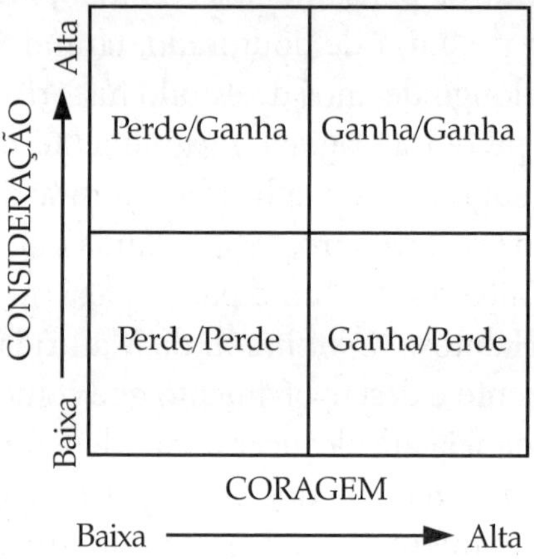

Para compensar minha falta de maturidade interior e minha fraqueza emocional, posso usar a força e o poder de minha posição, ou do tempo de serviço, formação e contatos.

Se tenho muita consideração e pouca coragem, penso em Perde/Ganha. Terei tanto respeito por suas convicções e desejos que não encontrarei coragem para expressar e mostrar os meus.

Tanto coragem quanto consideração altas são essenciais para Ganha/Ganha. O equilíbrio entre as duas caracteriza a verdadeira maturidade. Se eu o possuo, consigo ouvir atentamente, escutar empaticamente. E também posso discordar corajosamente.

Mentalidade de abundância | O terceiro traço essencial de caráter para Ganha/Ganha é a Mentalidade de Abundância, o paradigma que diz haver o bastante para todos.

Muitas pessoas vivem segundo o roteiro daquilo que chamo de Mentalidade de Escassez. Elas encaram a vida como uma fonte limitada, como se só houvesse uma torta disponível. E se alguém pegar um pedaço grande da torta, todos os outros comerão menos. A Mentalidade de Escassez é o paradigma da contagem regressiva na vida.

Pessoas com Mentalidade de Escassez encontram muitas dificuldades em obter reconhecimento, crédito, poder ou lucro — mesmo em relação àqueles que as auxiliam na produção. Elas também têm dificuldade para sentir um prazer genuíno com o sucesso de outras pessoas — até mesmo, ou especialmente, os membros de sua família, amigos íntimos e colegas. Parece que algo lhes é subtraído quando alguém recebe o reconhecimento e os frutos do trabalho ou atinge um sucesso ou uma meta notável.

Apesar de verbalmente expressarem contentamento pelo sucesso alheio, no íntimo morrem de inveja. Seu senso de valor deriva da comparação, e o sucesso dos outros, de certo modo, implica em seu fracasso. Apenas alguns podem ser alunos classe "A". Apenas um pode chegar em "primeiro lugar". "Ganhar" significa apenas "derrotar".

As pessoas com Mentalidade de Escassez abrigam esperanças secretas de que os outros sofram infortúnios — não infortúnios terríveis, mas infortúnios aceitáveis, que os mantenham em seu "devido lugar". Elas estão sempre comparando, sempre competindo. Elas dedicam suas energias a possuir coisas, ou outras pessoas, de forma a aumentar sua noção de valor próprio.

Elas querem que os outros sejam da maneira que estipulam. Com frequência, procuram clones, e se cercam de "vacas de presépio", pessoas que não as desafiam, mais fracas do que elas.

Quem tem uma Mentalidade de Escassez encontra muitas dificuldades em participar de uma equipe que se complementa. Elas consideram a diferença como sinal de insubordinação e deslealdade.

A Mentalidade de Abundância, por outro lado, deriva de um senso profundo de valor e segurança pessoais. Seu paradigma indica que existe o bastante para ser repartido entre todos. Esta atitude resulta em compartilhar prestígio, reconhecimento, lucros e a tomada de decisões. Ela abre as portas para novas possibilidades, opções e alternativas, além de liberar a criatividade.

A Mentalidade de Abundância lança mão da alegria, da satisfação e da realização pessoal dos Hábitos 1, 2 e 3, e as orienta para fora, reconhecendo a individualidade, a força interior e a natureza proativa dos outros. Aceita as possibilidades ilimitadas para o crescimento interativo positivo e para o desenvolvimento, criando Terceiras Alternativas inéditas.

A Vitória Pública não significa a vitória sobre as pessoas. Ela significa uma interação eficaz, que traz resultados mútuos benéficos para todos os envolvidos. Ela é o trabalho em conjunto, a comunicação entre pessoas, gerando coisas que as mesmas pessoas, trabalhando isoladamente, seriam incapazes de criar. A Vitória Pública é uma consequência do paradigma da Mentalidade de Abundância.

Um caráter marcado pela integridade, maturidade e Mentalidade de Abundância tem uma autenticidade que supera os limites das técnicas ou a ausência destas, no que se refere às interações humanas.

Uma das coisas que considero particularmente útil para ajudar pessoas do tipo Ganha/Perde a desenvolver um caráter Ganha/Ganha é a associação com um modelo ou mentor que realmente pense em Ganha/Ganha. Quando as pessoas estão influenciadas por filosofias como Ganha/Perde, e mantêm contato com gente sob a mesma influência, não encontram muitas chances para experimentar a filosofia de Ganha/Ganha na prática. Assim, recomendo que leiam livros adequados, como a inspiradora biografia de Anuar Sadat, *In Search of Identity* [Em busca da identidade], e *Os Miseráveis*, e vejam filmes como *Carruagens de Fogo*, bons exemplos dos modelos de Ganha/Ganha.

Mas lembrem-se: se procurarmos lá no fundo de nós mesmos — para lá das lições interiorizadas, para lá das atitudes e dos comportamentos aprendidos —, a verdadeira validação do princípio Ganha/Ganha, assim como de qualquer outro princípio correto, pode ser encontrada em nossas vidas.

Relacionamentos

A partir da base dada pelo caráter, construímos e mantemos relacionamento Ganha/Ganha. A confiança, a Conta Bancária Emocional, é a essência do Ganha/Ganha. Sem a confiança, o melhor que podemos fazer é ceder. Sem a confiança, falta credibilidade para o aprendizado mútuo, a comunicação e a criatividade real.

Mas, se nossa Conta Bancária Emocional é alta, a credibilidade deixa de ser um problema. Foram feitos depósitos suficientes, de modo que você sabe e eu sei que respeitamos profundamente um ao outro. Estamos centrados nos problemas, não nas personalidades ou posições.

Como confiamos um no outro, somos pessoas abertas. Colocamos nossas cartas na mesa. Apesar de vermos as coisas de formas diferentes, sei que você está disposto a ouvir com respeito quando eu descrever aquela moça para você, e você sabe que eu tratarei sua descrição da velha senhora com o mesmo respeito. Estamos ambos comprometidos com a tentativa de compreender o ponto de vista do outro profundamente, e trabalharmos juntos em busca da Terceira Alternativa, a solução sinérgica, que será a melhor resposta para nós dois.

Um relacionamento onde as contas bancárias são altas e ambos os lados estão profundamente comprometidos com Ganha/Ganha é o território ideal para uma intensa sinergia (Hábito 6). Este relacionamento não torna o problema menos real ou importante, nem elimina as diferenças de perspectiva. Mas elimina a energia negativa focalizada nas diferenças de personalidade e posição, criando uma energia positiva, de cooperação, centrada na compreensão total das questões e em sua solução de um modo mutuamente benéfico.

Mas e se este tipo de relacionamento não está acontecendo? E se você precisa buscar um acordo com alguém que nem sequer ouviu falar em Ganha/Ganha e está envolvido com Ganha/Perde ou outra filosofia?

Lidar com Ganha/Perde é um verdadeiro teste do Ganha/Ganha. O Ganha/Ganha raramente é fácil de ser conquistado, em qualquer circunstância. As questões mais profundas e as diferenças fundamentais precisam ser abordadas. Mas isso fica mais fácil quando os dois lados estão comprometidos com esta atitude e conscientes de sua importância, onde o saldo da Conta Bancária Emocional é alto no relacionamento.

Quando você está lidando com uma pessoa que adota o paradigma Ganha/Perde, o relacionamento ainda é o ponto-chave. O local a ser focalizado é o seu Círculo de Influência. Você realiza depósitos na Conta Bancária Emocional por uma questão de pura cortesia, respeito e apreciação pela pessoa e seus pontos de vista. Despende mais tempo no processo de comunicação. Ouve mais, em profundidade. Mostra seu lado com mais coragem. Evita ser reativo. Vai até o fundo de si para buscar a força e o caráter para ser proativo. Insiste até que a outra pessoa comece a se dar conta de que você procura a solução verdadeiramente vantajosa para ambos. Este processo, em si, é um grande depósito na Conta Bancária Emocional.

E quanto mais forte você for, quanto mais genuíno seu caráter, quanto maior seu nível de proatividade, quanto mais você estiver comprometido com Ganha/Ganha, mais poderosa será sua influência sobre a outra pessoa. Este é o verdadeiro teste da liderança interpessoal. Ele vai além da liderança *transacional*, atingindo a liderança *transformacional*, que modifica os indivíduos envolvidos, bem como o próprio relacionamento.

Como Ganha/Ganha é um princípio que as pessoas podem validar nas próprias vidas, você será capaz de fazer com que a maioria das pessoas perceba que elas vão ganhar mais se lutarem por aquilo que os dois querem. Mas sempre haverá alguns poucos profundamente mergulhados na mentalidade de Ganha/Perde que não conseguirão pensar Ganha/Ganha. Então, lembre-se de que Nada Feito continua existindo como opção. Ou você pode, ocasionalmente, escolher a forma menor de Ganha/Ganha — aceitar.

É importante perceber que nem todas as decisões precisam ser do tipo Ganha/Ganha, mesmo quando o saldo da Conta Bancária Emocional é alto. Mais uma vez, a chave está no relacionamento. Se você e eu trabalhamos juntos, por exemplo, e você chegar para mim dizendo: "Stephen, sei que não vai gostar desta decisão. Não tenho tempo para explicar o que acontece agora, muito menos envolvê-lo. Existe uma boa chance de que você a considere errada. Mesmo assim, posso contar com seu apoio?"

Se tiver uma Conta Bancária Emocional positiva comigo, é óbvio que sim. Eu o apoiarei. E ficarei torcendo para você estar certo e eu, errado. Trabalharei para que sua decisão dê resultados positivos.

Mas, se não existir uma Conta Bancária Emocional, e eu for reativo, não darei apoio algum. Posso até não dizer isso para você, mas pelas costas não mostrarei tanto entusiasmo. Não farei os investimentos necessários para que a coisa dê certo. "Não funciona", direi. "E, agora, o que quer que eu faça?"

Se eu tiver tendência para as reações extremadas, posso até torpedear sua decisão e fazer o possível para que todos o sabotem. Ou posso me tornar "maliciosamente obediente" e fazer o que você me pede, sem aceitar as responsabilidades pelos resultados.

Durante os cinco anos em que vivi na Inglaterra, vi o país ficar de joelhos por duas vezes, porque os maquinistas de trem obedeceram maliciosamente a todas as regras e procedimentos previstos nas instruções escritas.

Um acordo representa muito pouco sem o caráter e a base de relacionamento para sustentá-lo em espírito. Sendo assim, precisamos adotar o Ganha/Ganha com um desejo sincero de investir nos relacionamentos que o tornam possível.

Acordos

A partir dos relacionamentos, surgem os acordos que dão a definição e o rumo para Ganha/Ganha. Eles são por vezes chamados de *acordos de desempenho* ou *acordos de sociedade,* mudando o paradigma da interação produtiva da horizontal para a vertical, da supervisão autoritária para a supervisão autônoma, do distanciamento para a parceria no sucesso.

Os acordos desse tipo cobrem um espectro amplo da interação independente. Discutimos uma aplicação importante quando mencionamos a delegação de responsabilidade na história do "Verde e Limpo", no Hábito 3. Os mesmos cinco elementos que enumeramos ali fornecem a estrutura para os acordos Ganha/Ganha entre empregados e empregadores, entre pessoas independentes trabalhando juntas em um projeto, entre grupos de pessoas dispostas a cooperar centradas em um objetivo comum, entre companhias e fornecedores — entre quaisquer pessoas que necessitem interagir para atingir objetivos. Eles criam um caminho eficaz para elucidar e lidar com as expectativas das pessoas envolvidas em qualquer projeto interdependente.

Em um acordo Ganha/Ganha, os cinco elementos seguintes ficam bem explícitos:

> Os *Resultados Desejados* (não métodos) identificam o que deve ser feito e quando.

As *Diretrizes* especificam os parâmetros (princípios, políticas) dentro dos quais os resultados devem ser obtidos.

Os *Recursos* identificam o suporte humano, financeiro, técnico e organizacional disponível para ajudar a atingir os resultados.

A *Administração* define os padrões de desempenho e o tempo de avaliação.

A *Responsabilidade* — boas e más, naturais e lógicas — especificam o que acontecerá como resultado da avaliação.

Estes cinco elementos dão vida própria aos acordos Ganha/Ganha. Um acordo e uma compreensão mútua nestas áreas cria um padrão pelo qual as pessoas podem medir seu sucesso.

A supervisão autoritária tradicional é um paradigma Ganha/Perde. Ela também é resultado de uma Conta Bancária Emocional exaurida. Se você não tem confiança, ou uma visão comum dos resultados pretendidos, tende a pegar no pé, controlar e checar tudo. Falta confiança, portanto, você acha que precisa controlar as pessoas.

Mas se a conta da confiança é alta, qual é seu método? Sair da frente. Desde que você tenha um acordo Ganha/Ganha para garanti-lo e todos saibam exatamente o que é esperado, seu papel passa a ser ajudar e receber os relatórios dos progressos feitos.

É muito mais nobre para o espírito humano permitir que as pessoas julguem a si mesmas do que julgá-las. E em um ambiente de alta confiança, dá muito mais certo. Na maioria dos casos, as pessoas sabem, por intuição, se as coisas estão indo muito melhor do que mostram os relatórios. O discernimento é mais preciso do que a observação ou o relatório.

Treinamento Gerencial Ganha/Ganha

Há muitos anos estive diretamente envolvido em um projeto de consultoria para uma grande instituição bancária, com dezenas de agências. Eles queriam que avaliássemos e aprimorássemos o programa de treinamento de gerentes, uma atividade realizada a partir de um orçamento anual de 750 mil dólares. O programa incluía a seleção de formandos de universidades para estágios de duas semanas em cada um dos diversos departamentos, durante seis meses, para que tivessem uma noção geral do funcionamento da instituição. Eles passavam duas semanas na área de empréstimos industriais, duas semanas em marketing, duas em operações e assim por diante. No final do período de seis meses, eles eram nomeados assistentes da gerência nas diversas agências do banco.

Nossa tarefa era avaliar os seis meses de treinamento formal. Logo no início, percebemos que a parte mais difícil da tarefa era conseguir um quadro nítido dos resultados desejados. Fizemos aos executivos mais graduados a seguinte pergunta: "O que estas pessoas devem saber fazer quando terminarem o treinamento?" As respostas obtidas foram vagas, e muitas vezes contraditórias.

O programa de treinamento lidava com métodos, não com resultados. Por isso, sugerimos que eles fizessem um programa de treinamento piloto, baseado em um paradigma diferente, chamado "instrução controlada pelo aluno". Na realidade, tratava-se de um acordo Ganha/Ganha envolvendo a identificação de objetivos e critérios específicos, que revelariam os progressos realizados e identificariam a orientação, os recursos, a confiabilidade e as consequências que haveria quando os resultados fossem obtidos. A consequência, neste caso, seria a promoção a assistente da gerência, quando receberiam a parte prática do treinamento e um aumento significativo no salário.

Precisamos fazer muita pressão para conseguir definir os objetivos. "O que esperam que eles aprendam sobre contabilidade? E sobre marketing? E sobre empréstimos imobiliários?" Assim percorremos a lista. Eles estabeleceram mais de cem objetivos, que simplificamos, reduzimos e consolidamos, até chegarmos a 39 metas específicas de comportamento, com critérios associados a elas.

Os participantes estavam motivados tanto pela oportunidade quanto pelo salário maior, e se esforçavam para atingir os objetivos o mais rápido possível. Havia um grande prêmio para eles ali, e também para a empresa, pois esta teria assistentes de gerência treinados de acordo com critérios que privilegiavam os resultados, em vez de apenas comparecerem para uma dúzia de atividades desconexas.

Explicamos a diferença entre instrução controlada pelo aluno e instrução controlada pelo sistema aos participantes. Basicamente, dissemos o seguinte: "Estes são os objetivos, e estes, os critérios. Aqui estão os recursos, que incluem aprender um com o outro. Podem ir em frente, portanto. Assim que atingirem os objetivos, serão promovidos a assistentes da gerência."

Eles terminaram em três semanas e meia. Modificar o paradigma de treinamento liberou a motivação e a criatividade de forma espantosa.

Como acontece com muitas mudanças de paradigmas, houve resistências. Quase todos os executivos do alto escalão se recusaram a acreditar naquilo. Quando confrontados com as provas de que os critérios haviam sido atingidos, eles disseram, resumidamente: "Estes rapazes não têm experiência. Eles não possuem prática suficiente para ter o discernimento que esperamos de um assistente de gerência em uma de nossas agências."

Ao conversarmos com eles depois, descobrimos que muitos estavam, na verdade, dizendo: "Nós passamos por tudo aquilo. Por que esses caras vão se dar bem assim?" Mas, óbvio, eles não colocavam as coisas nestes termos. "Falta de experiência" era uma expressão bem mais aceitável.

Além disso, por motivos óbvios (inclusive um orçamento de 750 mil dólares para um programa de seis meses), o departamento pessoal ficou incomodado.

Assim, dissemos: "Muito bem. Vamos estabelecer mais objetivos e critérios vinculados a eles. Mas vamos ficar com o paradigma de instrução controlada pelo aluno." Introduzimos oito novos objetivos, com critérios rígidos, de modo a dar aos executivos a garantia de que os participantes estavam sendo adequadamente preparados para a função de assistentes de gerência nas agências, e continuar a parte prática do programa de treinamento. Depois de participar de algumas reuniões, nos quais esses critérios foram desenvolvidos, diversos executivos afirmaram que os participantes, se atingissem os objetivos, estariam mais bem preparados do que a maioria do pessoal que havia passado pelo programa de seis meses.

Nós havíamos preparado os participantes para enfrentar resistências. Levamos os critérios e objetivos adicionais para eles e dissemos: "Exatamente como esperávamos, a diretoria deseja que vocês atinjam mais alguns objetivos, com critérios de avaliação ainda mais rígidos que os anteriores. Eles nos garantiram, desta vez, que se conseguirem um bom desempenho, serão nomeados assistentes da gerência."

Eles mergulharam no trabalho com uma disposição incrível. Chegaram para os executivos de certos departamentos, como a contabilidade, e disseram basicamente o seguinte:

— Senhor, sou um dos participantes deste novo programa de treinamento, chamado instrução controlada pelo aluno e, pelo que sei, o senhor participou do desenvolvimento dos objetivos e critérios.

"Tenho seis objetivos a cumprir neste departamento específico. Três deles superei com o que aprendi na faculdade. Outro atingi através de um livro que li. Aprendi o quinto com Tom, o rapaz que foi treinado aqui na semana passada. Tenho somente um objetivo ainda a cumprir, e pensei que o senhor, ou alguém de seu departamento, talvez pudesse passar algumas horas comigo e me mostrar como fazer."

Assim, ele passou uma tarde no departamento, em vez de duas semanas.

Os participantes cooperaram uns com os outros, fizeram reuniões de análise do material e acabaram por atingir os objetivos adicionais em uma semana e meia. O programa de treinamento de seis meses se reduziu a cinco semanas, e os resultados foram significativamente melhores.

Este tipo de pensamento pode afetar de modo parecido qualquer área da vida de uma organização, caso as pessoas tenham coragem para explorar alguns paradigmas e se concentrarem em Ganha/Ganha. Sempre fico abismado com os resultados obtidos, tanto para os indivíduos quanto para as organizações, quando pessoas responsáveis, proativas e seguras são deixadas à vontade para cumprir uma tarefa.

Acordo de Desempenho Ganha/Ganha

Criar acordos de desempenho Ganha/Ganha exige mudanças vitais de paradigmas. O foco está concentrado nos resultados, não nos métodos. A maioria de nós tende a supervisionar os métodos. Usamos a delegação de poderes restrita mencionada no Hábito 3, os métodos de administração que utilizei com Sandra quando pedi que tirasse fotos de nosso filho praticando esqui aquático. Os acordos Ganha/Ganha, entretanto, se voltam para os resultados, liberando um potencial humano individual imenso e criando mais sinergia, aumentando a CP no decorrer do processo, em vez de se concentrar exclusivamente na P.

Com a responsabilidade de Ganha/Ganha, as pessoas avaliam a si mesmas. As formas tradicionais de avaliação que os indivíduos realizam são inadequadas e emocionalmente exaustivas. No Ganha/Ganha, as pessoas avaliam a si mesmas usando o critério que elas ajudaram a estabelecer anteriormente. E se as coisas forem benfeitas, as pessoas conseguem fazer isso. Com um acordo Ganha/Ganha de delegação de poderes, um garoto de 7 anos de idade pode dizer a si mesmo se ele está mantendo o gramado "verde e limpo".

Minhas melhores experiências de ensino na universidade se originaram em turmas em que se criou uma compreensão Ganha/Ganha do objetivo à frente. "É isso que estamos tentando conquistar. Estes são os requisitos básicos para alguém tirar A, B ou C. Meu objetivo é colaborar para que todos tirem A. Agora, pensem no que conversamos, analisem bem e ajam conforme sua compreensão das metas que desejam atingir, pois isso é específico de cada um. Então nos reuniremos para falar sobre a nota que desejam e os planos para consegui-la."

O consultor e filósofo administrativo Peter Drucker recomenda o uso de uma "carta administrativa" para registrar a essência dos acordos de desempenho entre os dirigentes e os empregados. Depois de uma profunda e completa discussão das expectativas, orientações e recursos, para assegurar que eles estejam em harmonia com as metas da organização, os empregados escrevem uma carta para a gerência, resumindo a discussão e indicando quando o próximo plano de desempenho ou reunião de revisão terão lugar.

Desenvolver um acordo de desempenho Ganha/Ganha como este é a atividade central da administração. Tendo um acordo firmado, os empregados podem cuidar de si mesmos, a partir das referências deste acordo. O gerente pode então agir como o carro-madrinha em uma corrida. Ele dá início à prova, depois sai do caminho. Seu trabalho, daí em diante, é remover as manchas de óleo.

Quando um chefe se torna o principal assistente de cada um dos subordinados, ele pode aumentar significativamente seu controle. Níveis inteiros de administração e supervisão podem ser eliminados. Em vez de supervisionar seis ou oito, um gerente pode cuidar de vinte, trinta, cinquenta funcionários ou mais.

Nos acordos de desempenho Ganha/Ganha, as consequências são o resultado lógico do desempenho, mais do que uma recompensa ou uma punição arbitrária estabelecida pela pessoa encarregada.

Existem basicamente quatro modalidades de consequência (recompensas e penalidades) que a gerência ou os pais podem controlar — financeiras, psicológicas, de oportunidade e de responsabilidade.

As consequências *financeiras* incluem coisas como a renda, opções de ações, gratificações ou penalidades. As *psicológicas* incluem o reconhecimento, a aprovação, o respeito, a credibilidade ou a perda deles. A não ser que as pessoas estejam lutando apenas pela sobrevivência, a recompensa psicológica com frequência gera mais motivação do que a compensação financeira. A *oportunidade* inclui treinamento, desenvolvimento, estímulo e outros benefícios. A *responsabilidade* tem a ver com visão e autoridade, e ambas podem ser aumentadas ou diminuídas. Os acordos Ganha/Ganha especificam as consequências em uma ou mais áreas, e as pessoas envolvidas sabem disso desde o começo. Assim, ninguém faz apostas no escuro. Tudo está nítido logo de cara.

Além destas consequências pessoais lógicas, também é importante identificar quais são os resultados naturais para a organização. Por exemplo, o que vai acontecer se eu chegar atrasado ao trabalho, ou se eu me recusar a cooperar com os outros, se eu não desenvolver acordos Ganha/Ganha de desempenho razoáveis com meus subordinados, se eu não estabelecer recompensas pelos resultados desejados ou se eu não estimular seu aprimoramento profissional e melhorias na carreira deles.

Quando minha filha fez 16 anos, fizemos um acordo Ganha/Ganha referente ao uso do carro da família. Combinamos que ela deveria obedecer às leis de trânsito e que deveria manter o carro limpo e cuidar da manutenção. Concordamos que ela deveria usar o carro apenas para propósitos responsáveis e servir de motorista para os pais, de modo razoável. E também concordamos que ela desempenharia todas as suas tarefas espontaneamente, sem precisar ser advertida. Estas eram as nossas metas.

Também concordamos que ela pagaria parte das despesas do carro, da gasolina e do seguro. E combinamos que faríamos uma reunião semanal, normalmente no domingo à tarde, para avaliarmos como ela estava se saindo no acordo. As consequências eram óbvias. Enquanto ela cumprisse com sua parte no acordo, poderia usar o carro. Se não cumprisse o combinado, perderia o privilégio, até que mudasse de atitude.

Este acordo Ganha/Ganha criou expectativas desde o início, para ambas as partes. Era bom para ela — poderia usar o carro — e vantajoso para Sandra e para mim. Agora, minha filha poderia cuidar de seu transporte e ajudar no nosso. E não precisaríamos nos preocupar com a manutenção e a limpeza do carro. E tínhamos responsabilidade incluída no trato, portanto eu não precisaria pegar no pé dela ou supervisionar seus métodos. Sua integridade, sua consciência, seu discernimento e sua Conta Bancária Emocional alta cuidariam dela muito melhor. Não seria necessário fazer pressão emocional, tentar supervisionar cada movimento e inventar punições e recompensas na hora, se ela não fizesse as coisas que deveria fazer, em nossa opinião. Tínhamos um acordo Ganha/Ganha, e isso deixava todo mundo mais livre.

Os acordos Ganha/Ganha são capazes de liberar tremendamente as pessoas. Mas, se forem produto de técnicas isoladas, eles não funcionarão. Mesmo que você estabeleça as bases no início, não há maneira de mantê-lo sem a integridade pessoal e um relacionamento baseado na confiança.

Um verdadeiro relacionamento Ganha/Ganha é o resultado do paradigma, do caráter e do relacionamento a partir do qual ele foi feito. Neste contexto, ele define e dirige a interação independente para a qual foi criado.

Sistemas

Ganha/Ganha só pode sobreviver em uma organização quando os sistemas sustentam esta atitude. Se o pensamento é Ganha/Ganha, mas as recompensas são Ganha/Perde, você tem nas mãos um programa destinado ao fracasso.

Basicamente, as recompensas determinam o que se vai obter. Se o objetivo é atingir certas metas e espelhar os valores constantes em sua declaração de missão, então é preciso alinhar o sistema de recompensas com metas e valores. Se não existir tal alinhamento, as ideias não sairão do papel. E você estará na situação do diretor que mencionei anteriormente, que falava em cooperação, mas praticava a competição, ao criar a "corrida das Bermudas".

* * *

Trabalhei durante anos com uma imobiliária de grande porte do Meio-Oeste norte-americano. Minha primeira experiência com ela foi durante um encontro de vendas, onde mais de oitocentos vendedores associados se encontravam para a distribuição anual de prêmios. Era uma sessão destinada a estimular a turma, com direito a banda de música e muita gritaria.

Das mais de oitocentas pessoas presentes, apenas quarenta receberam recompensas por suas *performances* excepcionais, como, por exemplo, "Maior Volume de Vendas", "Maior Número de Vendas", "Comissões Mais Altas" e "Melhores Listagens". Havia muito oba-oba — excitação, gritos, aplausos — em torno da entrega desses prêmios. Não havia dúvida de que aquelas quarenta pessoas haviam *vencido;* mas também havia a certeza paralela de que 760 pessoas haviam *perdido.*

Começamos um trabalho de desenvolvimento educacional e organizacional para alinhar sistemas e estrutura da empresa com o paradigma de Ganha/Ganha. Chamamos as pessoas dos cargos mais baixos para que desenvolvessem tipos de sistemas que pudessem motivá-las. Também as encorajamos a cooperar e a criar sinergia na relação com as outras, de forma que o maior número possível delas pudesse alcançar os resultados desejados em seus acordos de desempenho feitos sob medida.

Na convenção do ano seguinte, havia mais de mil vendedores presentes, e cerca de oitocentos receberam prêmios ou menções. Havia alguns poucos vencedores por comparação, mas o programa se concentrava principalmente em metas estabelecidas pelas próprias pessoas, e em grupos que atingiam objetivos comuns. Não houve necessidade de trazer uma banda de música para alegrar artificialmente o ambiente, nem claque para aplaudir ou um apresentador contratado. Havia um interesse e uma excitação natural muito grandes nas pessoas, porque todos queriam compartilhar sua felicidade com os outros, e as equipes de vendedores comemoravam juntas os prêmios conquistados, que incluíam férias coletivas para a filial inteira premiada.

O fato mais notável é que os oitocentos premiados haviam produzido tanto por cabeça, em termos de volume de vendas e lucros, quanto os quarenta do ano anterior. O espírito de Ganha/Ganha havia aumentado significativamente o número de ovos de ouro, além de ter alimentado a galinha, liberando uma quantidade imensa de energia e talento humanos. A sinergia resultante foi estarrecedora, para a maioria dos envolvidos.

A competição tem seu lugar no mercado, ou em comparação com o resultado do ano anterior — talvez até em relação à outra filial ou pessoa com a qual não haja uma interdependência específica, nenhuma necessidade de cooperação. Mas a cooperação no trabalho é tão importante para a livre empresa quanto a competição no mercado. O espírito de Ganha/Ganha não sobrevive em um ambiente de competição e disputa.

Para que o sistema de Ganha/Ganha funcione, precisa de apoio. Os sistemas de treinamento, de planejamento, de comunicação, financeiro, de informação e compensação — todos precisam se basear nesse princípio.

Realizei trabalhos de consultoria para outra companhia que precisava treinar seu pessoal de relações humanas. O pressuposto oculto era que o problema estava nas pessoas.

O presidente disse: "Vá até qualquer uma das lojas e veja a maneira como é tratado. Eles não passam de anotadores de pedidos. Não fazem a menor ideia de como se aproximar dos fregueses. Não conhecem os produtos e não possuem conhecimento e capacitação em vendas, algo indispensável para criar a união entre o produto e a necessidade."

Fiz isso. Fui a várias lojas. Ele estava certo. Mas eu ainda não encontrara a resposta para a pergunta em minha mente: o que provocava aquela atitude?

— Olhe, somos as pessoas certas para resolver o problema — disse o presidente. — Temos aqui chefes de departamentos que dão o melhor exemplo. Dissemos a eles que seu trabalho é dois terços vendas e um terço administração, e eles estão vendendo mais que os outros. Eu gostaria que você desse algum treinamento para os vendedores.

Aquelas palavras eram um perigo.

— Vamos tentar conseguir mais algumas informações — falei.

Ele não gostou da ideia. "Sabia" qual era o problema, e queria que o treinamento começasse de uma vez. Mas eu insisti, e em dois dias identificamos o problema real. Em função da definição das tarefas e dos sistemas de compensação, os gerentes estavam ficando com o filé.

Eles ficavam no caixa e acabavam responsáveis pelas vendas nos momentos de pouco movimento. No varejo, metade do tempo o movimento é fraco e, na outra metade, frenético. Os gerentes delegavam todos os serviços maçantes — controle de inventário, controle de estoque e limpeza — para os vendedores. Eles ficavam no caixa e faziam as melhores vendas. Era por isso que os chefes de departamento conseguiam um índice maior de vendas.

Assim, mudamos um sistema — o de compensação — e o problema foi corrigido da noite para o dia. Estabelecemos um sistema através do qual os gerentes só ganhavam quando os vendedores ganhavam. Somamos as necessidades e metas dos gerentes às metas e necessidades dos vendedores. E a necessidade de um treinamento de relações humanas subitamente desapareceu. A chave era o desenvolvimento de um sistema Ganha/Ganha de recompensas que fosse verdadeiro.

Em outra ocasião, trabalhei com o diretor de uma empresa que exigia avaliações de desempenho formais. Ele estava frustrado com a avaliação que tinha dado a um gerente em particular.

— Ele merecia três — disse. — Mas eu lhe dei um. — O que significava superior, digno de promoção.

— Por que razão deu um para ele? — perguntei.

— Ele atinge as metas, consegue os números.

— Então, por que pensa que ele merecia três?

— É o modo como age. Ele não liga para as pessoas, passa por cima delas. É um encrenqueiro.

— Ao que parece, ele está focalizado em P, na produção. E é por ela que está sendo recompensado. Mas o que aconteceria se você conversasse com ele sobre o problema, se o ajudasse a entender a importância de CP?

Ele disse que havia tentado isso, sem resultado.

— Então que tal fazer um contrato Ganha/Ganha com ele, no qual ambos aceitariam que dois terços da avaliação viriam de P, os números, e o outro terço viesse de CP, a maneira como as pessoas o veem, o tipo de líder e incentivador das pessoas e equipes que ele é.

— Bem, isso chamaria sua atenção — disse.

* * *

Na maior parte das vezes, o problema está no sistema, não nas pessoas. Se colocamos pessoas boas em sistemas ruins, obtemos resultados ruins. É preciso regar as flores para que elas cresçam.

Quando as pessoas começam a pensar Ganha/Ganha, elas conseguem implantar os sistemas que vão reforçar esta ideia. Conseguem transformar situações desnecessariamente competitivas em momentos de cooperação, e acabam por causar um impacto poderoso com sua eficácia, aumentando tanto P quanto CP.

Nos negócios, os executivos podem alinhar seus sistemas para criar equipes de pessoas produtivas trabalhando juntas para competir contra os padrões externos de desempenho. Nas escolas, os professores podem criar sistemas de avaliação baseados no desempenho individual, no contexto de critérios consensuais, e encorajar os estudantes para que cooperem de modo produtivo e se ajudem para aprender e progredir. Nas famílias, os pais podem mudar o foco da competição para a cooperação. Em atividades como o boliche, por exemplo, podem registrar o escore familiar, e tentar superar a marca anterior. Eles podem definir responsabilidades domésticas com acordos Ganha/Ganha que eliminem as rusgas constantes e deixem os pais livres para fazer apenas o que eles podem fazer.

Um amigo, certa vez, me falou de uma *charge* que leu, onde duas crianças conversavam. Uma delas dizia: "Se a mamãe não nos acordar cedo, vamos chegar atrasados na escola." Estas palavras trouxeram à mente os problemas que surgem quando uma família não está organizada em uma base responsável do tipo Ganha/ganha.

Ganha/Ganha coloca a responsabilidade no indivíduo, que deve conquistar resultados específicos dentro de parâmetros evidentes e recursos disponíveis. Isso torna a pessoa responsável pelo desempenho, avalia os resultados e prevê as consequências, como resultado natural das *performances.* E os sistemas Ganha/Ganha criam o ambiente que apoia e sustenta os acordos de desempenho Ganha/Ganha.

Processos

Não há como atingir metas Ganha/Ganha com métodos Ganha/Perde ou Perde/Ganha. Não se pode dizer: "Você vai pensar Ganha/Ganha, quer queira ou não." O problema, portanto, é como atingir uma solução Ganha/Ganha.

Roger Fisher e William Ury, dois professores de direito de Harvard, realizaram um trabalho notável sobre o que chamaram de abordagem de "princípios", em vez de "posições", em seu livro proveitoso e útil *Getting to Yes* [Como chegar ao sim]. Apesar de as palavras Ganha/Ganha não aparecerem no livro, o espírito e a filosofia por trás dele estão em harmonia com essa abordagem.

Os autores afirmam que a essência da negociação baseada em princípios é separar a pessoa do problema, focalizando interesses e não posições, inventando opções que ofereçam vantagens mútuas e insistência nos critérios objetivos — algum princípio ou padrão externo que ambas as partes possam aceitar.

Em meu trabalho com muitas pessoas e organizações que procuravam soluções do tipo Ganha/Ganha, sugiro que elas se dediquem a um processo em quatro fases:

> Primeiro, ver o problema do ponto de vista do outro. Tentar entender e exprimir as necessidades e preocupações da outra parte, tão bem ou até melhor do que ela mesma pode fazê-lo.
> Segundo, identificar as questões-chave e as preocupações (e não as posições) envolvidas.
> Terceiro, determinar quais resultados seriam uma solução aceitável.
> E quarto, identificar as novas opções possíveis para atingir esses resultados.

Os Hábitos 5 e 6 lidam diretamente com dois dos elementos desse processo, e iremos abordá-los em profundidade nos dois capítulos seguintes.

Mas, neste ponto, é importante ressaltar a natureza integrada do processo de Ganha/Ganha com a própria essência desse estilo. Você só consegue atingir as soluções Ganha/Ganha com processos Ganha/Ganha — os meios e os fins são a mesma coisa.

Essa não é uma técnica de desenvolvimento da personalidade. Trata-se de um paradigma total de interação humana. Deriva de um caráter íntegro, da maturidade e da Mentalidade de Abundância. Alimenta-se dos relacionamentos com alto nível de confiança. Pode ser identificado nos acordos que eficazmente elucidam e administram as expectativas, bem como os resultados. Depende de sistemas de apoio. E é atingido por meio de um processo que estamos agora mais preparados para analisar, nos Hábitos 5 e 6.

■ SUGESTÕES DE APLICAÇÃO

1. Pense a respeito de uma interação iminente, na qual você vai tentar chegar a um acordo ou negociar uma solução. Comprometa-se a manter um equilíbrio entre a coragem e o respeito.
2. Faça uma lista dos obstáculos que o impedem de aplicar o paradigma de Ganha/Ganha com mais frequência. Determine o que pode ser feito dentro de seu Círculo de Influência para eliminar os obstáculos.
3. Selecione um relacionamento específico no qual você gostaria de chegar a um acordo Ganha/Ganha. Tente se colocar no lugar da outra pessoa e registrar exatamente o que acha ser a solução, na opinião da pessoa. Depois anote, sob o seu ponto de vista, os resultados que constituiriam o Ganha para você. Aborde a outra pessoa e pergunte se ela estaria disposta a conversar com você até que chegassem a um acordo e a uma solução mutuamente benéfica.
4. Identifique relacionamentos-chave em sua vida. Verifique qual é, em sua opinião, o saldo de cada um nas Contas de seu Banco Emocional. Anote as maneiras específicas pelas quais você possa fazer depósitos em cada uma das contas.
5. Medite sobre sua atitude. Ela é Ganha/Perde? Como esta atitude afeta suas interações com outras pessoas? Pode identificar a fonte principal desta atitude? Determine se essas atitudes funcionam ou não em sua realidade atual.
6. Tente identificar um modelo de pensamento Ganha/Ganha que, mesmo em situações difíceis, busque o benefício mútuo. Tente depois observar mais de perto e aprender por meio do exemplo dessa pessoa.

NOVAS REFLEXÕES SOBRE O HÁBITO 4: PENSE GANHA/GANHA

POR SEAN COVEY

Muitos anos atrás, nossa empresa, a FranklinCovey, licenciou nossa propriedade intelectual (PI) para uma pequena empresa de tecnologia que foi autorizada a usá-la em seus produtos. Parecia uma parceria Ganha/Ganha. Eles começariam a usar a nossa PI; nós receberíamos uma contrapartida financeira. As coisas correram bem no início. Depois de alguns anos, porém, sentimos que eles estavam veiculando anúncios de algumas maneiras que prejudicavam nossa marca, e que eram contrárias ao que havíamos combinado inicialmente.

Conversei com nosso parceiro e disse que a empresa precisava reformular seus anúncios, ou eles acabariam perdendo seu licenciamento conosco. Em vez de cooperar, ele respondeu: "Não mudaremos nada no formato de nossos anúncios, pois não estamos fazendo nada de errado. Na verdade, é sua empresa que está violando o acordo."

Não consegui acreditar em sua ousadia. Conversei com nossa equipe de gestão. Eles acharam que era muito arriscado continuar com a parceria e que precisávamos recuperar a nossa PI. Em seguida, tentei negociar um acordo com a empresa, mas as discussões foram rapidamente interrompidas e a confiança ficou abalada. Embora sempre tentemos evitar ir aos tribunais e raramente tenhamos feito isso, sentimos que essa era nossa única linha de ação disponível. Nossa equipe jurídica acreditava que estávamos certos e que ganharíamos o caso.

Em nossa última conversa, um dos proprietários da empresa de tecnologia me disse: "Conheço e respeito sua família há anos, e considero seu tio um grande amigo meu. Sempre achei que vocês eram boas pessoas — até agora."

As palavras dele me afetaram, e comecei a pensar: "O litígio vai nos custar centenas de milhares de dólares. Deve existir uma maneira melhor de resolver isso." Sem nem mesmo saber se ele falaria comigo, procurei-o alguns dias depois e arrisquei: "Ouça, se formos aos tribunais isso vai nos custar muito dinheiro. Você gostaria de se encontrar comigo em particular para ver se podemos encontrar outra solução? Só você e eu, sem os advogados?" Com alguma relutância, ele concordou (ao fazer isso, contrariei a orientação do nosso advogado, que achava que um encontro daquela natureza poderia comprometer o caso nos tribunais. Achei que valia o risco).

No dia seguinte, ele veio a meu escritório. Eu disse: "Minha intenção é encontrar uma solução Ganha/Ganha, com a qual ambos nos sintamos bem. Se não conseguirmos fazer um acordo, podemos brigar nos tribunais. Mas quero tentar. Você também estaria disposto a tentar?"

"Não sei como poderíamos fazer isso, mas sim, vou tentar."

"Ajude-me a entender como você vê a situação", afirmei. Fui até a lousa e anotei tudo o que ele disse, ponto por ponto, até a lista completar cerca de quinze itens. Eu perguntei: "Há mais alguma coisa?" E ele me passou mais algumas questões. Então, eu disse: "Deixe-me examinar cada um desses itens, para ter certeza de que entendo seu ponto de vista", e recapitulei cada uma de suas preocupações, uma de cada vez.

Depois de analisá-las, perguntei: "Você acha que eu o entendi?"

"Sim. Acho."

Naquele momento, o clima na sala mudou. Pela primeira vez, ele se sentiu compreendido. Eu também fiquei impressionado. Agora eu conseguia ver por que ele se sentia daquela maneira e por que acreditava que não estávamos cumprindo nossa parte do acordo.

Então, perguntei: "Você se importaria se eu contasse como vemos a situação?" Anotei todos os nossos pontos na outra metade da lousa. Ele ouviu atentamente, e posso afirmar que entendeu quais eram nossas razões, e que também ficou bastante impressionado. De repente, a energia se tornou positiva e esperançosa, e começamos a nos ver de uma maneira diferente. Houve um entendimento mútuo e completo.

"Agora que nós dois estamos nos entendendo, o que você quer fazer a respeito?", perguntei. Começamos a lançar as ideias com bastante criatividade, e, em cerca de trinta minutos, chegamos a uma solução que agradou a ambos — uma aquisição por um preço justo, com um longo período de transição. Durante a troca de ideias, foi engraçado ver como começamos a defender o ponto de vista um do outro. Acabou sendo uma experiência transformadora que durou menos de duas horas e economizou muito dinheiro para ambos. Não houve mais discussões sobre um processo judicial. Apertamos as mãos e nos despedimos. Uma semana depois ele me ligou, fomos almoçar e nos divertimos muito. Ele me disse: "Sempre soube que você tinha uma família boa."

Até nossa equipe jurídica ficou satisfeita.

■ A MENTALIDADE DE ABUNDÂNCIA – O SEGREDO PARA A FELICIDADE HUMANA

Falando sobre a advocacia, o psicólogo Martin Seligman, da Universidade da Pensilvânia, destacou que os advogados sempre estão entre os profissionais mais bem pagos, superando até mesmo os médicos, embora estejam também entre os mais tristes. Seligman ressaltou que 52 por cento dos advogados se descreveram como insatisfeitos com suas carreiras.

O mais interessante é o que Seligman identifica como a principal razão para esse mal-estar: "O mais profundo de todos os fatores psicológicos que tornam os advogados infelizes é que a lei dos Estados Unidos está se tornando, cada vez mais, um jogo de Ganha/Perde." Ele prossegue, acrescentando que a lei "migrou de uma prática em que o bom aconselhamento sobre justiça e equidade era o bem fundamental para um grande negócio em que honorários, vitórias implacáveis e resultados financeiros são, agora, as principais finalidades".

Devo dizer que conheço muitos advogados saudáveis e felizes, assim como advogados que operam apoiados em um paradigma Ganha/Ganha, portanto não estou tentando pegar no pé deles. O meu ponto, simplesmente, é que sempre que começamos a recorrer a um paradigma contencioso do mundo, ou Ganha/Perde, a energia negativa decorrente dessa escolha pode, realmente, vir a cobrar seu preço.

Pensar Ganha/Ganha é uma atitude em relação à vida que afirma que eu posso vencer e você também. Não sou eu ou você, somos nós dois. Pensar assim é a base para nos relacionarmos bem com outras pessoas. Começa com a crença de que somos todos iguais, de que ninguém é inferior ou superior a ninguém, e de que ninguém precisa ser.

Frequentemente, meu pai falava sobre a importância de se cultivar uma Mentalidade de Abundância — a crença de que existe sucesso suficiente para todos, e de que seu sucesso não anula o meu. Ele sentia que essa mentalidade era um verdadeiro dom, e a base para alcançar as Vitórias Públicas. Como professor universitário, as aulas do meu pai se tornaram tão populares que precisavam ser ministradas na quadra de basquete. Ele enfrentou os ciúmes, a mesquinhez e o afastamento de seus pares. Mas nunca o ouvi depreciar nenhum de seus colegas, nem mesmo os invejosos. Ele sempre tratou o afastamento com abundância. Quando ele abriu uma empresa, a Covey Leadership Center, um dos sócios fundadores tentou dar um golpe, ensaiando expulsar meu pai da empresa que ele próprio havia fundado. O tiro saiu pela culatra. Mas o que me marcou foi como meu pai perdoou, sem quaisquer reservas, o homem que havia tentado derrubá-lo, enquanto todos os demais prefeririam tê-lo mandado para bem longe. Papai não gostava de energia negativa de nenhum tipo, e a evitava como uma praga, dizendo sempre "Não quero ficar obcecado com isso", e encontrando maneiras de pensar positivamente sobre pessoas e situações.

Aprendi o que significava a Mentalidade de Abundância observando como meu pai e seu irmão mais novo, meu tio John, se davam bem. Desde a infância, eles sempre foram leais um ao outro e grandes amigos. Quando meu pai estava na universidade, ele lutava boxe dentro da instituição. Durante uma partida, um adversário bateu nele com tanta força que acabou lhe causando um deslocamento no ombro. Mesmo assim, o adversário continuou desferindo golpes. Tio John pulou no ringue e arrancou o adversário de cima dele, gritando: "Pare de bater no meu irmão! Você não percebeu que ele quebrou o ombro?"

À medida que eles cresciam e criavam seus filhos, era como se eu tivesse dois pais — o meu verdadeiro e o tio John. Meus primos sentiam o mesmo em relação a meu pai. Nunca ouvi nenhum deles dizer nada de negativo sobre o outro. Meu pai alcançou prestígio mundial, o que poderia ter trazido dificuldades para John. Mas em vez de se sentir enciumado ou ameaçado, meu tio ficou genuinamente feliz por ele e considerou todo aquele sucesso como se fosse o dele próprio. A energia positiva que emanava daquela relação tão generosa entre dois irmãos, e transmitida a seus filhos e netos, poderia iluminar uma cidade inteira.

■ GANHA/GANHA É A ÚNICA ALTERNATIVA

Ganha/Perde é uma situação contraproducente, competitiva e bastante orgulhosa. Nas palavras de C. S. Lewis, "O orgulho não se compraz em ter alguma coisa, somente em ter mais do que o próximo. (...) É a comparação que torna uma pessoa orgulhosa: o prazer de estar acima do restante dos seres".

A situação Perde/Ganha também não funciona. É a síndrome do capacho: "Limpe seus pés em mim. Todo mundo faz isso."

Ganha/Ganha é a única alternativa prática.

No entanto, alguns dirão que a abordagem Ganha/Ganha é sinal de fraqueza, e que alguém irá lhe passar a perna se você tentar usá-la em circunstâncias mais árduas nos negócios. Conforme ilustrado na história sobre a propriedade intelectual, não foi essa minha experiência. Alguns anos atrás, a FranklinCovey estava trabalhando com uma empresa de telecomunicações encarregada de instalar cabos em várias cidades ao redor dos Estados Unidos. Na maioria dos casos, as cidades ansiavam pela instalação dos cabos, apesar das interrupções temporárias eventualmente causadas.

Uma grande cidade, no entanto, não foi favorável à ideia. Seus administradores sabiam que, se permitissem que uma empresa de serviços a cabo esburacasse a cidade, teriam de permitir o mesmo para todas as empresas de serviços a cabo que viessem a seguir. Eles não queriam que sua cidade se transformasse em um permanente canteiro de obras.

No fim das contas, as negociações chegaram a um impasse. A cidade não estava disposta a ir adiante, a menos que a empresa lhe pagasse uma taxa. O resultado disso teria sido nenhum acesso a cabo para os cidadãos (uma perda para a cidade) e nenhum acesso para milhares de clientes (uma perda para a empresa). Eles estavam se encaminhando para uma situação Perde/Perde.

Um dos negociadores da empresa de telecomunicações havia passado recentemente pelo treinamento de *Os 7 hábitos* e começou a pensar: "Como podemos transformar isso em uma situação Ganha/Ganha?"

Sob sua liderança, a empresa procurou novamente a administração da cidade e propôs: "Que tal se, quando instalarmos os nossos cabos, também instalarmos cabos para dois ou três futuros fornecedores?

Entregaríamos o acesso a cabo por um custo menor do que o usual. E aí a cidade passaria por obras apenas uma vez."

A cidade adorou a ideia. Os cabos foram instalados. Quando os concorrentes chegaram, ficaram maravilhados ao saber que os acessos já estavam embutidos, e a um custo bastante reduzido. Portanto, a cidade e seus cidadãos ganharam, pois suas ruas não ficaram constantemente esburacadas, e eles conseguiram o cabeamento que queriam. E a concorrência também ganhou, pois instalou seus cabos a taxas mais baixas. Mas a maior vitória foi para a empresa que deu início a tudo: os dois concorrentes acabaram lhe pagando mais do que o custo da instalação original! Ela havia instalado seus cabos de graça e, além disso, ainda conseguiu um dinheirinho extra.

Basta uma pessoa começar a pensar Ganha/Ganha para que todos acabem ganhando. Pensar Ganha/Ganha é sempre a melhor escolha. Em Stanford, Nir Halevy e L. T. Phillips conduziram estudos com estudantes de MBA usando cenários de jogos com mais de 12 milhões de rodadas, demonstrando que estratégias cooperativas produzem significativamente mais lucros do que estratégias competitivas.[5] Eu poderia citar um resultado de pesquisa atrás do outro concluindo a mesma coisa, mas não preciso, pois todos sabemos intuitivamente que é isso o que acontece.

Portanto, pense Ganha/Ganha. Encontre um equilíbrio entre aquilo que você quer e aquilo que os outros querem. Seja corajoso. E atencioso. Pense Ganha/Ganha em casa, com seu cônjuge, parceiro ou filho adolescente. Coloque isso em prática no trabalho, com seu chefe, subordinados e colegas. Vivencie isso com seus fornecedores, parceiros, vendedores e clientes. Se você achar difícil, retorne aos Hábitos 1, 2 e 3. Tenha lucidez quanto as suas motivações e ganhe uma Vitória Particular primeiro. Isso lhe dará força para começar a pensar Ganha/Ganha.

5 Lee, L. (2015, 26 de março). "Negotiating the Big Deal: Cooperation Can Beat Confrontation". Disponível em: <https://www.gsb.stanford.edu/insights/negotiating-big-deal-cooperation-can-beat-confrontation>.

Hábito 5
Procure Primeiro Compreender, Depois Ser Compreendido

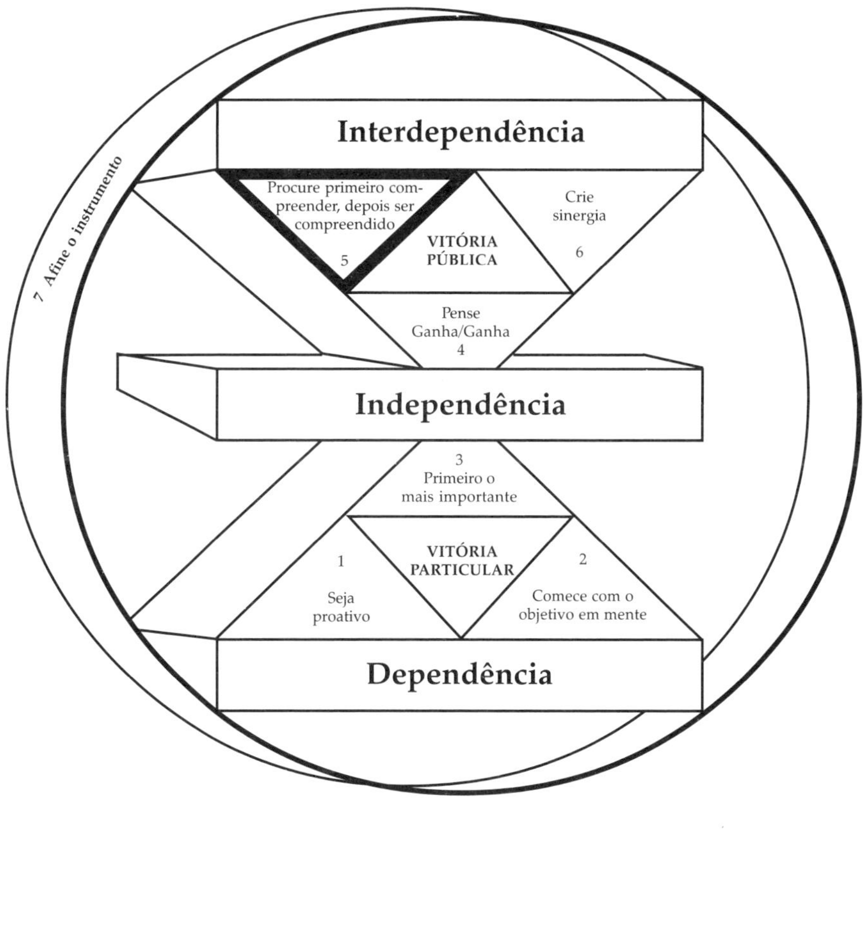

Princípios da Comunicação Empática

O coração tem razões que a própria razão desconhece.

Pascal

Suponha que você tenha um problema na vista e decida ir ao oculista para resolvê-lo. Depois de ouvir rapidamente seus problemas, ele tira os óculos e os entrega a você.

— Use estes — diz ele. — Tenho estes óculos há dez anos, e eles me ajudaram muito. Tenho outro par em casa. Pode ficar com eles.

Você os experimenta, mas os óculos só pioram seu problema.

— Está horrível — reclama você. — Não consigo ver nada.

— Mas o que há de errado? — pergunta o médico. — Para mim, estão ótimos. Tente de novo.

— Estou tentando. Mas vejo tudo embaçado.

— Qual é o problema com você? Pense positivamente!

— Está bem. Positivamente, não enxergo nada!

— Amigo, como você é ingrato! — reclama ele. — Depois de tudo que fiz por você!

Quais as chances de voltar ao mesmo oculista quando precisar novamente de uma consulta? Poucas, imagino. Ninguém tem muita confiança em alguém que receita sem fazer um diagnóstico.

Mas quantas vezes diagnosticamos antes de prescrever, em termos de comunicação?

— Vamos lá, querida, diga como se sente. Sei que é difícil, mas tentarei entender.

— Ah, não sei, mamãe. Acho que é uma coisa tão estúpida.

— Lógico que não é! Pode se abrir comigo. Querida, ninguém se importa tanto com você quanto eu. Estou muito interessada em seu bem-estar. O que a está deixando tão infeliz?

— Sei lá...

— Vamos, querida, o que é?

— Bem, para dizer a verdade, eu não gosto mais de ir à escola.

— O quê? — retruca você, incrédula. — Como assim, não gosta mais de ir à escola? Depois de todos os sacrifícios que fizemos para que tivesse uma boa educação? A instrução é a base do seu futuro. Você tem de se esforçar na escola, como sua irmã faz, e vai se sentir melhor, vai acabar gostando da escola. Já cansei de dizer para você sossegar um pouco. Você é inteligente, mas não se esforça. Tente com mais empenho. Tenha uma atitude positiva.

Pausa.

— Pode continuar. Diga como se sente.

Temos uma tendência forte de atropelar os sentimentos das pessoas, de correr para resolver as coisas através de conselhos. Mas deixamos de reservar algum tempo para o diagnóstico, para tentar compreender verdadeira e profundamente o problema, antes de mais nada.

Se eu fosse resumir em uma frase o princípio isolado mais importante que aprendi no campo das relações interpessoais, diria o seguinte: *Procure primeiro compreender, depois ser compreendido.* Este princípio é a chave para a comunicação interpessoal eficaz.

■ CARÁTER E COMUNICAÇÃO

Neste exato momento você está lendo um livro que eu escrevi. Ler e escrever são formas de comunicação. Assim como falar e ouvir. Na verdade, estes são os quatros tipos básicos de comunicação. Pense no número de horas que você dedica a pelo menos um destes tipos. A habilidade para fazer isso é crítica para sua eficácia.

A comunicação é a habilidade mais importante na vida. Passamos a maior parte de nossas horas de vigília nos comunicando. Mas leve em consideração o seguinte: Você passou anos aprendendo a ler e escrever, anos aprendendo a falar. Mas e quanto a escutar? Qual foi o treino ou a instrução que lhe permite ouvir, de modo que possa compreender real e profundamente outro ser humano, a partir do quadro de referências desse indivíduo?

Comparativamente, poucas pessoas têm um treinamento para ouvir o que quer que seja. E quando isso acontece, o treino costuma ser feito dentro da técnica da Ética da Personalidade, desvinculada do caráter e do relacionamento básico, que são vitais para a compreensão autêntica da outra pessoa.

Se você deseja interagir eficazmente comigo, influenciar meus pensamentos — ou os pensamentos de sua esposa, seu filho, seu vizinho, seu chefe, seu colega, seu amigo —, primeiro precisa compreender. E isso não pode ser feito unicamente com base na técnica. Se eu perceber que você está usando alguma técnica, noto que existe ambiguidade, manipulação. Desconfio dos motivos que o levam a fazer isso. E não me sinto seguro o suficiente para abrir meu coração a você.

A verdadeira chave para sua influência em relação a mim é o exemplo, sua conduta real. Seu exemplo flui com naturalidade de seu caráter, ou do tipo de pessoa que realmente é — e não do que os outros dizem a seu respeito, ou do que gostaria que eu pensasse. Isso é evidente pelo modo como eu o percebo de fato.

Seu caráter se irradia, comunica-se constantemente. A partir dele, a longo prazo, eu passo instintivamente a confiar ou a desconfiar de você e de suas tentativas de se aproximar de mim.

Se sua vida tem altos e baixos, se é às vezes gentil e em outras mordaz, e, acima de tudo, se seu desempenho pessoal não combina com sua atuação pública, fica muito difícil, para mim, abrir meu coração. Neste caso, por mais que eu queira, precise mesmo de seu amor e companheirismo, não me sinto seguro o suficiente para expor minhas opiniões e meus sentimentos mais profundos e revelar as experiências por que passei. Quem sabe o que pode acontecer depois?

Mas, a não ser que eu me abra com você, a não ser que compreenda minha pessoa, e a situação específica e os sentimentos únicos que abrigo, jamais saberá como me aconselhar e ajudar. Pode dizer coisas boas e gentis, mas elas não servirão para mim.

Você pode dizer que gosta de mim e se importa com meu bem-estar. Eu quero desesperadamente acreditar nisso. Mas como pode gostar de mim se nem sequer me entende? A única coisa que tenho são suas palavras, e não confio nas palavras.

Eu estou com muita raiva, na defensiva — quem sabe sentindo culpa e medo —, para ser influenciado, mesmo que no fundo saiba que preciso de seus conselhos.

A não ser que você seja influenciado pelo fato de eu ser uma pessoa única, não serei influenciado por seus conselhos. Então, se deseja ser eficaz no hábito da comunicação interpessoal, não pode tentar fazer isso contando somente com a técnica. Precisa desenvolver a capacidade de ouvir com empatia, com base em um caráter que inspire verdade e disponibilidade. E você precisa abrir uma Conta Bancária Emocional, que crie um intercâmbio entre os corações.

■ OUVIR COM EMPATIA

"Procure primeiro compreender" implica uma mudança profunda no paradigma. Tipicamente, procuramos primeiro que nos compreendam. A maioria das pessoas não consegue escutar com a intenção de compreender. Elas ouvem com a intenção de responder. Elas estão sempre falando ou se preparando para falar. Elas filtram tudo através de seus próprios paradigmas, leem sua autobiografia na vida das outras pessoas.

"Oh! Sei exatamente como se sente!"

"Já passei por isso também. Vou contar o que aconteceu comigo."

Elas estão constantemente projetando suas experiências interiores no comportamento dos outros. Receitam seus óculos para qualquer um com quem se relacionam.

Se elas tiverem um problema com alguém — filho, filha, cônjuge, empregado —, a atitude invariavelmente é: "Eles não me entendem."

Certa vez, um pai me falou:

— Não consigo entender meu filho. Ele não me escuta.

— Vamos repassar o que você acabou de dizer. Você não entende seu filho porque ele não o escuta?

— Isso mesmo.

— Vamos tentar de novo. Você não entende seu filho porque *ele* não escuta o que você diz?

— Foi o que falei — confirmou ele, impaciente.

— Pensei que para entender outra pessoa você precisasse ouvir o que *ela* dissesse — comentei.

— Ah! — Houve uma longa pausa. — Ah! — repetiu, ao começar a entender. — É! Mas eu o entendo. Sei o que está passando. Passei pelas mesmas coisas. Acho que não entendo o motivo de ele não me escutar.

O homem não tinha a menor ideia do que estava acontecendo no íntimo do garoto. Ele olhava para dentro de sua própria cabeça e achava que via o mundo, incluindo seu garoto.

Isso acontece com muitos de nós. Estamos lotados com nossos conceitos, nossa própria biografia. Queremos que nos compreendam. Nossas conversas se tornam monólogos coletivos e nunca entendemos o que realmente se passa com outro ser humano.

Quando outra pessoa fala, estamos normalmente "escutando" em um dos quatro níveis. Podemos estar *ignorando* a outra pessoa, ou seja, não escutamos nada. Podemos fingir que escutamos.

— Sei, sei. Lógico. — Podemos adotar a *escuta seletiva*, ouvindo apenas determinadas partes da conversa. Fazemos isso sempre que ouvimos o falar constante de uma criança em idade pré-escolar. Ou podemos até praticar a *escuta concentrada*, prestando atenção e concentrando a energia nas palavras que estão sendo ditas. Mas poucos praticam o quinto nível, a forma mais elaborada de ouvir, a *escuta empática*.

Quando falo em escuta empática, não estou me referindo às técnicas de ouvir de modo *ativo* ou *passivo*, que basicamente se resumem a repetir o que a outra pessoa disse. Esse tipo de escuta se baseia na habilidade, está desvinculada do caráter e do relacionamento, e com frequência insulta as pessoas que estão sendo "ouvidas". Elas também são essencialmente autobiográficas. Se você praticar estas técnicas, pode não projetar sua autobiografia na interação propriamente dita, mas seus motivos para estar ouvindo são autobiográficos. Você presta atenção usando técnicas de compreensão, mas faz isso com a intenção de responder, controlar e manipular.

Quando eu falo em escuta empática, estou me referindo à escuta com a finalidade de *compreender*. Ou seja, procuro *primeiro compreender*, compreender de verdade. Trata-se de um paradigma completamente diferente.

A escuta empática entra no quadro de referências da outra pessoa. Se você olhar para dentro dele, vê o mundo como ela o vê, compreende seu paradigma, compreende o que ela sente.

A empatia não é igual à solidariedade. Esta é um modo de concordar, uma forma de julgamento. Por vezes, a emoção é a resposta mais apropriada. As pessoas dependem da solidariedade. Tornam-se dependentes dela. A essência da escuta empática não está em concordar com alguém, mas sim em compreender aquela pessoa profundamente, tanto no plano emocional quanto no intelectual.

A escuta empática significa muito mais do que registrar, repetir ou mesmo entender as palavras que estão sendo ditas. Os especialistas em comunicação calculam, na verdade, que apenas dez por cento de nossa comunicação são representados pelas palavras que emitimos. Cerca de trinta por cento são representados pelos sons, e sessenta por cento, pela linguagem corporal. Na escuta empática, você escuta com os ouvidos, mas também, e mais importante, ouve com os olhos e o coração. Você ouve procurando entender o significado, o sentimento. Ouve para descobrir o comportamento. Usa o cérebro direito, assim como o esquerdo. Você sente, intui, percebe.

A escuta empática é poderosa porque lhe dá informações precisas para trabalhar. Em vez de projetar sua autobiografia e presumir pensamentos, sentimentos, motivos e interpretações, você lida com a realidade interna da outra pessoa, o que está no coração e na mente dela. Ouve para compreender. Concentra-se em receber a comunicação mais profunda de outro ser humano.

Além disso, a escuta empática é a chave para se fazerem depósitos na Conta Bancária Emocional, porque nada do que você faz é um depósito, a não ser que a outra pessoa o perceba como tal. Você pode se matar de trabalhar para fazer um depósito, apenas para transformá-lo em uma retirada quando a outra pessoa considera seus esforços manipulativos, intimidatórios, em causa própria ou condescendentes, porque você não entende o que realmente interessa para ela.

A escuta empática é, em e por si só, um imenso depósito na Conta Bancária Emocional. É terapêutica e positiva, porque dá à pessoa um "ar psicológico".

Se todo o ar fosse repentinamente sugado para fora do local onde está agora, o que aconteceria com seu interesse por este livro? Você não ligaria mais para ele, não daria mais a mínima para nada, a não ser para conseguir respirar. Sobreviver seria sua única motivação.

Mas agora que você tem ar, isso não o motiva. Esta é uma das grandes descobertas no campo da motivação humana: *Necessidades satisfeitas não motivam*. Apenas as necessidades insatisfeitas motivam as pessoas. Depois de sobrevivência física, a maior necessidade humana é a sobrevivência psicológica — ser compreendido, se afirmar, receber incentivo, ser amado.

Quando você ouve com empatia o que outra pessoa tem a dizer, está dando ar psicológico àquela pessoa. E depois que esta necessidade vital é satisfeita, você pode se concentrar na solução dos problemas ou nos conselhos que tem a dar.

A necessidade de ar psicológico causa um grande impacto nas comunicações em todas as áreas da vida.

Expliquei este conceito em um seminário que estava dando em Chicago, faz algum tempo, e instruí os participantes a praticar a escuta empática naquela noite. Na manhã seguinte, um homem veio falar comigo, quase explodindo de alegria.

— Sabe o que aconteceu na noite passada? — disse. — Estava tentando fechar uma transação imobiliária empresarial enquanto estava aqui em Chicago. Tive uma reunião com os interessados, seus advogados e um outro corretor imobiliário, que havia feito uma proposta alternativa.

"Tive a impressão de que iria perder o negócio. Estava trabalhando nisso havia seis meses e, literalmente, tinha apostado todas as fichas nessa transação. Todas mesmo. Entrei em pânico. Fiz tudo que pude — recorri a todos os argumentos, usei todas as técnicas de vendas que conhecia. A única coisa que eu poderia fazer era dizer: 'Não podemos pelo menos adiar esta decisão por mais algum tempo?' Entretanto, o momento era tão propício, e eles estavam muito impacientes, pois o processo fora longo demais, que era óbvia a intenção de fecharem negócio ali, naquela hora.

"Sendo assim, eu disse a mim mesmo: 'Bem, por que não tentar? Por que não praticar o que aprendi hoje, e procurar primeiro compreender, e depois ser compreendido? Não tenho mais nada a perder mesmo.' Então, disse para o sujeito: 'Deixe-me ver se entendi qual é sua posição, e quais são suas restrições reais às recomendações que fiz. Quando achar que entendi direito, falaremos sobre a relevância que minha proposta possa ter, ou não.'

"Tentei de verdade me colocar na pele dele. Tentei verbalizar suas preocupações e necessidades, e ele começou a se abrir.

"Quanto mais eu notava e exprimia os pontos que o preocupavam, e os resultados que estava prevendo, mais ele relaxava.

"Finalmente, no meio de nossa conversa, ele se levantou, foi até o telefone, e ligou para a esposa. Falou um pouco e, pondo a mão sobre o bocal, disse para mim: 'Negócio fechado.'

"Fiquei apalermado", o homem que participava do seminário me disse. "Ainda estou meio bobo esta manhã."

Ele havia feito um depósito imenso na Conta Bancária Emocional, ao dar ao outro sujeito o ar psicológico necessário. Na hora da decisão, se as outras coisas têm um peso relativo igual, a dinâmica humana é mais importante do que as dimensões técnicas, em uma negociação.

É difícil primeiro compreender, diagnosticar antes de receitar. É muito mais fácil dar logo um par de óculos que serviram tão bem a você durante esses anos todos para a pessoa necessitada.

Mas, a longo prazo, esta atitude prejudica seriamente tanto a P quanto a CP. Não se pode atingir o máximo da produção interdependente a partir de uma compreensão inadequada da postura das outras pessoas. E não se pode ter uma CP interpessoal — uma Conta Bancária Emocional alta — se as pessoas com quem se relaciona não acreditam que estejam sendo compreendidas.

A escuta empática também é perigosa. Ouvir em profundidade exige um bocado de segurança, porque você se abre às influências. Torna-se vulnerável. É um paradoxo, de certo modo, porque você precisa se dispor a ser influenciado para influenciar. Isso significa que você deve entender.

É por isso que os Hábitos 1, 2 e 3 são tão básicos. Eles lhe dão um centro imutável, o centro nos princípios, com o qual você pode lidar com sua vulnerabilidade exterior com paz e força.

■ DIAGNOSTIQUE ANTES DE PRESCREVER

Apesar de ser arriscado e difícil primeiro compreender (ou diagnosticar) antes de prescrever algo, é um princípio correto que se manifesta em muitas áreas da vida. É a marca registrada de todos os profissionais de verdade. Trata-se de uma atitude fundamental para o oculista, para o médico de verdade. Você não terá confiança no tratamento recomendado por seu médico a não ser que confie no diagnóstico.

Quando nossa filha Jenny tinha apenas dois meses de idade, ela ficou doente. Era sábado, dia do jogo de futebol local que monopolizava as atenções de quase todo mundo. Era um jogo importante — e sessenta mil pessoas presentes no estádio confirmavam isso. Sandra e eu gostaríamos de ter ido, mas não queríamos deixar nossa filhinha. Os vômitos e a diarreia nos preocupavam muito.

O médico havia ido ao jogo. Ele não era o médico da família, mas era o único de plantão. Quando a condição de Jenny piorou, resolvemos pedir ajuda a ele.

Sandra ligou para o estádio e pediu que o chamassem. Era um momento muito importante do jogo, e sentimos o tom impaciente de sua voz.

— Sim — disse ele, brusco. — O que é?

— Aqui é a Sra. Covey, doutor. Estamos preocupados com nossa filha Jenny.

— Qual é o problema?

Sandra descreveu os sintomas e ele disse:

— Está bem. Vou prescrever um medicamento. Qual é a sua farmácia?

Quando desligou, Sandra achou que, na pressa, ela não havia dado todas as informações necessárias. Mas acreditava ter falado as coisas mais importantes.

— Você acha que ele entendeu que Jenny é um bebê? — perguntei a ela.

— Tenho certeza disso — retrucou Sandra.

— Mas ele não é nosso médico. Nunca tratou dela.

— Bem, estou certa de que ele entendeu.

— Você tem coragem de dar o remédio sem ter certeza?

Sandra ficou quieta.

— O que vamos fazer? — perguntou ela.

— Ligar de novo — falei.

— Então é a sua vez — retrucou Sandra.

E lá fui eu. O médico foi chamado novamente.

— Doutor — falei —, quando deu aquela prescrição, o senhor sabia que Jenny tem apenas dois meses de idade?

— Não! Não sabia disso. Foi bom o senhor ter ligado. Vou mudar a prescrição imediatamente.

Se você não tem confiança no diagnóstico, não terá confiança na prescrição.

Este princípio também é verdadeiro em vendas. Um vendedor eficaz primeiro tenta entender as necessidades, as preocupações, a situação do consumidor. O vendedor amador vende produtos. O profissional vende soluções para as necessidades e os problemas. Trata-se de uma abordagem totalmente diferente. O profissional sabe como diagnosticar, como entender. Ele também aprende a relacionar as necessidades das pessoas com seus produtos e serviços. E precisa ter a integridade para dizer "Meu produto ou serviço não atende a esta necessidade", caso isso seja verdade.

Diagnosticar antes de prescrever também é fundamental para o direito. O advogado profissional primeiro reúne os fatos, para entender a situação. Depois estuda as leis e os precedentes, para preparar o caso. Um bom advogado praticamente escreve a parte do advogado oponente antes de redigir a sua.

Isso também vale no design de produtos. Você pode imaginar que alguém em uma companhia diga: "Esse papo de pesquisa com o consumidor é furado. Vamos fazer os produtos e pronto." Em outras palavras, esqueça a compreensão dos hábitos de consumo e da motivação do consumidor — apenas projete os produtos. Não vai funcionar nunca.

Um bom engenheiro vai entender as pressões, as forças em ação, antes de projetar uma ponte. Um bom professor vai tentar conhecer a classe, antes de ensinar. Um bom estudante vai querer entender, antes de aplicar. Um bom pai compreenderá, antes de avaliar ou julgar. A chave para o julgamento correto é a compreensão. Se julgar primeiro, a pessoa nunca vai entender completamente.

Compreender primeiro é um princípio correto e evidente em todas as áreas da vida. Trata-se de um princípio genérico, um denominador comum, embora sua força se concentre na área das relações interpessoais.

■ QUATRO RESPOSTAS AUTOBIOGRÁFICAS

Como ouvimos de modo autobiográfico, temos a tendência de responder conforme um destes quatro modos. Nós *avaliamos* — aprovamos ou desaprovamos; nós *investigamos* — fazemos perguntas a partir de nosso próprio quadro de referências; nós *aconselhamos* — damos conselhos a partir de experiência própria; nós *interpretamos* — tentamos ter uma ideia das pessoas, explicar seus motivos, seu comportamento, a partir de nossos motivos e comportamentos.

Estas respostas vêm naturalmente até nós. Estamos presos a elas. Vivemos a partir dos modelos propostos por elas o tempo inteiro. Mas como elas afetam nossa capacidade para compreender de verdade?

Se estou tentando me comunicar com meu filho, ele pode se sentir livre para se abrir comigo, se eu avalio tudo o que ele diz antes que explique como se sente? Estou dando a ele algum ar psicológico?

É o que ele sente quando eu o investigo? Investigar é ficar fazendo perguntas. É autobiográfico, controla e invade a pessoa. Também é lógico, e a linguagem da lógica é diferente da linguagem do sentimento e da emoção. Você pode ficar fazendo perguntas o dia inteiro, sem descobrir o que é importante para a pessoa. Os testes constantes são um dos principais motivos para o distanciamento entre pais e filhos.

— Como vai indo, filho?

— Tudo bem.

— E aí, o que você tem feito ultimamente?

— Nada.

— Tem alguma coisa legal acontecendo na escola?

— Mais ou menos.

— E quais são seus planos para o final de semana?

— Eu não sei.

Você não consegue que ele largue o telefone, mas o menino só lhe dá respostas monossilábicas. Sua casa é um hotel onde ele come e dorme, pois ele nunca se abre, nunca conversa.

E quando você pensa a respeito, honestamente, por que deveria, se toda vez que ele se abre, sendo tão sensível, você é sutil como um elefante, e entra logo dando conselhos autobiográficos e dizendo: "Eu cansei de avisar."

Vivemos tão profundamente influenciados por este tipo de respostas que nem percebemos quando as utilizamos. Eu ensinei este conceito a milhares de pessoas, em seminários feitos por todo o país, e ele nunca deixou de chocá-las quando representamos situações de escuta empática, e elas finalmente começaram a escutar as próprias respostas típicas. Mas, ao começarem a ver como respondem e a aprender a ouvir com empatia, elas conseguem perceber os resultados dramáticos na comunicação. Para muita gente, *procurar primeiro compreender* torna-se o mais excitante, o mais imediatamente aplicável de todos os 7 Hábitos.

Vamos dar uma olhada no que pode ser considerado um momento típico na comunicação entre um pai e seu filho adolescente. Atentem para as palavras do pai, em comparação às quatro diferentes respostas que acabamos de descrever.

— Puxa, pai, eu estou cheio! Escola é coisa de panaca!

— Qual é o problema, filho? (Investigando.)

— Não presta para nada. Não aprendo coisa alguma.

— Bem, você não consegue ver os benefícios agora, filho. Eu sentia a mesma coisa quando tinha a sua idade. Eu me lembro de que pensava que algumas aulas eram uma grande perda de tempo. Mas essas aulas acabaram se mostrando muito úteis mais tarde. Faça uma força. Espere mais algum tempo. (Aconselhando.)

— Já passei dez anos na escola! Você pode me dizer de que adianta saber quanto é “x” mais “y” se vou ser mecânico de carros?

— Um mecânico de automóveis? Você deve estar brincando! (Avaliando.)

— Não estou, não. Olhe para o Joe. Ele abandonou a escola. E está ganhando um monte de dinheiro. Isso, sim, vale a pena.

— Pode parecer bom agora. Mas daqui a alguns anos Joe vai se arrepender de ter saído da escola. Você não vai querer ser mecânico. E precisa se preparar para tentar algo melhor. (Aconselhando.)

— Não sei. Joe está se dando muito bem.

— Bem, filho, você está realmente se esforçando? (Investigando.)

— Estou há dois anos no ensino médio. Óbvio que estou me esforçando. Mas é perda de tempo.

— Sua escola é bem conceituada, filho. Ponha um pouco de fé nela. (Aconselhando, avaliando.)

— Bem, os outros se sentem do mesmo jeito que eu.

— Você tem ideia dos sacrifícios que sua mãe e eu fizemos para que você chegasse onde está? Você não pode parar agora, quando está quase conseguindo. (Avaliando.)

— Sei que está se sacrificando, pai, mas não vale a pena.

— Bem, quem sabe se você dedicar mais tempo ao estudo e passar menos tempo na frente da TV... (Aconselhando, avaliando.)

— Olha, pai, acho que não vale a pena. Ah... Deixa pra lá! Não quero mais falar nisso.

Obviamente, o pai tinha a melhor das intenções. Queria ajudar. Mas será que ele, em algum momento, procurou entender?

Vamos olhar mais atentamente para o filho — não apenas para suas palavras, mas para seus pensamentos e sentimentos (expressos abaixo entre parênteses) e o possível efeito de algumas respostas autobiográficas de seu pai.

— Puxa, pai, eu estou cheio! Escola é coisa de panaca! (*Quero conversar com você, ter sua atenção.*)

— Qual é o problema, filho? (*Você está interessado. Ótimo.*)

— Não presta para nada. Não aprendo coisa alguma. (*Tenho problemas na escola, e estou me sentindo péssimo lá.*)

— Bem, você não consegue ver os benefícios agora, filho. Eu sentia a mesma coisa quando tinha a sua idade. (*Ah, não! Lá vem o capítulo 3 da biografia do papai. Não era sobre isso que eu queria conversar. Não estou interessado em quantos quilômetros ele tinha de andar na neve sem bota para chegar à escola. Quero falar do meu problema.*) Eu me lembro de que pensava que algumas aulas eram uma grande perda de tempo. Mas acabaram se mostrando muito úteis mais tarde. Faça uma força. Espere mais algum tempo. (*O tempo não vai resolver meu problema. Gostaria de poder dizer isso. Gostaria de poder desabafar.*)

— Já passei dez anos na escola! Você pode me dizer de que adianta saber quanto é "x" mais "y" se vou ser mecânico de carros?

— Um mecânico de automóveis? Você deve estar brincando! (*Ele não vai mais gostar de mim se eu for mecânico. Ele não vai mais gostar de mim se eu sair da escola. Eu preciso justificar o que estou dizendo.*)

— Não estou, não. Olhe para o Joe. Ele abandonou a escola. E está ganhando um monte de dinheiro. Isso, sim, vale a pena.

— Pode parecer bom agora. Mas daqui a alguns anos Joe vai se arrepender de ter saído da escola. (*Ah, não! Lá vem o Capítulo 16, sobre a importância da educação.*) Você não vai querer ser mecânico. (*Como você sabe? Será que você tem alguma ideia do que eu quero?*) E precisa se preparar para tentar algo melhor.

— Não sei. Joe está se dando muito bem. (*Ele não é um fracassado. Ele não terminou o colégio e não é um fracassado.*)

— Bem, filho, você está realmente se esforçando? (*Estamos dando voltas, pai. Se você pelo menos me escutasse. Eu preciso conversar com você sobre algo importante.*)

— Estou há dois anos no ensino médio. Óbvio que estou me esforçando. Mas é perda de tempo.

— Sua escola é bem conceituada, filho. Ponha um pouco de fé nela. (*Maravilha. Agora o assunto é a credibilidade. Eu gostaria de poder conversar sobre o que eu quero.*)

— Bem, os outros se sentem do mesmo jeito que eu. (*Também tenho alguma credibilidade. Não sou nenhum idiota.*)

— Você tem ideia dos sacrifícios que sua mãe e eu fizemos para que você chegasse onde está? (*Pronto. Começou a chantagem emocional. Talvez eu seja mesmo um idiota. A escola é ótima. Meu pai e minha mãe são ótimos. Eu sou um idiota.*) Você não pode parar agora, quando está quase conseguindo.

— Sei que está se sacrificando, pai, mas não vale a pena. (*Você não está entendendo nada.*)

— Bem, quem sabe se você dedicar mais tempo ao estudo, e passar menos tempo na frente da TV... (*O problema não é esse, pai! Não tem nada a ver! Nunca vou conseguir conversar com você direito. Besteira ficar tentando.*)

— Olha, pai, acho que não vale a pena. Ah... Deixa pra lá! Não quero mais falar nisso.

Dá para você ver agora como somos limitados quando tentamos entender outra pessoa com base unicamente nas palavras, especialmente quando olhamos para a pessoa em questão através de nossos próprios óculos? Pode ver como são limitadas nossas respostas autobiográficas para uma pessoa que está genuinamente tentando fazer com que possamos compreender sua experiência de vida?

Jamais será possível entrar de verdade em outra pessoa, ver o mundo como ela o vê, a não ser que se desenvolva o desejo puro de fazer isso, além de usar a força do caráter, e de se ter uma Conta Bancária Emocional positiva, bem como a capacidade para a escuta empática necessária para tanto.

A habilidade é a ponta do iceberg da escuta empática, e abrange quatro estágios de desenvolvimento.

O primeiro e menos eficaz é a *repetição do conteúdo*. Este é o estágio onde se aprende a ouvir de um modo "ativo" ou "reflexivo". Sem o caráter e o relacionamento por trás, tal atitude é um insulto às pessoas, e provoca seu retraimento. Trata-se, contudo, do primeiro estágio, porque pelo menos leva a pessoa a escutar o que está sendo dito.

Repetir o conteúdo é fácil. Você escuta as palavras que saem da boca de alguém e as repete. O uso do cérebro é mínimo.

— Puxa, pai, eu estou cheio! Escola é coisa de panaca.

— Você está cheio. A escola é coisa de panaca.

Você essencialmente repetiu o conteúdo do que foi dito. Não avaliou, investigou, aconselhou ou interpretou. Pelo menos você mostrou que estava prestando atenção nas palavras. Mas, para compreender, é preciso mais.

O segundo estágio da escuta empática é *reestruturar o conteúdo*. Trata-se de um processo um pouco mais eficaz, mas ainda assim restrito à comunicação verbal.

— Puxa, pai, eu estou cheio! Escola é coisa de panaca.

— Você não quer mais ir à escola.

Desta vez, você usou suas palavras para repetir o sentido. Agora está pensando no que foi dito, majoritariamente com o lado esquerdo, o lado lógico, analítico, do cérebro.

O terceiro estágio coloca o cérebro direito em funcionamento. Você *reflete o sentimento*.

— Puxa, pai, eu estou cheio! Escola é coisa de panaca.

— Você está se sentindo muito frustrado.

Neste ponto, você não está prestando mais tanta atenção ao que ele está dizendo, mas sim ao que ele sente em relação ao que está dizendo.

O quarto estágio inclui o segundo e o terceiro. Você *reestrutura o conteúdo* e *reflete o sentimento.*

— Puxa, pai, eu estou cheio! Escola é coisa de panaca.

— Você está realmente frustrado com a escola.

A frustração é o sentimento, a escola, o conteúdo. Você está usando os dois lados de seu cérebro para compreender os dois lado da comunicação.

As coisas que acontecem se você usar o quarto estágio da escuta empática são incríveis. Quando você tenta realmente entender, reestrutura o conteúdo e reflete o sentimento, você está dando a ele um ar psicológico. E também o ajuda a lidar com os próprios sentimentos e pensamentos. À medida que adquire mais confiança em seu desejo sincero de entender e ouvir, a barreira entre o que está acontecendo dentro dele e o que está sendo realmente comunicado a você desaparece. Uma pessoa se abre para a outra. Ela não está mais pensando e sentindo uma coisa e comunicando outra. Ela começa a confiar a você seus sentimentos e pensamentos mais íntimos e preciosos.

— Puxa, pai, eu estou cheio! Escola é coisa de panaca. (*Quero conversar com você, preciso de sua atenção.*)

— Você está realmente frustrado com a escola. (*É isso aí! Sinto isso mesmo.*)

— Sem dúvida. É inútil. Não vou aproveitar nada mesmo.

— Parece que você acha que a escola não está ajudando em nada. (*Deixe-me ver — é isso mesmo que quer dizer?*)

— Bem, mais ou menos. Acho que não estou aprendendo nada que possa me ajudar. Por exemplo, olha o Joe. Ele saiu da escola e agora trabalha com carros. Está ganhando dinheiro. Isso é legal.

— Você acha que Joe fez a coisa certa... (*Bem...*)

— Creio que ele fez, de certo modo. Ele está ganhando um bom dinheiro agora. Mas, daqui a alguns anos, ele talvez se arrependa.

— Você teme que Joe acabe concluindo que tomou a decisão errada.

— Acho que sim. É só olhar para o que ele está deixando de lado. Quer dizer, se a pessoa não tem instrução, não consegue nada no mundo de hoje.

— Instrução é uma coisa importante.

— Ah! Lógico. Se o cara não tem diploma do ensino médio, não consegue um bom emprego, não pode entrar na faculdade. Vai fazer o quê? A gente precisa da escola.

— Ela é importante para seu futuro.

— E como. E... sabe de uma coisa? Estou muito preocupado. Olha, você não vai falar nada para a mamãe, não é?

— Não quer que sua mãe descubra nada.

— Na verdade, não. Sei lá, acho que pode dizer a ela. Ela vai acabar descobrindo mesmo. Olhe, fiz esta prova de leitura hoje. Sabe, pai, eles estão dizendo que eu leio como uma criança do quarto ano. E estou no primeiro ano do ensino médio!

Como a verdadeira compreensão faz uma grande diferença! Todos os bons conselhos do mundo somados não valem nada se a pessoa passar ao largo do verdadeiro problema. E você nunca chegará ao problema se ficar preso a sua autobiografia, a seus paradigmas, se não tirar seus óculos pelo tempo suficiente para ver o mundo de outro ponto de vista.

— Vou levar pau, pai. Acho que vou ser reprovado, então acho melhor sair logo de uma vez. Mas não quero parar de estudar.

— Você parece confuso. Está enfrentando um dilema.

— O que acha que devo fazer, pai?

Ao tentar primeiro compreender o pai transformou uma oportunidade transacional em uma oportunidade transformacional. Em vez de interagir na superfície, na base da comunicação autoritária, ele criou uma situação na qual possui capacidade de transformação, não apenas sobre o filho, como também sobre o relacionamento. E ao deixar de lado a própria autobiografia, procurando compreender o filho, fez um depósito volumoso na Conta Bancária Emocional, que permitiu ao filho se abrir, pouco a pouco, até chegar ao problema real.

Agora, pai e filho estão lado a lado, olhando para o problema, e não mais em lados opostos, olhando um para o outro. O filho está olhando para a autobiografia do pai e pedindo conselhos.

Mesmo quando o pai dá conselhos, contudo, ele precisa continuar atento às mensagens do filho. Enquanto as respostas forem lógicas, o pai pode fazer perguntas eficazmente, e dar conselhos. Mas, no momento em que a atitude se tornar emocional, ele precisa voltar à escuta empática.

— Bem, tenho algumas ideias, e gostaria que as levasse em consideração.

— Dê um exemplo, pai.

— Talvez procurar ajuda especial nas leituras. Talvez eles tenham algum programa de leitura suplementar na escola técnica.

— Já fui ver isso. Preciso dedicar duas noites e o sábado inteiro. É tempo demais!

Ao perceber o conteúdo *emocional* da resposta, o pai volta para a empatia.

— É um preço muito alto a pagar.

— Além disso, eu disse ao pessoal da sexta série que seria o treinador do time deles.

— E não quer deixar o pessoal na mão.

— Mas tem uma coisa, pai. Se eu achar que o curso extra vai ajudar, vou frequentá-lo todas as noites. E arranjo outro para treinar os garotos.

— Você quer ajuda, mas tem dúvidas quanto à eficácia do curso.

— Você acha que isso resolve o problema, pai?

O filho está novamente agindo de modo aberto e *lógico*. Ele está aceitando a experiência do pai novamente. Neste ponto, o pai tem mais uma chance de influenciar e transformar.

Existem momentos em que a transformação não depende de ajuda exterior. As pessoas, com frequência, quando têm uma chance para se abrir, mostram seus problemas, e a solução aparece nítida, no decorrer do processo.

Em outros momentos, elas precisam de uma visão de fora e de auxílio. A chave é buscar verdadeiramente o bem do indivíduo, ouvir com empatia, deixar que a pessoa chegue ao problema e à solução em seu próprio ritmo, na hora certa. Pouco a pouco, como se ela estivesse descascando uma cebola, até chegar ao centro.

Quando as pessoas estão muito tristes, e você quer realmente ouvi-las, com vontade de compreender o que sentem, ficará surpreso com a velocidade com que se abrem. Elas precisam revelar seus sentimentos. As crianças precisam desesperadamente mostrar o que sentem, a seus amigos e familiares. É o que fazem, se sentem que os pais as amam incondicionalmente e serão fiéis a elas sempre, sem julgá-las ou ridicularizá-las.

Se você tenta compreender, sem hipocrisia e sem malícia, haverá momentos em que ficará literalmente abismado com o conhecimento e a compreensão puros que fluirão de você para os outros seres humanos. Nem sempre é necessário falar para "empatizar". Na verdade, às vezes as palavras podem até atrapalhar. Esta é uma razão muito importante para explicar por que as técnicas sozinhas não funcionam. Este tipo de compreensão transcende as técnicas. Estas, isoladamente, só confundem o caminho.

Eu abordei as técnicas de escuta empática porque elas são uma parte importante de qualquer hábito. Nós precisamos dominar as técnicas. Mas gostaria de insistir que as técnicas não são eficazes, a não ser que venham acompanhadas de um *desejo sincero* de compreender. As pessoas se ressentem com qualquer tentativa de manipulação. Na verdade, se você está lidando com pessoas próximas, é melhor dizer a elas o que está tentando fazer.

— Li este livro a respeito de ouvir e da empatia, e fiquei pensando em meu relacionamento com você. Percebi que não estou ouvindo você como deveria. Mas gostaria de fazer isso. Não vai ser fácil. Pode ser que de vez em quando eu não consiga, mas vou tentar. Gosto de você, e quero entendê-la. Espero que me ajude. — Determinar seus motivos é um grande depósito.

Mas se você não estiver sendo sincero, nem tente. Pode criar uma abertura e uma vulnerabilidade que mais tarde se voltarão contra você, no momento em que a pessoa descobrir que não se importa com ela, que não quer ouvir nada e que ela está exposta, aberta e magoada. A técnica, a ponta do iceberg, deve emergir de uma base maciça de caráter, que lhe dá sustentação.

Muita gente reclama que a escuta empática toma muito tempo. Pode ser que tome mais tempo no começo, mas acaba economizando um bocado de tempo futuro. A coisa mais eficaz que você pode fazer, se for um médico e quiser prescrever um tratamento adequado, é diagnosticar corretamente. Você não pode dizer: "Estou com pressa, não tenho tempo para fazer um diagnóstico. Faça este tratamento e pronto."

Eu me recordo de que, certa vez, estava escrevendo em um quarto na costa norte de Oahu, no Havaí. Havia apenas uma brisa suave soprando, e por isso abri duas janelas, uma na frente e outra na lateral — para manter o quarto mais fresco. Tinha um monte de papéis dispostos em cima de uma grande mesa, separados em capítulos.

Repentinamente, a brisa começou a espalhar os papéis por todos os lados. Eu me recordo da sensação angustiante de perda que senti, porque as coisas não estavam mais em ordem, inclusive as páginas ainda não numeradas, e comecei a correr pelo quarto, tentando arrumar tudo. Finalmente, me dei conta de que seria melhor dedicar dez segundos a fechar uma das janelas.

A escuta empática exige tempo, mas exige um tempo muito menor do que o necessário para consertar estragos, desfazer mal entendidos quando já se percorreu um longo caminho, conviver com problemas mal resolvidos e reprimidos e lidar com as consequências de não dar ar psicológico para as pessoas.

Um ouvinte empático atento pode compreender rapidamente o que está acontecendo lá no fundo e mostrar esta compreensão, este entendimento, de forma que as outras pessoas se sintam seguras para abrir seus corações pouco a pouco, até atingir o íntimo, onde se encontram verdadeiramente os problemas.

As pessoas querem ser compreendidas. E qualquer que seja o investimento de tempo necessário para fazer isso, o retorno será muito maior se você trabalhar com uma compreensão correta dos problemas e das questões existentes, bem como com uma Conta Bancária Emocional alta, resultado da compreensão profunda dos sentimentos alheios.

■ COMPREENSÃO E PERCEPÇÃO

À medida que você aprende a entender as outras pessoas, vai descobrir grandes diferenças em sua percepção. Também vai começar a valorizar o impacto que estas diferenças provocam quando as pessoas tentam trabalhar juntas em situações interdependentes.

Você vê a moça. Eu enxergo a velha senhora. E nós dois podemos estar certos.

Você pode olhar para o mundo através de seu centro no cônjuge. Eu o vejo pelas lentes do dinheiro e da preocupação econômica.

Você pode ter sido criado com a mentalidade de abundância. Eu posso seguir a mentalidade de escassez.

Você pode abordar os problemas a partir de um paradigma do cérebro direito, que é visual, intuitivo e holístico. Eu posso ser um típico cérebro esquerdo, muito sequencial, analítico e verbal em minhas abordagens.

Nossas percepções podem ser muito diferentes. E, mesmo assim, nós dois vivemos durante anos, cada um com seus paradigmas, pensando que eles são "fatos", e questionando o caráter ou a competência conceitual de qualquer um que não consiga vê-los como tal.

Bem, com todas as nossas diferenças, estamos tentando trabalhar em conjunto — em um casamento, trabalho, projeto de serviço comunitário — e tentando gerenciar recursos para obter resultados. E como vamos agir? Como vamos transcender os limites de nossas percepções individuais, de forma que possamos nos comunicar em profundidade, de modo que possamos lidar cooperativamente com as questões que temos pela frente e alcançar soluções Ganha/Ganha?

A resposta é o Hábito 5. Trata-se do primeiro passo no processo de Ganha/Ganha. Mesmo quando (e principalmente neste caso) a outra pessoa não adota o mesmo paradigma, é preciso tentar primeiro compreender.

Este princípio funcionou muito bem para um executivo que me relatou a seguinte experiência:

— Eu trabalhava para uma pequena empresa, que passava pelo processo de negociação de um contrato com uma grande rede bancária. A instituição mandou que viessem advogados de São Francisco, um negociador de Ohio e presidentes de dois bancos importantes do grupo para montar um time de negociadores de oito pessoas. A companhia para a qual eu trabalhava havia decidido adotar a postura

Ganha/Ganha ou Nada Feito. Eles desejavam aumentar significativamente o nível dos serviços e seus custos, mas estavam sendo virtualmente sufocados pela quantidade de exigências dessa grande instituição financeira.

"O presidente de nossa companhia se sentou do outro lado da mesa de negociações e disse a eles: 'Gostaríamos que redigissem o contrato da forma que preferirem, de forma que possamos ter certeza de que compreendemos suas necessidades e preocupações. Nós vamos pensar nessas necessidades e preocupações. Depois falaremos de preços.'

"Os membros do comitê de negociação ficaram espantados. Ficaram atônitos com a oportunidade de redigir o contrato. Levaram três dias para fazer uma proposta.

"Quando eles a apresentaram, o presidente falou: 'Agora vamos ver se entendemos o que vocês pretendem.' E começamos a analisar o contrato, reelaborando o conteúdo, refletindo os sentimentos, até termos certeza de que havíamos entendido o que era importante para eles. 'Sim, é isso mesmo. Não, não quisemos dizer exatamente isso aqui... Lógico, agora você entendeu...'

"Depois de compreender o ponto de vista deles, ele começou a explicar algumas preocupações ligadas à sua perspectiva... e eles ouviram. Eles estavam prontos para ouvir. Não brigavam por ar. O que havia começado dentro de uma atmosfera muito formal, com pouca confiança e bastante hostilidade, havia se transformado em um terreno fértil para a sinergia.

"Na conclusão das discussões, os membros do time de negociadores disseram basicamente o seguinte: 'Queremos trabalhar com vocês. Queremos assinar este contrato. Digam qual é o preço e vamos fechar o negócio.'"

■ DEPOIS PROCURE SER COMPREENDIDO

Procure primeiro compreender... *depois ser compreendido.* Saber como ser compreendido é a outra metade do Hábito 5, e é igualmente importante para se atingirem soluções do tipo Ganha/Ganha.

Anteriormente, definimos a maturidade como o equilíbrio entre a coragem e a consideração ou o respeito. Procurar compreender exige consideração, procurar ser entendido requer coragem. Ganha/Ganha exige um alto nível dos dois. Assim, torna-se importante para nós, em uma situação interdependente, que nos compreendam.

Os antigos gregos tinham uma filosofia magnífica, que se encontra embutida em três palavras organizadas em sequência: *etos*, *patos* e *logos*. Acredito que estas palavras abrigam a essência de primeiro compreender para conseguir eficácia no desenvolvimento das ideias e em sua apresentação.

Etos é a sua credibilidade pessoal, a fé que as pessoas têm em sua integridade e sua competência. É a confiança que você inspira, sua Conta Bancária Emocional. *Patos* é seu lado empático — o sentimento. Quer dizer que você está sintonizado com a confiança presente na comunicação da outra pessoa. *Logos* é a lógica, a parte pensada da comunicação.

Notem a sequência: *etos*, *patos*, *logos* — seu caráter, seus relacionamentos e a lógica de sua mensagem. Isso representa outra mudança importante de paradigma. A maioria das pessoas, ao apresentar uma ideia, vai logo de cara para o *logos*, a lógica do cérebro esquerdo. Elas tentam convencer as outras pessoas da validade de sua lógica, sem antes levar em consideração o *etos* e o *patos*.

Tenho um conhecido que ficou muito frustrado porque seu chefe estava preso ao que considerava um estilo de liderança improdutivo.

— Por que ele não faz alguma coisa? — me perguntou ele. — Já falei a respeito, ele está consciente do problema, mas não faz nada.

— Bem, por que você não tenta ser eficaz ao apresentar a questão? — indaguei.

— Eu tentei.

— E como você define a eficácia? Quem eles mandam de volta para a escola quando o vendedor não vende, o freguês? Eficaz quer dizer que funciona, significa P/CP. Você obteve a mudança que pretendia? Você melhorou o relacionamento durante o processo? Quais foram os resultados de sua tentativa?

— Eu já disse, ele não fez nada. Nem me escuta.

— Então faça um discurso *eficaz*. Você precisa mostrar seu ponto de vista objetiva e visualmente, e descrever a alternativa que ele prefere melhor do que ele mesmo. Vai dar trabalho. Vai se dedicar a isso?

— Por que preciso fazer todas essas coisas?

— Em outras palavras, você quer que ele mude completamente seu estilo de liderança mas não está disposto a mudar seus métodos de apresentação?

— Acho que sim.

— Muito bem. Então, sorria e aprenda a conviver com o problema.

— Não consigo conviver com este problema. Afeta minha integridade.

— Certo. Então, dedique-se a trabalhar em uma apresentação eficaz. Isso está contido em seu Círculo de Influência.

No final das contas, ele não fez nada disso. Daria muito trabalho.

Outro conhecido, professor universitário, estava disposto a pagar o preço. Ele veio conversar comigo um dia dizendo:

— Stephen, não consigo os recursos necessários para minha pesquisa, porque o tema não faz parte das prioridades do departamento.

— Se eu fosse você, trabalharia em cima de uma apresentação eficaz, usando *etos*, *patos* e *logos*. Sei que você é sincero e que a pesquisa que deseja fazer trará benefícios imensos. Descreva a alternativa que eles preferem melhor do que eles mesmos. Prove que você a compreende em detalhes. Depois, explique cuidadosamente a lógica que está por trás de seu pedido.

— Bem, vou tentar.

— Quer praticar comigo? — perguntei.

Ele estava disposto, e começamos a ensaiar sua abordagem.

Quando ele foi fazer sua apresentação da proposta, começou dizendo:

— Primeiro, deixe-me ver se compreendo seus objetivos e suas preocupações quanto a este pedido e a esta recomendação.

Ele levou um bom tempo fazendo isso, em uma abordagem gradual. Na metade da apresentação, demonstrando sua profunda compreensão e seu respeito pelo ponto de vista deles, um dos professores mais categorizados falou algo com outro professor, balançou a cabeça, voltou-se para ele e disse: "Você terá seus recursos."

Quando você consegue expor suas ideias com nitidez, objetividade, usando imagens coerentes e, mais importante, dentro de um contexto — o contexto da profunda compreensão dos paradigmas e preocupações dos outros —, você aumenta significativamente a credibilidade de suas próprias ideias.

Você não vive amarrado a seus conceitos, despejando retórica imponente da boca para fora. Consegue compreender de verdade. Aquilo que você diz na hora pode até ser diferente do que havia originalmente pensado, porque, em um esforço de compreensão, você conseguiu aprender coisas também.

O Hábito 5 o leva a aumentar a precisão e a integridade de suas apresentações em público. E as pessoas reconhecem isso. Sabem que você está apresentando as ideias em que acredita, levando em consideração todos os fatos e possibilidades, o que vai beneficiar a todos.

■ UM A UM

O Hábito 5 é poderoso porque está bem no meio de seu Círculo de Influência. Muitos fatores em situações interdependentes se encontram em seu Círculo de Preocupação — problemas, desacordos, circunstâncias e o comportamento de outras pessoas, por exemplo. E se você se concentrar nas energias nas áreas externas, acaba se desgastando, obtendo poucos resultados positivos.

Mas você sempre tem o recurso de compreender primeiro. Isso é algo que se encontra sob seu controle. E ao fazer isso, ao se concentrar no Círculo de Influência, você entende a fundo as outras pessoas. Conta com informações precisas para refletir, chega com rapidez ao fundo do problema, investe em sua Conta Bancária Emocional e dá às pessoas o ar psicológico de que elas precisam, de modo que possam trabalhar de modo eficaz em conjunto com você.

Trata-se da abordagem de dentro para fora. E ao fazer isso, observe o que acontece com seu Círculo de Influência. Como você realmente está ouvindo, torna-se influenciável. E ser influenciável é a chave para influenciar os outros. Seu círculo começa a se expandir. Você aumenta sua capacidade para influenciar muitas coisas dentro de seu Círculo de Preocupação.

E veja só o que acontece com você. Quanto mais você entende as pessoas em profundidade, mais gosta delas, mais respeito sente por elas. Tocar a alma de outro ser humano é pisar em solo sagrado.

O Hábito 5 é algo que você pode praticar agora mesmo. Na próxima vez em que for se comunicar com alguém, pode deixar de lado sua autobiografia e procurar entender de verdade. Mesmo quando as pessoas não querem revelar seus problemas, você pode ser empático. Pode perceber o que se passa no coração delas, pode sentir a mágoa e ajudar. "Você parece meio pra baixo hoje", pode dizer. A pessoa talvez não responda. Não faz mal. Você demonstrou compreensão e respeito.

Não force. Tenha respeito. As pessoas não precisam se confessar verbalmente antes que você "empatize" com elas. Você pode ser empático o tempo inteiro, com seu comportamento. Pode ter discernimento, sensibilidade e consciência de que é possível viver fora de sua autobiografia, quando necessário.

E se você for proativo, pode criar oportunidades para fazer um trabalho preventivo. Não precisa esperar até que seu filho tenha um problema na escola, ou esperar a próxima negociação no trabalho para compreender primeiro.

Dedique algum tempo a seus filhos agora, e ouça o que cada um tem a dizer. Tente compreendê-los. Olhe para a casa onde vivem, para a vida escolar, para os problemas que enfrentam, olhe no fundo dos olhos. Construa a Conta Bancária Emocional. Dê ar para eles.

Saia com sua esposa regularmente. Vá jantar, ou faça algo que os dois gostem. Preste atenção ao que ela diz, procure compreender. Veja a vida sob o prisma dos outros.

Minha vida cotidiana com Sandra é algo que não troco por nada deste mundo. Além de procurarmos o entendimento mútuo, reservamos um tempo para literalmente praticar a escuta empática e suas técnicas, para que estas nos ajudem na comunicação com os filhos.

Com frequência, trocamos impressões sobre as diferentes visões que temos da situação, e buscamos abordagens mais eficazes aos problemas interpessoais familiares mais difíceis, representando a situação.

Eu posso agir como se fosse um filho ou uma filha pedindo um privilégio especial, mesmo não tendo cumprido uma responsabilidade familiar básica, e Sandra faz o papel dela mesma.

Nós interagimos e trocamos de papéis, para visualizar a situação de um modo bem real, de forma a podermos treinar nós mesmos e ter coerência ao dar o exemplo e ensinar os princípios corretos a nossos filhos.

Algumas de nossas representações incluem a revisão de uma dificuldade passada, ou uma cena difícil, na qual um de nós "estragou tudo".

O tempo que você dedica a compreender mais profundamente as pessoas que ama rende dividendos imensos na hora da comunicação sincera. Muitos dos problemas que assolam as famílias e os casamentos não têm tempo para fermentar e crescer. A comunicação se torna tão fácil que os problemas potenciais são eliminados na raiz. E existem grandes reservas de confiança na Conta Bancária Emocional para lidar com os problemas que crescerem.

Nos negócios, você pode dedicar algum tempo a ouvir seus empregados, um a um. Ouça seus problemas, tente entendê-los. Implante um registro dos problemas pessoais, ou arquivo de informações em sua empresa, para obter dados confiáveis, precisos, em todos os níveis: dos clientes, fornecedores e empregados. Torne o elemento humano tão importante quanto o financeiro ou o técnico. Você economiza bastante tempo, energia e dinheiro quando investe nos recursos humanos de qualquer empresa, em todos os níveis. Quando ouve, aprende. E também dá às pessoas que trabalham a seu lado o ar psicológico de que precisam. Você inspira uma lealdade que vai além das exigências burocráticas e físicas do emprego.

Procure primeiro compreender. Antes que os problemas apareçam, antes de avaliar e prescrever, antes de mostrar suas ideias, procure compreender. Trata-se de um hábito poderoso de interdependência eficaz.

Quando procuramos compreender real e profundamente os outros seres humanos, abrimos as portas para soluções criativas e terceiras alternativas. Nossas diferenças não formam mais obstáculos para a comunicação e o progresso. Em vez disso, tornam-se auxiliares da sinergia.

■ SUGESTÕES DE APLICAÇÃO

1. Escolha um relacionamento no qual você perceba que sua Conta Bancária Emocional esteja a descoberto. Tente compreender e descrever a situação por escrito, a partir do ponto de vista da outra pessoa. Na próxima interação, ouça, procurando compreender, comparando o que está escutando com aquilo que escreveu antes. Seus pressupostos eram válidos? Você entendeu mesmo a perspectiva da outra pessoa?

2. Compartilhe o conceito de empatia com alguém próximo a você. Diga a ele, ou a ela, que deseja batalhar para ouvir o que os outros têm a dizer, e peça para que essa pessoa comente as mudanças daqui a uma semana. Como você se saiu? Como essa pessoa se sentiu?
3. Na próxima vez em que você tiver uma oportunidade de observar a comunicação entre pessoas, tampe as orelhas por alguns minutos e apenas observe. Quais são as emoções transmitidas que não dependem das palavras para existir?
4. Da próxima vez em que se pegar usando inadequadamente uma resposta autobiográfica — investigando, avaliando, aconselhando ou interpretando —, tente mudar a situação para um depósito, reconhecendo o erro e pedindo desculpas. (Sinto muito. Acabo de perceber que não estou tentando compreender. Vamos começar tudo de novo?)
5. Baseie sua próxima apresentação em público na empatia. Descreva o ponto de vista dos outros tão bem ou melhor do que os próprios proponentes. Depois, procure fazer com que compreendam seu ponto de vista a partir do quadro de referências deles.

NOVAS REFLEXÕES SOBRE O HÁBITO 5: PROCURE PRIMEIRO COMPREENDER, DEPOIS SER COMPREENDIDO

POR SEAN COVEY

Depois de me formar na escola de negócios, tive de tomar uma decisão difícil. Eu havia recebido uma oferta para ingressar no departamento de Planejamento de Atrações da Disney, em Orlando, talvez o trabalho mais bacana do mundo. Por outro lado, havia recebido também uma oferta para ingressar na empresa que meu pai fundara dez anos antes: o Covey Leadership Center.

Mais ou menos naquela mesma época, acompanhei meu pai enquanto ele ministrava o Hábito 5 a duzentos líderes seniores. Ele falava sobre a habilidade da empatia, ou sobre como reorganizar as informações e espelhar o sentimento do que a outra pessoa está dizendo. Seu argumento era que, se você conseguir aprender a ouvir com empatia, conseguirá ser dez vezes mais eficaz com as pessoas. Para demonstrar isso, ele assumiu o papel de um adolescente que pretendia abandonar a escola, e percorreu a plateia pedindo a vários participantes que representassem o papel do pai do adolescente, e que tentassem escutar empaticamente o que o jovem estava tentando dizer (a mesma dramatização usada neste capítulo, na página 336). Mas aqueles líderes não entenderam a proposta e continuaram demonstrando impaciência uma e outra vez. Sua reação era continuar interrogando, aconselhando ou compartilhando suas autobiografias. Mas meu pai insistiu. Os participantes começaram a ficar frustrados e a se perguntar qual era o propósito daquilo, questionando: "Quem é esse cara e o que ele está tentando provar?" A atmosfera estava no limite do caos. Finalmente, alguém conseguiu retribuir com uma resposta empática, e o papai (ainda se passando pelo filho) desabafou um pouco mais. Em seguida, outra pessoa reagiu com outra resposta empática e a ficha começou a cair.

Aos poucos, conforme eles foram respondendo empaticamente no papel de pai, o meu pai continuou abrindo ainda mais seu coração no papel de filho. Por fim, o verdadeiro problema do filho foi desvendado e resolvido. Foi uma experiência transformadora. Aqueles líderes, todos eles pessoas competentes e realizadas, haviam compreendido a empatia e sua importância pela primeira vez em suas vidas! A atmosfera na sala mudou, do caos para a elucidação. Aqueles líderes nunca mais seriam os mesmos. Recostei-me na cadeira e pensei: Vou trabalhar isso em mim.

Como parece haver muitas dúvidas sobre as particularidades do Hábito 5, neste capítulo pensei em compartilhar as minhas reflexões no formato de Perguntas & Respostas.

Deveríamos usar o Hábito 5 o tempo todo?

Não. Existe uma hora e um lugar para a escuta empática. Use-a quando o assunto for importante, sensível ou realmente pessoal, como, por exemplo, quando um colega estiver precisando de um conselho profissional, ou se você estiver tendo um problema de comunicação com um ente querido. Essas conversas levam tempo e não podem ser feitas de forma apressada. Uma boa regra prática é usar a empatia sempre que as emoções estiverem afloradas. Você não precisa fazer isso em uma conversa casual ou em bate-papos do dia a dia. Se alguém vier até você e perguntar "Onde fica o banheiro? Estou muito apertado", você não precisa responder "Então, se entendi bem, você está precisando mesmo ir ao banheiro".

Por que esse Hábito é tão difícil?

Se você tem dificuldades com esse Hábito, está em boa companhia. De todos os Hábitos, foi contra este que meu pai mais se debateu. Ele costumava brincar: "É difícil ouvir quando você sabe que está certo."

O Hábito 5 é o hábito que a maioria das pessoas pensa executar bem — mas, na realidade, é o mais mal executado. "Sim, acho que sou uma boa ouvinte", dizem elas. Mas, na verdade, elas estão escutando a partir do próprio quadro de referências, e não a partir do quadro de referências da outra pessoa. Elas ouvem com uma agenda prévia e com a intenção de reagir, não de compreender. Nunca conseguem entrar na cabeça dos outros. E desperdiçam muitas coisas, incluindo não detectar as questões centrais e nunca chegar aos corações das pessoas da maneira como poderiam.

A escuta empática fica ainda mais complicada quando se ocupa uma posição de liderança, pois as pessoas tendem a se sujeitar às figuras de autoridade. É por isso que tantos líderes seniores são péssimos ouvintes e falam mais do que qualquer um sempre que estão presentes. O professor Dacher Keltner, da Universidade da Califórnia, cunhou a expressão "paradoxo do poder" para descrever como os líderes ganham influência por meio da empatia e de outras práticas destinadas a servir os outros, mas perdem essas habilidades à medida que vão ganhando mais influência e mais poder. Na verdade, quanto mais alta a posição ocupada na escala, menos empatia os líderes tendem a demonstrar.[6]

Se você exercer um cargo de liderança, faça uma avaliação profunda. Da próxima vez em que participar de uma reunião de equipe, pergunte-se: "Qual a porcentagem de palavras ditas hoje nesta reunião que coube a mim?" Se seis pessoas estavam na sala, e oitenta por cento das palavras tiverem sido ditas por você, isso é um problema.

O meu colega Jay Hudson descobriu como a escuta autobiográfica pode causar sérios mal-entendidos:

Quando trabalhei no Departamento de Correções do Colorado, fiquei sabendo de um incidente que ocorrera entre um sargento e um detento em uma de nossas unidades. O tal infrator estava sendo transferido para outra instituição e, como de praxe, precisava ser submetido a um inventário de bens antes de sua remoção. O sargento responsável pelo levantamento do inventário tinha um problema de fala devido à gagueira. Isso nunca interferira em suas obrigações, e, na verdade, apesar dos desafios, ele era um comunicador excepcional. Porém, quando cheguei à unidade, ele estava extremamente chateado, pois o detento estava zombando dele, fazendo piadas a respeito de sua gagueira.

Voltei, então, minha atenção para o detento e percebi que ele também estava muito chateado, porque o sargento encarregado de fazer o

6 D. Keltner, "Power Paradox: Why Leaders Must Give Away Power to Keep Influence", *Fortune*, 18 de maio de 2016. Disponível em: <https://fortune.com/2016/05/18/power-paradox-influence>.

inventário de seus bens tinha ficado o tempo todo imitando a gagueira do detento. Agora tudo fazia sentido! Tanto o sargento quanto o infrator tinham problemas de fala que os faziam gaguejar! Ambos achavam que estavam sendo ridicularizados pelo outro. Mal sabiam eles que ambos enfrentavam o mesmo desafio. Assim que o sargento percebeu o que havia acontecido, ele foi até o detento, apertou sua mão e se desculpou pelo mal-entendido.

Qualquer pessoa familiarizada com o ambiente correcional sabe que um mal-entendido é capaz de desencadear uma situação volátil com muita rapidez. Compreender primeiro todas as situações é fundamental para preservar a segurança e a proteção de todos.

Você tem dificuldades com esse hábito?
Sim, tenho. Preciso lembrar constantemente de não olhar apenas para dentro de mim e de me colocar no lugar do outro.

Na faculdade, me tornei o quarterback titular da Universidade Brigham Young (BYU), coisa com a qual sempre havia sonhado. Fui para a BYU porque, na época, eles jogavam melhor do que ninguém, e eu adorava jogar. Mas um pouco antes do meu último ano de curso, após dois anos como titular, rompi o ligamento cruzado anterior e precisei fazer uma cirurgia reconstrutiva no joelho, o que, efetivamente, encerrou minha carreira no futebol americano. Eu fiquei arrasado.

Então, depois que me casei e tivemos um filho, decidi lhe ensinar tudo o que eu sabia sobre o papel de um quarterback. Cheguei até a batizá-lo com um nome igual ao meu — Michael Sean. Eu o ensinei como comandar a roda dos jogadores, como ler as defesas, como se manter posicionado e como fazer um passe com profundidade. Gastei incontáveis horas treinando todas as equipes das quais ele participou, do primeiro ciclo do ensino fundamental até o ensino médio. Ele se tornou um jogador muito bom, e as pessoas diziam: "Seu garoto jogou muito bem hoje!" E aquilo me deixava radiante.

Mas, no verão anterior à nona série, Michael Sean veio até mim e, do nada, disse: "Pai, acho que não estou a fim de jogar futebol nesta temporada."

A primeira coisa que saiu da minha boca foi: "Você está falando sério? Você se dá conta de quantos anos passei treinando você?"

"Eu sei. Obrigado. Só acho que não quero jogar."

Como você pode imaginar, fiz tudo o que podia para persuadi-lo, inclusive fazê-lo se sentir culpado, dizendo: "Então, depois de desenvolver todas essas habilidades, você simplesmente quer jogar tudo fora?" Mas nada do que eu falava parecia influenciá-lo.

Alguns dias depois, eu estava trabalhando ao lado de minha equipe na concepção de exercícios para a oficina sobre escuta empática e, de repente, me ocorreu o seguinte: Meu Deus! Não estou fazendo nada disso! Eu tinha sido criado com base nesse conteúdo e tinha escrito um livro sobre isso, mas tinha me esquecido de incorporar esse hábito a minha vida.

Precisei voltar ao início e ganhar uma Vitória Particular. Usando a autoconsciência do Hábito 1, me detive e criei um espaço para escolher minha reação. Percebi como meu ego estava ligado ao sucesso de meu filho. Achei que estava fazendo o que era melhor para ele, mas, na realidade, cheguei à conclusão de que eu estava tentando dar vazão a meus desejos não realizados por intermédio dele.

Passei para o Hábito 2 e pensei: Quero criar um filho ou um jogador? E sabe de uma coisa? Eu estava precisando refletir sobre isso. Eu tinha passado uma década inteira com a esperança de que meu filho se tornasse o melhor quarterback de nosso estado.

Então, estremeci e pensei: *Dãã, óbvio que quero criar um filho.* Eu queria ficar perto dele. Eu queria que ele realizasse os próprios sonhos, não os meus.

Poucos dias depois, a conversa surgiu naturalmente: "Michael Sean, fale-me mais sobre não querer jogar nesta temporada." Desta vez, eu não estava com expectativas. Só queria entendê-lo.

"Não tive uma boa experiência no ano passado."

"Quer dizer que foi um ano difícil para você?"

"Está brincando? Eu fui massacrado! Você não entenderia isso, porque sempre foi alto perto dos caras da sua turma. Mas eu sou bem menor do que todo mundo."

"Você acha que eu não entenderia o que é ser massacrado em um jogo porque eu era alto quando tinha a sua idade e você se sente baixo?"

"Exatamente, pai, e repare só como todo mundo cresceu neste verão, menos eu. Sou cerca de 14 kg mais leve do que todo mundo. Vou ser muito mais massacrado este ano."

"Então você está com medo de jogar e se machucar porque você é muito menor do que os outros?"

A conversa continuou por cerca de dez minutos. Eu não sabia que ele se sentia assim. Eu sabia que ele estava entre os jogadores de menor estatura do time, mas não tinha ideia de como ele havia se sentido agredido no ano anterior e como estava amedrontado em relação ao ano seguinte.

Então, ele disse: "O que você acha que eu deveria fazer, pai?"

Eu havia passado dias tentando persuadi-lo, sem resultado. Porém, depois de dez minutos de comunicação empática, ele estava suscetível a minha influência.

"Acho que você deve fazer o que quiser, Michael Sean. Se quiser jogar, ótimo. E, se não quiser, tudo bem também."

"Sério?", perguntou ele, entusiasmado.

"Sério."

Alguns dias depois, ele me procurou e disse: "Pai, sei que para você estará bom de qualquer jeito, mas vou jogar este ano."

Michael Sean jogou naquele ano e no ano seguinte, mas logo depois teve problemas no tornozelo que demandaram muitas cirurgias, e não pôde mais continuar. Para mim, o fim de sua carreira no futebol não foi nada de mais. O que me importava era que ele havia se transformado em um jovem incrível. Às vezes, pode ser difícil se aproximar dos adolescentes, mas nós fomos bem-sucedidos nesse ponto — no ensino médio, na faculdade e muito além disso. E sempre que ele se deparava com grandes dilemas — estou falando de bravatas como "Devo casar com minha namorada?" —, ele vinha me procurar. Aquele momento poderia ter significado um doloroso ponto de bifurcação no nosso relacionamento, mas, felizmente, foi uma bela encruzilhada, que saberei valorizar para sempre.

Para além de tudo isso, meu sobrinho, Britain Covey, acabou se tornando um premiado jogador de futebol americano universitário — de modo que posso reviver indiretamente meu passado por intermédio dele.

Cada vez mais, nos comunicamos por mensagens e por e-mail. Isso muda alguma coisa nesse hábito?

Sim, definitivamente. Tenho visto isso acontecer na minha equipe o tempo todo. Alguém fica chateado e envia um e-mail em um tom mais severo. A outra pessoa responde com um texto enorme. Então, elas começam a copiar pessoas... e mais pessoas. E eu fico pensando: *Pelo amor de Deus, basta pegar o telefone e conversar sobre isso.*

O uso da tecnologia elimina o tom de voz e as expressões faciais que nos ajudam a "empatizar". Portanto, sempre que estiver lidando com uma questão emocional importante, não envie e-mail nem mensagem. Em algum momento, encontre-se cara a cara com a pessoa, ou, pelo menos, converse sobre isso por telefone. Um emoji não vai resolver.

E se você não conseguir chegar a uma resolução por meio da escuta empática?

Resolver o conflito não é exatamente o objetivo da escuta empática — compreender, sim. Quando eu tinha mais ou menos 14 anos, minha família e eu fomos ao cinema, e fiquei muito irritado. Eu era um entre nove filhos, mas odiava ser carregado para lá e para cá como se fosse apenas mais um número. Eu disse algumas coisas horríveis e magoei a todos. E meu pai, em vez de ficar bravo, me chamou para uma conversa reservada quando chegamos em casa e me perguntou o que estava errado. Fui irresponsável em minha resposta: "Vocês não se importam com ninguém. Não sou como todo mundo na família, e vocês não conseguem me tratar do jeito que eu sou."

O papai poderia ter feito um escândalo por conta disso. Ele poderia ter ficado bravo, ou ter me forçado a pedir desculpas para todos. Em vez de fazer isso, apenas ouviu, refletiu e procurou compreender. Ele não concordou. Ele apenas entendeu. Eu nunca mudei de ideia, mas ele também nunca ficou zangado comigo. Ele apenas deixou minha raiva se dissipar. Tecnicamente, não resolvemos nada, mas por causa de sua aceitação, não senti necessidade de me rebelar depois disso. Analisando em retrospectiva, foi inteligente da parte dele.

Em situações semelhantes, meu pai costumava dizer: "Deixe a energia negativa escapar pelas janelas abertas. Não entre em confronto com ela." Às vezes, seus filhos, cônjuge ou colegas de trabalho farão comentários negativos ou irresponsáveis. Em vez de se opor a isso e tentar resolver o problema, ignore tais comentários. É como dar às pessoas um passe livre para algo que foi dito no calor do momento. Deixe essas palavras saírem voando pela janela, em vez de fechar a janela e fazê-las reverberar pela sala. Vocês dois vão se machucar.

Os Hábitos 4, 5 e 6 parecem se sobrepor. Qual é a diferença entre eles?
Os Hábitos 4, 5 e 6 são diferentes, mas funcionam juntos. Ao longo dos anos, temos ensinado aos alunos a memorizar a raiz, o caminho e o fruto. O Hábito 4: Pense Ganha/Ganha é a base, ou a raiz, dos relacionamentos eficazes. O caminho para chegar lá é colocar em prática o Hábito 5: Procure Primeiro Compreender, Depois ser Compreendido. E o fruto que você produz ao colocar em prática os Hábitos 4 e 5 é a sinergia, o Hábito 6.

Às vezes, quando tento praticar a escuta empática, a outra pessoa sente que estou usando uma técnica.
As pessoas perceberão imediatamente se a escuta empática não for genuína. Você precisa estar imbuído de boas intenções, e não apenas de habilidade.

Ao enfrentar um conflito de relacionamento, a maioria das pessoas continua agindo para alcançar a Vitória Pública. Por exemplo: "O meu cônjuge e eu não estamos nos entendendo bem. Precisamos praticar o Hábito 5." Sim, é possível que isso seja verdade. Mas é possível, também, que vocês ainda não estejam preparados para tal. Como aprendi com meu filho Michael Sean, muitos desafios de relacionamentos só conseguirão ser resolvidos conquistando a Vitória Particular primeiro. É preciso retornar ao Hábito 1 e usar sua autoconsciência, sua consciência, sua imaginação e sua vontade independente para ter consciência quanto as suas motivações. Use o Hábito 2 para visualizar aquilo que você deseja fazer de modo diferente. E, então, faça acontecer por meio do Hábito 3. Buscar primeiro compreender outra pessoa o deixa vulnerável, pois você poderá acabar tomando conhecimento de certas coisas que lhe parecerão hostis. Para que o Hábito 5 seja genuinamente colocado em prática, talvez você precise da segurança emocional oriunda da conquista prévia de uma Vitória Particular.

HÁBITO 6
CRIE SINERGIA

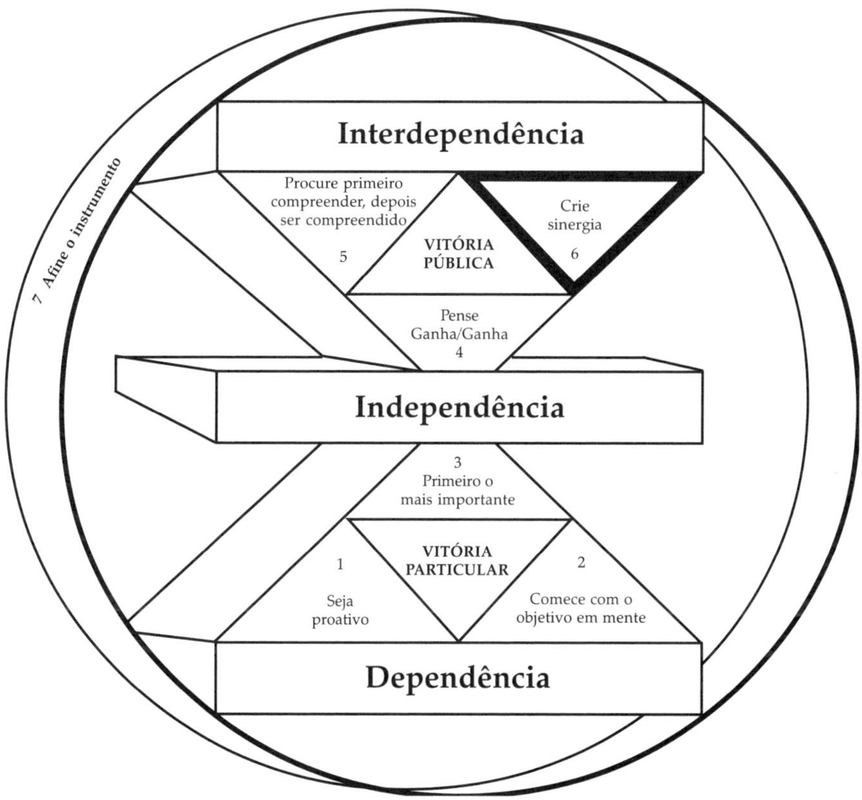

Princípios de Cooperação Criativa

Escolho como guia as palavras de um santo:
nas coisas cruciais, unidade...
nas coisas importantes, diversidade...
em todas as coisas, generosidade.

Discurso Inaugural do Presidente
George Bush

Quando *Sir* Winston Churchill foi chamado para incrementar o esforço de guerra britânico, ele observou que sua vida inteira o havia preparado para aquele momento. De modo similar, o exercício de todos os outros hábitos nos prepara para o hábito da sinergia.

Quando corretamente compreendida, a sinergia é a atividade mais dinâmica de toda a vida — o verdadeiro teste e a manifestação de todos os outros hábitos vistos em conjunto.

As formas mais desenvolvidas da sinergia se concentram nos quatro dons exclusivamente humanos, na motivação Ganha/Ganha e nas habilidades da comunicação empática, para enfrentar os desafios mais difíceis da vida. O resultado é quase milagroso. Criamos novas alternativas — algo que não estava lá antes.

A sinergia é a essência da liderança baseada em princípios. Ela catalisa, unifica e libera os poderes existentes dentro das pessoas. Todos os hábitos que abordamos nos preparam para criar o milagre da sinergia.

O que é sinergia? Em uma definição simples, significa que o todo é maior do que a soma das partes. Significa que a relação estabelecida entre as partes é, em si e por si, também uma parte. Não apenas é uma parte, e sim a parte mais catalítica, mais poderosa, mais unificadora e mais excitante.

O processo criativo também é a parte mais terrível, porque você não sabe o que vai acontecer ou aonde chegará. Não sabe quais os perigos e desafios que encontrará pela frente. Para se ter espírito de aventura, de descoberta e criatividade, é preciso contar com um bocado de segurança interna. Sem dúvida, você precisa deixar o conforto de sua casa e enfrentar a imensidão do desconhecido, totalmente novo. Tornar-se um pioneiro, um descobridor. Abrir novas possibilidades, novos territórios, novos continentes, para que os outros possam segui-lo.

Na natureza, a sinergia está em toda parte. Se você colocar duas plantas lado a lado, as raízes se misturam e melhoram a qualidade do solo, de modo que as duas plantas crescem melhor do que se estivessem separadas. Se você coloca duas peças de madeira juntas, elas aguentarão muito mais do que o peso suportado por cada uma individualmente. O todo é maior do que a soma das partes. Um mais um é igual a três ou mais.

O desafio está em aplicar os princípios de cooperação criativa, aprendidos na natureza, em nossas relações sociais. A vida familiar fornece muitas oportunidades para observar e praticar a sinergia.

A própria maneira como um homem e uma mulher trazem ao mundo uma criança é sinérgica. A essência da sinergia é valorizar as diferenças — respeitá-las, investir nos pontos fortes, compensar as fraquezas.

Obviamente, valorizamos as diferenças físicas entre homens e mulheres, maridos e esposas. Mas, e quanto às diferenças sociais, mentais e emocionais? Essas diferenças não poderiam ser também fontes geradoras de formas novas e excitantes de vida — criando um ambiente verdadeiramente propício para cada pessoa, reforçando o amor-próprio e o respeito de cada um, criando oportunidades para que cada um amadureça, atinja a independência e chegue gradualmente à interdependência? A sinergia não poderia criar um roteiro para a nova geração — uma geração mais voltada para servir e contribuir, que fosse menos protetora, menos antagônica, menos egoísta; uma geração mais aberta, mais confiante, mais confiável; menos defensiva, desconfiada e política; mais amorosa, mais dedicada e menos possessiva e crítica?

■ A COMUNICAÇÃO SINÉRGICA

Quando você se comunica sinergicamente, está abrindo seu coração, sua mente e o modo de expressão para novas possibilidades, novas alternativas e novas opções. Pode parecer que você está deixando de lado o Hábito 2 (Comece com o Objetivo em Mente), mas, na verdade, está fazendo o oposto — indo ao encontro dele. Não tem certeza, ao se engajar na comunicação sinérgica, como as coisas vão se desenvolver, ou como será o final, mas sem dúvida tem uma sensação de excitação, segurança e aventura que o leva a acreditar que tudo será significativamente melhor do que era antes. E este é o fim que você tem em mente.

Você começa com a crença de que as partes envolvidas ganharão mais conhecimento de seu íntimo, e que a excitação do aprendizado mútuo gerará um novo impulso em direção ao aprendizado, à descoberta e ao amadurecimento.

Muitas pessoas jamais experimentaram a sinergia, mesmo em grau moderado, seja na vida familiar, seja em outras interações. Elas foram treinadas e educadas dentro da comunicação defensiva e protetora, para crer que a vida e os outros não são dignos de confiança. Como resultado, elas nunca se abrem para o Hábito 6 e para esses princípios.

Isso constitui uma das maiores tragédias e desperdícios do mundo, porque um potencial imenso continua imobilizado, estático e inútil. As pessoas ineficientes convivem dia após dia com esse potencial mal aproveitado. Elas experimentam a sinergia apenas em campos restritos e periféricos de suas vidas.

Elas podem ter lembranças de algumas experiências criativas inusitadas, talvez nos esportes, quando conseguiram entrar no espírito de um time, por um período determinado. Ou talvez se vissem às voltas com uma situação de emergência, em que as pessoas cooperaram de uma forma anormalmente alta, submetendo o ego e o orgulho ao esforço para salvar a vida de alguém ou superar uma crise.

Para muitos, tais eventos parecem estranhos, quase fora de propósito, afastados da vida, milagrosos. Mas não é assim. Essas coisas podem ser produzidas regularmente, com consistência, quase que todos os dias na vida das pessoas. Mas isso exige uma dose enorme de segurança pessoal e disponibilidade, bem como certo espírito de aventura.

Vários esforços criativos são de certo modo imprevisíveis. Eles parecem ambíguos, vagos ou baseados na tentativa e erro. E a não ser que as pessoas tenham muita tolerância para a ambiguidade, e sintam que sua segurança deriva da confiança nos princípios e nos valores próprios, consideram enervante e desagradável se envolverem em projetos muito criativos. Sua necessidade de estrutura, certezas e previsibilidade é muito alta.

■ SINERGIA NA SALA DE AULA

Como professor, cheguei à conclusão de que muitas das melhores turmas vivem a um passo do caos. A sinergia mostra o quanto professores e alunos estão abertos para o princípio de que o todo é maior que a soma das partes.

Há épocas em que nem o professor nem os alunos sabem o que vai acontecer. No início, existe um ambiente seguro que permite às pessoas se abrirem, para aprender e escutar as ideias dos outros. Depois, chega a hora do brainstorming, quando o espírito de avaliação se subordina ao espírito da criatividade, à imaginação e ao trabalho intelectual coletivo. Nesse ponto, um fenômeno inusitado começa a acontecer. A classe inteira se transforma diante de um novo desafio, uma nova ideia, uma nova direção, que, apesar de difícil de definir, é quase palpável para as pessoas envolvidas.

A sinergia é quase um acordo coletivo de um grupo para deixar de lado os antigos roteiros e escrever um novo.

Eu jamais me esquecerei de um curso universitário que dei sobre estilo e filosofia de liderança. Depois de três semanas de aulas, em um determinado semestre, uma pessoa, no meio da aula, começou a relatar algumas de suas experiências pessoais muito fortes, que eram simultaneamente emotivas e reveladoras. Um espírito de humildade e reverência tomou conta da classe inteira — reverência pelo indivíduo e reconhecimento por sua coragem.

Este espírito criou um solo fértil para os esforços sinérgicos e criativos. Outros alunos começaram a ser influenciados por ele, relatando algumas de suas experiências e descobertas, bem como certas dúvidas. O espírito de confiança e segurança estimulou vários deles a se abrirem. Em vez de apresentarem os trabalhos preparados, eles aproveitaram as ideias e descobertas dos colegas para começar a criar um cenário novo para aquela turma e o que ela representava.

Eu me envolvi no processo. Na verdade, estava fascinado, porque ele parecia mágico e criativo. E aos poucos percebi que abandonava meu compromisso com a estrutura do curso, percebendo um leque de novas possibilidades. Não era só um entusiasmo de momento. Havia uma noção de maturidade, estabilidade e substância que transcendia muito a estrutura e o plano anterior.

Abandonamos o projeto, os livros adotados e os seminários já marcados, estabelecendo novos planos, projetos e tarefas.

Ficamos tão excitados com o que estava acontecendo que três semanas depois nós todos sentimos um imenso desejo de passar aquilo para os outros.

Decidimos escrever um livro contendo nosso aprendizado e descobertas sobre o assunto estudado — princípios de liderança. As tarefas foram revistas, novos projetos foram assumidos e novos grupos foram formados. As pessoas trabalharam muito mais do que na antiga estrutura do curso, em função de motivos completamente diferentes.

Dessa experiência emergiu uma cultura singular, coesa e sinérgica, que não acabou no final do semestre. Durante anos, foram realizados encontros entre os alunos daquela turma. Mesmo atualmente, muitos anos depois, quando nos encontramos, falamos do assunto e tentamos descrever o que aconteceu e o motivo para tanto.

Um dos aspectos interessantes foi o tempo curto transcorrido até que se criasse confiança suficiente para gerar a sinergia. Acredito que o grande motivo tenha sido a maturidade relativa das pessoas. Elas estavam no último semestre do curso, e acredito que estivessem em busca de algo mais forte do que apenas mais uma matéria agradável. Estavam famintos por algo novo e excitante, algo que pudessem criar e considerassem significativo. Era uma "ideia cujo momento havia chegado" para eles.

Para completar, o método era correto. Acredito que experimentar a sinergia é mais forte do que falar sobre ela, que produzir algo novo tem mais significado do que apenas ler algo velho.

Experimentei, e acredito que a maioria das pessoas também, momentos que foram quase sinérgicos, momentos que se penduraram na beira do caos e que, por alguma razão, desceram até ele. Infelizmente, as pessoas que saíram chamuscadas por essas experiências começam uma nova experiência com esse fracasso na cabeça. Elas se defendem contra ele e se afastam da sinergia.

Elas estão agindo como gerentes que estabelecem novas regras e novos regulamentos, baseados nos abusos de algumas poucas pessoas dentro de uma organização, limitando, dessa forma, a liberdade e as possibilidades criativas de muitos — ou sócios em um negócio que imaginam o pior cenário possível e o registram na linguagem do direito, liquidando com o espírito da criatividade, com a sinergia e com o espírito empreendedor.

Quando repasso meus muitos anos de consultoria e formação de executivos, posso afirmar que os pontos altos foram quase que invariavelmente sinérgicos. Havia um momento inicial que exigia uma dose considerável de coragem, talvez para ser autêntico, confrontar alguma verdade sobre o indivíduo, a organização ou a família, que precisava ser dita, exigindo uma combinação de coragem e amor genuíno considerável. Depois, as pessoas se tornavam mais autênticas, mais abertas e honestas, e o processo de comunicação sinérgica se iniciava. Ele se tornava cada vez mais criativo, acabando em descobertas e planos que ninguém havia antecipado no começo.

Conforme ensinou Carl Rogers: "O que é mais pessoal é mais universal." Quanto mais autêntico você se torna, mais genuína é sua expressão, particularmente com referência a experiências pessoais e até mesmo dúvidas, e mais as pessoas conseguem se relacionar com você. Isso facilita a expressão delas, tornando-as mais seguras. Esta capacidade de se expressar, por sua vez, se reforça no espírito da outra pessoa, e a empatia criativa verdadeira acontece, produzindo novas descobertas e ensinamentos, além de um senso de aventura e excitação que mantém a dinâmica do processo.

As pessoas começam a interagir umas com as outras usando quase meia frase, de modo aparentemente incoerente, mas conseguem entender as mensagens do outro. Assim, universos inteiros de descobertas, novas perspectivas, novos paradigmas que permitem opções e novas alternativas se abrem e são analisadas. Apesar de essas ideias ficarem boiando no ar, elas normalmente atingem algum tipo de resultado que é prático e útil.

■ A SINERGIA NOS NEGÓCIOS

Eu passei por uma experiência sinérgica significativa quando trabalhei com meus colegas na criação de uma declaração de missão corporativa para nossa empresa. Quase todos os membros da companhia estavam nas montanhas onde, rodeados pela natureza magnífica, começamos um primeiro esboço do que alguns de nós consideravam uma excelente missão.

No início, os contatos foram respeitosos, cuidadosos e previsíveis. Mas, quando começamos a conversar sobre as várias alternativas, possibilidades e oportunidades à frente, as pessoas começaram a se abrir. Com autenticidade e simplicidade, elas passaram a pensar em voz alta. A agenda da declaração de missão deu lugar a um grupo livre de ideias, recolhidas livremente enquanto surgiam. As pessoas estavam sendo empáticas, bem como corajosas, e nós passamos do respeito mútuo e da compreensão para a criação de uma comunicação sinérgica.

Todos podiam sentir isso. Era excitante. E, conforme foi amadurecendo, voltamos à tarefa de colocar em palavras a visão coletiva atingida, cada uma delas contendo um significado específico e representativo para os participantes.

A declaração de missão da corporação resultante diz:

> Nossa missão é dar condições às pessoas e organizações para aumentar significativamente sua capacidade de desempenho, de modo a atingir objetivos valiosos por meio da compreensão e da vivência da liderança baseada em princípios.

O processo sinérgico que levou à criação de nossa declaração ficou gravado nos corações e nas mentes de todos que estiveram lá, e tem servido como quadro de referência do que estamos procurando fazer, bem como do que procuramos evitar.

Outra experiência sinérgica de alto nível teve lugar quando aceitei um convite para servir como catalisador dos recursos e discussões durante um encontro anual de planejamento de uma grande seguradora. Com vários meses de antecedência, eu me encontrei com o comitê responsável pela preparação e pela organização dos dois dias de encontro, que envolveriam todos os executivos do alto escalão. Eles me informaram que o padrão tradicional era identificar quatro ou cinco temas principais por meio de questionários e entrevistas, e ter propostas alternativas feitas pelos executivos. Os encontros anteriores haviam sido trocas respeitosas de opiniões, derivando para batalhas de personalidades defensivas, do tipo Ganha/Perde. Eles eram previsíveis, pouco criativos e chatos.

Quando conversei com os membros do comitê sobre o poder da sinergia, eles sentiram seu potencial. Com alguma hesitação, concordaram em mudar o padrão. Pediram a vários executivos que preparassem relatórios anônimos sobre as questões prioritárias, e depois pediram a todos os executivos que se dedicassem a ler os relatórios com atenção, de modo a compreender os problemas e os diferentes pontos de vista. Eles deveriam ir para o encontro preparados mais para ouvir do que para falar, e mais preparados para criar e "sinergizar" do que para defender e proteger suas opiniões.

Dedicamos metade do primeiro dia a ensinar os princípios e exercitar as práticas dos Hábitos 4, 5 e 6. O resto do tempo foi gasto em sinergia criativa.

A liberação de energia criativa foi incrível. A animação substituiu o tédio. As pessoas se abriram para a influência das outras, realizando novas descobertas e percebendo opções. No final dos encontros, o resultado havia sido uma concepção nova do tipo de desafio prioritário para a companhia. As diferenças foram avaliadas e superadas. Os relatórios pessoais se tornaram obsoletos. Uma nova visão comum começou a se formar.

Uma vez que as pessoas experimentam a sinergia real, elas nunca mais são as mesmas. Elas descobrem a possibilidade de ter outras aventuras no futuro, capazes de abrir suas mentes.

Com frequência, são feitas tentativas para recriar uma experiência sinérgica específica, o que quase nunca dá certo. Contudo, o propósito essencial por trás do trabalho criativo *pode* ser recriado. Como diz a filosofia oriental: "Não buscamos imitar os mestres, procuramos o que eles procuravam." Não queremos imitar as experiências sinérgicas criativas do passado, mas desejamos criar outras, a partir de objetivos novos, diferentes e por vezes mais nobres.

■ SINERGIA E COMUNICAÇÃO

A sinergia é excitante. A criatividade é excitante. É fenomenal o que a mente aberta e a comunicação conseguem realizar. As possibilidades de um ganho de fato significativo, de um avanço significativo, são tão reais que vale a pena correr os riscos que esta condição apresenta.

Depois da Segunda Guerra Mundial, os Estados Unidos nomearam David Lilienthal para liderar a nova Comissão de Energia Atômica. Lilienthal reuniu um grupo de pessoas influentes — celebridades em seus campos —, discípulos, por assim dizer, dos próprios quadros de referência.

Este grupo diversificado de indivíduos tinha uma agenda apertada, e todos estavam impacientes para obter resultados. Além disso, a imprensa os pressionava bastante.

Mas Lilienthal levou várias semanas para criar uma Conta Bancária Emocional muito alta. Ele fez com que as pessoas trabalhassem juntas para se conhecer, revelar seus interesses, esperanças, metas, origens, quadros de referência e paradigmas. Ele facilitou o tipo de interação humana que cria um grande vínculo entre as pessoas, e foi pesadamente criticado por levar tanto tempo fazendo isso. Diziam que ele não era "eficiente".

O resultado final, porém, foi um grupo com estreitas ligações, muito aberto, criativo e sinérgico. O respeito entre os membros da comissão era tão alto que em caso de discordância, em vez de defesa e oposição, havia um esforço genuíno para a compreensão. A atitude era: "Se uma pessoa com sua inteligência, competência e dedicação discorda de mim, deve haver algo em sua opinião que eu não compreendo, e preciso entender isso. Você tem outra perspectiva, um quadro de referências que preciso adquirir também." As interações sem preconceitos se multiplicaram, e uma atitude inusitada teve origem aí.

O diagrama a seguir mostra o quanto a confiança está vinculada aos diferentes níveis de comunicação.

O nível mais baixo da comunicação deriva de situações de desconfiança, que se caracterizam pela atitude defensiva, cuidadosa e pela linguagem baseada nas formalidades legais, que cobre todas as possibilidades e procura padrões e cláusulas de rompimento para quando as coisas ficarem complicadas. Esta forma de comunicação produz apenas Ganha/Perde ou Perde/Perde. Ela não é eficaz — não existe equilíbrio entre P e CP — e cria novas razões para a defesa e a proteção.

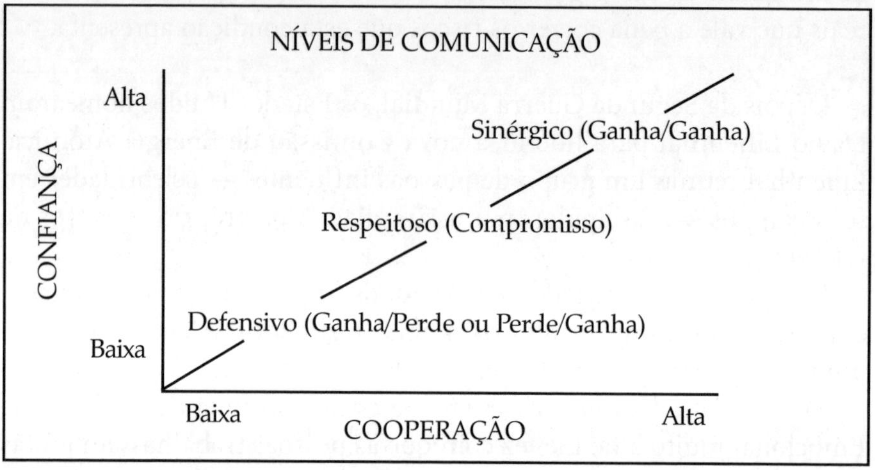

A posição intermediária é a comunicação respeitosa. Neste nível, interagem as pessoas relativamente maduras. Elas demonstram respeito pelos outros, mas querem evitar a possibilidade do confronto pesado, de modo que se comunicam de forma polida, mas não enfática. Elas podem entender intelectualmente o que os outros dizem, mas não olham lá no fundo, para ver os paradigmas e pressupostos que estão por trás de suas posições, o que abriria caminho a outras possibilidades.

A comunicação respeitosa opera em situações independentes, e até mesmo nas interdependentes, mas as possibilidades criativas não se concretizam. Nas situações interdependentes, o compromisso é a posição tomada. O compromisso significa que 1 + 1 = 1 1/2. Os dois lados cedem. A comunicação não é defensiva, protetora, furiosa ou manipuladora. Ela é honesta, verdadeira e respeitosa. Mas não é criativa ou sinérgica. Ela produz uma forma menor de Ganha/Ganha.

A sinergia significa que 1 + 1 dá 8, 16 ou até mesmo 1.600. A posição sinérgica de alta confiança produz soluções melhores do que as propostas originalmente, e todas as partes sabem disso. Mais ainda, elas se satisfazem com um empreendimento criativo. Uma minicultura se forma para criar satisfação. Mesmo que tenha pouca duração, o equilíbrio P/CP está presente.

Existem algumas circunstâncias nas quais a sinergia pode não ser atingida, e o Nada Feito é inviável. Mas, mesmo nessas circunstâncias, o espírito das tentativas sinceras costuma resultar em um compromisso mais eficaz.

■ EM BUSCA DA TERCEIRA ALTERNATIVA

Para termos uma ideia melhor de como nosso nível de comunicação afeta a eficácia interdependente, pensem no seguinte cenário:

Chegaram as férias e o marido deseja levar a família para a beira de um lago, onde podem acampar e pescar. Isso é importante para ele — faz um ano que planeja a viagem. Já reservou um chalé perto do lago e alugou um barco. Seus filhos estão muito animados com a ideia.

Sua esposa, contudo, quer usar as férias para visitar a mãe doente, a 400 quilômetros de distância. Como não tem chance de vê-la com frequência, isso é muito importante para ela.

Estas diferenças podem dar origem a uma experiência negativa.

— Os planos já estão feitos. Os meninos estão superanimados. Vamos pescar — diz o marido.

— Mas não sei por quanto tempo ainda mamãe vai estar conosco, e quero ficar um pouco ao lado dela — retruca a esposa. — E esta é a única oportunidade de fazer isso.

— Esperamos o ano inteiro para tirar esta semana de férias. Os meninos vão se sentir péssimos, sentados na sala da casa da avó a semana inteira. Além disso, sua mãe não está tão doente assim. E sua irmã mora a pouco mais de um quilômetro de distância, e cuida bem dela.

— Ela é minha mãe, sabia? Quero ficar um pouco com ela.

— Pode ligar para ela todas as noites. E estamos pensando em ficar com ela na época do Natal, lembra?

— Daqui a cinco meses. Nem sabemos se ela ainda vai estar viva no Natal. Além disso, ela precisa de mim, e quer ficar um pouco comigo.

— Ela está sendo bem cuidada. Além disso, eu e os meninos também precisamos de você.

— Minha mãe é mais importante do que uma pescaria.

— Seu marido e seus filhos são mais importantes do que sua mãe.

Quando eles discutem, podem se aproximar de algum tipo de compromisso. Talvez resolvam tirar férias separados — ele vai pescar com os filhos, ela visita a mãe. E ambos se sentem culpados e infelizes. Os meninos percebem isso, o que prejudica as férias deles também.

O marido pode ceder aos desejos da esposa, mas vai fazer isso de má vontade. E, consciente ou inconscientemente, ele ajuda a tornar a semana horrível para todos, como previa.

A esposa pode ceder ao marido, mas ela vai ficar ressentida e se afastar, preocupada com o possível agravamento do estado de saúde da mãe. Se esta ficar seriamente doente e morrer, o marido nunca vai se perdoar, nem será perdoado pela mulher.

Qualquer que seja a solução de compromisso que encontrem, pode ficar registrada, para os anos futuros, como um momento de insensibilidade, negligência ou decisão sobre prioridades erradas, de ambas as partes. Pode se tornar uma fonte de desentendimentos por anos a fio, talvez até levando à polarização da família. Muitos casamentos que eram belos, carinhosos, suaves e espontâneos se deterioraram até chegar à hostilidade por causa de uma série de incidentes desse tipo.

O marido e a esposa veem a situação de modo diferente. E esta diferença pode polarizar os dois, separá-los, criar barreiras ao relacionamento. Ou então pode aproximá-los, em um nível mais elevado. Se eles cultivarem os hábitos da interdependência eficaz, abordam as diferenças a partir de um paradigma inteiramente diferente. Sua comunicação se dá em um nível superior.

Uma vez que possuem uma Conta Bancária Emocional, eles contam com a confiança e a comunicação tranquila em seu casamento. Como pensam Ganha/Ganha, acreditam em uma terceira alternativa, uma solução que seja mutuamente benéfica e melhor do que as propostas originais de cada um. Como eles ouvem com empatia, e procuram primeiro compreender, criam dentro de si e entre eles um quadro abrangente de valores e preocupações que precisam ser levados em conta na hora de tomar uma decisão.

E a combinação desses ingredientes — a Conta Bancária Emocional alta, o pensamento Ganha/Ganha, a procura da compreensão em primeiro lugar — cria o ambiente ideal para a sinergia.

O budismo chama isso de "o caminho do meio". *Meio,* neste sentido, não significa compromisso. Significa algo mais alto, como o ápice de um triângulo.

Procurar o "meio", em um sentido mais elevado, leva tanto o marido quanto a esposa, neste caso, a perceber que seu amor e seu relacionamento fazem parte de sua sinergia.

Quando se comunicam, o marido sente o desejo e a necessidade de sua esposa estar junto à mãe. Ele compreende que ela deseja aliviar o trabalho da irmã, que tem cuidado mais da mãe. Compreende que eles não sabem quanto tempo a sogra ainda estará com eles, e que isso é mais importante do que ir pescar.

E a esposa compreende o desejo de seu marido sair com a família toda, e dar a oportunidade para que os filhos se divirtam. Ela recorda como investiram em lições e equipamentos para preparar a expedição de pesca e reconhece a importância de gerar boas lembranças ao lado deles.

Assim, eles somam seus desejos. Não estão mais em lados opostos do problema. Estão juntos, em um dos lados, olhando para o problema, compreendendo as necessidades, trabalhando para criar uma terceira alternativa que os satisfaça.

— Talvez possamos arranjar algum tempo para visitar sua mãe este mês — sugere ele. — Posso ficar com as responsabilidades da casa durante o final de semana e arranjar uma empregada por uma semana, de modo que você possa ir. Sei que é importante para você fazer isso.

"Ou talvez possamos encontrar um local para pescar e acampar que seja perto da casa da sua mãe. Talvez não seja um lugar tão bom, mas ainda seria legal, e estaríamos resolvendo o problema. Evitaria também que os meninos ficassem trancados dentro de casa. Talvez até possamos planejar atividades recreativas com os primos, tios e tias, o que seria um benefício adicional."

Eles estão sinergizando. Comunicando-se um com o outro, até encontrar uma solução que satisfaça aos dois. É melhor do que adotar qualquer uma das soluções propostas originalmente por eles. Melhor do que o compromisso. Trata-se de uma solução sinérgica que aumenta P e CP.

Em vez de ser uma transação, é uma transformação. Eles conseguem o que os dois pretendem, e melhoram o relacionamento no decorrer do processo.

■ SINERGIA NEGATIVA

Buscar uma terceira alternativa é uma mudança de paradigma importante, representa o abandono da mentalidade do ou você ou eu. Mas veja a diferença nos resultados!

Quanta energia negativa se despende quando as pessoas tentam resolver seus problemas ou tomar decisões em uma realidade interdependente? Quanto tempo se perde em apontar os pecados alheios, em politicagem, rivalidades, conflitos interpessoais, medidas preventivas de proteção, maquinações e adivinhações? Equivale a tentar dirigir em uma estrada com um pé no acelerador e outro no freio!

Em vez de tirar o pé do freio, a maioria das pessoas pisa mais fundo no acelerador. Tenta aplicar mais pressão, mais eloquência, mais informações lógicas para reforçar sua posição.

O problema é que pessoas dependentes estão querendo obter sucesso em uma realidade interdependente. Ou elas são dependentes da força obtida em uma posição de poder e adotam uma postura do tipo Ganha/Ganha. Elas podem usar verbalmente as técnicas de Ganha/Ganha, mas não querem, no fundo, escutar os outros. Só querem manipular. E a sinergia não floresce nesse ambiente.

As pessoas inseguras acreditam que toda a realidade pode ser entendida a partir de seus paradigmas. Elas têm uma imensa necessidade de transformar os outros em clones, de moldá-los para que adotem sua maneira de pensar. Elas não se dão conta de que a verdadeira força do relacionamento é ter outro ponto de vista. Ser igual não significa proximidade. A proximidade, ou unidade, é a capacidade de complementar, não de tornar o outro igual. Isso é pouco criativo... e cansa. A essência da sinergia é valorizar as diferenças.

Hoje em dia, acredito que a chave para a sinergia interpessoal está na sinergia intrapessoal, ou seja, na sinergia existente dentro de nós. O centro da sinergia intrapessoal se encontra nos princípios dos três primeiros hábitos, que dão a segurança interna suficiente para lidar com os riscos de ser aberto e vulnerável. Ao interiorizar esses princípios, desenvolvemos a mentalidade de abundância de Ganha/Ganha e a autenticidade do Hábito 5.

Um dos resultados práticos de adotar o centro nos princípios é que nos tornamos inteiros — verdadeiramente integrados. As pessoas acostumadas com o pensamento lógico, verbal, do cérebro esquerdo, descobrem o quanto é inadequado este tipo de pensamento para a solução de problemas que exigem grande dose de criatividade. Elas tomam consciência e começam a criar um novo modelo dentro de seu cérebro direito. Não que o cérebro direito estivesse ausente, apenas se encontrava adormecido. Seus músculos não haviam sido desenvolvidos, ou quem sabe se atrofiaram depois da infância, por causa da ênfase no cérebro esquerdo da educação formal e do meio social.

Quando uma pessoa tem acesso tanto ao cérebro direito, intuitivo, criativo e visual, quanto ao esquerdo, analítico, lógico e verbal, aí sim o cérebro inteiro está trabalhando. Em outras palavras, a sinergia psíquica está acontecendo dentro de sua cabeça. E este instrumento está mais de acordo com a realidade da vida, porque não é só lógico — também é emocional.

Certo dia, eu estava apresentando um seminário intitulado "Administração com o Direito, Liderança com o Esquerdo" para uma empresa de Orlando, na Flórida. Durante o intervalo, o presidente da companhia se aproximou e me disse:

— Stephen, isso é intrigante. Mas andei pensando a respeito desse material, e aplicando os conceitos mais em meu casamento do que nos negócios. Minha mulher e eu temos um problema sério de comunicação. Gostaria que almoçasse conosco e visse o modo como conversamos.

— Vamos fazer isso — falei.

Sentamos os três para almoçar, conversamos um pouco sobre amenidades. Depois ele se dirigiu à esposa, dizendo:

— Bem, querida, convidei Stephen para almoçar conosco e ver se ele pode dar uma ajuda para melhorar nossa comunicação. Sei que você acha que eu deveria ser um marido mais sensível, compreensivo. Você poderia dizer algo específico que gostaria que eu fizesse? — Seu cérebro esquerdo dominante queria fatos, cifras, dados específicos, exemplos.

— Bem, como eu já disse antes, não é nada específico. Tem mais a ver com as prioridades, de um modo genérico. — Seu cérebro direito dominante estava lidando com a sensibilidade e a *gestalt*, o todo, a relação entre o todo e as partes.

— O que você quer dizer com “prioridades de um modo genérico”? O que quer que eu faça? Fale algo específico, para que eu possa mudar.

— Bem, é só um sentimento. — O cérebro direito dela estava lidando com imagens, sentimentos e intuições. — Creio que o casamento não é tão importante para você quanto diz.

— Sei. E o que posso fazer para torná-lo mais importante? Diga algo específico e concreto, para que eu possa agir.

— É difícil colocar isso em palavras.

A essa altura, ele virou os olhos para cima e olhou para mim, como se dissesse:

— Stephen, você aguentaria este tipo de idiotice em seu casamento?

— É só um sentimento — comentou ela. — Um sentimento muito forte.

— Querida, este é o seu problema. Sua mãe tem o mesmo problema. Na verdade, é um problema de todas as mulheres que conheço.

Depois ele começou a interrogá-la como se fosse uma espécie de transação entre advogados.

— Você mora onde quer morar?

— Não é nada disso. — Ela suspirou. — Não tem nada a ver com isso.

— Eu sei — respondeu com paciência forçada. — Mas como você não me diz exatamente o que é, acho que a melhor maneira de descobrir o que a incomoda é eliminar o resto. Você mora onde quer morar?

— Acho que sim.

— Querida, Stephen vai ficar aqui apenas alguns minutos, e está tentando nos ajudar. Dê uma resposta objetiva, um simples “sim” ou “não”. Você mora onde quer morar?

— Sim.

— Certo, isso está resolvido. Você tem tudo que deseja?

— Sim.

— Ótimo. Faz as coisas que tem vontade de fazer?

Isso prosseguiu por algum tempo ainda, e pude ver que não estava ajudando em nada. De forma que interrompi e disse:

— É assim que vocês se relacionam?

— Todos os dias — respondeu ele.

— É a história do nosso casamento — comentou ela, suspirando.

Olhei para os dois e um pensamento me passou pela cabeça. Eles eram como duas pessoas só com meio cérebro vivendo juntas.

— Vocês têm filhos? — perguntei.

— Sim, dois.

— É mesmo? — comentei, incrédulo. — Como conseguiram?

— O que quer dizer, como conseguimos?

— Vocês foram sinérgicos! — exclamei. — Um mais um normalmente dá dois. Mas vocês fizeram com que um mais um desse quatro. Bem, isso é sinergia. O todo é maior do que a soma das partes. Então, como vocês conseguiram?

— Você sabe muito bem como conseguimos — retrucou ele.

— Vocês devem ter valorizado as diferenças! — falei.

■ VALORIZANDO AS DIFERENÇAS

Valorizar as diferenças é a essência da sinergia — as diferenças mentais, emocionais e psicológicas entre as pessoas. E a chave para valorizar as diferenças é perceber que todas as pessoas veem o mundo não como ele é, mas como elas são.

Se eu penso que vejo o mundo como ele é, por que desejaria valorizar as diferenças? Por que me daria ao trabalho de me importar com alguém que está "fora dos trilhos"? Meu paradigma é que sou objetivo, vejo o mundo como ele é. Todo mundo tem uma visão restrita, mas eu vejo o todo. É por isso que me chamam de "supervisor" — tenho uma "supervisão".

Se meu paradigma for este, então nunca serei interdependente, para começar. Estarei limitado pelos paradigmas do meu próprio condicionamento.

A pessoa realmente eficaz tem a humildade e a reverência para reconhecer suas limitações perceptivas, e para reconhecer os imensos recursos disponíveis na interação com os corações e mentes de outros seres humanos. Essa pessoa valoriza as diferenças porque estas aumentam seu conhecimento, sua compreensão da realidade. Quando somos deixados por conta exclusiva de nossas experiências, sofremos uma falta constante de informação.

É algo lógico que duas pessoas possam discordar e as duas estarem certas? Não é lógico: é psicológico. E é muito real.

Você vê a moça, eu vejo a velha senhora. Estamos os dois olhando para o mesmo desenho e nós dois estamos certos. Vemos as mesmas linhas pretas, os mesmos espaços em branco. Mas damos a eles interpretações diferentes, porque fomos condicionados a interpretá-los de modo diferente.

E, a não ser que valorizemos as diferenças na percepção, a não ser que valorizemos uns aos outros e aceitemos a possibilidade de estarmos certos os dois, de que a vida não é sempre a dicotomia "ou eu ou você", e que quase sempre há terceiras alternativas, nunca seremos capazes de transcender os limites desse condicionamento.

Pode ser que eu só consiga ver a velha senhora. Mas percebo que você está vendo outra coisa. E valorizo você. Valorizo sua percepção. Quero entender.

Assim, quando ganho consciência das diferenças em nossas percepções, digo: "Que bom! Você vê de outro jeito! Ajude-me a ver como você!"

Se duas pessoas têm a mesma opinião, uma delas é desnecessária. Não me traz vantagem alguma a comunicação com outra pessoa que só vê a velha senhora, como eu. Eu não quero falar, dialogar com alguém que concorda comigo. Quero me comunicar com você porque você vê de forma diferente. Eu valorizo esta diferença.

Ao fazer isso, eu não só amplio minha consciência, como também contribuo para sua afirmação. Eu lhe dou ar psicológico. Tiro meu pé do freio e liberto a energia negativa que você pode ter concentrado para defender uma posição específica. Eu crio um ambiente sinérgico.

A importância de valorizar as diferenças foi registrada em uma fábula muito citada, chamada *A escola dos bichos,* do educador Dr. R. H. Reeves:

> Era uma vez um grupo de animais que decidiu fazer algo de heroico para resolver os problemas de um "Novo Mundo", de modo que fundaram uma escola. Adotaram um currículo de atividades que incluía corrida, alpinismo, natação e voo. Para tornar mais fácil a administração, todos os animais participaram de todos os cursos.
>
> O pato era excelente em natação, na verdade melhor do que o professor, e conseguiu boas notas em voo, mas não se deu bem em corrida. Como ele era muito lento na corrida, precisou ficar

após as aulas para praticar mais, inclusive abandonando a natação. E manteve este esquema até que seu pé de pato ficou muito machucado e ele no máximo conseguia nadar um pouco, dentro da média. Como ele estava dentro da média, de acordo com o objetivo da escola, ninguém se importou com o problema, fora o próprio pato.

O coelho começou em primeiro lugar na aula de corrida, mas sofreu um colapso nervoso por causa das dificuldades com a natação.

O esquilo se mostrou excelente em alpinismo, mas ficou frustrado com a aula de voo, porque seu professor o obrigava a começar do chão, sem permitir a decolagem do alto das árvores. Também passou a sofrer de câimbras por excesso de esforço físico, e acabou tirando "C" em alpinismo e "D" em corrida.

A águia era um aluno-problema, e teve de ser castigada severamente. Na aula de alpinismo ela ganhou de todos, mas insistia em atingir o alto com suas próprias técnicas.

No final do ano, uma cobra que conseguia nadar muito bem e também sabia correr, praticar alpinismo e até voar um pouquinho tirou a média mais alta e foi considerada a melhor aluna.

Os cachorros-do-mato fugiram da escola e não pagaram as mensalidades, porque a direção se recusava a incluir cavar e farejar no currículo. Eles mesmos ensinaram seus filhos a latir, e mais tarde se uniram aos porcos e tatus para fundar uma escola particular.

■ ANÁLISE DAS FORÇAS EM CAMPO

Em situação interdependente, a sinergia é poderosa quando se lida com as forças negativas que trabalham contra o crescimento e a mudança.

O sociólogo Kurt Lewin adotou um modelo de "Análise das Forças em Campo" no qual considera qualquer nível corrente de desempenho ou existência como um estado de equilíbrio entre as forças dinâmicas que encorajam o movimento para cima e as forças restritivas que o desencorajam.

As forças dinâmicas são positivas, razoáveis, lógicas, conscientes e econômicas. Em oposição, as forças restritivas são com frequência negativas, emocionais, ilógicas, inconscientes e sociais/psicológicas. Ambos os conjuntos de forças são bem reais e devem ser levados em consideração ao se lidar com a mudança.

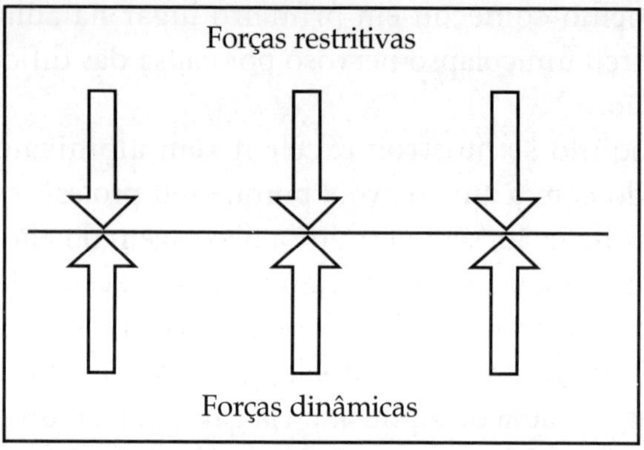

Em uma família, por exemplo, existe certo "clima" em casa — um determinado nível de interação positiva ou negativa, de segurança ou insegurança, para expressar os sentimentos ou falar a respeito dos problemas, de respeito ou desrespeito na comunicação com os outros membros da família.

Você pode desejar ardentemente mudar esta situação. Pode querer criar um clima mais positivo, de respeito maior, mais aberto e cheio de confiança. Seus motivos lógicos para fazer isso são as forças dinâmicas que agem para elevar o nível.

Mas não basta aumentar as forças dinâmicas. Seus esforços são contrabalançados pelas forças restritivas — pelo espírito competitivo entre os filhos, pelos roteiros diferentes de vida familiar que sua esposa e você herdaram e trouxeram para o relacionamento, pelos hábitos desenvolvidos na família, pelo seu trabalho ou outras exigências de tempo e energia.

Aumentar as forças dinâmicas pode trazer resultados — por algum tempo. Mas, enquanto as forças restritivas estiverem em ação, isso vai ficando mais e mais difícil. É como empurrar uma mola. Quanto mais você empurra, mais difícil é continuar empurrando, até que a força da mola subitamente faz com que tudo volte ao estágio anterior.

Depois de algum tempo, o vaivém resultante, o ioiô das diversas tentativas faz com que você ache que as pessoas "continuam na mesma" e que é "difícil mudá-las".

Mas, quando a sinergia é introduzida, você usa a motivação do Hábito 4, a compreensão do Hábito 5 e a interação do Hábito 6 para trabalhar sobre as forças restritivas. Você cria uma atmosfera na qual é seguro falar sobre estas forças. Você as descongela, as desamarra, gerando novas descobertas que na verdade transformam as forças restritivas em forças dinâmicas. Você inclui as pessoas no problema, faz com que se dediquem a ele, de modo que sintam que o problema é delas também, e que elas podem ser parte importante da solução.

Como resultado, novas metas compartilhadas são criadas, e todo o projeto se move por cima, com frequência por caminhos que ninguém imaginava. E a animação contida neste movimento cria uma nova cultura. As pessoas mesclam sua condição de seres humanos com as outras, e ganham força para um pensamento novo, inédito, capaz de criar novas alternativas e oportunidades.

Estive envolvido diversas vezes em negociações entre pessoas que estavam umas com raiva das outras e que haviam contratado advogados para defender suas posições. Só o que conseguiram com isso foi exacerbar o problema, porque sua comunicação interpessoal se deteriorou durante o processo legal. Mas o nível de confiança era tão baixo que as partes concluíram que não havia alternativa, a não ser levar o problema para a justiça.

— Estariam interessados em uma solução Ganha/Ganha, em que ambas as partes se sintam satisfeitas? — pergunto.

A resposta em geral é afirmativa, mas a maioria das pessoas não acredita que isso seja possível.

— Se a outra parte concordar, vocês estão prontos para iniciar o processo mútuo de comunicação real?

Novamente a resposta costuma ser afirmativa.

Os resultados em praticamente todos os casos são impressionantes. Problemas que haviam sido debatidos legal e psicologicamente durante meses acabam resolvidos em questão de dias ou horas. A maioria das soluções não é o tipo de compromisso que se consegue nos tribunais, na verdade. São soluções sinérgicas, melhores do que as propostas por cada parte. E, em muitos casos, o relacionamento continuou mesmo sendo aparente, no início, porque o nível de confiança era tão baixo e o rompimento da relação tão grande que era praticamente irremediável.

Em um de nossos programas de aprimoramento, um executivo relatou uma situação na qual o fabricante estava sendo processado por um cliente industrial de muitos anos por desempenho insatisfatório. As duas partes se consideravam justificadas em suas posições, e achavam que a outra era antiética e indigna de confiança.

Quando começaram a praticar o Hábito 5, duas coisas ficaram evidentes. Primeiro, problemas anteriores de comunicação resultaram em mal-entendidos que mais tarde se exacerbaram em função de acusações e respostas. Segundo, as duas partes agiram de boa-fé no começo, e não estavam gostando da perda de tempo e dos custos de uma batalha jurídica, mas não viam outra saída.

Quando estas coisas ficaram nítidas, o espírito dos Hábitos 4, 5 e 6 tomou conta da situação, e o problema foi rapidamente resolvido. O relacionamento continuou a prosperar.

Em outro caso, recebi um telefonema matinal de um incorporador imobiliário que precisava desesperadamente de auxílio. O banco queria executar uma hipoteca porque ele não estava fazendo os pagamentos dos juros parcelados do principal na data correta, e ele estava processando o banco para evitar a execução. Ele precisava de recursos adicionais para terminar e comercializar o empreendimento, de forma a pagar ao banco, mas este se recusava a fazer novos empréstimos até que os pagamentos atrasados fossem feitos. Era o problema do ovo e da galinha, da falta de capital.

Neste meio-tempo, o projeto ficou abandonado. As ruas do loteamento começavam a parecer um matagal e os proprietários das poucas casas vendidas estavam em pé de guerra, vendo o valor de seus imóveis desabar. A prefeitura também estava descontente, vendo um projeto de "primeira linha" se atrasar e se tornar um incômodo. Dezenas de milhares de dólares de despesas legais já haviam sido gastas pelo banco e pelo incorporador, e o caso não seria julgado nos próximos meses.

Desesperado, o empresário concordou relutantemente em tentar os princípios dos Hábitos 4, 5 e 6. Ele marcou uma reunião com o pessoal do banco, ainda mais ressabiado.

A reunião começou às 8 da manhã, em uma das salas de conferência do banco. A tensão e a desconfiança eram palpáveis. O advogado do banco havia sugerido ao pessoal que não dissesse nada. Estavam todos ali para ouvir, e apenas o advogado falaria. Ele não queria que acontecesse nada que pudesse comprometer a posição do banco nos tribunais.

Durante a hora e meia inicial eu falei sobre os Hábitos 4, 5 e 6. Às nove e meia fui até o quadro de giz e registrei as preocupações do banco, a partir da compreensão anterior. Inicialmente, os funcionários do banco ficaram quietos, mas, quanto mais transmitíamos as intenções Ganha/Ganha, e procurávamos primeiro compreender, mais eles se abriam para explicar e elucidar.

Quando eles começaram a se sentir compreendidos, a atmosfera geral mudou, e um senso de urgência, de excitação com a possibilidade de uma solução pacífica para o problema ficou evidente. Apesar das objeções do advogado, o pessoal do banco se abriu mais e mais, incluindo até suas preocupações pessoais.

— Quando sairmos daqui a primeira coisa que o presidente vai perguntar é "Conseguiram reaver nosso dinheiro?". E nós vamos responder o quê?

Às 11 horas, os funcionários do banco ainda estavam convencidos de que tinham razão, mas percebiam que estavam sendo compreendidos e abandonaram sua postura defensiva e formal. A esta altura, estavam aceitando ouvir as preocupações do incorporador, que foram registradas na outra ponta do quadro de giz. Isso resultou em uma compreensão mútua mais profunda e na conscientização coletiva do quanto a comunicação deficiente anterior resultara em mal-entendidos e expectativas irreais, e como a continuidade da comunicação dentro de um espírito de Ganha/Ganha poderia ter prevenido os principais problemas que foram surgindo depois.

A sensação compartilhada por todos de que havia dores agudas e crônicas, mas também progresso genuíno, manteve todos em contato.

Ao meio-dia, hora marcada para o final da reunião, as pessoas estavam tomando atitudes positivas, criativas e sinérgicas, e queriam continuar conversando.

A primeira recomendação feita pelo incorporador foi vista por todos como o início de uma abordagem Ganha/Ganha. Recebeu uma carga sinérgica e melhorada, e às 12h45 o incorporador e dois funcionários do banco haviam elaborado um plano para apresentar à Associação de Proprietários e à Prefeitura. Apesar dos problemas que surgiram depois, a via da ação legal foi abandonada, e o projeto continuou, até ser concluído com sucesso.

Eu não estou sugerindo que as pessoas deixem de lado os recursos legais. Em certas situações, não há como evitá-los. Mas eu os vejo como um recurso final, não inicial. Quando se recorre ao tribunal cedo demais, por medida preventiva, muitas vezes o medo e o paradigma legal criam um pensamento e uma ação subsequente que não são nada sinérgicos.

■ TODA A NATUREZA É SINÉRGICA

A ecologia é uma palavra que basicamente define o sinergismo na natureza — tudo está relacionado com todas as coisas. É no relacionamento que os poderes criativos se maximizam, assim como o poder real destes 7 Hábitos está na relação entre eles, não apenas nos hábitos tomados separadamente.

O relacionamento entre as partes também inclui o poder de criar uma cultura sinérgica dentro da família ou de uma organização. Quanto mais genuíno for o envolvimento, quanto mais sincera e voluntária a participação na análise e solução dos problemas, maior a liberação da criatividade individual e seu comprometimento com o que está sendo criado. Este é o segredo do poder na atitude japonesa nos negócios, que mudou o mercado mundial.

A sinergia funciona. Trata-se de um princípio correto. É a coroação de todos os hábitos anteriores. É a eficácia em uma realidade interdependente — é o trabalho em equipe, a criação conjunta, o desenvolvimento da unidade e da criatividade com outros seres humanos.

Embora não se possam controlar os paradigmas alheios em um relacionamento interdependente ou no próprio processo sinérgico, grande parte da sinergia está dentro de nosso Círculo de Influência.

A sinergia interna está dentro do círculo. Você pode respeitar os dois lados da sua natureza — o lado analítico e o criativo. Você pode valorizar a diferença entre eles e usar esta diferença para catalisar a criatividade.

Você pode começar sendo sinérgico consigo mesmo, embora esteja em um ambiente hostil. Você não precisa considerar pessoais os insultos. Pode se esquivar da energia negativa. Pode buscar o que há de bom nos outros e utilizar esse lado bom, por mais diferente que seja, para melhorar seu ponto de vista e aumentar sua perspectiva.

Você pode exercer a coragem em situações interdependentes, para ser aberto, expressar sentimentos, ideias e experiências, de um modo que encoraje outras pessoas a fazer o mesmo.

Você pode valorizar as diferenças nas outras pessoas. Quando alguém discordar de você, responda:

— Ótimo, você vê de forma diferente. — Você não precisa concordar, pode apenas reconhecer. E procurar compreender.

Quando você só vê duas alternativas — a sua e a "errada" —, pode procurar uma terceira, sinérgica. Quase sempre há uma terceira alternativa, e se você trabalhar com uma filosofia Ganha/Ganha e querer compreender, conseguirá encontrar uma solução que será melhor para todos os envolvidos.

■ SUGESTÕES DE APLICAÇÃO

1. Pense em uma pessoa que veja as coisas de modo diferente de você. Pense em formas de usar essas diferenças como degraus para atingir soluções alternativas. Talvez possa perguntar a opinião dessa pessoa sobre projetos ou problemas presentes, valorizando as opiniões diferentes que você vai escutar.
2. Faça uma lista das pessoas que o irritam. Elas representam diferentes visões, que poderiam levar à sinergia, se você tiver mais segurança interna e valorizar as diferenças?

3. Identifique uma situação na qual gostaria de ter mais trabalho em equipe e sinergia. Que condições seriam necessárias para haver sinergia? O que você pode fazer para criar essas condições?
4. Na próxima vez em que tiver um desentendimento ou confronto com alguém, tente entender as preocupações que existem por trás da posição da pessoa. Trate dessas preocupações com uma atitude criativa e mutuamente benéfica.

NOVAS REFLEXÕES SOBRE O HÁBITO 6: CRIE SINERGIA

POR SEAN COVEY

Sergey já estudava ciência da computação na Universidade de Stanford há dois anos quando foi escalado para colaborar na orientação acadêmica dos novos alunos. Naquela manhã, ele deveria mostrar o campus a um rapaz chamado Larry.

Logo de cara, eles não se deram bem, e tiveram uma impressão bastante desagradável um do outro. Eles discordavam em quase tudo — mas, no fim, se divertiram tanto contradizendo um ao outro em todo e qualquer assunto que acabaram se tornando amigos.

Embora Sergey e Larry gostassem de computadores, eles eram diametralmente opostos. Sergey era um cara festeiro; Larry era introspectivo e reservado. Sergey não conseguia ficar parado; certa vez, Larry construiu meticulosamente uma impressora usando apenas pecinhas de LEGO.

Mais tarde, quando trabalharam juntos em uma parte da dissertação de Larry, eles testaram uma nova maneira de fazer pesquisas na internet. Naquela época, ao se digitar uma palavra no computador, a internet respondia informando a quantidade de vezes em que a palavra aparecera, e em quais lugares.

Larry achou que seria interessante pesquisar por links, e não por palavras. Ele percebeu que quanto mais uma página estivesse vinculada a outras páginas, mais importante ela seria. Usando essa abordagem, os resultados da pesquisa apareceriam na tela em ordem de importância.

Sergey e Larry batizaram seu novo programa de "BackRub" (literalmente, "massagem nas costas"), porque ele contava o número de links que estavam por trás de uma página original. Para executar o programa, a sala de Larry ficou abarrotada de tantos computadores baratos que a rede da universidade quase caiu. Logo depois, eles transferiram seu projeto para a garagem de um amigo.

Anos depois, mais de um bilhão de pessoas utilizam o BackRub — hoje chamado de Google, a empresa à qual Larry Page e Sergey Brin deram início em um dormitório estudantil.

Os dois universitários que fundaram o Google raramente concordavam em tudo. O que teria acontecido se eles tivessem sempre estado de acordo? E se eles tivessem exatamente os mesmos talentos? E se os dois fossem iguais — ambos introvertidos ou extrovertidos? É óbvio que, eles precisaram dos pontos fortes um do outro para construir uma das maiores empresas do mundo. Nenhum dos dois conseguiria ter feito aquilo sozinho.

■ ACREDITE NAS TERCEIRAS ALTERNATIVAS

Depois de trabalhar com milhares de organizações, aprendemos, na FranklinCovey, que a sinergia funciona. Não se trata apenas de uma simpática teoria ou de um mero ideal. A vida é um esporte de equipe e, com a atitude e as habilidades corretas, é possível encontrar respostas sinérgicas para problemas complexos — não o tempo todo, mas a maior parte do tempo. Para encontrar as Terceiras Alternativas, você precisa acreditar que elas existem. Você precisa acreditar na ideia de que, trabalhando juntos, seremos capazes de encontrar uma solução que seja melhor do que aquela que qualquer um de nós tinha em mente anteriormente. Se você não acredita nisso — se pensa que a sinergia é irrealista, e que as coisas têm de ser feitas do seu jeito ou do meu jeito —, você nunca conseguirá dominá-la.

Uma condição fundamental para encontrar as terceiras alternativas é deixar de lado seu ego e reconhecer que você precisa da inteligência coletiva de todos os envolvidos para encontrar a melhor solução. Todos os indivíduos são inteligentes de maneiras diferentes, e todos podem contribuir. Cada vez mais, a ciência está nos ensinando quão complexa é a inteligência. Howard Gardner, psicólogo que leciona na Harvard Graduate School of Education, propõe nove tipos diferentes de inteligência, e sugere que os indivíduos possuem um ou mais destes atributos:

1. Espacial: Aptidão para se localizar em espaços, sejam grandes ou pequenos.
2. Linguística: Aptidão para palavras, sejam escritas ou faladas.
3. Lógico-Matemática: Aptidão para lidar com lógica, números e raciocínio.
4. Sinestésica: Coordenação, senso de timing, bons reflexos, destreza manual.
5. Musical: Sensibilidade a sons, tons, ritmos e timbres.
6. Interpessoal: Sensibilidade ao humor e motivações dos outros; a aptidão para cooperar, conviver e atuar como "jogador de uma equipe".
7. Intrapessoal: Aptidão para a autorreflexão e para decifrar os próprios sentimentos.
8. Naturalista: Aptidão para fazer distinções pertinentes no mundo natural entre animais, plantas, nuvens e outras configurações.
9. Existencial: A tendência de levantar grandes questões sobre a vida e de buscar respostas.[7]

Outro elemento essencial para encontrar as terceiras alternativas é conversar. Devemos aprender a nos comunicar uns com os outros. Muito. Precisamos fazer um brainstorming, esmiuçar os problemas, trocar ideias uns com os outros e voltar para a prancheta de novo e de novo e de novo. Wilbur e Orville Wright jamais teriam inventado o avião sem debater largamente e sem uma avaliação minuciosa das diferenças existentes entre um e outro. Pouco antes de sua morte, Wilbur afirmou que "quase tudo o que foi feito em nossas vidas foi o resultado de conversas, sugestões e discussões entre nós".

Nas estações de TV locais, os departamentos jornalístico e comercial costumam viver em pé de guerra. Foi exatamente o caso do meteorologista Travis Koshko, que compartilhou comigo como a estação de TV para a qual trabalhava conseguiu encontrar uma terceira alternativa para um conflito por meio da comunicação saudável e do brainstorming:

7 Gardner, Howard. *Multiple Intelligences: New Horizons in Theory and Practice*. Basic Books, 2006.

Por muitos anos, minha estação de televisão promoveu um concurso chamado "Garantia de Três Graus", que incentivava previsões meteorológicas imprecisas. Cada vez que eu errava a previsão da temperatura máxima do dia anterior por mais de três graus, doávamos um pequeno prêmio em dinheiro oferecido pelo patrocinador do segmento.

Depois de quase dez anos de dedicação a esse nicho, era óbvio que o concurso estava ficando desgastado: o número de espectadores que se inscreviam no concurso continuava diminuindo. Não costumávamos perder a previsão da temperatura máxima com muita frequência, o que era ótimo para nossa reputação como meteorologistas, mas isso também significava que nunca distribuímos nenhum prêmio. O número de espectadores inscritos no concurso acabou caindo para quase zero, e parecia que o concurso estava fracassando em termos da exposição do patrocinador e do interesse do espectador. Eu ficava pensando se não seria o caso de cancelar todo o segmento, mas nossa diretora de contas, Josephine, queria mantê-lo para não comprometer a receita da emissora. Estávamos em desacordo e precisávamos de uma mudança.

Então, apresentei a Josephine uma nova ideia: por que não reestruturar o concurso para um formato de "loteria"? Começaríamos com um pequeno prêmio principal — US$ 19, para combinar com o número do canal da nossa estação —, e todos os dias em que fizéssemos uma previsão dentro da margem de três graus, outros US$ 5 seriam adicionados ao prêmio principal. Distribuiríamos o prêmio principal inteiro quando perdêssemos por mais de três graus, e o prêmio principal voltaria, então, ao valor de US$ 19. Dessa forma, haveria um incentivo contínuo para mantermos a precisão e para que as pessoas se inscrevessem no concurso, à medida que o valor do prêmio fosse aumentando.

A primeira coisa que notei foi que Josephine estava aberta a minha influência e gostou muito da ideia. Em seguida, trabalhamos para refinar e aprimorar a ideia, para que ela atendesse às necessidades de todos — a dela, a minha, a do patrocinador e a da estação. Bem, não demorou muito para que nosso concurso se tornasse um grande sucesso. O número de pessoas inscritas disparou. A certa altura, tínhamos uma sequência de 41 dias "corretos" consecutivos, o que levou ao maior prêmio principal de todos os tempos. Isso gerou muita repercussão nas redes sociais, e muitas pessoas me paravam nas ruas para comentar sobre os prêmios principais. Nosso patrocinador também ficou muito satisfeito com a reformulação do concurso.

Teria sido fácil deixar o concurso naufragar e perder uma oportunidade valiosa, mas pelo fato de Josephine e eu estarmos dispostos a criar uma nova alternativa, todos os envolvidos acabaram ganhando. Consegui manter minha reputação de meteorologista com prognósticos precisos, Josephine aumentou a receita da estação, e nossos telespectadores ganharam bastante dinheiro.

■ EQUIPES COMPLEMENTARES

Lembro-me de ter me queixado sobre meu chefe em determinada ocasião, e meu pai ter respondido: "Óbvio, ele tem as fraquezas dele, assim como você tem as suas. Não construa sua vida emocional em torno da fraqueza de outra pessoa. Ao contrário, afine-se com os pontos fortes do seu chefe e tente compensar as fraquezas dele. Complemente-o."

Ele mesmo colocara isso em prática. Quando inaugurou o Covey Leadership Center, ele assumiu, inicialmente, o papel de CEO. Mas, muito rapidamente, se deu conta: "Não sou bom nisso. Eu sou professor." Em seguida, ele contratou ótimas pessoas para trabalhar a seu redor, pessoas que poderiam trazer habilidades de liderança executiva para complementá-lo, sem que seu ego se sentisse ameaçado.

Mas o maior exemplo de sinergia na vida de meu pai foi entre ele e minha mãe. Eles eram muito diferentes em suas origens familiares e em suas abordagens da vida. Minha mãe foi criada em circunstâncias modestas. Sua mãe emigrara da Alemanha durante a Segunda Guerra Mundial, deixando tudo para trás. Ela não se atrevia a falar alemão em sua nova casa, e trabalhava arduamente para eliminar o próprio sotaque. O pai da minha mãe era professor de história do ensino médio, de modo que o dinheiro sempre foi curto, enquanto meu pai foi criado em um ambiente mais próspero. Por causa dessas diferenças, a parcimônia, às vezes, era um ponto de discórdia. Minha mãe dizia coisas como: "Você vai comprar uma casquinha com duas bolas? Não temos dinheiro para esse tipo de coisa!"

Ao longo dos anos, fui observando como meu pai passou a apreciar a visão de mundo de minha mãe, e como a visão dela se complementava com a dele, em vez de entrar em conflito. Isso evidenciava que existia um meio-termo melhor do que o que eles concebiam individualmente em suas mentes, e, se eles se comunicassem bem, poderiam chegar lá. Sem minha mãe, acho que meu pai jamais teria chegado a compreender a sinergia do jeito que compreendeu.

À medida que a fama de meu pai crescia, minha mãe era a única capaz de lhe dar uma opinião honesta. Certa vez, ele fez uma palestra ao lado de Ken Blanchard e outros notáveis oradores diante de um enorme público. Meu pai recebeu muitos elogios, mas minha mãe disse: "Não foi o seu melhor discurso, Stephen. Você estava muito sério e mostrou gráficos demais. As pessoas querem ouvir histórias. Por que você não conta mais histórias, do jeito que Ken faz?" Minha mãe sempre o incentivou a ser menos prolixo, a sorrir mais e a ser mais pessoal. Ele passou a valorizar os comentários dela acima de quaisquer outros, porque ela via as coisas de maneira diferente, e era sempre bastante sincera.

■ SINERGIA COM OS CLIENTES

Além da sinergia interpessoal, podemos encontrar notáveis exemplos do poder da colaboração criativa entre setores da indústria, acionistas e clientes. Pessoalmente, adoro LEGOs; e a LEGO Corporation sempre me fascinou. É uma das empresas mais confiáveis do mundo. Um de seus principais pontos fortes é a sinergia com seus clientes.

Desde 1949, a LEGO vem criando e lançando seus amados blocos de montar em joguinhos previamente embalados (como a popular coleção Star Wars). Muitos clientes (a maioria adultos que, no fundo, eram crianças) imploraram à empresa que lhes permitisse conceber seus próprios jogos e encomendar on-line as peças soltas de que precisavam. Em 2005, em resposta a essa demanda, a LEGO criou um software gratuito chamado LEGO Digital Designer para que isso se tornasse possível.

E, então, coisas curiosas começaram a acontecer. Os usuários invadiram os softwares dos sistemas de computador da LEGO, reescrevendo furtivamente o código do programa para que, em vez de encomendar cartelas inteiras com blocos que não lhes seriam necessários, eles pudessem visualizar um catálogo de todas as cartelas e, assim, economizar dinheiro, deixando de comprar os blocos dos quais não precisariam. A LEGO percebeu que o software havia sido invadido, mas ao contrário do que se esperaria que uma empresa fizesse vendo seus resultados financeiros sendo afetados, a LEGO reconheceu a importância de permitir que os clientes adaptassem o software às próprias necessidades. E, ao mesmo tempo em que a LEGO ficou surpresa com a rapidez com que seus clientes conseguiram invadir o software, ela acolheu as modificações sugeridas. A empresa entendeu o que seus fãs mais fiéis queriam e deu seu aval, porque, no fim das contas, aquilo se ajustava a um plano maior. A LEGO esperava que seus fãs concebessem os designs por si mesmos e, talvez, até tivessem ideias que a empresa pudesse usar — e foi o que eles fizeram.

No espírito da sinergia, a LEGO deu um passo atrás e ouviu os hackers, procurando primeiro entender e valorizar as diferenças de opinião. A situação potencialmente amarga se transformou em uma agradável demonstração de pensamento sinérgico.

■ ALCANÇANDO A SINERGIA

A sinergia não é obra do acaso. É preciso chegar lá. Se você não tiver certeza por onde começar, siga este simples processo de cinco etapas:

1. Defina o problema ou a oportunidade.
2. A maneira dos outros (procure primeiro entender as ideias alheias).
3. A minha maneira (procure ser compreendido compartilhando suas ideias).
4. Faça um brainstorming (crie novas opções e ideias).
5. A melhor maneira (encontre a melhor solução).

Uma colega minha revelou como alcançou a sinergia com sua família em relação às atividades realizadas aos sábados. Observe como todas as cinco etapas acima foram seguidas:

> Os sábados são para passar tempo juntos e para desenvolver os relacionamentos familiares. Isso é o que meu marido diria caso você lhe

perguntasse qual a finalidade dos sábados. Minha resposta é muito diferente. Minha escola de pensamento é: "Os sábados são para pôr em dia a limpeza e executar projetos domésticos; basicamente, finalizar minha lista de tarefas!" Meus filhos não gostam de minha filosofia. Brigávamos quase todos os sábados. O pai deles preferia sair e passear em um parque, enquanto eu gostava de ficar limpando o quintal.

Adivinha quem ganhava? Toda. Santa. Vez.

Meu marido.

Quer dizer, quais crianças vão querer ficar limpando o quintal? Não as minhas. Devo admitir que minha visão fica um tanto limitada quando dou início a um projeto. Tenho dificuldades em saber quando parar e colocar um fim à situação. Se eu começar limpando a cozinha, isso leva à sala de estar, ao banheiro, ao escritório, às escadas, à lavanderia, aos quartos etc. Em uma sexta-feira à noite, enquanto estávamos assistindo à TV, a conversa seguinte aconteceria entre meu querido marido (QM) e mim:

QM: "Ei, que tal amanhã sairmos logo no primeiro horário para fazer algo ao ar livre?"
Eu: "Tenho muito trabalho doméstico a fazer, e precisamos começar cedo."
QM: "Que tal você fazer uma lista do que precisa mesmo ser feito e darmos uma olhada nisso?"
Eu (Começo a escrever a lista o mais furiosamente que consigo, rezando para não me esquecer de nada! E aí entrego a lista para ele.)
QM: "Está bem, na realidade podemos fazer mais ou menos metade disso em algumas horas. Você acha que as crianças vão se manter interessadas, a ponto de ajudar de verdade?"
Eu: "Não. Precisamos de um novo plano, não é?"
QM: "É. Bem, já que a temperatura estará mais amena pela manhã (observação: no verão, a temperatura costuma passar dos 40°C onde moramos), que tal se separássemos um tempo e fôssemos ao parque, pegássemos alguns refrigerantes, e então voltássemos para casa para cuidar das tarefas que você considera mais importantes?"
Eu: "Vamos tentar."

Dessa forma, acordamos no sábado de manhã e nos preparamos para ir ao parque. As crianças ficaram entusiasmadas por termos decidido sair antes que ficasse muito quente. Elas brincaram por uma boa hora. Meu marido e eu percorremos, inclusive, a trilha do parque. Depois, ficamos brincando com as crianças. Já estávamos todos cansados quando começou a esquentar. Paramos em nossa lanchonete favorita, compramos algumas bebidas para nos refrescar, e aí voltamos para casa para fazer as tarefas que precisavam ser feitas. Quando mostrei às crianças a lista de "afazeres", na verdade quase não houve reclamação.

Agora, meu marido e eu estamos contentes com o que chamamos de Sábados Sinérgicos.

A sinergia é o hábito máximo — o auge de todos os hábitos anteriores. É a recompensa, ou o delicioso fruto, de uma vida eficaz. Portanto, da próxima vez em que estiver em uma reunião e alguém disser algo que lhe parece muito descabido, diga em voz alta: "Que ótimo. Você enxerga as coisas de forma diferente!"

Quarta Parte

RENOVAÇÃO

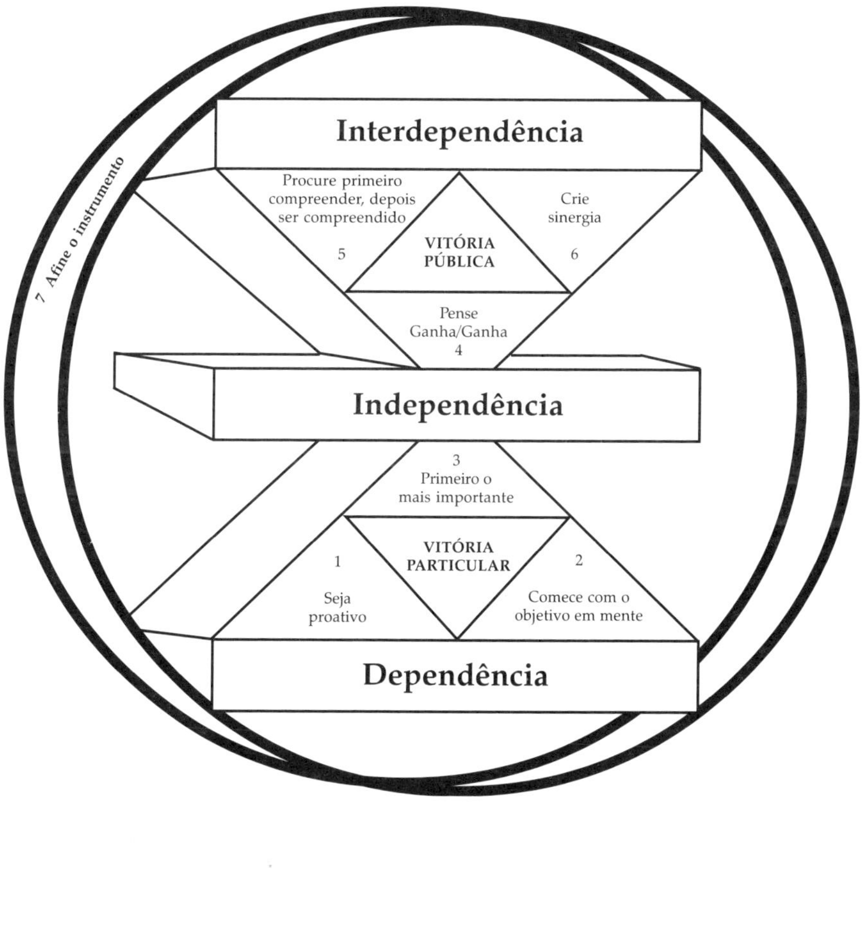

HÁBITO 7
AFINE O INSTRUMENTO

PRINCÍPIOS DE AUTORRENOVAÇÃO EQUILIBRADA

Por vezes, quando reflito sobre as tremendas
consequências que resultam das pequenas coisas...
Fico tentado a pensar...
que não há pequenas coisas.

BRUCE BARTON

SUPONHA QUE VOCÊ encontre um homem na floresta, agitado e tentando derrubar uma árvore.

— O que está fazendo? — pergunta você.

— Não está vendo? — É a resposta impaciente. — Estou serrando esta árvore.

— Você parece exausto! Há quanto tempo está trabalhando?

— Mais de cinco horas. Estou esgotado! É um trabalho árduo.

— Bem, por que não descansa por alguns minutos e afia a serra? Com certeza, depois vai trabalhar muito mais rapidamente.

— Não tenho tempo para afiar a serra — diz o homem, decidido. — Estou muito ocupado serrando!

O Hábito 7 significa parar para afiar a serra, ou afinar o instrumento. Ele rodeia os outros hábitos do paradigma dos 7 Hábitos porque é o hábito que torna todos os outros possíveis.

■ QUATRO DIMENSÕES DA RENOVAÇÃO

O Hábito 7 representa a CP pessoal. Preserva e melhora seu bem mais precioso — você mesmo. Renova as quatro dimensões de sua natureza — física, espiritual, mental e social/emocional.

Apesar de as palavras variarem, a maioria das filosofias de vida lida explícita ou implicitamente com estas quatro dimensões. O filósofo Herb Shepherd descreve uma vida saudável equilibrada a partir de quatro valores: *perspectiva* (espiritual), *autonomia* (mental), *ligação* (social) e *tônica* (física). George Sheehan, o guru da corrida, descreve quatro papéis: ser um bom animal (físico), um bom artesão (mental), um bom amigo (social) e um santo (espiritual). As teorias mais sólidas da motivação e da organização abrangem estas quatro dimensões ou motivações — a econômica (física); o modo como as pessoas são tratadas (social); o modo como as pessoas são educadas e usadas (mental) e a ajuda, a contribuição, o serviço que a organização realiza (espiritual).

"Afine o instrumento" significa basicamente expressar as quatro motivações. Quer dizer exercer as quatro dimensões da nossa natureza, com regularidade e consistência, de forma equilibrada e sensata.

Para fazer isso, a pessoa precisa ser proativa. Parar para afinar o instrumento, ou afiar a serra, trata-se de uma atividade do Quadrante II, sem dúvida, e o Quadrante II depende de iniciativa. O Quadrante I, em função da urgência, age sobre nós, faz pressão constante. A CP pessoal precisa ser exigida, até se tornar uma segunda natureza, até que se torne uma espécie de vício saudável. Como se encontra no centro de nosso

Círculo de Influência, ninguém mais pode fazer isso por nós. Precisamos agir por conta própria.

Este é o investimento isolado mais poderoso que podemos fazer na vida — investir em nós mesmos, no único instrumento que possuímos para lidar com a vida e contribuir para a humanidade. Somos todos instrumentos para nosso próprio desempenho, e para atingir a eficácia precisamos reconhecer a importância de dedicar algum tempo, com regularidade, para afiar a serra, ou afinar o instrumento, das quatro maneiras.

A dimensão física

A dimensão física trata de cuidar eficazmente de nosso corpo físico — comer os alimentos adequados, descansar e relaxar o suficiente e praticar exercícios regularmente.

O exercício é uma das atividades do Quadrante II, de alto nível, que a maioria de nós não faz constantemente porque não é urgente. E como não o praticamos, mais cedo ou mais tarde percebemos que caímos no Quadrante I, lidando com os problemas de saúde e as crises que resultam naturalmente da negligência.

Muitas pessoas pensam que não têm tempo para fazer exercícios. Que paradigma mais deturpado! Não ter tempo para isso! Estamos falando de três a seis horas por semana — um mínimo de trinta minutos diários, dia sim, dia não. Não parece um tempo absurdo, se considerarmos os tremendos benefícios em termos de impacto nas outras 162-165 horas da semana.

E não precisa ter equipamento especial para fazer isso. Se você quer ir a uma academia ou spa, para experimentar o equipamento ou praticar um esporte de habilidade, como tênis ou *squash,* eis aí sua chance. Mas isso não é necessário para afinar o instrumento.

Um bom programa de exercícios pode ser feito em casa, e deve reforçar seu corpo em três áreas: resistência, flexibilidade e força.

A *resistência* vem dos exercícios aeróbicos, da eficiência cardiovascular — a capacidade de seu coração bombear sangue através do corpo.

Apesar de o coração ser um músculo, ele não pode ser exercitado diretamente. Precisa ser estimulado através de um grupo de músculos maiores, em especial os da perna. Por isso, os exercícios como caminhadas rápidas, ciclismo, natação, esqui e corrida são tão benéficos.

Você será considerado minimamente apto se puder aumentar o ritmo do coração até pelo menos cem batimentos por minuto, e manter este nível por pelo menos trinta minutos.

Em termos ideais, deveria tentar elevar a taxa de batimentos cardíacos para sessenta por cento da taxa máxima, ou seja, a maior frequência em que seu coração consegue bater e bombear sangue por seu corpo. Esta taxa máxima está em torno de 220 menos a sua idade. Assim, se você tem 40 anos, deve buscar uma taxa de exercícios de 108 (220 — 40 = 180 × 0,6 = 108). O "efeito do treinamento" normalmente fica entre 72 e 87 por cento de sua taxa pessoal máxima.

A *flexibilidade* vem do alongamento. A maioria dos especialistas recomenda um aquecimento e depois um resfriamento, antes e depois de exercícios aeróbicos. Antes, ajuda a soltar e aquecer os músculos e prepará-los para exercícios mais vigorosos. Depois, colabora para dissipar o ácido lático, evitando que a pessoa se sinta dura e dolorida.

A *força* vem dos exercícios que dão resistência aos músculos — como levantamento de pesos, flexões e exercícios calistênicos. A ênfase a ser colocada no desenvolvimento da força vai depender da sua situação. Se está envolvido com trabalho físico ou atividades atléticas, o aumento da força melhorará seu desempenho. Se tem um trabalho basicamente sedentário, e não necessita de muita força para atingir o sucesso em seu modo de vida, um pouco de tonificação, através de calistênicos, em adição aos exercícios de aeróbica e alongamento, costuma ser suficiente.

Fui certa vez a uma academia com um amigo, Ph.D. em fisiologia de exercícios. Ele se concentrava em aumentar a força. Pediu que o observasse enquanto ele fazia exercícios na prancha, e disse que em determinado momento eu deveria pegar os halteres. "Mas não faça isso antes de eu mandar", disse imperativo.

Assim, esperei e me preparei para pegar os halteres. Eu via os pesos subindo e descendo, subindo e descendo. E percebi que estava ficando difícil. Mas ele continuava tentando. Quando começava a erguer, eu pensava: "Ele não vai conseguir." Mas conseguia. Depois os baixava vagarosamente, e recomeçava a erguê-los. Para cima e para baixo, para cima e para baixo.

Finalmente, quando olhei para seu rosto, contraído pelo esforço, os vasos sanguíneos praticamente saltando da pele, pensei: "Os halteres vão cair e esmagar o peito dele. Talvez seja hora de tirar o peso das mãos dele. Talvez tenha perdido o controle, e não saiba mais o que está fazendo." Mas ele conseguia baixar o pesos em segurança. E começava a erguê-los novamente. Eu mal podia acreditar.

Quando ele finalmente me pediu para pegar os pesos, eu disse:

— Por que esperou tanto tempo?

— Praticamente todo o benefício do exercício acontece na parte final, Stephen — foi a resposta. — Estou tentando aumentar a força. E isso só acontece quando as fibras musculares se rompem e as fibras nervosas acusam a dor. Depois a natureza compensa o esforço e, em 48 horas, as fibras ficam mais fortes do que antes.

Eu entendi seu ponto de vista. O mesmo princípio funciona também para os músculos emocionais, como a paciência. Quando alguém exercita a paciência até ultrapassar os limites anteriores, a natureza faz a compensação, e na próxima vez a fibra tem mais força.

Este meu amigo queria aumentar sua força muscular. E sabia como fazer isso. Nem todos precisamos desenvolver este tipo de força para atingir a eficácia. "Sem dor, sem progresso" é um lema que tem validade em determinadas circunstâncias, mas não é a essência de um programa de exercícios eficaz.

A essência da renovação no plano físico é afinar o instrumento, exercitar o corpo de forma constante, que preserve e aumente a capacidade de trabalho, adaptação e fruição.

Precisamos agir com sabedoria na hora de planejar um programa de exercícios. Existe uma tendência, especialmente se você não faz exercício algum, de exagerar. E isso pode gerar dor desnecessária, problemas e até danos permanentes. É melhor começar devagar. Um programa de exercícios deve estar em harmonia com as mais recentes descobertas nesta área, com as recomendações de seu médico e com sua consciência do problema.

Se você não anda fazendo muitos exercícios, seu corpo protestará contra essa mudança da lei do mínimo esforço. No começo não vai gostar nem um pouco. Pode até odiar. Mas seja proativo. Faça os exercícios como planejou. Se chover na primeira manhã que você reservou para correr, não desanime. Corra. "Que bom! Está chovendo! Vou aprimorar minha força de vontade, assim como meu corpo!"

Você não está lidando com uma solução rápida. Trata-se de uma atividade do Quadrante II que trará resultados fenomenais a longo prazo. Pergunte a qualquer um que já experimentou isso com insistência. Pouco a pouco, sua taxa de batimentos cardíacos em repouso vai diminuir, à medida que seu coração e seu sistema de processamento do oxigênio se tornam mais eficientes. Quando você melhorar a capacidade de seu corpo para coisas mais ousadas, descobrirá que suas atividades normais são mais confortáveis e agradáveis. Vai sentir mais disposição à tarde, e a fadiga que o deixava sempre "tão cansado" para se exercitar no passado será substituída por uma energia que injetará ânimo em todas as atividades que fizer.

Provavelmente, o maior benefício resultante dos exercícios será o desenvolvimento dos músculos da proatividade do Hábito 1. Quando você age baseado no valor do bem-estar físico, em vez de se conformar com as forças que o afastam dos exercícios, seu paradigma de si mesmo, seu amor-próprio, sua autoconfiança e sua integridade serão profundamente afetados.

A dimensão espiritual

Renovar a dimensão espiritual acrescenta liderança a sua vida. Está profundamente vinculada ao Hábito 2.

A dimensão espiritual é seu centro, seu íntimo, seu comprometimento com o sistema de valores. Trata-se de uma área muito pessoal da vida, de importância suprema. Ela se nutre das fontes que o inspiram e elevam, vinculando-o às verdades eternas de toda a humanidade. Cada pessoa faz isso de forma muito, muito diferente.

Eu encontro consolo e renovação nas orações meditativas das Sagradas Escrituras, porque elas refletem meu sistema de valores. À medida que leio e medito, eu me sinto renovado, equilibrado e pronto para ajudar os outros.

A imersão na literatura ou na música de qualidade pode renovar o espírito de algumas pessoas. Outros conseguem isso na comunhão com a natureza. A natureza abençoa aqueles que se comunicam com ela. Quando você consegue deixar para trás o barulho e a agitação da cidade grande e se entregar à harmonia e ao ritmo da natureza, volta renovado. Durante algum tempo, não se perturba, não se abala, até que gradualmente o barulho e a tensão externa começam a invadir aquela sensação de paz interior.

Arthur Gordon relata um caso maravilhoso, íntimo, de sua renovação espiritual em um conto chamado "A virada da maré". Ele fala de um período de sua vida em que começou a achar que tudo estava chato e sem graça. Seu entusiasmo desapareceu, seus esforços para escrever eram infrutíferos. E a situação piorava a cada dia.

Finalmente ele decidiu procurar ajuda com um médico. Notando que não havia nada de errado, o doutor perguntou se ele conseguiria seguir algumas instruções por um dia.

Quando Gordon disse que sim, o doutor ordenou que passasse o dia no lugar onde ele foi mais feliz quando criança. Ele poderia levar comida, mas não deveria falar com ninguém, nem ler, escrever ou escutar rádio. Depois ele anotou quatro prescrições, e disse que ele as lesse às 9, meio-dia, 3 e 6 horas da tarde.

— Está falando sério? — perguntou Gordon.

— Vai ver que eu não brinco em serviço quando receber a conta! — foi a resposta.

Assim, na manhã seguinte Gordon foi para a praia. Abriu a primeira prescrição, que dizia: "Ouça com atenção." Ele pensou que o médico estava louco. Como poderia ficar ali ouvindo, durante três horas? Mas havia concordado em seguir as instruções do médico, de forma que ficou lá ouvindo. Escutou os sons naturais do mar e dos pássaros. Depois de um tempo, ele já conseguia ouvir outros sons, que não eram tão objetivos no início. Enquanto ouvia, começou a pensar nas lições que o mar lhe ensinara quando criança — a paciência, o respeito, a consciência da interdependência das coisas. Ele começou a ouvir os sons — e o silêncio — e a sentir uma paz crescente.

Ao meio-dia, ele abriu a segunda folha de papel. Estava escrito: "Tente voltar." *Voltar para onde?*, pensou. Talvez para a infância, talvez para as lembranças de um tempo feliz. Ele pensou em seu passado, sobre os muitos momentos de alegria. Tentou recordá-los com exatidão. E, ao recordar, sentiu um calor aconchegante dentro de si.

Ele abriu a terceira prescrição às três da tarde. Até então, as instruções haviam sido fáceis de seguir. Mas aquela era diferente, e dizia: "Examine seus motivos." No início, ele ficou na defensiva. Pensou no que desejava — sucesso, reconhecimento, segurança — e justificou todos eles. Mas um pensamento lhe ocorreu depois — estes motivos não eram bons o suficiente, e talvez nisso estivesse a resposta para a situação estagnada.

Ele refletiu sobre seus motivos. Ele pensou na felicidade passada. E, finalmente, a resposta veio a ele.

"Em um momento de lucidez", escreveu ele, "vi que nada pode dar certo, se os motivos estiveram errados. Não faz diferença se você é carteiro, cabeleireiro, vendedor de seguros ou dona de casa. Não importa. Desde que sinta que está servindo aos outros, está fazendo um bom trabalho. Quando se preocupa apenas em contentar a si mesmo, você o executa de um jeito pior — é uma lei tão inexorável quanto a lei da gravidade".

Às seis da tarde, pôde cumprir a última instrução rapidamente. "Anote suas preocupações na areia", dizia o papel. Ele se ajoelhou e escreveu várias palavras com um fragmento de concha. Depois levantou-se e foi embora. Ele nem precisou olhar para trás. Sabia que a maré estava subindo.

A renovação espiritual exige tempo. Mas é uma atividade do Quadrante II, e não podemos recusar o tempo necessário a ela.

O grande reformador Martinho Lutero teria dito: "Tenho tantas coisas para fazer hoje que precisarei passar mais uma hora ajoelhado." Para ele, a oração não era uma tarefa mecânica, e sim a fonte do poder que libertava e multiplicava suas energias.

Perguntaram a um mestre zen oriental, que mantinha sempre a paz e a serenidade, apesar de todas as pressões que enfrentava: "Como consegue manter a serenidade e a paz?" Ele respondeu: "Jamais abandono meu local de meditação." Ele meditava pela manhã e durante o resto do dia carregava consigo a paz daqueles momentos, em sua mente e em seu coração.

A ideia é que, ao passarmos algum tempo refletindo sobre o centro da liderança em nossas vidas, sobre o que é a vida, em última análise, o resultado se abre como um guarda-chuva por cima de todo o resto. Ele nos renova e revigora, ainda mais se estamos comprometidos com ele.

É por isso que acredito que uma missão pessoal seja tão importante. Se tivermos uma compreensão profunda de nosso interior e de nosso propósito, podemos revisá-lo e reorientá-lo com frequência. Em nossa renovação espiritual diária podemos visualizar e vivenciar os eventos do dia, em harmonia com esses valores.

O líder religioso David O. Mckay nos ensina: "As maiores batalhas da vida são travadas diariamente, nos silenciosos compartimentos da alma." Se você vence as batalhas aí, se resolve os problemas que perturbam seu íntimo, é inundado por uma sensação de paz e certeza de saber o que está fazendo. Vai descobrir que as vitórias públicas — onde você tem tendência a pensar em termos de cooperação, e promover o bem-estar das outras pessoas e ficar genuinamente contente pelo sucesso alheio — se seguirão de forma natural.

A dimensão mental

Grande parte de nosso desenvolvimento mental e aprimoramento da disciplina vem da educação formal. Mas assim que deixamos a disciplina externa da escola, muitos de nós permitimos que as mentes se atrofiem. Não lemos mais coisas sérias, não exploramos novos temas em profundidade, fora de nosso campo de ação, não pensamos analiticamente, não escrevemos — pelo menos não de forma crítica, ou de um modo que teste nossa habilidade de expressão em uma linguagem objetiva, concisa. Em vez disso, passamos o tempo vendo TV.

As pesquisas mostram que a televisão fica ligada, na maioria dos lares, entre 35 e 40 horas por semana. É mais ou menos o tempo que as pessoas dedicam ao trabalho, e mais do que gastam na escola. E somos submetidos a todos os valores transmitidos por ela enquanto assistimos à programação. Eles podem nos influenciar, de forma sutil, imperceptível e poderosa.

A sabedoria para assistir à TV requer o gerenciamento pessoal eficaz do Hábito 3, que nos permite discriminar e selecionar as informações e os programas elevados e divertidos que melhor servem para expressar nossos propósitos e valores.

Em nossa família, limitamos a TV a cerca de sete horas semanais, uma média de uma hora diária. Tivemos uma reunião familiar na qual conversamos sobre isso e estudamos as informações sobre o que acontece nos lares por causa da televisão. Descobrimos que, ao discutirmos a questão como uma família, onde ninguém estava na defensiva ou teimando, as pessoas começaram a reconhecer o vício doentio de depender de novelas ou de assistir todo dia a determinado programa.

Sou grato à televisão pelos muitos programas educativos e de qualidade. Eles enriquecem nossas vidas e contribuem significativamente para nossas metas e propósitos. Mas há muitos que são uma perda de tempo e outros tantos que nos influenciam de forma negativa. Assim como o corpo, a televisão é um bom servo de um senhor fraco. Precisamos praticar o Hábito 3 e gerenciar nossa vida pessoal de forma eficaz, para maximizar o uso de todos os recursos para completar nossa missão.

A educação — permanente, que amplie e abra continuamente as perspectivas — é uma renovação mental vital. Muitas vezes ela inclui a disciplina externa da sala de aula ou dos programas de estudos sistemáticos, mas não para aí. As pessoas proativas podem encontrar muitas maneiras de aprimorar sua educação.

É extremamente valioso treinar a mente para se distanciar e observar seu próprio programa. Isso, para mim, é a definição de uma educação liberal — a capacidade para examinar os programas de vida, em comparação a questões, propósitos e outros paradigmas. O treinamento, sem essa educação, estreita e limita a mente, de modo que os pressupostos subjacentes ao treinamento nunca sejam examinados. Por isso é tão valioso ler bastante e expor sua mente às mentes geniais.

Não existe melhor maneira de instruir e expandir sua mente de modo sistemático do que o hábito de ler boa literatura. Esta é mais uma atividade do Quadrante II de alto nível. Você pode entrar em contato com as mentes mais aguçadas que existem hoje, ou que já passaram pela face da Terra. Recomendo que se inicie com o objetivo de ler um livro por mês, depois um a cada duas semanas, depois um por semana. "A pessoa que não lê não está em melhor condição do que a pessoa que não sabe ler."

Literatura de qualidade, como as grandes obras, os clássicos, autobiografias, a *National Geographic* e outras publicações que expandem nossos conhecimentos culturais, bem como a literatura atualizada dos diversos campos do conhecimento, podem expandir seus paradigmas e afinar o instrumento que é a mente, ainda mais se praticarmos o Hábito 5 enquanto lemos, procurando primeiro compreender. Se usamos nossa autobiografia para fazer julgamentos antes de entender o que o autor tem a dizer, limitamos os benefícios da experiência da leitura.

Escrever é outro modo poderoso de afinar o instrumento mental. Manter um diário de seus próprios pensamentos, experiências, descobertas e coisas aprendidas estimulam a lucidez mental, a exatidão e contextualização. Escrever boas cartas — comunicar-se no nível profundo dos pensamentos, sentimentos e ideias, em vez de ficar no superficial, nos eventos — também afeta positivamente nossa capacidade de pensar com objetividade, de raciocinar com precisão e de compreender com eficácia.

Organizar e planejar também espelham formas de renovação mental associadas com os Hábitos 2 e 3. Significam começar com o objetivo em mente e organizar a vida para atingir esse objetivo. É exercer o poder de visualização e de imaginação da mente, para ver do começo ao fim, e ter uma noção de todo o percurso, ou pelo menos de seus princípios, se não de seus passos.

— Dizem que as guerras são vencidas na barraca do general. Afinar o instrumento nas três dimensões iniciais — a física, a espiritual e a mental — é uma prática chamada de "Vitória Particular Diária". E recomendo a todos a prática simples de despender uma hora por dia fazendo isso, todos os dias — uma hora por dia, o resto da vida.

Não existe outra maneira tão boa de gastar esta hora, em comparação com a Vitória Particular Diária, em termos de valor e resultados. Ela vai afetar cada decisão, cada relacionamento. Aumentará muito a qualidade, a eficácia de todas as outras horas do dia, inclusive a profundidade e a eficácia do sono. Construirá a força mental, física e espiritual a longo prazo, o que lhe permitirá enfrentar os difíceis desafios da vida.

Nas palavras de Phillips Brooks:

> Algum dia, nos anos que virão, você estará lutando com a grande tentação ou tremendo em função da grande dor de sua vida. Mas a luta real é aqui e agora... *Agora* se decide se, no dia de sua dor ou tentação

suprema, você falhará vergonhosamente, ou triunfará com glória. O caráter só pode ser forjado por meio de um processo longo, contínuo.

A dimensão social/emocional

Enquanto as dimensões física, espiritual e mental estão estreitamente ligadas aos Hábitos 1, 2 e 3 — centrados nos princípios de visão, liderança e gerenciamento pessoal —, a dimensão social/emocional se focaliza nos Hábitos 4, 5 e 6 — centrados nos princípios da liderança interpessoal, comunicação empática e cooperação criativa.

A dimensão social e a emocional de nossas vidas estão vinculadas porque nossa vida emocional é de modo principal, mas não exclusivo, desenvolvida no relacionamento com os outros, e através dele se manifesta.

Renovar a dimensão emocional/social não exige tempo, pelo menos não no sentido que a renovação das outras dimensões exige. Podemos conseguir isso dentro de nossas interações normais cotidianas com as pessoas. Mas isso requer treinamento, sem dúvida. Teremos de incentivar a nós mesmos, porque muitos de nós ainda não atingimos o nível da Vitória Particular e os requisitos da Vitória Pública necessários para que os Hábitos 4, 5 e 6 venham naturalmente a nós em todas as interações.

Suponha que você seja uma pessoa-chave em minha vida. Você pode ser chefe, subordinado, colega de serviço, amigo, vizinho, esposa, filho, membro da família — qualquer um com quem eu quero ou preciso interagir. Suponhamos que precisemos trabalhar, comunicar, discutir uma questão fundamental, atingir um objetivo ou discutir um problema juntos. Mas vemos as coisas de modo distinto; estamos olhando através de lentes diferentes. Você vê a moça; eu, a velha senhora.

Sendo assim, eu pratico o Hábito 4, vou até você e digo: "Posso ver que você está abordando a situação de um modo diferente. Por que não concorda em nos comunicarmos até encontrar uma solução que seja satisfatória para os dois? Estaria disposto a fazer isso?" A maioria das pessoas estaria propensa a concordar com esta proposta.

Depois eu passo para o Hábito 5. "Vou ouvir você primeiro." Em vez de ouvir com a intenção de responder, eu ouço empaticamente, para que possa compreender seu paradigma em profundidade. Quando eu puder explicar seu ponto de vista tão bem quanto o outro, aí eu me concentro em mostrar meus pontos de vista para você, de forma que possa compreendê-los também.

Baseados no compromisso de buscar uma solução mutuamente satisfatória, bem como uma compreensão profunda dos pontos de vista do outro, passamos para o Hábito 6. Trabalhamos juntos para produzir uma terceira alternativa, soluções para nossas diferenças que reconhecemos como melhores do que qualquer das propostas anteriores, feitas por um de nós isoladamente.

O sucesso nos Hábitos 4, 5 e 6 não é uma questão prioritária de intelecto; é muito mais uma questão de emoção. Está ligado a nosso senso de segurança pessoal.

Se nossa segurança pessoal deriva de fontes interiores, então temos a força para praticar os hábitos da Vitória Pública. Se somos inseguros emocionalmente, apesar de termos avançado bastante intelectualmente, praticar os Hábitos 4, 5 e 6 com pessoas que pensam de modo diferente, em questões importantes da vida, pode ser ameaçador.

De onde vem a segurança interna? Ela não deriva do que os outros pensam da gente ou do modo como nos tratam. Não vem dos papéis que prepararam para nós. Não vem de nossa posição ou condição de momento.

Ela vem de dentro. Deriva de paradigmas adequados e princípios corretos existentes em nossos corações e mentes. Vem de uma coerência de dentro para fora, de uma vida íntegra, na qual os hábitos diários reflitam os valores mais profundos.

Acredito que uma vida íntegra é a fonte fundamental do valor pessoal. Discordo da literatura do sucesso popular que diz ser o amor-próprio uma questão de força de vontade, de atitude — que a pessoa pode se predispor para a paz de espírito.

A paz de espírito chega quando sua vida está em harmonia com os princípios e valores verdadeiros, e de nenhum outro modo.

Existe também a segurança íntima que vem como resultado de uma vida interdependente eficaz. Há segurança em se saber que as soluções Ganha/Ganha existem, que a vida não é sempre "ou eu ou ele", que quase sempre há terceiras alternativas mutuamente benéficas. Há segurança em saber que você pode sair de seu próprio quadro de referências sem conceder, que pode compreender profunda e verdadeiramente um outro ser humano. Há segurança que surge quando você interage autêntica, criativa e cooperativamente com outras pessoas, e vive os hábitos interdependentes.

Existe segurança íntima derivada da disponibilidade, da ajuda significativa às outras pessoas. Seu trabalho é uma fonte importante de segurança, quando você se vê em uma condição criativa e contribui, fazendo diferença. Outra fonte é a caridade anônima — ninguém sabe disso, e ninguém saberá. Mas este não é o ponto. A questão é abençoar a vida de outras pessoas. Influência, não reconhecimento, torna-se o motivo.

Victor Frankl se concentrou na necessidade de significado e propósito em nossas vidas, algo capaz de transcender a vida em si e libertar as energias positivas que carregamos. O falecido Dr. Hans Selye, em sua monumental pesquisa sobre estresse, diz que uma vida longa, saudável e feliz resulta das contribuições feitas, dos projetos significativos que são pessoalmente excitantes, contribuindo e abençoando a vida das pessoas. Sua ética é "aprenda a amar seu próximo".

Ou, nas palavras de George Bernard Shaw:

> Esta é a verdadeira alegria da vida — ser usado para um propósito reconhecido por você mesmo como digno. Ser uma força da natureza, em vez de um amontoado febril e egoísta de ressentimentos e frustrações, sempre reclamando que o mundo não se devota a torná-lo feliz. Sou da opinião que minha vida pertence a toda a comunidade e, enquanto viver, tenho a obrigação de fazer tudo que puder por ela. Quero estar totalmente esgotado quando morrer. Pois, quanto mais trabalho, mais eu vivo. Eu me regozijo com a vida pelo que ela traz. A vida não é uma vela breve para mim. É uma espécie de tocha esplêndida que preciso segurar no momento, e quero que queime com o maior brilho possível antes de passá-la para as gerações futuras.

N. Eldon Tanner disse: "A assistência é o aluguel que pagamos pelo privilégio de viver na Terra. E há muitas maneiras de servir. Quer façamos parte de uma religião, de uma organização filantrópica, de um serviço que apresente oportunidades significativas para a caridade ou não, nenhum dia se passa sem que possamos servir pelo menos a um ser humano, fazendo doações de amor incondicional."

■ INFLUENCIANDO OS OUTROS

A maioria das pessoas vive em função do espelho social, sendo influenciada por opiniões, ideias e paradigmas de outras pessoas. Na condição de pessoas interdependentes, eu e você temos um paradigma que inclui a noção de fazer parte desse espelho social.

Podemos escolher refletir de volta para os outros uma visão objetiva e sem distorções de si mesmos. Podemos reforçar sua natureza proativa e tratá-los como pessoas responsáveis. Podemos ajudar a torná-los indivíduos centrados nos princípios, baseados nos valores, independentes e responsáveis. E, com a Mentalidade de Abundância, perceber que fornecer um reflexo positivo para os outros não nos diminui em nada. Só amplia nosso ser, porque aumenta as possibilidades de interação eficaz com outras pessoas proativas.

Em determinado momento de sua vida, já deve ter encontrado alguém que acreditou em você, quando nem você mesmo era capaz disso. Essa pessoa o influenciou. Será que ela fez alguma diferença em sua vida?

E se você tivesse uma influência positiva, capaz de incentivar outra pessoa? Quando o espelho social orientá-las para seguir o caminho mais baixo, você pode influenciá-las para pegar o mais nobre, porque acredita nelas. Você as ouve e empatiza com elas. Não as absolve da responsabilidade, mas as encoraja a ser proativas.

Talvez você conheça o musical *Homem de La Mancha*. É uma belíssima história medieval de um cavaleiro que encontra uma mulher na rua, uma prostituta. Ela tem sido confirmada em seu modo de vida por todas as pessoas que passam por sua vida.

Mas este cavaleiro poeta vê algo mais nela, algo belo e adorável. Ele também vê sua virtude, e insiste nela, mais e mais. Ele dá a ela um novo nome — Dulcineia —, um novo nome associado a um novo paradigma.

No início, ela o recusa. Seus antigos papéis são mais fortes. Ela o despreza, pois não passava de um sonhador maluco, mas ele persiste. Faz continuamente depósitos de amor incondicional, e isso aos poucos penetra na mente dela. Atinge sua verdadeira natureza, seu potencial, e ela começa a responder. Pouco a pouco, ela começa a mudar seu estilo de vida. Ela acredita nisso, e age a partir de seu novo paradigma, para surpresa inicial de todos.

Mais tarde, quando ela começa a voltar a seu antigo paradigma, ele a visita em seu leito de morte e entoa uma canção belíssima: "O Sonho Impossível." Olha em seus olhos e sussurra: "Nunca se esqueça, você é Dulcineia."

Uma das histórias clássicas das profecias de resultado induzido diz respeito a um computador na Inglaterra que foi acidentalmente programado de modo incorreto. Em termos acadêmicos, ele considerou que uma classe de alunos "bons" era formada por "maus" alunos, e que uma classe de alunos tidos como "maus" era formada por "bons" alunos. E o relatório do computador era o principal critério que orientava os paradigmas dos professores sobre os estudantes, no início do ano escolar.

Quando a diretoria da escola descobriu o erro, cinco meses e meio depois, decidiu realizar novos testes com os alunos, sem contar a ninguém o que havia acontecido. Os resultados foram intrigantes. Os alunos "bons" haviam piorado significativamente nos testes feitos para medir QI. Eles foram tratados como crianças mentalmente limitadas, pouco cooperativas e difíceis de serem ensinadas. Os paradigmas dos professores tornaram a profecia realidade.

Mas as dezenas de "maus" alunos haviam melhorado. Os professores os trataram como se fossem brilhantes, e sua energia, esperança, otimismo e boa vontade refletiram essas expectativas individuais e valor dado aos alunos.

Aos professores, perguntaram como foram as primeiras semanas do semestre. "Por alguma razão, nossos métodos não estavam funcionando." A informação do computador mostrava que os alunos eram brilhantes. Se as coisas não estavam indo bem, eles concluíram que o problema se encontrava nos métodos de ensino. E eles reviram os métodos. Foram proativos, trabalharam dentro de seu Círculo de Influência. A aparente incapacidade dos alunos não passava de inflexibilidade dos professores.

O que refletimos para os outros, sobre nós mesmos? E como esses reflexos influenciam as vidas alheias? Temos tantas coisas que podemos investir nas Contas Bancárias Emocionais das outras pessoas. Quanto mais pudermos ver as pessoas em termos de seu potencial oculto, mais poderemos usar a imaginação, em vez de nossa memória, com a esposa, os filhos, os colegas de trabalho ou os empregados. Podemos nos recusar a rotulá-los — podemos "vê-los" de novas formas, a cada vez que estivermos juntos. Podemos ajudá-los para que se tornem independentes, seguros, capazes de conduzir relações profundas, ricas, satisfatórias e produtivas com os outros.

Goethe nos ensinou: "Trate um homem como ele é, e ele continuará sendo como é. Trate-o como ele pode e deve ser, e ele se tornará o que pode e deve ser."

■ EQUILÍBRIO NA RENOVAÇÃO

O processo de autorrenovação precisa incluir a renovação equilibrada em todas as quatro dimensões de nossa natureza: física, espiritual, mental e social/emocional.

Apesar de a renovação em cada uma das dimensões ser importante, ela somente se tornará eficaz por completo quando lidarmos com todas as dimensões de um modo sábio e equilibrado. Negligenciar qualquer uma das áreas provoca um impacto negativo nas outras.

Descobri que isso é verdade tanto para as organizações quanto para a vida dos indivíduos. Na organização, a dimensão física se expressa em termos econômicos. A mental ou psicológica lida com o reconhecimento, o desenvolvimento e o uso do talento. A dimensão social/emocional tem a ver com as relações humanas, o modo como as pessoas são tratadas. E a dimensão espiritual lida com a descoberta do propósito, através do objetivo ou contribuição da organização, bem como de sua integridade.

Quando uma organização negligencia uma ou mais dessas áreas, há um impacto negativo em toda a empresa. As energias criativas que poderiam resultar em uma sinergia tremenda, poderosa, são usadas para lutar contra a organização, e se tornam forças restritivas do crescimento e da produtividade.

Tive contato com empresas cujo único interesse é econômico — fazer dinheiro. Normalmente elas não alardeiam este propósito. Por vezes, até divulgam outros objetivos. Mas, lá no fundo, seu único desejo é ganhar dinheiro.

Sempre que me deparo com isso, também encontro uma grande quantidade de sinergia negativa na cultura, gerando coisas como rivalidade interdepartamental, comunicação defensiva e protegida, politicagem e teimosia. Não podemos viver com eficácia sem ganhar dinheiro, mas esta não é uma razão suficiente para a existência de uma organização. Não podemos viver sem comer, mas não vivemos só para comer.

Na outra ponta do espectro, vi organizações que se concentram quase que exclusivamente na dimensão social/emocional. Elas são, em certo sentido, uma espécie de experimento social, e não possuem critérios econômicos em seu sistema de valores. Não possuem medida ou padrão de eficácia e, como resultado, perdem toda a eficiência e seu lugar no mercado.

Encontrei muitas organizações que desenvolvem apenas três das dimensões — elas possuem um bom critério de serviços, bons critérios econômicos, bons critérios de relações humanas, mas não estão empenhadas em identificar, desenvolver, utilizar e reconhecer o talento das pessoas. E se essas forças psicológicas deixam de ser levadas em conta, o resultado é uma autocracia benevolente. A cultura resultante refletirá diferentes formas de resistência coletiva, rivalidades, excessiva rotatividade e outros problemas culturais crônicos.

A eficácia empresarial, bem como a individual, requer o rápido desenvolvimento e a renovação em todas as quatro dimensões, de um modo sábio e equilibrado. Qualquer dimensão negligenciada criará um campo negativo de resistência, que se coloca no caminho da eficácia e do crescimento. Organizações e indivíduos que reconhecem a importância de cada uma destas quatro dimensões em sua missão fornecem um poderoso quadro de referências para a renovação equilibrada.

Este processo de melhoria contínua é a marca registrada do Movimento para a Qualidade Total e a chave da primazia econômica do Japão.

■ SINERGIA NA RENOVAÇÃO

A renovação equilibrada é sinérgica ao máximo. As coisas que você faz para afinar o instrumento em uma dimensão causam um impacto positivo nas outras dimensões, porque elas estão estreitamente interligadas. Sua saúde física afeta sua saúde mental. Sua força espiritual afeta sua força social/emocional. À medida que você melhora em uma dimensão, aumenta sua habilidade também nas outras.

Os 7 hábitos das pessoas altamente eficazes cria o máximo de sinergia entre essas dimensões. A renovação em qualquer dimensão aumenta sua capacidade de viver pelo menos um dos 7 Hábitos. E apesar de os hábitos serem sequenciais, o desenvolvimento sinérgico de um deles aumenta sua capacidade de viver os outros.

Quanto mais proativo você for (Hábito 1), mais eficaz será no exercício de sua liderança pessoal (Hábito 2) e no gerenciamento de sua vida (Hábito 3). Quanto mais eficácia no gerenciamento de sua vida (Hábito 3), mais atividades renovadoras terá no Quadrante II (Hábito 7). Quanto mais você compreender primeiro (Hábito 5), mais eficaz será na busca de soluções sinérgicas para Ganha/Ganha (Hábitos 4 e 6). Quanto mais você se aprimora nos hábitos que levam à independência (Hábitos 1, 2 e 3), mais eficaz será em situações interdependentes (Hábitos 4, 5 e 6). E a renovação (Hábito 7) é o processo de revitalizar todos os outros hábitos.

Quando você renova sua dimensão física, reforça sua visão pessoal (Hábito 1), o paradigma da autoconsciência, da vontade independente, da proatividade, de saber que é livre para agir, em vez de sofrer a ação, para escolher sua reação a qualquer estímulo. Este é provavelmente o maior benefício dos exercícios físicos. Cada Vitória Particular Diária significa um depósito em sua conta pessoal de segurança.

Quando você renova sua dimensão espiritual, reforça a liderança pessoal (Hábito 2). Aumenta a capacidade de viver a partir da imaginação e da consciência, em vez de exclusivamente da memória, compreendendo seus paradigmas e valores mais profundos, criando dentro de si um centro de princípios corretos, definindo sua missão única no mundo, adaptando sua pessoa a uma vida em harmonia com os princípios corretos, contando com suas fontes de força pessoal. A rica vida pessoal que você cria com a renovação espiritual se reflete em imensos depósitos na sua conta pessoal de segurança.

À medida que você renova sua dimensão mental, reforça sua capacidade de gerenciamento pessoal (Hábito 3). Quando planeja, força sua mente a admitir a maior potência das atividades, metas prioritárias e atividades do Quadrante II, maximizando o uso de seu tempo e sua energia. Você organiza e realiza suas atividades a partir das prioridades. Quando se envolve com o aprendizado contínuo, aumenta sua base de conhecimentos e suas opções. A segurança econômica não se encontra no emprego, mas sim em seu próprio poder de produzir — pensar, criar, aprender, adaptar. Esta é a verdadeira independência financeira, e não a posse de riquezas. É ter poder para produzir riquezas. É algo interno.

A Vitória Particular Diária — um mínimo de uma hora por dia para a renovação das dimensões física, espiritual e mental — é a chave para o desenvolvimento dos 7 Hábitos e se encontra dentro de seu Círculo de Influência. É o foco no tempo do Quadrante II necessário para integrar esses hábitos em sua vida, tornando-a centrada nos princípios.

Ela também é o alicerce para a Vitória Pública Diária. É a fonte da segurança íntima necessária para afinar o instrumento na dimensão social/emocional. Ela lhe dá a força pessoal para se concentrar em seu Círculo de Influência nas situações interdependentes — olhar para os outros com o paradigma da Mentalidade de Abundância, valorizar de verdade as diferenças e ficar feliz com o sucesso alheio. Isso lhe dá a base para lutar pela compreensão genuína e as soluções Ganha/Ganha sinérgicas, para praticar os Hábitos 4, 5 e 6 em uma realidade interdependente.

■ A ESPIRAL ASCENDENTE

A renovação é o princípio — e o processo — que nos dá a força necessária para nos movermos em uma espiral ascendente de crescimento e mudança, de melhoria contínua.

Para realizar um progresso significativo e consistente ao longo dessa espiral, precisamos levar em conta outro aspecto da renovação, que se aplica ao dom exclusivamente humano que dirige o movimento ascendente — nossa *consciência.* Nas palavras de Madame de Staël: "A voz da consciência é tão delicada que é fácil ignorá-la. Mas também é tão objetiva que se torna impossível iludi-la."

A consciência é o dom que percebe nossa coerência ou desvio dos princípios corretos, e nos leva até eles — quando está em forma. Assim como a educação dos músculos e nervos é vital para a excelência atlética, e a educação da mente vital para o estudioso, a educação da consciência é vital para a pessoa proativa, altamente eficaz. Treinar e educar a consciência, contudo, exige uma concentração imensa, muita disciplina equilibrada, uma vida honesta e coerente. Exige dedicação regular à literatura de inspiração, pensamentos nobres e, acima de tudo, a vida em harmonia com sua pequena voz.

Assim como comida inadequada e falta de exercício podem acabar com a condição de um atleta, as coisas obscenas, rudes ou pornográficas podem gerar uma escuridão no íntimo, capaz de obscurecer nossa sensibilidade e substituir a consciência natural ou divina do "Que é certo e errado?" pela consciência social do "Serei descoberto?".

Nas palavras de Dag Hammarskjöld:

> Você não pode brincar com o animal dentro de si sem se tornar um animal completo, flertar com a falsidade sem destruir seu direito à verdade, envolver-se com a crueldade sem perder a sensibilidade da mente. Quem quer manter o jardim bonito não guarda um canto para as ervas daninhas.

Como temos a autoconsciência, devemos escolher os propósitos e princípios segundo os quais viveremos. De outro modo, o vácuo será preenchido por outras coisas, perderemos nossa autoconsciência e nos tornaremos animais vis que só vivem para a reprodução e a sobrevivência. As pessoas que existem neste nível não estão vivendo, elas "são vividas". Reagem, sem saber nada dos dons únicos que jazem dormentes e obscurecidos dentro de si.

E não existe atalho algum para seu desenvolvimento. A lei da colheita nos governa. Sempre colhemos o que semeamos — nem mais, nem menos. A lei da justiça é imutável, e quanto mais vivemos em conformidade com nossos princípios, melhor será nosso julgamento sobre a forma como o mundo opera e mais precisos serão nossos paradigmas — os mapas de nossos territórios.

Acredito que enquanto crescemos e amadurecemos, nesta espiral ascendente, devemos nos aplicar diligentemente no processo de renovação, educando e ouvindo nossa consciência. Uma consciência mais educada nos impelirá para a frente no caminho da liberdade pessoal, segurança, sabedoria e poder.

O movimento ao longo da espiral ascendente exige aprendizado, dedicação e ação em planos cada vez mais elevados. Estaremos enganando a nós mesmos se acharmos que apenas um deles basta. Para continuar progredindo, devemos continuar com o aprendizado, dedicação e ação — cada vez mais.

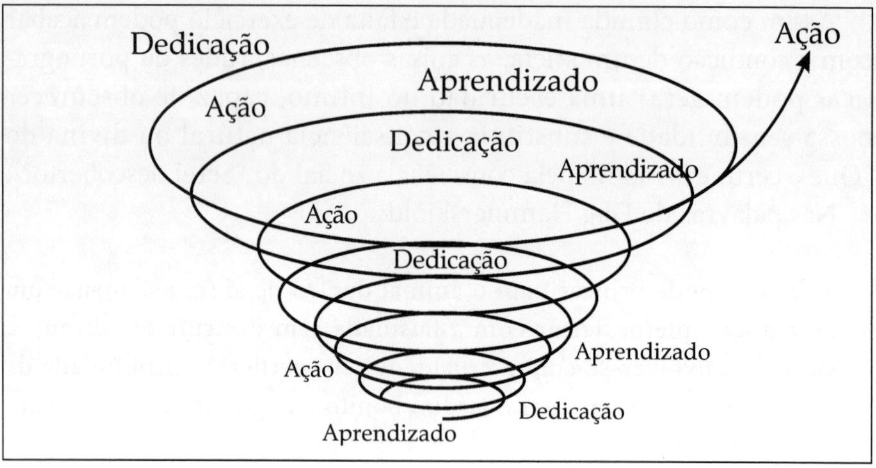

A ESPIRAL ASCENDENTE

■ SUGESTÕES DE APLICAÇÃO

1. Faça uma lista de atividades que o ajudariam a manter uma boa forma física, compatíveis com seu estilo de vida e que possam ser feitas regularmente.
2. Selecione uma das atividades e a coloque como uma das metas em seus papéis pessoais para a próxima semana. No final da semana avalie seu desempenho. Se não atingiu sua meta, terá sido por subordiná-la a um valor mais alto legítimo? Ou você deixou de agir com integridade em relação a seus valores?
3. Faça uma lista similar de atividades renovadoras em suas dimensões espirituais e mentais. Na área social/emocional, anote os relacionamentos que gostaria de melhorar, ou as circunstâncias específicas em que a Vitória Pública traria mais eficácia. Selecione um item em cada área para a semana. Implemente e avalie.
4. Comprometa-se a anotar atividades específicas de "afinar o instrumento" nas quatro dimensões, todas as semanas, entre em ação, e depois avalie seu desempenho e resultados.

NOVAS REFLEXÕES SOBRE O HÁBITO 7: AFINE O INSTRUMENTO

POR SEAN COVEY

Minha peça favorita de todos os tempos é *Hamilton*. Depois de vê-la pela primeira vez, pesquisei tudo o que pude sobre seu criador, Lin-Manuel Miranda. Fiquei intrigado ao descobrir que *Hamilton* poderia nunca ter acontecido se Miranda não tivesse afinado o instrumento.

Em 2008, Miranda vinha trabalhando incansavelmente por sete anos para levar seu primeiro musical, *In the Heights*, aos palcos da Broadway. Depois de ganhar quatro prêmios Tony em sua estreia, ele arranjou tempo para tirar umas férias no México. Ele levou uma "leitura leve" para a praia: *Alexander Hamilton*, de Ron Chernow — a sólida biografia de um dos Pais Fundadores dos Estados Unidos, já praticamente esquecido.[8]

"No momento em que meu cérebro desfrutava de um breve descanso, Hamilton apareceu para ocupar o espaço", disse Miranda, em uma entrevista a Arianna Huffington. "Não por acaso, a melhor ideia que já tive na minha vida — talvez a melhor que já tive em toda a minha vida — surgiu durante as férias."[9]

A partir daquela ideia inicial, *Hamilton* quebrou todos os recordes, tornou-se um fenômeno cultural e rendeu a Miranda um Prêmio Pulitzer, um Emmy, um Grammy e onze Tony Awards!

Acho que seria justo dizer que, ao contrário de Miranda, o próprio Alexander Hamilton não aderiu ao princípio da renovação, e acabou pagando um preço por isso. No musical, sua esposa, Eliza, implora que ele

---

8 Hamilton History. (s.d.). Disponível em: <https://www.linmanuel.com/hamilton>.

9 Almendrala, A. (2016, 23 de junho). "Lin-Manuel Miranda's Greatest Idea Came To Him On Vacation". Disponível em: <https://www.huffpost.com/entry/lin-manuel-miranda-says-its-no-crash-hamilton-inspiration-struck-on-vacation_n_576c136ee4b0b489bb 0ca7c2>.

descanse um pouco, em uma canção chamada "Take a Break", mas ele se recusa a fazê-lo. Arianna Huffington acredita que o esgotamento em si — especificamente, a privação do sono — destruiu as esperanças presidenciais de Hamilton, ameaçou seu casamento e, por fim, tirou sua vida. Ela escreve: "Hamilton (...) foi bem-sucedido não por causa de seu excesso de trabalho e esgotamento, mas a despeito deles. E talvez, se tivesse ouvido o conselho de Eliza para 'fazer uma pausa', teria tido mais tempo para construir a nação à qual era tão dedicado."[10]

Na contramão do alerta recebido por Hamilton e recontado por Miranda, a renomada historiadora presidencial Doris Kearns Goodwin lembrou que Franklin Delano Roosevelt tirou dez dias para fazer uma viagem de pescaria em meio aos momentos mais críticos da Segunda Guerra Mundial. E, no entanto, foi durante aquela viagem que Roosevelt apresentou sua decisiva Lei de Empréstimos e Arrendamentos, que fornecia os meios para que os Estados Unidos emprestassem suprimentos de guerra a seus aliados durante a guerra. Ela também conta como Abraham Lincoln foi ao teatro cem vezes durante a Guerra Civil. "Quando as luzes se apagavam e começava uma peça de Shakespeare, Lincoln conseguia esquecer a guerra e desanuviar sua mente por algumas preciosas horas", disse ela. "E Teddy Roosevelt se exercitava duas horas todas as tardes na Casa Branca com uma estrondosa partida de tênis, ou uma caminhada nas trilhas arborizadas do Parque Rock Creek, ou uma partida de boxe ou luta livre."[11]

Em nossa cultura, não levamos essas lições a sério. O esgotamento está aumentando. A solidão está aumentando. A quantidade de tempo que as pessoas passam diante das telas está aumentando.

■ GANHE A VITÓRIA PARTICULAR DIÁRIA

Eu também caí nessa armadilha, mas aprendi que não posso deixar de afinar o instrumento. Certo dia, durante uma fase muito agitada da vida, cheguei em casa do trabalho e descobri que minha esposa e a

10 Huffington A. (s.d.). "Alexander Hamilton: Father of American Banking and American Burnout". Disponível em: <https://www.linkedin.com/pulse/alexander-hamilton-father--american-banking-burnout-arianna-huffington>.

11 FranklinCovey. (2018, 16 de outubro). "On Leadership with Scott Miller". Salt Lake City, UT.

minha filha, sem eu saber, haviam comprado uma arara de quase um metro de altura, agora instalada em uma gaiola do tamanho de nossa mesa da cozinha. Depois de ouvir os perturbadores guinchos daquela ave gigante, passei a acreditar na teoria de que os pássaros evoluíram dos dinossauros. Naquela primeira noite, os grasnados foram tão altos que dois dos nossos vizinhos ligaram para se certificar de que estava tudo bem! Andávamos todos tão ocupados que a última coisa de que precisávamos era de outro animal de estimação. "Por que vocês não discutiram isso comigo?", perguntei, enfurecido. Fui pego de surpresa com aquilo tudo, e, naquela noite, acabei dizendo algumas coisas indelicadas para minha esposa, Rebecca.

Na manhã seguinte, acordei cansado e me sentindo muito atarefado para afinar o instrumento naquele dia. Mas, bem na hora, ouvi a voz de meu pai no fundo da minha cabeça, dizendo: "Você já ficou ocupado demais dirigindo, a ponto de não ter tempo para abastecer?" Então, me levantei, desci e treinei por meia hora. Depois, fiz as minhas leituras e o planejamento do dia. E, enquanto revisava minha declaração de missão e meus objetivos pessoais, minha consciência me lembrava das coisas rudes que eu havia dito a Rebecca na noite anterior a respeito da ave. Então, depois de me arrumar para ir ao trabalho, sentei-me com minha esposa para pedir desculpas. Foi bom ter feito isso; ela deixou isso bem evidente. Rebecca acabou me perdoando e me deu um abraço antes de eu sair para o trabalho.

Cheguei ao escritório pronto e renovado, o que foi vital, pois ao longo daquele dia tive de tomar várias importantes decisões de negócios envolvendo milhões de dólares. Felizmente, eu estava bem e tomei decisões inteligentes. O fato de ganhar minha Vitória Particular Diária naquela manhã fez toda a diferença — e isso tinha levado apenas uma hora. Caso você esteja se perguntando, algumas semanas depois nós vendemos a arara para um cara que parecia um pirata.

Meu pai acreditava e praticava esse hábito da renovação. Parecia que ele estava sempre pedalando sua bicicleta ergométrica enquanto lia seus livros e revistas. Eram tantas as impressões e as ideias lhe vinham à mente nas primeiras horas da manhã que ele reservava aquele tempo como algo sagrado. Ele trabalhava muito e viajava demais, mas sempre programava um tempo de inatividade. Ele adorava, sobretudo, tirar férias familiares em seu chalé em Montana. Enquanto estava lá, pulava da cama e fazia longos passeios de mountain bike, parando ao longo do caminho para ler e refletir. Uma das impressões mais marcantes de minha juventude era vê-lo retornar daquelas pedaladas matinais cheio de entusiasmo e assertividade, dizendo algo como: "Tive uma grande ideia esta manhã!" Sua energia era contagiante.

Mesmo com todas as demandas de uma família numerosa, ele acordava cedo e ia dormir cedo. Nos fins de semana e nas reuniões familiares, todos nós íamos ao cinema, comíamos porcarias e ficávamos acordados até tarde, conversando. Olhávamos em volta e perguntávamos "Onde está o papai?", e ele já tinha ido para a cama. Todo mundo dormia até mais tarde, e ele levantava de madrugada para praticar exercícios, pensar, ler, escrever.

Ele dizia: "Crianças, vocês precisam ler mais. Estou lendo dez livros por semana." E nós respondíamos: "Não, não está. Você apenas folheia os livros. Você não os lê. Isso não vale."

Ele também adorava fazer longos passeios de lambreta pela vizinhança com minha mãe, quando eles aproveitavam para "discutir as coisas". Na verdade, grande parte de seu sucesso público e dos relacionamentos sólidos de que desfrutava eram provenientes dessa prática de se concentrar todos os dias e de conquistar sua própria Vitória Particular Diária.

O fato é que nós, seres humanos, somos feitos de quatro partes — corpo, coração, mente e espírito —, e todas as quatro partes são interdependentes e precisam ser alimentadas de forma constante. Assim como os quatro pneus de um carro, se um dos pneus estiver descalibrado, todos os pneus irão se desgastar de forma desigual. É difícil demonstrar amor (coração) quando você está exausto (corpo). Por outro lado, quando você está se sentindo motivado e em sintonia consigo mesmo (espírito), você terá um melhor julgamento (mente) e achará mais fácil tratar os outros com respeito (coração).

Considerando-se que afinar o instrumento é uma atividade do Quadrante II — importante, mas não urgente —, ela não acontecerá espontaneamente. Você é quem deve acontecer para ela, transformando-a em uma prioridade. Porém, assim como em todas as atividades do Quadrante II, o retorno sobre o tempo e a energia gastos afinando o instrumento é exponencial. Nunca se sinta culpado por reservar um tempo para si mesmo. Durante os voos, eles informam que, se a cabine sofrer uma despressurização, você deve colocar sua máscara de oxigênio antes de ajudar as outras pessoas. Você não será muito útil para seu filho de 3 anos ou para seu melhor amigo se estiver inconsciente devido à falta de oxigênio.

■ CONTROLE SUA TECNOLOGIA, NÃO DEIXE QUE ELA CONTROLE VOCÊ

A tecnologia está sugando o nosso tempo e a nossa energia, e cegando nossos instrumentos mais do que qualquer outra coisa que os humanos já tenham conhecido.

Recentemente, estive na escola em que meus filhos cursam o segundo ciclo do ensino fundamental e assisti a uma palestra sobre como ajudar os adolescentes a gerenciar a tecnologia. O auditório estava tão lotado de pais desesperados por conselhos que tive de me sentar no corredor. O apresentador afirmou que os adolescentes passam 35 horas por semana diante de uma tela, e isso vem reformulando seus cérebros. Ele disse que o excesso de mídias sociais leva à depressão e à ansiedade, e que muitos dos sites populares incentivam a violência e a pornografia, e que estão repletos de assediadores. Foi alarmante! Seu ponto principal foi o seguinte: se você não controlar o modo como a tecnologia é usada em sua casa, ela assumirá o controle da sua casa de maneiras prejudiciais. Ele nos estimulou a cooperar com nossos filhos para estabelecer um contrato de dados familiar, como se fosse um acordo Ganha/Ganha em torno do uso da tecnologia.

Então, minha esposa e eu nos sentamos com nossos três filhos que moram conosco e trabalhamos no que chamamos de Contrato de Tecnologia da Família Covey. Depois de lembrá-los de que somos nós que pagamos por seus planos de telefonia, combinamos várias coisas. Estabelecemos um limite de tempo diário de três horas diante das telas. Todas as noites, os telefones seriam carregados na base da cozinha, e ninguém teria permissão para levar os telefones para os quartos. Relutantemente, eles concordaram em não usar seus dispositivos durante as refeições ou enquanto estivessem no carro.

— Mas eu fico entediado — reclamou um dos meus filhos.

— Ficar entediado faz bem ao cérebro — respondi. — E, além disso, vocês precisam aprender a falar uns com os outros.

Não temos conseguido cumprir com perfeição nosso contrato — às vezes, encontramos os telefones de nossos filhos em suas camas. Mas, de forma geral, a nossa família atendeu aos requisitos do contrato e isso fez uma grande diferença. Antes da criação do contrato, meu filho de 11 anos, Wyatt, era viciado em videogame. A certa altura, como ele não conseguiu respeitar as horas combinadas, recolhemos seu telefone, e ele passou por uma crise de abstinência — começou, literalmente, a tremer. Foi assustador, mas ele aguentou firme. Uma semana depois, acabou vindo me agradecer, dizendo: "Desde que parei com aquele videogame, me sinto muito mais feliz, papai."

Esse conselho não se aplica apenas a crianças; ele é aplicável a todos nós. Eu, por exemplo, tenho de lutar contra minha predileção por ficar lendo notícias a noite toda no meu celular. Embora não haja uma maneira certa de gerenciar a tecnologia em casa, acredito que não contar com um plano familiar acordado é apenas uma maneira de procurar problemas. Se você tiver filhos, incentivo-o a criar algum tipo de contrato de dados familiar, para ajudá-lo a lidar com aquela que talvez seja a maior ameaça a nossa renovação e a nossa saúde mental já observada. Não devemos permitir que nossas telas nos consumam. O famoso ditado dos gregos antigos, "Nada em excesso", é uma boa lembrança de que todas as coisas devem ser feitas com moderação, incluindo nossa tecnologia.

Um lenhador, certa vez, disse: "Dê-me seis horas para derrubar uma árvore e passarei as primeiras quatro horas afiando o machado." Seja um machado ou outro instrumento qualquer, o ponto é o mesmo. Muitos empregos na atual Era do Trabalhador do Conhecimento dependem de decisões sábias e de bom senso. Grande parte da nossa felicidade depende da qualidade dos nossos relacionamentos. Talvez você acredite não ter tempo para fazer exercícios, ir almoçar com um amigo, ler um livro, escrever no seu diário, participar de uma conferência, fazer uma pausa, ou sair de férias com a família. Na realidade, você não tem tempo para não fazer essas coisas.

Novamente de Dentro para Fora

O Senhor trabalha de dentro para fora. O mundo trabalha de fora para dentro. O mundo tira as pessoas das favelas. Cristo tira as favelas de dentro das pessoas, e depois elas mesmas saem das favelas. O mundo molda o homem, mudando seu meio. Cristo muda o homem, e depois muda o meio. O mundo determina o comportamento humano, mas Cristo pode mudar a natureza do homem.

Ezra Taft Benson

Eu gostaria de relatar uma história pessoal que na minha opinião contém a essência deste livro. Espero que entendam os princípios que estão por trás dela.

Há alguns anos, nossa família deixou o local onde vivíamos por um ano. Eu consegui uma licença na universidade onde leciono para poder me dedicar a escrever. Passamos esse ano inteiro em Laie, na costa norte de Oahu, no Havaí.

Pouco tempo depois de nos mudarmos, desenvolvemos uma rotina de vida e trabalho que podia não ser muito produtiva, mas era muito agradável.

Depois de um passeio de manhã cedo pela praia, mandávamos dois de nossos filhos para a escola, descalços e de shorts. Eu ia para uma sala, perto do canavial, onde tinha um escritório, para escrever o livro. Era tudo muito quieto, muito sereno, muito bonito — sem telefone, reuniões ou compromissos urgentes.

Meu escritório ficava perto dos limites de uma universidade, e um dia, quando eu passeava por entre as fileiras de livros nos fundos da biblioteca da universidade, topei com um volume que chamou minha atenção. Quando eu o abri, os olhos pararam em um único parágrafo, que influenciou poderosamente o resto de minha vida.

Li e reli o parágrafo. Ele continha basicamente a ideia simples de que havia intervalo ou espaço entre estímulo e resposta, e que a chave tanto para o amadurecimento quanto para a felicidade era saber como usar aquele espaço.

Encontro dificuldades para descrever o efeito daquela ideia em minha mente. Apesar de eu ter sido criado na filosofia da autodeterminação, o modo como a ideia fora redigida — "um espaço entre o estímulo e a resposta" — me atingiu com uma força nova, quase inacreditável. Era como "descobrir pela primeira vez", similar a uma revolução interior, "uma ideia cujo momento chegara".

Refleti sobre a questão por muito tempo, e ela começou a ter um efeito poderoso em meu paradigma de vida. Era como se eu tivesse me tornado um observador de minha própria participação. Comecei a ficar parado sobre o espaço, e a olhar de fora para o estímulo. Fiquei contente com a sensação íntima de liberdade para escolher minha resposta — até mesmo para me tornar o estímulo, influenciá-lo ou até revertê-lo.

Pouco depois, e em parte por causa desta ideia "revolucionária", Sandra e eu começamos a nos comunicar em grande profundidade. Eu a pegava pouco antes do meio-dia, em uma velha Honda Trail 90, e saíamos com os dois filhos em idade pré-escolar conosco —, um no meio de nós dois, outro no meu joelho esquerdo —, percorrendo o canavial próximo ao escritório. O passeio era lento, levava cerca de uma hora. Conversávamos.

As crianças aguardavam ansiosas o passeio, e não davam nem um pio. Raramente víamos outro veículo, e a moto era tão silenciosa que podíamos ouvir um ao outro tranquilamente. Acabávamos em uma praia isolada, onde estacionávamos a Honda e caminhávamos cerca de 200 metros, até uma praia deserta, onde fazíamos um piquenique.

A praia de areia fina e o regato que desaguava no mar absorviam o interesse de meus filhos. Sandra e eu podíamos, por isso, prosseguir nossa conversa sem interrupções. Talvez não seja preciso ter muita imaginação para perceber o nível de entendimento e confiança que fomos capazes de atingir ao passar pelo menos duas horas por dia, todos os dias, durante um ano inteiro, em contato muito próximo.

Bem no começo do ano, conversamos sobre todos os tipos de assuntos interessantes — pessoas, ideias, eventos, filhos, meus textos, nossa casa, planos para o futuro e assim por diante. Mas, pouco a pouco, nossa comunicação se aprofundou, e começamos a conversar mais e mais sobre nossos mundos interiores — sobre nossa educação, sentimentos e dúvidas. Quando estávamos envolvidos nesta comunicação, também a observávamos, e a nós mesmos dentro dela. Começamos a usar o espaço entre estímulo e resposta de modos novos e interessantes, o que nos levou a refletir sobre a forma como havíamos sido programados e como esses problemas interferiam na maneira como víamos o mundo.

Iniciamos a excitante aventura em nossos mundos interiores, e descobrimos que eles eram mais excitantes, mais fascinantes, mais absorventes, mais atraentes, mais lotados de estímulos e descobertas do que qualquer coisa que havíamos visto no mundo exterior.

Nem tudo era "luz e doçura". Por vezes, tocávamos nervos expostos e tínhamos experiências dolorosas, constrangedoras, reveladoras — experiências que nos tornavam mais abertos e vulneráveis um para o outro. E acabamos por perceber que estávamos esperando por isso havia anos. Quando mergulhamos nas questões mais profundas, mais ternas, e depois saímos delas, sentimo-nos de certa forma curados.

Desde o início, fomos tão solidários e companheiros, tão encorajadores e empáticos um com o outro que desenvolvemos e facilitamos essas descobertas íntimas em nós dois.

Gradualmente, adotamos duas regras não verbalizadas. A primeira era "não forçar". Assim que expúnhamos as camadas mais profundas e vulneráveis, não devíamos questionar um ao outro, apenas demonstrar solidariedade. Pressionar confidências seria uma invasão. Uma coisa muito lógica e dominadora. Estávamos percorrendo um terreno muito novo e difícil, incerto e assustador, trazendo à tona medos e dúvidas. Queríamos cobrar mais e mais dele, mas nos acostumamos a respeitar a necessidade de deixar que cada um se abrisse quando fosse o momento.

A segunda regra básica era parar, naquele dia, quando magoasse demais, quando fosse doloroso. Retomaríamos a questão no dia seguinte, no ponto onde havia sido interrompida, ou esperaríamos até que a pessoa que estava se expondo sentisse que estava pronta para prosseguir. Deixávamos várias coisas no ar, sabendo que queríamos tratar delas depois. Afinal, tínhamos o tempo e o ambiente que levariam a isso, e estávamos tão animados observando nosso envolvimento e o amadurecimento do casamento que sabíamos que mais cedo ou mais tarde todas as questões que ficaram no ar seriam tratadas, e que chegaríamos a algum tipo de conclusão.

A parte mais difícil, e também a mais gratificante deste tipo de comunicação, surgiu quando minha vulnerabilidade e a de Sandra se tocaram. Nesse momento, em função de nosso envolvimento, descobrimos que o espaço entre estímulo e resposta não era mais palpável. Alguns sentimentos negativos vieram à tona. Mas nosso desejo mais profundo e nosso pacto implícito eram nossa preparação para recomeçar do ponto onde havíamos parado, e lidar com os sentimentos até chegarmos a um acordo.

Um dos momentos difíceis teve a ver com uma das tendências básicas de minha personalidade. Meu pai era um indivíduo muito fechado — muito controlado e cuidadoso. Minha mãe era e ainda é muito aberta, sociável, espontânea. Percebo que os dois conjuntos de tendências existem em mim, e quando me sinto inseguro tenho uma tendência para me fechar, como meu pai. Passo a viver dentro de mim e a observar com segurança.

Sandra é mais parecida com minha mãe — sociável, autêntica e espontânea. Passamos por uma série de experiências, no decorrer dos anos, em que considerei sua atitude pouco apropriada. Ela achava que meu retraimento era prejudicial, tanto socialmente quanto para mim como indivíduo, pois eu me tornaria insensível ao sentimento dos outros. Tudo isso — e muito mais — veio à tona durante as conversas na praia. Passei a valorizar a sabedoria e as descobertas de Sandra, bem como as maneiras que encontrava para me ajudar a ser uma pessoa mais aberta, disponível, sensível e sociável.

Outro momento difícil teve a ver com algo que, em minha opinião, era uma "mania" de Sandra. Há anos eu vivia incomodado pela aparente obsessão de Sandra por equipamentos domésticos Frigidaire, que eu não conseguia entender. Ela nunca cogitava em comprar outra marca de aparelho. Mesmo quando estávamos começando, com um orçamento apertado, ela insistia em viajar setenta quilômetros até uma "cidade grande", onde havia equipamentos Frigidaire à venda, porque as lojas de nossa pequena cidade não mantinham estoque desses produtos.

Esta era uma questão muito tensa para mim. Felizmente, o problema só surgia na hora de comprar um aparelho. Mas, nessa hora, o estímulo detonava uma resposta pesada. Esta pequena questão parecia ser o símbolo de todo o pensamento irracional, e gerava todo o conjunto de sentimentos negativos dentro de mim.

Normalmente eu recorreria a meu comportamento reservado disfuncional. Suponho que a única maneira que eu encontrava para lidar com isso era não lidar. De outro modo, eu temia perder o controle e dizer coisas que não deveria dizer.

Havia momentos em que eu me descontrolava e dizia coisas desagradáveis, e precisava pedir desculpas.

O que mais me incomodava não era seu gosto pela marca Frigidaire, mas sua insistência em fazer o que eu considerava defesas completamente ilógicas da Frigidaire, que não se baseavam em fatos. Se pelo menos ela concordasse que sua reação era irracional e puramente emocional, eu creio que poderia ter aceitado. Mas suas justificativas eram irritantes.

Em algum momento, no início da primavera, o problema Frigidaire veio à tona. Toda a proximidade anterior nos preparara para isso. As regras básicas haviam sido estabelecidas com firmeza — não forçar e dar um tempo se o tema fosse doloroso demais para um ou para os dois.

Jamais me esquecerei do dia em que conversamos. Não paramos na praia. Continuamos o passeio pelo canavial, talvez porque não quiséssemos olhar direto no rosto um do outro. Havia um histórico de tensão e sentimentos negativos associados ao problema, que passara muito tempo sufocado. Nunca chegara ao ponto de ameaçar nosso relacionamento, mas, quando se está tentando cultivar uma relação de proximidade e beleza, qualquer questão que provoca afastamento é importante.

Sandra e eu ficamos maravilhados com as coisas que aprendemos naquela conversa. Foi realmente sinérgica. Era como se Sandra estivesse aprendendo, pela primeira vez, a pensar em sua mania. Ela começou a falar do pai, que havia sido professor de história do ensino médio durante anos, e treinador também. Para ganhar o suficiente para o sustento da família, ele entrou para o ramo de eletrodomésticos. Durante uma crise econômica, ele enfrentou sérias dificuldades econômicas, e a única coisa que evitou sua falência naquele momento foi o financiamento do estoque, por conta da Frigidaire.

Sandra tinha uma relação incrivelmente profunda e carinhosa com o pai. Quando ele voltava para casa, depois de um dia cansativo, deitava no sofá para que Sandra massageasse seus pés e cantasse para ele. Eram momentos maravilhosos, que ambos desfrutavam quase que diariamente. Ele também se abria, falando de suas preocupações com as vendas, e demonstrava a Sandra seu contentamento pelo fato de a Frigidaire financiar seu estoque, o que o ajudava a enfrentar as dificuldades.

A comunicação entre pai e filha acontecera de forma espontânea, durante momentos de descontração, quando têm lugar os ensinamentos mais profundos. Durante esses momentos tranquilos as defesas estão baixas, e todos os tipos de imagens e pensamentos são incutidos com força no subconsciente. Talvez Sandra tenha se esquecido de tudo isso, até que a segurança encontrada naquele ano de confidências permitiu que viesse à tona de forma natural e espontânea.

Sandra realizou descobertas profundas sobre seu modo de ser e sobre seus vínculos emocionais com a Frigidaire. Eu também aprendi, e passei a respeitar sua atitude. Eu me dei conta de que Sandra não estava falando de eletrodomésticos, mas sim do pai e da lealdade — da lealdade a suas necessidades.

Eu me recordo de que chegamos às lágrimas naquele dia, não tanto pela descoberta, mas pelo aumento do respeito mútuo. Percebemos que mesmo as coisas triviais possuem profundas raízes em experiências emocionais relevantes. Lidar com as trivialidades aparentes, sem ver as questões mais fundas e delicadas, significa invadir os recantos mais sagrados do coração do outro.

Houve muitos resultados significativos naqueles meses. Nosso contato era tão intenso que conseguíamos quase instantaneamente a sintonia de pensamentos. Quando deixamos o Havaí, decidimos manter aquela prática. Desde então, no decorrer dos anos, continuamos a sair regularmente com nossa moto Honda Trail, ou de carro, quando o tempo estava ruim, só para conversar. Achamos que o segredo de ficar apaixonado é conversar, particularmente sobre sentimentos. Tentamos nos comunicar várias vezes por dia, mesmo quando estou viajando. Manter contato com o lar dá acesso a toda felicidade, segurança e valores que este representa.

Thomas Wolfe estava errado. A gente *pode* voltar para casa novamente — se sua casa for um relacionamento valioso, uma companhia preciosa.

■ CONVIVÊNCIA ENTRE GERAÇÕES

Sandra e eu descobrimos naquele ano maravilhoso a capacidade para utilizar com sabedoria o espaço entre estímulo e resposta, a exercer os quatro dons unicamente de nossa natureza, para aumentar nosso poder de dentro para fora.

Havíamos tentado a abordagem de fora para dentro. Amávamos um ao outro, mas tínhamos tentado lidar com nossas diferenças controlando atitudes e comportamentos, praticando técnicas úteis para a interação humana. Mas estes *band-aids* e aspirinas não duravam para sempre. Até a hora em que atingimos e operamos no nível de nossos paradigmas essenciais, os problemas crônicos ocultos continuaram lá.

Quando começamos a trabalhar de dentro para fora, fomos capazes de construir um relacionamento baseado na confiança e na sinceridade, resolvendo as diferenças funcionais de modo profundo e duradouro, o que nunca teria sido conseguido de fora para dentro. Os frutos mais saborosos — um relacionamento rico Ganha/Ganha, uma compreensão profunda do outro e uma sinergia maravilhosa — cresceram a partir das raízes que plantamos no momento em que revimos nosso programa, reescrevemos nossos papéis e administramos nossa vida de forma a ter tempo para a importante atividade Quadrante II da comunicação profunda.

Houve outros frutos também. Fomos capazes de ver, em um nível muito mais profundo, como nossa vida havia sido afetada por nossos pais, e como a vida de nossos filhos era influenciada e moldada por nós, por vezes de maneiras que nem conseguíamos perceber. Compreendendo o poder dos roteiros traçados para nossa vida, sentimos um desejo renovado de fazer tudo que fosse possível para que as coisas transmitidas para as gerações seguintes, por meio do exemplo e do ensinamento, se baseassem em princípios corretos.

Dei atenção especial, neste livro, aos roteiros que nos foram fornecidos, e que desejávamos alterar proativamente. Mas, ao examinarmos nossos roteiros, também encontraremos coisas maravilhosas, positivas, que foram passadas para nós e aceitas sem discussão. A autoconsciência real nos ajuda a entender essas prescrições, e dar valor aos que vieram antes de nós e nos criaram em um modo de vida baseado nos princípios, mostrando a nós não apenas o que somos, mas também o que podemos vir a ser.

Existe um poder transcendente em uma família com laços fortes entre as gerações. Uma família verdadeiramente eficaz de filhos, pais, avós, tios, tias e primos pode ser uma força poderosa, capaz de ajudar as pessoas a ter uma noção de quem são, de onde vêm e o que defendem.

Para as crianças, é importante ter a possibilidade de se identificar com a "tribo", sentir que muita gente as conhece e se preocupa com elas, mesmo que esteja espalhada por todo o país. Isso pode ser um tremendo benefício, quando você cuida de sua família. Se um de seus filhos está enfrentando dificuldades, e não consegue se relacionar bem com você em um determinado momento, talvez ele possa se relacionar com o irmão ou a irmã, que substituem o pai ou a mãe como mentores ou heróis, por certo tempo.

Avós que demonstrem grande interesse pelos netos estão entre as pessoas mais preciosas da face da Terra. Que espelho social maravilhoso e positivo eles podem ser! Minha mãe é assim. Mesmo agora, com mais de 80 anos, ela tem um profundo interesse pessoal por seus descendentes. Ela nos escreve cartas carinhosas. Eu estava lendo uma um dia, no avião, as lágrimas escorrendo pelo meu rosto. Eu poderia telefonar para ela hoje à noite, e ela diria: "Stephen, quero que saiba o quanto o amo, e o quanto o acho maravilhoso." Ela tem sempre uma palavra de incentivo.

Uma família com vínculos fortes entre as gerações é potencialmente um dos relacionamentos interdependentes mais proveitosos, valiosos e satisfatórios. E muita gente sente a importância desse relacionamento. Lembrem-se do fascínio que todos nós sentimos com *Raízes*, há algum tempo. Cada um de nós tem suas raízes, e a capacidade para pesquisá-las, para identificar os ancestrais.

A motivação mais poderosa e nobre para tanto não se encontra em nós, mas na *posteridade* de toda a humanidade. Como já foi dito: "Existem só duas heranças duradouras que podemos deixar para os filhos — raízes e asas."

■ TORNANDO-SE UMA PESSOA DE TRANSIÇÃO

Entre outras coisas, acredito que dar "asas" a nossos filhos e aos outros significa lhes ensinar a liberdade para superar as prescrições negativas passadas a nós. Acredito que signifique tornar-se o que meu amigo e sócio Dr. Terry Warner chama de uma pessoa de "transição". Em vez de transferir as prescrições e roteiros para a geração posterior, podemos modificá-los de forma a fortalecer os relacionamentos durante o processo.

Se seus pais o maltrataram quando era criança, isso não significa que você deva maltratar seus filhos. Contudo, há inúmeras evidências de uma propensão para a repetição do padrão. Como você é proativo, pode refazer esse roteiro. Não só pode escolher não maltratar seus filhos, como tratá-los bem, passando prescrições positivas para eles.

Você pode redigir sua declaração pessoal de missão na mente e no coração. Visualizar uma vida em harmonia com a missão, em sua Vitória Particular Diária. Pode tomar medidas para amar e perdoar seus pais, se eles ainda estiverem vivos, e construir um relacionamento positivo com eles, procurando compreendê-los.

Uma tendência que se manifesta em sua família há gerações pode parar em você. Você é uma pessoa de transição — um elo entre o passado e o futuro. E sua mudança pode afetar muitas vidas futuras.

Uma pessoa de transição poderosa no século XX, Anuar Sadat, nos deixou como parte de seu legado uma compreensão profunda da natureza da mudança. Sadat se encontrava entre um passado que criara uma "imensa muralha de suspeição, medo, ódio e desentendimento" entre árabes e israelenses e um futuro no qual o acirramento do conflito e o isolamento pareciam inevitáveis. Os esforços de negociação depararam com objeções a cada passo — até mesmo em formalidades e procedimentos, ou uma insignificante vírgula ou ponto em um texto proposto para um acordo.

Enquanto outros procuraram resolver esta situação tensa trabalhando nas folhas, Sadat utilizou sua experiência anterior em uma cela solitária na prisão, e passou a trabalhar nas raízes. Ao fazê-lo, ele mudou o curso da história para milhões de pessoas.

Ele anotou em sua autobiografia:

> Foi então que pensei, quase inconscientemente, na força interior que havia desenvolvido na cela 54 da Prisão Central do Cairo — uma força, um talento ou uma capacidade para a mudança. Descobri que estava enfrentando

uma situação complexa, e que não poderia esperar modificá-la até me armar com a capacidade psicológica e intelectual necessária. Minha contemplação da vida e da natureza humana naquele local isolado me ensinou que a pessoa incapaz de modificar a própria trama de seu pensamento jamais será capaz de transformar a realidade e, portanto, nunca progredirá.

A mudança real vem de dentro para fora. Ela não vem dos cuidados com as folhas da atitude ou comportamento, por meio de técnicas milagrosas e rápidas da Ética da Personalidade. Ela vem do trabalho com as raízes — a trama de nosso pensamento, os paradigmas fundamentais e essenciais, que definem o caráter e criam as lentes pelas quais vemos o mundo. Nas palavras de Amiel:

> A verdade moral pode ser concebida pelo pensamento. A pessoa pode senti-la. Desejar vivê-la. Mas a verdade moral pode parecer ter sido capturada de todas estas maneiras e ainda assim nos escapar. Mais fundo do que a consciência está nosso próprio ser — nossa substância, nossa natureza. Apenas as verdades que entraram nesta última região, que se tornaram parte de nós, tornam-se espontâneas e involuntárias, bem como voluntárias, inconscientes e conscientes, e são nossa vida — ou seja, algo mais do que uma propriedade. Enquanto formos capazes de distinguir qualquer espaço entre a verdade e nós, estaremos do lado de fora. O pensamento, o sentimento, o desejo e a consciência da vida podem não ser a vida. Tornar-se divino é, portanto, o objetivo da vida. Só assim se poderá dizer que a verdade é nossa, estando fora da possibilidade de perda. Ela não está mais fora de nós, e, em certo sentido, nem mesmo dentro de nós. Somos a verdade, e ela é cada um de nós.

Conquistar a *unidade* — a integridade — dentro de nós, com os entes queridos, amigos e colegas de trabalho é o fruto mais nobre e delicioso dos 7 Hábitos. Muitos experimentaram o fruto da verdadeira unidade em determinados momentos do passado, assim como também experimentamos os frutos amargos e solitários da desunião — portanto, sabemos o quanto a unidade é frágil e preciosa.

Obviamente, construir um caráter íntegro e viver uma vida de amor e caridade que cria esta unidade não é fácil. Não se consegue de repente.

Mas isso é possível. Começa com o desejo de centrar nossas vidas em princípios corretos, de romper com os paradigmas criados por outros centros e facilidades dos hábitos inadequados. De vez em quando, cometemos erros, sentimos constrangimento. Mas, se começarmos com a Vitória Particular Diária e trabalharmos de dentro para fora, os resultados seguramente aparecerão. Ao plantarmos a semente e regarmos a terra, começamos a sentir a excitação do crescimento real e um dia sentiremos o sabor dos frutos incomparavelmente deliciosos de uma vida coerente, eficaz.

Cito novamente Emerson: "Aquilo que insistimos em fazer torna-se fácil — não que a natureza da tarefa tenha se modificado, mas nossa habilidade para realizá-la aumentou."

Ao centrarmos nossas vidas em princípios corretos e criar um novo equilíbrio entre fazer e aumentar nossa capacidade para fazer, ganhamos força para a tarefa de levar uma vida eficaz, útil e pacífica... para nós mesmos, para a posteridade.

Uma nota pessoal

Ao concluir este livro, gostaria de revelar minha convicção pessoal referente ao que acredito ser a fonte dos princípios corretos. Creio que os princípios são leis naturais, e que Deus, o Criador e Pai de todos nós, é a fonte de todos eles, bem como a fonte de nossa consciência. Acredito que, à medida que as pessoas sejam capazes de viver a partir dessa consciência inspiradora, elas amadurecem e realizam sua natureza. Quando não conseguem, permanecem no plano dos animais.

Acredito que existam partes da natureza humana que não possam ser atingidas nem pela legislação nem pela educação, e que exigem o poder de Deus para serem tratadas. Acredito que, como seres humanos, não podemos nos aperfeiçoar. À medida que nos harmonizamos com os princípios corretos, os dons divinos serão libertados em nossa natureza, permitindo o cumprimento dos desígnios da Criação. Nas palavras de Teilhard de Chardin: "Não somos seres humanos passando por uma experiência espiritual. Somos seres espirituais passando por uma experiência humana."

Pessoalmente, eu luto por muitas coisas que mencionei neste livro. Mas a luta vale a pena e produz frutos. Ela dá sentido à vida, e me permite amar, servir e tentar novamente.

T. S. Eliot, mais uma vez, expressa maravilhosamente minhas descobertas e convicções pessoais: "Não devemos parar de explorar. E o fim de toda nossa exploração será chegar ao ponto de partida e ver o lugar pela primeira vez."

NOVAS REFLEXÕES SOBRE "NOVAMENTE DE DENTRO PARA FORA"

POR SEAN COVEY

Quando um avião decola, ele tem um plano de voo. No entanto, durante o voo, o vento, a chuva, a turbulência, o tráfego aéreo, os erros humanos e outros fatores continuam insistindo em desviar o avião de seu curso. Na verdade, na maior parte do tempo um avião permanece fora da rota. O segredo é que os pilotos continuam fazendo pequenas correções de rumo por meio da leitura de seus instrumentos. Como resultado, o avião chega ao seu destino.

Se você for como a maioria das pessoas, este livro o terá inspirado a testar os 7 Hábitos e a viver da melhor forma possível. Em meio a esse processo, talvez você continue sendo desviado do seu plano de voo e sinta como se estivesse fora da rota na maior parte do tempo. O que fazer? Não desanime. Se você continuar voltando a seu plano e fazendo pequenos ajustes, acabará chegando a seu destino.

Como há muita coisa a ser lembrada neste livro, achei que seria útil compartilhar as 21 práticas altamente eficazes que destacamos nas nossas oficinas sobre *Os 7 hábitos.*

■ VITÓRIA PARTICULAR

Hábito 1

1. Faça uma pausa e responda com base em princípios e em resultados desejados.
2. Use uma linguagem proativa.
3. Concentre-se em seu Círculo de Influência.
4. Torne-se uma pessoa de transição.

Hábito 2

5. Defina os resultados antes de agir.
6. Crie uma declaração de missão pessoal e viva de acordo com ela.

Hábito 3

7. Concentre-se em suas maiores prioridades.
8. Elimine o que não for importante.
9. Planeje todas as semanas.
10. Seja autêntico no momento da escolha.

■ VITÓRIA PÚBLICA

11. Crie sua Conta Bancária Emocional com outras pessoas.

Hábito 4

12. Tenha uma Mentalidade de Abundância.
13. Equilibre coragem e consideração.
14. Leve em consideração as vitórias das outras pessoas, assim como as suas.
15. Crie acordos Ganha/Ganha.

Hábito 5

16. Pratique a escuta empática.
17. Respeitosamente, procure ser compreendido.

Hábito 6

18. Valorize as diferenças.
19. Busque as terceiras alternativas.

Hábito 7

20. Alcance a Vitória Particular Diária.
21. Equilibre a produção e a capacidade de produção.

Sustentando essas 21 práticas estão três conceitos fundamentais que exerciam um forte apelo sobre meu pai.

Primeiro, a sequência é importante. Os 7 Hábitos são uma abordagem de dentro para fora. Separe os desafios externos — um chefe difícil, um vício pessoal, uma grande oportunidade — e comece dentro de si mesmo. As Vitórias Particulares precedem as Vitórias Públicas. Não é possível inverter a ordem. Todas as mudanças começam com você. Sempre que começar a pensar que o problema está lá fora, este é o pensamento problemático.

Em segundo lugar, os paradigmas são fundamentais. Gastamos muito tempo nos dedicando a cortar as folhas da atitude e do comportamento, mas muito pouco tempo trabalhando nas raízes — nos nossos paradigmas principais, nas lentes através das quais vemos o mundo. É preciso trabalhar nesse nível fundamental para criar uma mudança real. Todos nós temos três vidas: uma vida pública, uma vida particular e uma vida interior. Nossa vida pública é como vivemos e nos comportamos perto dos outros. Nossa vida particular é como vivemos quando estamos em casa e perto de nossos entes queridos. Nossa vida interior representa a vida dentro de nossa cabeça, onde podemos nos distanciar de nós mesmos e examinar nossos pensamentos, motivações e paradigmas fundamentais, e podemos escolher mudá-los. É aqui que temos o poder de envolver nossa imaginação e nossa consciência para reescrever nosso roteiro, traçar um rumo diferente para as nossas vidas e ganhar Vitórias Particulares.

Terceiro, nós não estamos no comando — os princípios é que estão. E quanto mais alinharmos nossos paradigmas e nossos hábitos aos princípios da eficácia humana, como a responsabilidade, a abundância e a renovação, mais felizes e mais bem-sucedidos seremos a longo prazo. Não existem atalhos.

Os 7 Hábitos são aplicáveis a quase todas as situações, precisamente porque se baseiam nesses princípios universais e atemporais. Eles podem ser aplicados em casa e no trabalho. Eles podem ser aplicados a indivíduos e a organizações. Eles se tornaram tão universalmente reconhecidos que muitos de seus termos foram caricaturados, satirizados e, até mesmo, usados como nome de remédio para acne. Aqui estão apenas alguns dos memes de *Os 7 hábitos* que encontrei:

- Os 7 hábitos dos zumbis altamente eficazes
- Os 7 hábitos das pessoas altamente superestimadas

- Os 7 hábitos das pessoas altamente amargas
- Os 7 hábitos que fazem você parecer menos inteligente
- Os 7 hábitos das pessoas incrivelmente inteligentes
- Os 7 hábitos das pessoas muito preguiçosas
- Os 7 hábitos dos idiotas altamente eficazes
- Os 7 hábitos dos empreendedores altamente medíocres
- Os 7 hábitos das pessoas destemidas
- Os 7 hábitos dos piratas altamente eficazes

Os 7 Hábitos funcionam maravilhosamente bem quando aplicados a pessoas com deficiência. Um amigo meu, Glenn Stucki, que sofreu traumatismo craniano aos 11 anos de idade, escreveu um livro exatamente sobre isso, intitulado *My Smile is My Superpower: Rising Above a Disability Through Living the 7 Habits* [Meu sorriso é meu superpoder: ultrapassando uma deficiência pela vivência dos 7 hábitos]. Nele, ele conta como os hábitos o ajudaram a superar as percepções negativas dos outros e a encontrar sua voz.

Os 7 Hábitos foram implementados com sucesso dentro de presídios. Depois de assistir a uma aula sobre *Os 7 hábitos das pessoas altamente eficazes* oferecida a todos os detentos em uma penitenciária dos Estados Unidos, um interno compartilhou o seguinte:

> Estou sob acusação federal e peguei 95 anos de prisão. Eu me formei no ensino médio e frequentei a Universidade Estadual da Califórnia, Fresno, mas eles rejeitaram a minha bolsa Pell Grant. Fiquei muito irritado. Passei por uma mudança negativa de paradigma. Senti que não tinha mais nada a ganhar nem a perder, pelo fato de ter feito algumas escolhas verdadeiramente ruins. Eu tinha todas as desculpas. Mas agora sei que depende de mim. Meu paradigma mudou de novo, passei a ser proativo, a ser altamente eficaz em meus papéis de aluno, irmão, filho, profissional. Percebi que tinha passado vinte anos na penitenciária sem me dar conta de que ela tem a ver com penitência. Agora estou me aplicando na gentileza, nas desculpas, no perdão. Tudo o que faço deve ser genuíno. Transferir a culpa para o governo ou para o Departamento de Correções é um passatempo inútil. Recuperei o controle de meu destino. Os 7 Hábitos ensinam cooperação, escuta

empática, proatividade, objetivos bem determinados e bem definidos. Eles reformularam meus padrões de pensamento. Não existem coisas pequenas. Para mim, isso diz muito. Foram as coisas pequenas que levaram às grandes coisas vergonhosas. Hoje, coloco minha família em primeiro lugar. Graças aos 7 Hábitos, não sou mais a pessoa desprezível e cheia de desculpas que eu costumava ser.

E eu vi os 7 Hábitos serem aplicados de forma brilhante a cavalos de equitação. Há alguns anos, minha família passou por uma tragédia que abalou nosso mundo. Após uma longa batalha contra a depressão, a nossa doce filha Rachel faleceu devido a seus efeitos, na tenra idade de 21 anos. Foi um choque tão grande para mim, minha esposa e nossos filhos que não sabíamos se conseguiríamos ser felizes novamente. Um amigo meu, que havia perdido um filho pequeno três anos antes, veio a meu encontro e disse: "Você tem três opções. Você pode deixar que isso arruine a sua família. Você pode deixar que isso o defina. Ou você pode deixar que isso o fortaleça." As palavras dele me impactaram. E, ao longo dos vários meses e anos seguintes, minha esposa e eu lutamos incessantemente para fazer uma escolha proativa e deixar que aquele revés fortalecesse nossa família e nos aproximasse.

Como parte de nosso processo de cura, nossa família abriu uma fundação sem fins lucrativos em memória de Rachel, chamada Bridle Up Hope: The Rachel Covey Foundation. Rachel adorava cavalos e, depois de sua morte, muitos de seus amigos nos contaram como Rachel havia modificado suas vidas, levando-os para fazer passeios a cavalo nas montanhas. Reconhecemos o vínculo capaz de existir entre uma menina e um cavalo, e queríamos dar continuidade à tradição de Rachel. A missão da Bridle Up Hope é inspirar esperança, confiança e resiliência em jovens mulheres por meio do treinamento equestre. Atendemos jovens mulheres que sofrem de ansiedade, depressão, abuso ou trauma. Nosso programa exclusivo consiste em três componentes: aprender a cavalgar e a se relacionar com os cavalos; fazer atividades no estábulo; e desenvolver habilidades para a vida por meio dos 7 Hábitos. E... que surpresa! Os 7 Hábitos abarcam todas as partes do programa e provêm as jovens dos paradigmas e das habilidades de que precisam para comandar sua vida.

Ficamos impressionados ao constatar como os 7 Hábitos se integram à aprendizagem assistida por equinos. Os cavalos, por exemplo, podem nos ensinar muito sobre empatia e sobre como devemos procurar primeiro compreender, características comuns a vários tipos de animais. Anna, uma jovem que nos procurou quando estava atravessando uma fase muito sombria e que foi transformada pelo programa, ofereceu o seguinte relato:

> Ao iniciar o programa na Bridle Up Hope, você redige uma declaração de missão para servir como um lembrete do que você espera alcançar. Eu tinha escrito: "Sentir-me à vontade para confiar nas pessoas ou em alguma coisa." Naquele momento de minha vida, muitas pessoas já haviam virado as costas para mim. Porém, logo identifiquei a estabilidade proporcionada pelos cavalos dentro do estábulo. Os cavalos estão sempre lá, oferecendo amor incondicional. Lembro-me de que, em um dia difícil, fui ao estábulo para ver Rockette, uma das minhas éguas favoritas. Fui dar um abraço nela, e quando ela se aproximou, me aninhou imediatamente. Comecei a chorar, porque ela foi capaz de perceber minhas frustrações e se conectar comigo enquanto me confortava. Os cavalos são únicos, pois eles não conseguem mentir e entendem como você se sente, sem a necessidade de palavras. Eles conseguem sentir quando você precisa de conforto, e sabem como reagir a suas emoções.

Ah, quem dera ser tão empático quanto um cavalo!

O que começou como um projeto local evoluiu para uma fundação global. Hoje, o objetivo que temos em mente é abrir mil filiais da Bridle Up Hope globalmente, estabelecendo parcerias com centros equestres já existentes, levando esperança a dezenas de milhares de jovens mulheres em todo o mundo, por meio do poder dos cavalos e dos hábitos (é possível obter mais informações, em inglês, acessando o site BridleUpHope.org).

Situações difíceis acontecem com todo mundo. Os princípios subjacentes aos 7 Hábitos ajudaram nossa família a superar nossos desafios, e também podem ajudar você.

Já se passaram mais de trinta anos desde que meu pai, Stephen R. Covey, escreveu este livro. Muita coisa mudou desde então, algumas para melhor e outras para pior. Sempre digo a meus filhos que esta é a melhor época para se estar vivo. É possível navegar com o GPS do telefone, em vez de parar em um posto de gasolina para pedir informações. É possível voar para qualquer cidade do mundo. É possível influenciar e alcançar instantaneamente milhões de pessoas no mundo inteiro por meio de livros, blogs, vídeos ou vários outros canais de comunicação.

Por outro lado, os desafios aumentaram. A confiança em nossas instituições está em declínio. A depressão e a ansiedade se tornaram uma epidemia global. A unidade familiar está afetada. Grande parte do mundo vive sob terror, seja ele psicológico ou literal.

Para os indivíduos, o ritmo de vida assumiu a velocidade da luz. Estamos conectados 24 horas por dia, sete dias por semana. Ficamos saturados pelas mídias sociais. As telas assumiram o controle. Há muitas informações, muitas opções. Algo tem de ser sacrificado.

É por isso que, mais do que nunca, os 7 Hábitos são necessários. Eles fornecem uma base segura sobre a qual é possível construir uma vida melhor. Eles oferecem estabilidade em meio a um mundo cada vez mais ensandecido. Os 7 Hábitos devolvem às pessoas suas vidas. Eles nos lembram de que, apesar da nossa bagagem psíquica ou do nosso passado, temos o poder de escolher. Eles nos estimulam a visualizar o futuro e a buscar propósitos empolgantes. Eles comunicam que depende de nós a capacidade de construir relacionamentos de qualidade e de encontrar terceiras alternativas capazes de unir as pessoas.

Para encerrar, desejo-lhe paz e felicidade. Espero que este livro tenha convencido você a mudar alguns paradigmas e alguns hábitos. Considerando-se que os maus hábitos são como camas confortáveis — fáceis de entrar, mas difíceis de sair —, essa não será uma tarefa muito simples. Mas você é capaz de fazer isso. O poder está dentro de você. O segredo é se comprometer; se comprometer de verdade. Assim que você disser "Eu vou fazer isso", tudo muda, como afirma tão eloquentemente esta citação do escritor e montanhista escocês W. H. Murray:

> Até que alguém se comprometa, há hesitação, a chance de recuar, ineficácia permanente. Em relação a todos os atos de iniciativa (e criação), há uma verdade elementar cujo desconhecimento destrói inúmeras

ideias e planos esplêndidos: a de que, no momento em que alguém se compromete definitivamente, então a Providência também se move. Todos os tipos de coisas que jamais teriam ocorrido acontecem para ajudar esse alguém. Um inteiro fluxo de eventos resulta da decisão, arregimentando em seu favor todos os tipos de incidentes, encontros e assistência material imprevistos, que nenhum homem poderia ter sonhado aparecer em seu caminho. Aprendi a ter um profundo respeito por um dos dísticos de Goethe:

Tudo o que você pode fazer, ou sonha poder fazer, comece agora.
A ousadia tem em si genialidade, poder e magia!

POSFÁCIO: PERGUNTAS & RESPOSTAS COM STEPHEN R. COVEY

Nos anos seguintes à publicação de *Os 7 hábitos das pessoas altamente eficazes*, o Círculo de Influência do Dr. Stephen R. Covey se ampliou, a ponto de se alastrar pelo mundo inteiro. Ele prestava consultoria a reis e a presidentes, e ensinava a milhões de pessoas, por todos os meios imagináveis, os princípios de uma vida eficaz. Quando morreu, já era considerado uma das pessoas mais influentes do mundo e *Os 7 hábitos*, o livro mais importante sobre autoaperfeiçoamento dos últimos cem anos.

O que apresentamos a seguir é uma síntese das respostas que o Dr. Covey costumava dar a perguntas pessoais, que lhe foram feitas com frequência ao longo de sua vida.

***Os 7 hábitos* foi publicado em 1989. Considerando suas experiências em todos esses anos que se seguiram, o que você mudaria, acrescentaria ou eliminaria?**

Não é uma resposta leviana, mas, francamente, eu não mudaria nada. Talvez me aprofundasse mais e ampliasse um pouco mais o escopo, mas tive a oportunidade de fazer isso em alguns dos livros lançados desde então. Essas publicações incluem *Primeiro o mais importante*, que ensina como vivenciar melhor o Hábito 3; *Os 7 hábitos das famílias altamente eficazes*, que aplica a estrutura dos 7 Hábitos à construção de famílias fortes; *O 8º hábito*, que ilustra como encontrar sua voz e ajudar outros a encontrar as suas; e *A terceira alternativa*, que é um mergulho mais profundo nos Hábitos 4, 5 e 6.

O que você aprendeu a respeito dos 7 Hábitos desde a publicação do livro?

Aprendi ou reforcei muitas coisas. Mencionarei brevemente dez coisas que aprendi:

1. A importância de entender a diferença entre princípios e valores. Os princípios são leis naturais extrínsecas a nós e que, em última análise, controlam as consequências de nossas ações. Os valores são internos e subjetivos, e representam aquilo que sentimos guiar de modo mais intenso nosso comportamento. Esperamos, um dia, chegar ao ponto de valorizar os princípios, a fim de obter os resultados que queremos agora de uma maneira que nos possibilite obter resultados ainda melhores no futuro, que é meu modo de definir a eficácia. Todo mundo tem valores; até as gangues de criminosos têm valores. Os valores governam o comportamento das pessoas, mas os princípios governam as consequências de tais comportamentos. Os princípios independem de nós. Eles atuam quer tenhamos consciência deles ou não, independentemente de os aceitarmos, gostarmos deles, acreditarmos neles ou obedecermos a eles. Acredito que a humildade é a mãe de todas as virtudes. A humildade diz que nós não estamos no controle — os princípios é que estão no controle, e, portanto, nós nos submetemos a eles. O orgulho afirma que estamos no controle, e, como nossos valores governam nosso comportamento, podemos levar a vida da maneira como bem entendermos. Podemos fazer isso, mas as consequências de nosso comportamento derivam dos princípios, e não de nossos valores. Por esse motivo, deveríamos valorizar os princípios.

2. A partir de experiências no mundo inteiro com este material, passei a enxergar a natureza universal dos princípios que fortalecem os 7 Hábitos. As ilustrações e as práticas podem variar, e são específicas a cada cultura, mas os princípios são os mesmos. Encontrei os princípios contidos nos 7 Hábitos em todas as seis principais religiões do mundo e,

efetivamente, recorri a citações das escrituras sagradas dessas religiões quando lecionei em tais culturas. Fiz isso no Oriente Médio, na Índia, na Ásia, na Austrália e no Pacífico Sul, na América do Sul, na Europa, na América do Norte, na África e entre os nativos norte-americanos e outros povos indígenas. Todos nós, homens e mulheres, enfrentamos problemas semelhantes, temos necessidades semelhantes e repercutimos internamente os princípios subjacentes. Existe uma percepção interior do princípio da justiça ou da situação Ganha/Ganha. Existe uma percepção moral interior do princípio da responsabilidade, do princípio do propósito, da integridade, do respeito, da cooperação, da comunicação, da renovação. Estes são universais. Mas as práticas não são. Elas são situações específicas. Cada cultura interpreta os princípios universais de uma maneira única.

3. Aprendi a perceber as implicações organizacionais dos 7 Hábitos, embora, no sentido estritamente técnico, uma organização não possua hábitos. A cultura de uma organização tem normas, costumes ou códigos sociais, que representam hábitos. Uma organização também possui sistemas, processos e procedimentos estabelecidos. Estes representam os hábitos. Na verdade, em última análise, todo comportamento é pessoal. Ele é individual, embora muitas vezes faça parte do comportamento coletivo, sob a forma de decisões tomadas pela administração com relação à estrutura e aos sistemas, aos processos e às práticas. Trabalhamos com milhares de organizações em quase todos os ramos industriais e profissões, e descobrimos que os mesmos princípios básicos contidos nos 7 Hábitos se aplicam à eficácia e a definem.

4. É possível ensinar todos os 7 Hábitos começando com qualquer um deles. E também é possível ensinar um hábito de uma forma que conduza ao ensinamento dos outros seis. É como um holograma, em que o todo está contido na parte e a parte está contida no todo.

5. Embora os 7 Hábitos representem uma abordagem de dentro para fora, eles funcionam melhor quando começamos com o desafio externo e depois adotamos a abordagem de dentro para fora. Em outras palavras, se você estiver enfrentando um desafio de relacionamento, digamos, uma ruptura da comunicação e da confiança, essa situação definirá a natureza da abordagem de dentro para fora necessária para alcançar o tipo de Vitória Particular que torna possível a Vitória Pública, responsável pelo enfrentamento do desafio. Essa é a razão pela qual ensino os Hábitos 4, 5 e 6 antes de ensinar os Hábitos 1, 2 e 3.

6. A interdependência é dez vezes mais difícil do que a independência. É preciso um grau muito maior de independência mental e emocional para pensar Ganha/Ganha quando outra pessoa está no modo Ganha/Perde, procurar compreender primeiro quando tudo dentro de você clama por compreensão, e buscar uma terceira alternativa mais adequada quando a transigência mútua é muito mais fácil. Em outras palavras, trabalhar com sucesso com outras pessoas de maneiras criativas e cooperativas requer uma enorme quantidade de independência, segurança interior e autodomínio. Caso contrário, o que chamamos de interdependência é, na verdade, uma contradependência, na qual as pessoas fazem o oposto para reafirmar sua independência, ou uma codependência, na qual elas literalmente precisam da fraqueza da outra pessoa para satisfazer sua necessidade e justificar a própria fraqueza.

7. É possível resumir muito bem os três primeiros hábitos com a expressão "Faça e cumpra uma promessa". E é possível resumir muito bem os três hábitos seguintes com a expressão "Envolva os outros no problema e encontrem juntos a solução".

8. Os 7 Hábitos representam uma nova linguagem, embora contenha menos de uma dúzia de palavras ou frases exclusivas. Essa nova linguagem se transforma em um código, uma forma abreviada de dizer muitas coisas. Quando você diz para outra

pessoa "Isso foi um depósito ou uma retirada?", "Isso é reativo ou proativo?", "Isso é sinérgico ou uma transigência?", "Isso é Ganha/Ganha, Ganha/Perde ou Perde/Ganha?", "Isso é colocar o mais importante em primeiro lugar ou colocar as coisas menos importantes em primeiro lugar?", "Isso é começar com os meios em mente ou com o objetivo em mente?". Já vi culturas inteiras serem transformadas por uma vasta compreensão e compromisso com os princípios e os conceitos simbolizados por essas palavras-código bastante especiais.

9. A integridade é um valor mais elevado do que a lealdade. Ou, melhor dizendo, a integridade é a forma mais elevada de lealdade. Integridade significa estar integrado ou centrado em princípios, e não em pessoas, organizações ou até mesmo na família. Você descobrirá que a origem da maioria das questões com as quais as pessoas lidam é "Isso é popular (aceitável, político) ou está correto?". Quando damos prioridade a ser leais a uma pessoa ou a um grupo, em detrimento de fazermos o que sentimos ser correto, perdemos integridade. Podemos, temporariamente, ganhar popularidade ou criar lealdade, mas, no fim das contas, essa perda de integridade abalará até mesmo aqueles relacionamentos. É como falar mal de alguém pelas costas. A pessoa a quem você temporariamente se une para falar mal de alguém sabe que você a difamaria quando submetido a pressões e a circunstâncias diferentes. De certo modo, os três primeiros hábitos representam a integridade e os três seguintes, a lealdade; mas eles estão interligados. Com o tempo, a integridade produz a lealdade. Se você tentar inverter o processo e procurar primeiro a lealdade, vai se descobrir contemporizando e comprometendo a integridade. É melhor confiarem em nós do que gostarem de nós. Em última instância, a confiança e o respeito geralmente produzem o amor.

10. Viver os 7 Hábitos é uma luta constante para todos. Todo mundo vacila de vez em quando em cada um dos sete e, às vezes, nos sete simultaneamente. Eles são fáceis de entender, porém

difíceis de praticar sistematicamente. Eles têm a ver com o bom senso, mas o bom senso nem sempre é comumente praticado.

Qual dos hábitos você considera pessoalmente mais difícil?

O Hábito 5. Quando estou muito cansado e já convencido de que estou certo, não tenho vontade alguma de ouvir. Posso até fingir que estou ouvindo. No fundo, sou culpado exatamente daquilo sobre o que falo, isto é, eu ouço com a intenção de responder, e não de compreender. Na verdade, em certo sentido, luto quase diariamente com todos os 7 Hábitos. Não conquistei nenhum deles. Eu os vejo mais como princípios de vida que nunca chegamos a dominar, e quanto mais perto chegamos de dominá-los, mais nos conscientizamos do quanto ainda temos de caminhar. É como dizer que, quanto mais se sabe, mais se sabe que não se sabe.

É por esse motivo que, muitas vezes, eu dava a meus alunos universitários cinquenta por cento da nota pela qualidade de suas perguntas e os outros cinquenta por cento pela qualidade de suas respostas às perguntas que eles mesmos faziam. O verdadeiro nível de conhecimento dos alunos fica mais explícito dessa maneira.

De modo análogo, os 7 Hábitos representam um ciclo ascendente.

O Hábito 1 em um nível elevado é bastante diferente do Hábito 1 em um nível mais baixo. Ser proativo no nível inicial pode significar apenas a consciência do espaço entre o estímulo e a resposta. No nível seguinte, pode envolver uma escolha, como não se vingar nem acertar as contas. No nível seguinte, dar feedback. No nível seguinte, pedir perdão. No nível seguinte, perdoar. No seguinte, perdoar os pais. No seguinte, perdoar os pais que já faleceram. E no nível seguinte, não se ofender.

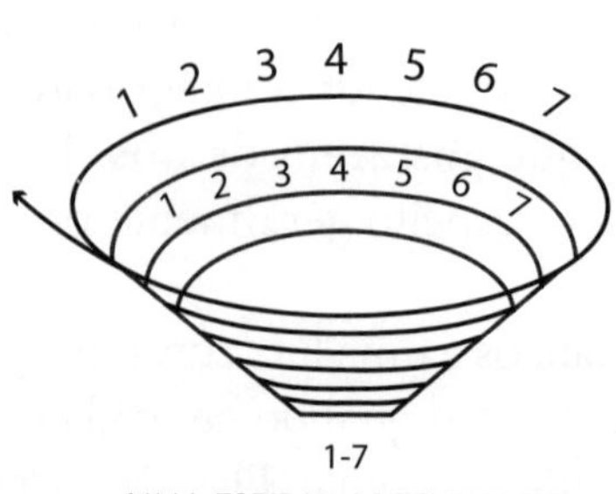

1-7
UMA ESPIRAL ASCENDENTE

Como a fama o afeta?

Ela me afeta de diferentes maneiras. Do ponto de vista do ego, ela é lisonjeira; do ponto de vista do ensino, ela traz humildade. Mas devo admitir, veementemente, que não sou o autor de nenhum desses princípios, e não mereço nenhum reconhecimento. Não estou dizendo isso por causa do desejo de ser modesto e humilde. Estou dizendo isso porque é nisso que acredito — isto é, eu mesmo acredito nisso. Eu me vejo como a maioria de vocês, como um buscador da verdade, do entendimento. Não sou um guru; detesto ser chamado de guru. Não quero discípulos. Só pretendo promover um discipulado com relação aos princípios que já estão no coração das pessoas, princípios que as pessoas seguirão por serem fiéis às próprias consciências.

Se você tivesse de fazer tudo de novo, o que você faria de um modo diferente como homem de negócios?

Eu faria um recrutamento e uma seleção mais estratégicos e proativos. Quando estamos dominados pela urgência e temos mil coisas para resolver ao mesmo tempo, é muito fácil colocar em posições-chave pessoas que aparentam ter as soluções. A tendência é não examinar de modo profundo a formação e os padrões dos candidatos, não fazer a "devida diligência" com relação às informações apresentadas, e não desenvolver os critérios que precisam ser atendidos nas funções ou atribuições particulares. Estou convencido de que, quando o recrutamento e a seleção são feitos de uma forma estratégica, ou seja, pensando em resultados a longo prazo e de um modo proativo, em vez de serem baseados em pressões do momento, os dividendos a longo prazo são enormes. Alguém, certa vez, disse: "Acreditamos com mais facilidade naquilo que desejamos mais intensamente." De fato, é preciso examinar tanto o caráter como a competência, porque, posteriormente, falhas em qualquer uma das áreas poderão se manifestar em ambas. Estou convencido de que, embora o treinamento e o desenvolvimento sejam essenciais, o recrutamento e a seleção são muito mais importantes.

Se você tivesse de fazer tudo de novo, o que você faria de um modo diferente como pai?

Como pai, eu gostaria de ter passado mais tempo desenvolvendo acordos Ganha/Ganha gentis e informais com cada um dos meus filhos, nas diferentes fases de suas vidas. Por causa dos negócios e das viagens, muitas vezes fiz a vontade deles e optei demais pela situação Perde/Ganha, em vez de pagar o preço na construção de um relacionamento suficiente para, de fato, desenvolver de maneira mais consistente acordos Ganha/Ganha meticulosos e robustos.

De que forma a tecnologia vai modificar os negócios no futuro?

Acredito na declaração de Stan Davis: "Quando a infraestrutura muda, todo o resto resmunga." Acho que a infraestrutura técnica é fundamental para tudo. Ela vai acelerar todas as tendências boas e más. Também estou convencido de que é por essas mesmas razões que o elemento humano se torna ainda mais importante. A alta tecnologia sem uma alta qualidade não funciona, e quanto maior a influência da tecnologia, mais importante se torna o fator humano que a controla, ainda mais no desenvolvimento de um compromisso cultural quanto aos critérios relacionados ao uso dessa tecnologia.

Você está surpreso ou impressionado com o sucesso mundial de *Os 7 hábitos das pessoas altamente eficazes* (em outros países e culturas, e junto a faixas etárias e sexos diferentes)?

Sim e não. Sim, no sentido de que eu não tinha a menor ideia de que eles se tornariam um fenômeno mundial e que algumas das palavras passariam a fazer parte da enciclopédia norte-americana. Não, no sentido de que o material havia sido testado por mais de 25 anos, e eu sabia que funcionaria, principalmente porque se baseia em princípios que não inventei, e pelos quais, portanto, não mereço nenhum reconhecimento.

Como você começaria a ensinar os 7 Hábitos para crianças bem pequenas?

Acho que eu seguiria as três regras básicas de Albert Schweitzer para a criação dos filhos: primeiro, dar o exemplo; segundo, dar o exemplo; terceiro, dar o exemplo. Mas eu não iria tão longe. Eu diria: primeiro, dar o exemplo; segundo, construir um relacionamento afetuoso e assertivo; e terceiro, ensinar algumas das ideias simples subjacentes aos hábitos na linguagem das crianças — ajudá-las a obter um entendimento e um vocabulário básicos dos 7 Hábitos e mostrar como processar suas experiências por meio dos princípios; deixá-las identificar quais princípios e hábitos específicos estão sendo ilustrados em sua vida.

O meu chefe (cônjuge, filho, amigo etc.) precisa ler *Os 7 hábitos*. O que você recomendaria que eu fizesse para convencê-lo disso?

As pessoas não se importam com quanto você sabe até que saibam como você se importa com elas. Construa um relacionamento de confiança e de abertura baseado em um exemplo de caráter e confiabilidade e, em seguida, conte à pessoa como os 7 Hábitos o ajudaram. Deixe que ela perceba os 7 Hábitos em ação ao longo de sua vida. Depois, no momento apropriado, você pode convidá-la a participar de um programa de treinamento, emprestar seu livro para ela, ou ensinar algumas das ideias básicas quando a ocasião parecer propícia.

Qual é sua formação e como você veio a escrever *Os 7 hábitos*?

Estava subentendido que eu seguiria os passos de meu pai e trabalharia no negócio da família. No entanto, descobri que gostava ainda mais de ensinar e treinar líderes do que de me dedicar aos negócios. Fiquei interessado e envolvido com o lado humano das organizações durante o período em que estudei na Harvard Business School. Mais tarde, lecionei disciplinas de negócios na Universidade Brigham Young e, paralelamente, dei consultoria, assessoria e treinamento por vários anos. Nesse período, me interessei por criar programas de liderança integrada e de desenvolvimento de gestão em torno de um conjunto sequencial e equilibrado de princípios. Estes, posteriormente, acabaram se transformando nos 7 Hábitos. Depois, quando foram aplicados às organizações, eles evoluíram para o conceito da liderança baseada em princípios. Decidi deixar a universidade e me dedicar em tempo integral ao treinamento de executivos dos mais diversos tipos de organizações.

Depois de um tempo, ficou evidente que essa ideia da liderança baseada em princípios, incorporada em *Os 7 hábitos das pessoas altamente eficazes* e nas minhas outras obras, era muito maior do que eu. Eu sabia que, a menos que eu construísse uma organização que conduzisse e institucionalizasse essa mensagem, sua relevância e sua importância poderiam acabar desaparecendo depois que eu partisse.

Tudo começou com o Covey Leadership Center, que depois se fundiu com a Franklin Quest e virou a FranklinCovey. A missão de nossa empresa é viabilizar a grandeza das pessoas, organizações e sociedades no mundo inteiro, por meio da aplicação da liderança baseada em princípios. Nesse momento, operamos em mais de 150 países ao redor do mundo. Tenho orgulho da missão, da visão, dos valores e do desempenho da organização. Ela está fazendo exatamente o que eu esperava que ela fizesse. Talvez o mais importante seja que a FranklinCovey não dependa de mim de forma alguma, e ela vai continuar com seu trabalho por muito tempo depois que eu partir.

Que resposta você daria às pessoas que afirmam possuir a verdadeira fórmula para o sucesso?

Eu diria duas coisas. Em primeiro lugar, se o que elas estão dizendo se baseia em princípios ou leis naturais, quero aprender com elas e recomendá-las a todo mundo. Em segundo lugar, eu diria que, provavelmente, estamos usando palavras diferentes para descrever os mesmos princípios fundamentais ou leis naturais.

Os 7 Hábitos ainda são relevantes hoje? E, por falar nisso, eles serão relevantes daqui a dez, vinte, cinquenta, e até mesmo cem anos?

Quanto maior a mudança e quanto mais difíceis nossos desafios, mais relevantes se tornam os hábitos. O motivo é que nossos problemas e nossas dores são universais e estão aumentando, e as soluções para os problemas se basearam, se baseiam e sempre se basearão em princípios universais, atemporais e autoevidentes, comuns a todas as sociedades duradouras e prósperas ao longo da história. Eu não os inventei, e eles não devem ser atribuídos a mim. Apenas os identifiquei e organizei em uma estrutura sequencial.

Você fala sobre os princípios com bastante frequência. Por que os princípios são tão importantes?

É porque princípios como justiça, honestidade, respeito, visão, confiabilidade e cooperação criativa governam nossa vida. São eles que estão no controle. Um dos ensinamentos mais profundos que aprendi na vida foi o seguinte: se você quiser alcançar suas mais elevadas aspirações e superar seus maiores desafios, identifique e aplique o princípio ou a lei natural que governa os resultados que você procura. A maneira como aplicamos um princípio varia imensamente, e será determinada por nossos pontos fortes, talentos e criatividade únicos, mas, em última análise, o sucesso em qualquer empreendimento sempre resulta do fato de agirmos em harmonia com os princípios aos quais o sucesso está vinculado.

Muitas pessoas não pensam assim, pelo menos conscientemente. Na verdade, você descobrirá, cada vez mais, que as soluções baseadas em princípios estão em gritante contraste com as práticas e as ideias comuns de nossa cultura popular. Por exemplo, considere a questão do conflito e das diferenças. As pessoas têm muitas características em comum, mas, ao mesmo tempo, são magnificamente diferentes entre si. Elas pensam de forma diferente; possuem valores, motivações e objetivos diferentes e, às vezes, competitivos. Os conflitos surgem naturalmente dessas diferenças. A abordagem competitiva da sociedade para resolver o conflito e as diferenças tende a se concentrar em "ganhar o máximo que você puder". Embora muita coisa boa tenha surgido da habilidosa arte da transigência, quando ambos os lados cedem em suas posições até que um ponto intermediário aceitável seja alcançado, nenhum dos lados fica verdadeiramente satisfeito. Que desperdício permitir que as diferenças conduzam as pessoas ao mínimo denominador comum entre elas! Que desperdício deixar de colocar em ação o princípio da cooperação criativa para desenvolver soluções para os problemas, que são melhores do que a ideia original que qualquer uma das partes poderia ter sobre as soluções! As abordagens baseadas em princípios sempre produzem os melhores resultados.

Você sempre ensinou que as pessoas deveriam pensar sobre o legado que vão deixar. Qual será seu legado?

No âmbito pessoal, espero que meu maior legado esteja em minha família, em sua felicidade e na qualidade de vida que cada um de seus membros tem. Nada me trouxe mais alegria e satisfação do que minha família. É o que há de mais importante para mim. Concordo com a observação de um líder sábio que, certa vez, disse que "nenhum sucesso pode compensar seu fracasso em casa". É verdade. O trabalho que você faz dentro de sua própria casa sempre será o mais importante que você fará. A família é de suma importância, e merece mais tempo e atenção do que normalmente lhe dedicamos. As pessoas passam centenas de horas pensando em uma estratégia detalhada no trabalho, mas não se preocupam nem um pouco em gastar algumas horas planejando como construir uma família mais forte.

Dito isso, não acredito na falsa dicotomia que afirma que, para ter sucesso dentro de casa, é preciso ter menos sucesso no trabalho. Não é uma questão de "ou isso, ou aquilo". Com um planejamento bem feito, é possível ter as duas coisas. Aliás, o sucesso em uma área acabará instigando o sucesso na outra. Assim, nunca é tarde para recomeçar tudo com sua família, caso você tenha sido negligente com ela no passado.

Quando leciono, costumo fazer a seguinte pergunta: "Quantas pessoas, em seu leito de morte, desejariam ter passado mais tempo no escritório?" A resposta é: "Ninguém." Elas pensam em seus entes queridos, em suas famílias e naqueles a quem serviram.

Todos os meus filhos estão casados, e, ao lado de seus parceiros, estão se esforçando para viver vidas baseadas em princípios e focadas na contribuição que podem dar.

E no campo profissional, qual você gostaria que fosse seu legado?

Fico feliz em saber que, por meio da FranklinCovey, milhões de pessoas foram treinadas nos 7 Hábitos e milhares receberam a certificação para lecionar os 7 Hábitos dentro de suas próprias organizações. Também estou entusiasmado com o fato de a organização continuar a desenvolver e a ensinar outros conteúdos de alta qualidade baseados em princípios, em praticamente todos os países do mundo.

Mas talvez o legado profissional mais emocionante que espero deixar seja o trabalho que fazemos com as crianças. Isso está sendo feito por meio de nosso programa Leader in Me ("O líder em mim"; consulte o site, em inglês, LeaderInMe.org), que vem sendo implementado em milhares de escolas no mundo inteiro, impactando, literalmente, milhões de crianças, suas escolas e suas famílias. Nessas escolas, cada adulto e cada criança aprendem a linguagem comum dos 7 Hábitos. Eles aprendem que todo mundo pode ser um líder, e não apenas os que são mais populares. Eles aprendem como definir e atingir metas, como resolver conflitos, como ser criativos e como falar em público e conhecer e cumprimentar alguém. Eles aprendem que têm o maravilhoso dom de poder escolher, que não precisam ser vítimas ou meras engrenagens dentro de uma máquina.

Imagine o futuro se as crianças crescerem conectadas a esses princípios — como cidadãos inteiramente responsáveis que levam a sério suas obrigações diante dos outros. Esse futuro é possível.

É por isso que eu quero ser lembrado.

Por que os 7 Hábitos continuam a influenciar as pessoas?

Acredito que seja porque eles as ajudam a identificar sua melhor índole e a viver de acordo com ela. As pessoas, em especial as mais jovens, sentem instintivamente o poder dos princípios contidos nos 7 Hábitos e, lá no fundo, desejam mais do que atalhos na vida. As pessoas que se perdem na hiperatividade do mundo querem recuperar o controle de seus próprios destinos.

Hoje em dia, se fala muito sobre roubo de identidade. Mas o maior roubo de identidade não acontece quando alguém pega sua carteira ou seu cartão de crédito. O maior dos roubos acontece quando nos esquecemos de quem realmente somos — quando começamos a acreditar que nosso valor e nossa identidade se originam de como estamos nos saindo em comparação com os outros, em vez de reconhecer que cada um de nós tem um valor e um potencial incomensuráveis, independentemente de qualquer comparação. Esse tipo de roubo começa pelo fato de estarmos inseridos em uma cultura de atalhos, onde as pessoas não estão dispostas a pagar o preço do verdadeiro sucesso. Nas nossas famílias, entre amigos ou no trabalho, nos vemos a serviço de uma autoimagem artificial. Quando o homem passou a se olhar no espelho, começou a perder sua alma. Ele passou a ficar mais preocupado com sua imagem do que com seu verdadeiro eu; ele passou a ser um produto do espelho social. Seu centro de identidade e de valor se transferiu para fora de si mesmo.

Os 7 Hábitos vão lhe devolver a si mesmo. Os 7 Hábitos vão lembrá-lo da sua verdadeira natureza. Eles lembram que é você quem está no comando da sua vida. Você — e mais ninguém — é o responsável por suas escolhas. Ninguém além de você pode fazê-lo pensar, agir ou sentir qualquer coisa que você mesmo não escolha.

Você é careca ou só raspa a cabeça por uma questão de eficiência?

Eu sou careca de verdade. Mas lembre-se: enquanto você está ocupado secando seu cabelo com o secador, estou trabalhando a serviço dos clientes.

Você disse que sua mensagem final mais importante é "viver a vida em um crescendo". O que significa isso?

Significa que o trabalho mais importante que você vai fazer será sempre o próximo. Você deve estar sempre se expandindo e aprofundando seu compromisso com aquele trabalho. A aposentadoria é um conceito falso. Você pode se aposentar de um emprego, mas nunca vai se aposentar de projetos e contribuições significativas.

"Crescendo" é um termo musical. Significa tocar uma música com cada vez mais energia e volume, com garra e empenho. O oposto é "diminuendo", que significa "abaixar o volume", recuar, não se arriscar, tornar-se um ser passivo, lamuriar-se por toda sua vida.

Portanto, viva a vida em crescendo. É fundamental viver com esse pensamento. Independentemente do que você tiver ou não realizado, sempre terá contribuições importantes a fazer. Evite a tentação de ficar olhando pelo espelho retrovisor para aquilo que você fez e, em vez disso, olhe com otimismo para a frente. Estou muito animado com meu próximo livro, que se chama *Live Life in Crescendo* [A vida em crescendo], que estou escrevendo com minha filha Cynthia.

Não importa qual seja sua idade ou a posição que ocupa na vida, se você viver de acordo com os 7 Hábitos, nunca acabará de contribuir. Você estará sempre buscando alguma coisa mais elevada e melhor de sua vida — o próximo desafio fascinante, uma melhor compreensão, um romance mais intenso, um amor mais significativo. Você pode até estar satisfeito com o que já realizou, mas a próxima grande contribuição estará sempre no horizonte. Você tem relacionamentos para construir, uma comunidade à qual servir, uma família para fortalecer, problemas para resolver, conhecimento para obter e grandes obras para criar.

Certa vez, uma de minhas filhas me perguntou se eu tinha terminado de causar meu impacto no mundo quando escrevi *Os 7 hábitos das pessoas altamente eficazes*. Acho que a assustei com minha resposta: não é que eu pretenda me supervalorizar, mas acredito que meu melhor trabalho ainda está por vir.

* * *

Stephen R. Covey faleceu no dia 16 de julho de 2012, aos 79 anos, ainda envolvido em cerca de dez projetos literários diferentes. Ele nunca se aposentou no sentido tradicional da palavra, mas viveu "em crescendo" até o fim. Considerando-se que a influência de seu pensamento continua a se espalhar pelo mundo em um ritmo cada vez mais rápido, transformando a vida de estudantes, executivos e pessoas comuns em todos os lugares, concordamos que a melhor parte de seu trabalho ainda está por vir.

Um Dia Quadrante II no Escritório

As análises e os exercícios seguintes foram elaborados para ajudá-lo a perceber o impacto de um paradigma Quadrante II em um ambiente de trabalho, em um nível bem prático.

Suponha que você seja o diretor de marketing de uma grande empresa farmacêutica. Está a ponto de começar um dia comum de trabalho e, ao olhar para os itens constantes da agenda do dia, estima o tempo necessário para cada um:

1. Gostaria de almoçar com o diretor-geral (uma hora e meia).
2. Recebeu instruções no dia anterior para preparar seu orçamento de mídia para o ano seguinte (dois ou três dias).
3. Sua bandeja de "entrada" está transbordando para a de "saída" (uma hora e meia).
4. Precisa conversar com o gerente de vendas sobre as vendas do último mês. A sala dele fica no final do corredor (quatro horas).
5. Você tem diversos itens de correspondência que são urgentes, segundo sua secretária (uma hora).
6. Você gostaria de dar uma espiada nas revistas médicas que estão empilhadas na sua mesa (uma hora e meia).
7. Precisa preparar uma exposição para uma reunião com os vendedores, marcada para o mês que vem (duas horas).
8. Há um boato de que o último lote do produto "X" não passou pelo controle de qualidade.
9. Alguém da fiscalização de remédios pede que ligue para conversar sobre o produto "X" (meia hora).
10. Há uma reunião marcada para as duas da tarde com a diretoria, mas você não sabe do que se trata (uma hora).

Dedique alguns minutos para usar o que aprendeu com os Hábitos 1, 2 e 3 para organizar seu dia de modo eficiente.

Agenda 8 às 5

8	
9	
10	
11	
12	
1	
2	
3	
4	
5	

Ao pedir que planeje apenas um dia, automaticamente eliminei o contexto mais amplo da semana, fundamental para a quarta geração de gerenciamento do tempo. Mas você será capaz de ver o poder do paradigma centrado nos princípios do Quadrante II, mesmo no contexto de um período de nove horas.

É bem óbvio que a maioria dos itens da lista é de atividades do Quadrante I. Com exceção da atividade número 6 — leitura das revistas médicas —, todo o resto é aparentemente importante e urgente.

Se você fosse um administrador do tempo de terceira geração, usando valores e metas prioritárias, teria um quadro de referências para tomar as decisões quanto à agenda, e talvez marcar com letras A, B e C cada um dos itens, e depois os números 1, 2 e 3 debaixo das letras. Também levaria em conta as circunstâncias, como a disponibilidade das outras pessoas envolvidas, e o tempo necessário para que cada um almoçasse. Finalmente, baseado em todos estes fatores, você prepararia o dia.

Muitos administradores do tempo de terceira geração que fizeram este exercício agiram como descrevi. Eles resolvem quando vão fazer o que e, baseados nos vários pressupostos, que são explicitamente identificados, atingem ou pelo menos iniciam a maioria dos itens naquele dia, e empurram o restante para o dia seguinte ou outro dia qualquer.

Por exemplo, a maioria das pessoas afirmou que usaria o tempo entre as oito e as nove horas para descobrir qual seria a pauta para a reunião de diretoria, de modo que pudessem se preparar para isso, marcariam o almoço com o diretor-geral para o meio-dia e ligariam para a inspeção dos medicamentos. Eles planejam passar as duas horas seguintes falando com o diretor de vendas, lidando com os itens mais importantes e urgentes da correspondência e checando o boato referente ao último lote do produto "X", que aparentemente não passou pelo controle de qualidade. O resto da manhã seria gasto na preparação para o almoço com o diretor-geral, e/ou para a reunião da diretoria às duas da tarde, ou para lidar com os problemas surgidos com o produto "X" ou as vendas do mês passado.

Depois do almoço, passariam a tarde normalmente, dedicando-se aos assuntos pendentes mencionados, e/ou tentando liquidar a correspondência mais urgente e importante, aliviando um pouco a bandeja de "entrada" ou tratando de outros assuntos urgentes e importantes que pudessem ter surgido no decorrer do dia.

A maioria das pessoas considerou que o orçamento de mídia para o próximo ano e a preparação para a convenção de vendas do mês seguinte poderiam ficar para um outro dia, que não tivesse tantos itens do Quadrante I. As duas atividades são mais Quadrante II, obviamente, estando relacionadas com planejamento e reflexão a longo prazo. As revistas médicas poderiam continuar se amontoando, porque pertencem ao Quadrante II, e são menos importantes do que os outros dois assuntos Quadrante II citados.

Este é o tipo de pensamento com que a terceira geração de gerenciamento do tempo aborda a questão, apesar de poder haver alguma variação quanto ao momento em que farão cada coisa.

Qual abordagem você adotaria ao agendar esses itens? Seria similar à atitude da terceira geração? Ou você preferiria uma abordagem de quarta geração, tipo Quadrante II? (Consulte a Matriz de Gerenciamento do Tempo na página 209).

A abordagem Quadrante II

Vamos repassar os itens da agenda utilizando uma abordagem Quadrante II. Este é apenas um dos cenários possíveis; outros podem ser criados, compatíveis com o paradigma do Quadrante II, mas este mostra bem o tipo de pensamento que está em ação.

Na condição de um administrador Quadrante II, você reconhece que a maioria das atividades P pertencem ao Quadrante I, e que as atividades CP estão, em sua maioria, no Quadrante II. Você sabe que a única maneira de controlar o Quadrante I é dispensando atenção suficiente ao Quadrante II, principalmente trabalhando na prevenção e no aproveitamento de oportunidades, tendo a coragem de dizer "não" aos Quadrantes III e IV.

Reunião da diretoria às duas da tarde | Vamos presumir que a reunião da diretoria não tenha pauta fechada para os executivos participantes, ou que talvez você não veja a pauta até chegar à reunião. Isso não é incomum. Como resultado, as pessoas costumam ir despreparadas, e "chutar". Tais reuniões são desorganizadas e se concentram em problemas do Quadrante I, que são importantes e urgentes. Em torno deles, se reduzem a uma demonstração de desconhecimento dos problemas. Em geral, se reduzem em perda de tempo e resultados inferiores, sendo frequentemente apenas uma questão de vaidade para o diretor.

Na maioria das reuniões, os itens do Quadrante II são classificados de "outros assuntos". Como o "trabalho se expande para ocupar o tempo destinado à sua execução", de acordo com a lei de Parkinson, normalmente não sobra tempo para discuti-los. Se houver, as pessoas já estão tão cansadas e esgotadas pelo Quadrante I que não lhes resta energia para lidar com eles.

Sendo assim, você pode passar para o Quadrante II, tentando primeiro conseguir espaço na pauta, de modo que possa apresentar uma sugestão para otimizar as reuniões da diretoria. Também pode dedicar uma hora ou duas daquela manhã à preparação da apresentação, mesmo que só disponha de alguns minutos para estimular todos os presentes a ouvir uma apresentação mais extensa na próxima reunião. Essa apresentação se concentraria na importância de se ter sempre um propósito evidente e específico para cada reunião, bem como uma pauta organizada, para a qual todos os participantes tenham tido oportunidade de contribuir. A pauta final será estabelecida pelo diretor-geral e se concentrará primeiro nas questões do Quadrante II, que costumam exigir mais pensamento criativo do que no Quadrante I, que implicam pensamentos mecânicos.

Sua fala também enfatizará a importância de se terem minutas distribuídas logo após a reunião, especificando tarefas e prazos de execução. Estes itens devem constar de pautas futuras, que serão distribuídas de forma a dar tempo suficiente para que os outros se preparem para discuti-las.

Bem, isso é o que pode ser feito quanto a um dos itens da agenda — a reunião de diretoria das duas da tarde — por meio de um quadro de referências do Quadrante II. Isso requer um alto nível de proatividade, incluindo-se aí a coragem para desafiar o pressuposto de que a organização dos itens era necessária no início. E também exige consideração, para evitar a criação de uma atmosfera de crise que cerca uma reunião de diretoria.

Quase todos os outros itens da lista podem ser abordados com um pensamento Quadrante II similar, com exceção talvez do telefonema da fiscalização.

Telefonando para pessoas da fiscalização de medicamentos | Baseado no passado de bom relacionamento com a fiscalização, você faz a ligação logo pela manhã. Seja lá qual for o problema, poderá ser resolvido adequadamente. Esta pode ser uma atividade difícil de passar aos outros, pois a organização envolvida pode ter uma cultura do Quadrante I, e um indivíduo que deseja uma resposta sua, não de um subordinado.

Apesar de você estar tentando influenciar diretamente a cultura de sua organização, como membro da diretoria executiva, seu Círculo de Influência provavelmente não é grande o suficiente para influenciar a cultura dos organismos de fiscalização, de forma que você simplesmente liga para eles. Se perceber que o tipo de problema surgido é crônico ou persistente, pode então abordá-lo com um esforço Quadrante II, para prevenir sua repetição no futuro. Esta atitude, mais uma vez, vai exigir uma dose considerável de proatividade, para aproveitar a oportunidade de melhorar o relacionamento com os fiscais ou lidar com os problemas de maneira criativa.

Almoço com o diretor-geral | Você pode considerar o almoço com o diretor-geral uma rara oportunidade para discutir alguns assuntos de longo alcance, do Quadrante II, em uma atmosfera informal. Isso pode exigir também meia hora ou uma hora durante a manhã, para uma preparação adequada, ou você pode ter uma interação social agradável e apenas escutar, sem ter planos. Qualquer uma das duas possibilidades apresentará uma boa oportunidade para melhorar seu relacionamento com o diretor-geral.

Preparar o orçamento de mídia | Com referência ao item 2, você pode chamar dois ou três assistentes mais diretamente ligados à preparação de um orçamento de mídia e pedir que façam recomendações na forma de um "trabalho em equipe" (que pode exigir no final apenas sua assinatura aprovando tudo), ou talvez para esboçarem duas ou três opções bem pensadas, para que você escolha e identifique as consequências de cada opção. Isso pode levar uma hora inteira, durante o dia — estabelecer as metas desejadas, orientação geral, prazos e consequências. Mas, ao investir esta hora, você consegue o máximo da reflexão de pessoas dedicadas, que podem ter diferentes pontos de vista. Se não adotou essa abordagem antes, pode querer passar mais tempo treinando o pessoal para situá-los melhor no que ela representa, o que quer dizer "trabalho em equipe" e como fazer para criar sinergia em torno das diferenças, e identificar as opções e consequências envolvidas.

A bandeja de "entrada" e a correspondência | Em vez de mergulhar na bandeja de "entrada", você dedicará algum tempo, quem sabe meia hora ou uma hora, para começar um processo de treinamento com sua secretária de modo que ela possa, aos poucos, ter condições para lidar com a bandeja de "entrada", bem como a correspondência citada no item 5. Este programa de treinamento pode perdurar por várias semanas ou meses, até que sua secretária ou seu assistente sejam capazes de conseguir resultados, em vez de se ater aos métodos apenas.

Sua secretária pode ser treinada para lidar com todos os itens da correspondência, e com todos os itens da bandeja de "entrada", aprender a analisá-los e resolvê-los. Itens que não possam ser tratados devem ser colocados em ordem de prioridade e levados até você com uma recomendação ou bilhete recomendando sua avaliação. Dessa forma, em poucos meses, sua secretária ou seu assistente executivo poderão lidar com oitenta a noventa por cento de todos os itens da bandeja de "entrada" e da correspondência, com frequência muito melhor do que você, porque sua mente está concentrada nas oportunidades do Quadrante II, e não mergulhada nos problemas do Quadrante I.

O diretor de vendas e as vendas do último mês | Uma abordagem Quadrante II para o item 4 implica pensar em todo o relacionamento e um acordo de desempenho com o diretor de vendas, para verificar se uma atitude Quadrante II está sendo posta em prática. O exercício não diz que assunto tratar com o diretor de vendas, mas, presumindo-se que seja um item do Quadrante I, você pode usar a abordagem Quadrante II e resolver os problemas imediatos.

Possivelmente, você terá condições de treinar sua secretária para tratar do assunto, chamando sua atenção apenas quando for necessário. Isso pode exigir algumas atividades do Quadrante II com o diretor de vendas e subordinados, de forma que compreendam que sua função principal é a liderança, não o gerenciamento. Eles podem começar a compreender que é mais fácil resolver os problemas com sua secretária do que com você, libertando-o para as atividades de liderança do Quadrante II.

Se você acha que o diretor de vendas pode ficar ofendido porque sua secretária fez o contato, então pode começar o processo de melhorar esse relacionamento, de maneira que no futuro ganhe a confiança dele para que adote uma atitude mais Quadrante II mutuamente benéfica.

Leitura das revistas médicas | Ler as revistas médicas é uma atividade Quadrante II que você pode querer deixar para outra hora. Mas sua competência profissional a longo prazo e sua confiança dependem de estar familiarizado com esta literatura. Assim, pode colocar o assunto na pauta para a reunião com sua equipe, onde vai sugerir uma sistemática de leitura das revistas médicas para toda a equipe. Os membros do grupo podem ler diferentes revistas e ensinar aos outros a essência do que leram em reuniões futuras. Além disso, eles podem passar aos outros os artigos mais importantes ou resumos que todos possam ler e compreender.

Preparação para a reunião do mês que vem | Com referência ao item 7, uma abordagem Quadrante II possível seria reunir um pequeno grupo de funcionários subordinados a você e encarregá-los de uma análise cuidadosa das necessidades dos vendedores. Pode dar a eles a tarefa de realizar um trabalho em equipe completo, a ser entregue em uma data específica, dentro de uma semana ou dez dias, dando a você tempo suficiente para adaptar e implementar o plano. Isso pode incluir entrevistas individuais com os vendedores, conduzidas por sua equipe, para descobrir as necessidades e preocupações reais deles, ou incluir uma amostra do conjunto dos vendedores, de modo que a pauta do encontro com eles seja relevante e enviada com tempo suficiente para que os vendedores possam se preparar e se envolver com os temas, de modo apropriado.

Em vez de preparar a reunião com os vendedores sozinho, você pode delegar responsabilidades e tarefas a um pequeno grupo que represente diferentes pontos de vista e diferentes tipos de problemas de vendas. Deixe que eles entrem em interação criativa e tragam recomendações elaboradas. Se eles não estiverem acostumados a este tipo de tarefa, você pode dedicar algum tempo de reunião para treiná-los e estimulá-los, mostrando o motivo de estar usando tal abordagem e o benefício decorrente. Ao fazer isso, você estará começando a treinar seu pessoal para pensar a longo prazo, a adquirir responsabilidade para executar missões e atingir objetivos, para interagir criativamente com os outros de maneira interdependente e para realizar um serviço de alta qualidade dentro dos prazos previstos.

Produto "X" e controle de qualidade | Bem, agora vamos cuidar do item 8, referente ao produto "X" que não passou pelo controle de qualidade. A abordagem Quadrante II será estudar o problema para ver se há uma dimensão crônica ou persistente nele. Em caso afirmativo, você poderá delegar atividades aos outros. Eles analisarão o problema, com instruções de apresentarem uma recomendação ou implementarem o que considerarem necessário, mantendo-o informado dos resultados.

O efeito final deste dia Quadrante II no escritório é que você passa a maior parte do tempo delegando responsabilidades, treinando pessoal, preparando uma conferência para a diretoria, fazendo uma ligação telefônica e tendo um almoço produtivo. Ao adotar uma abordagem CP a longo prazo, espera-se que em algumas semanas, ou no máximo alguns meses, você não mais estará se defrontando com uma agenda cheia de problemas do Quadrante I novamente.

Ao fazer esta análise, você pode pensar que essa abordagem parece idealista. Você pode se perguntar se os diretores Quadrante II não trabalham nunca no Quadrante I.

Admito que seja idealista. Este livro não trata dos hábitos das pessoas altamente *ineficientes*, trata dos hábitos muito *eficazes*.

E ser muito eficaz é um ideal de trabalho a ser atingido.

Lógico que você precisará passar algum tempo no Quadrante I. Até mesmo os planos mais perfeitos do Quadrante II de vez em quando não são cumpridos. Mas o Quadrante I pode ser reduzido a proporções mais fáceis de administrar, de forma que resulte na atmosfera de crise permanente estressante que afeta de forma negativa seu julgamento e sua saúde.

Indubitavelmente, isso exige muita paciência e muita persistência, e pode não ser possível adotar uma abordagem Quadrante II para todos os itens de uma vez, neste momento. Mas você pode começar a abrir caminho para atacar alguns deles desta forma, ajudando a criar uma mentalidade mais Quadrante II nas outras pessoas e em si mesmo, e mais para a frente verificar o aumento qualitativo em seu desempenho.

Novamente, reconheço que em um ambiente familiar ou pequena empresa tal delegação de tarefas pode não ser possível. Mas isso não elimina uma mentalidade Quadrante II capaz de produzir resultados interessantes e criativos dentro de seu Círculo de Influência, reduzindo o tamanho das crises do Quadrante I por meio do exercício das iniciativas do Quadrante II.

TRIBUTO DA FAMÍLIA COVEY A UM PAI ALTAMENTE EFICAZ

Não resta dúvida de que o velho hábito de nosso pai de "afinar o instrumento" acabou salvando uma vida, certo dia, em Montana. Enquanto crescíamos, o víamos fazendo o que ele chamava de "ganhar sua Vitória Particular do dia" logo de manhã, ao meditar, ler as escrituras e se exercitar. Naquela tarde em questão, ele estava lendo na praia, enquanto curtia um belo visual do lago, quando ouviu um grito abafado de socorro. Com os binóculos que ele sempre levava para o bosque, pôs o foco no barquinho de borracha de um pescador no lago. Alguém se agarrava desesperadamente à lateral, quase que caindo na água gelada.

Rapidamente, meu pai montou no jet ski e chegou até o barquinho, onde encontrou um homem alcoolizado. Ele o puxou para o jet ski e o levou para a beira do lago. Então foi procurar a família do sujeito num acampamento ali perto e viu que ela nem sabia que ele tinha sumido, já que todo mundo havia bebido. Anos mais tarde, o sujeito resgatado contou essa história na frente de um grupo, dizendo que ela marcou uma guinada importante em sua vida. Sem saber quem o havia salvo naquele dia, disse que se sentia muito grato por alguém ter se dignado a ouvir seu grito e se dispor a socorrê-lo.

Esse tipo de incidente é bastante emblemático na vida de papai, Stephen R. Covey, que servia como uma espécie de "linha de vida" não só para sua prole de nove filhos e 54 netos, mas também para um sem número de pessoas e organizações que foram inspiradas e modificadas para sempre por *Os 7 hábitos das pessoas altamente eficazes.* Ele sempre dizia que não tinha inventado esses hábitos, já que se baseavam em princípios universais ou leis naturais, como responsabilidade, integridade, abundância e renovação. Mas acreditava que "o senso comum nem sempre é a prática comum". E com isso, ele dedicou a vida a passar sua mensagem para o maior número de pessoas possível.

Depois que ele faleceu, em julho de 2012, a família percebeu o alcance e a magnitude de sua missão de "liberar o potencial humano". Ficamos emocionados com os milhares de e-mails, cartas, recados, visitas e telefonemas recebidos de pessoas do mundo inteiro, que queriam compartilhar suas histórias pessoais sobre como papai havia sido uma linha de vida para elas e as resgatado de uma vida sem propósito, ou de ser o líder ineficiente de uma empresa, de um casamento fracassado, um relacionamento machucado, ou de superar uma criação repleta de humilhações. O tempo todo, ouvimos as experiências de como papai tinha a capacidade única de colocar no papel e inspirar milhões de pessoas a viverem uma vida centrada em princípios.

Papai era um "homem para tudo" e levava uma vida íntegra. Através dos anos, teve muitas oportunidades de treinar líderes mundiais e chefes de estado e considerava isso um verdadeiro privilégio e uma grande responsabilidade. Um dia, durante uma discussão, quando todo mundo criticava o então presidente dos Estados Unidos, ele ficou mudo. Quando lhe perguntaram por que não se juntava à arenga, ele apenas respondeu:

— Porque um dia posso ter a chance de influenciá-lo e, se isso acontecer, não quero parecer hipócrita.

Meses depois, o tal presidente ligou para o meu pai, disse que tinha acabado de ler *Os 7 hábitos das pessoas altamente eficazes* pela segunda vez e perguntou se meu pai não poderia treiná-lo pessoalmente na aplicação daqueles princípios. Quando morreu, meu pai tinha conhecido 31 chefes de estado, entre eles quatro presidentes dos Estados Unidos.

Papai nunca ensinou nada sem ter lutado para primeiro viver aquilo que lecionava. E isso foi especialmente verdade no caso dos 7 Hábitos, que ele pesquisou e desenvolveu ao longo de muitos anos, bem antes do livro ter sido publicado. Ele era um mestre em ser "proativo" e, para nosso grande desespero enquanto crescíamos, nunca tínhamos permissão para inventar desculpas ou culpar as circunstâncias, amigos e professores por nossos problemas. Simplesmente fomos ensinados a "fazer as coisas acontecerem" ou "encontrar outra resposta". Por sorte, minha mãe permitia que, de vez em quando, pudéssemos ser vítimas e culpar os outros. Era um equilíbrio saudável para contrapor ao papai!

A iniciativa e a desenvoltura de meu pai eram fabulosas. Uma vez ele estava preso num engarrafamento por causa de uma obra e correndo o risco de perder o avião. Decidiu que não podia esperar mais e disse ao motorista do táxi que ia saltar para redirecionar o trânsito, para que sua pista voltasse a andar, e ele poderia pegá-lo mais adiante. O motorista ficou estupefato. "O senhor não pode fazer uma coisa dessas", falou, ao que meu pai respondeu, sorridente: "Então observe." Ele saltou e redirecionou o tráfego, de modo que aquela pista voltou a andar (sob as buzinas e os aplausos dos outros carros). O motorista o pegou mais à frente e meu pai não perdeu o voo.

A família sabia que ele era despretensioso e desinibido, muitas vezes entabulando conversas inteiras com desconhecidos com dentes falsos ou perucas absurdas que encobriam sua reluzente e característica careca, para poder permanecer incógnito. Uma vez pediram que ele saísse de um campo de golfe porque estava cansado do jogo e armou uma briga de água com um amigo. Nós ficávamos horrorizados quando pegávamos um elevador cheio com ele, porque em questão de segundos ele se virava para os demais passageiros (violando seus espaços pessoais) e, com um sorriso amplo e alegre no rosto, dizia "Vocês devem estar pensando por que convoquei essa reuniãozinha!" e desatava a rir da própria piada.

Aprendemos a não prestar muita atenção ao que os outros pensavam dele, e a apenas curtir sua personalidade brincalhona. Era famoso por seus "cochilos de poder". Com frequência, ele abotoava todo o casaco, cobria os olhos com uma máscara e tirava cochilos rápidos para se renovar, mesmo nos lugares mais inesperados, como lojas, cinemas, aeroportos, trens, bancos de parque, ou onde quer que encontrasse um pouco de tempo e de espaço, na hora que fosse. Seu entusiasmo era contagiante e ele dizia que nós devíamos ter uma mentalidade de *carpe diem* (aproveitar o tempo) e "tirar o sumo da vida", como gostava de dizer.

Ele sempre ficava um tanto surpreso e constrangido com o próprio sucesso profissional e se manteve humilde e sem afetação, mesmo com toda sua fama. Ele se via apenas como o timoneiro da grande obra que realizava, sempre dando crédito às demais pessoas e a Deus. Nunca se envergonhava de seus valores ou de sua fé e acreditava que, se Deus estivesse no centro de sua vida, tudo o mais se encaixaria nos devidos lugares. Ele nos ensinou que, a longo prazo, a única maneira de se obter um sucesso duradouro como indivíduo ou organização seria vivendo de acordo com os princípios imemoriais.

Nosso pai se esforçava muito para fazer tudo aquilo que falava e praticar o que pregava, e muitas vezes se desculpava quando se decepcionava, dizendo coisas do tipo "Filho, perdoe-me por ter perdido a calma com você" ou "Querida, fui rude com você. O que posso fazer para me redimir?". As pessoas muitas vezes nos perguntavam como era ser criado por ele, como se ele não pudesse ser tão bom quanto parecia. Muito embora ele não fosse, de modo algum, perfeito e precisasse dar duro para ser paciente enquanto esperava num engarrafamento, ou enquanto minha mãe se aprontava para sair, não havia nenhuma diferença profunda entre o que ele ensinava e a maneira como vivia. Ele era exatamente aquilo que você imaginava e esperava que ele fosse. Talvez o maior elogio que possamos lhe fazer seja o seguinte: por melhor que ele fosse em público como escritor e professor, conseguia ser melhor ainda na vida particular, como marido e pai. E nós o amávamos por ele ser tão consistente.

Todos nós sabíamos que ele preferia passar seu tempo com a família do que com qualquer outra pessoa, e costumava provar isso pela maneira como administrava seu tempo ao colocar "primeiro o mais importante". Apesar de viajar bastante e ser muito requisitado, raramente deixava de comparecer a alguma coisa que fosse de fato importante para nós, como um aniversário ou um jogo de basquete, às vezes chegando a planejar a agenda com dois anos de antecedência. Ele fazia contínuos depósitos na "conta bancária emocional" de cada um de nós com encontros pessoais e afirmava que, "nos relacionamentos, as pequenas coisas são as que importam de verdade". Ele era o mestre dos momentos de sabedoria e aplicava princípios reais ao que quer que estivéssemos lidando, incentivando-nos a tomar decisões baseadas em nossos valores, e não na maneira como estivéssemos nos sentindo num determinado momento. Ele ensinava pelo exemplo e dizia que "a vida é uma missão, e não uma carreira", e que poderíamos encontrar a verdadeira felicidade servindo aos outros.

Ele adorava nossa mãe, Sandra, e teve um relacionamento extraordinário com ela por 56 anos. Algumas vezes por semana, eles tinham um ritual de se conectar um com o outro. Eles montavam numa moto Honda e partiam devagar para "conversar as coisas", enquanto curtiam a paisagem e o simples fato de estarem juntos. Eles falavam um com o outro por telefone pelo menos duas ou três vezes por dia, mesmo se ele estivesse fora. Discutiam tudo o que havia entre o sol e a Terra, desde bons livros, até política e como educar os filhos, e ele dava mais valor à opinião dela do que à de qualquer pessoa. Era um pensador profundo, com uma tendência a teorizar demais. Nossa mãe, por sua vez, era um excelente teste inicial para ele, e o ajudava a simplificar e a deixar seus livros mais práticos dizendo: "Ai, Stephen, isso está muito complicado. Ninguém vai entender do que você está falando. Simplifique as coisas e conte mais casos." Ele adorava esse feedback! Agora que nós mesmos temos filhos, ficamos admirados com seu relacionamento Ganha/Ganha e pensamos em como pudemos ter uma vida tão feliz juntos.

Papai tinha uma linda definição de liderança. Ele dizia que *a liderança é comunicar o potencial e o valor dos outros com tanta objetividade que eles se sintam inspirados a vê-los em si mesmos.* Logo depois que ele se foi, um homem que foi criado em circunstâncias muito difíceis nos passou essa mensagem, que engloba tudo aquilo que ele foi: "Eu quero que sua família saiba que eu ainda guardo uma fita de autoafirmação de vinte minutos que ele fez para mim há trinta anos, onde, entre outras coisas, ele dizia que Deus me amava, que eu um dia chegaria à faculdade e que teria minha própria família. Eu a ouvi o tempo todo nesses últimos trinta anos e consegui realizar tudo aquilo que ele viu em mim. Sem ele, eu não seria quem sou. Muito obrigado!"

Nesse jubileu de aniversário de *Os 7 hábitos das pessoas altamente eficazes*, no meio das homenagens e das milhões de vidas e milhares de organizações que ele influenciou, os filhos de Stephen R. Covey gostariam de prestar um tributo a um pai de família "altamente eficaz". Da mesma maneira como ele resgatou um homem que estava se afogando há tantos anos, acreditamos que sua vida e suas palavras vão continuar a estender linhas de vida como essas a você e sua família, para sua equipe e organização e a inúmeras outras causas e pessoas. Diante do mundo turbulento em que vivemos, acreditamos que os princípios imemoriais dos 7 Hábitos são mais relevantes do que nunca e que a mensagem e o impacto dos 7 Hábitos estão apenas começando.

Sempre seremos gratos por termos tido um pai e "Papá" (como os netos o chamavam) tão bom. Seu legado agora está dentro de nós e em todos aqueles que foram influenciados por seu magnífico espírito e ensinamentos inspiradores: de viver a vida com integridade, contribuir e fazer uma diferença no mundo, e se erguer à altura da grandeza que existe em cada um de nós.

Sinceramente,
Os filhos de Stephen R. Covey:
Cynthia, Maria, Stephen, Sean,
David, Catherine, Colleen,
Jenny e Joshua

ÍNDICE DE PROBLEMAS/ OPORTUNIDADES

Este índice pode ser interpretado como uma forma de prover soluções rápidas a problemas profundos. É também uma referência ao material deste livro, que lida especificamente com essas preocupações e, com certeza, possui o arcabouço para propiciar o insight e a ajuda necessários à sua solução. As referências a seguir refletem uma abordagem integrada e holística dos 7 Hábitos e são mais bem-sucedidas quando compreendidas e usadas no contexto adequado.

EFICÁCIA INTERPESSOAL

Família

Casamento

EFICÁCIA GERENCIAL

Índice Remissivo

O AUTOR

Internacionalmente reconhecido como uma autoridade em liderança, Stephen R. Covey também era especialista em família, professor, consultor organizacional e autor. Dedicou sua vida a ensinar a famílias e organizações princípios de vida e liderança. Formou-se em MBA pela Universidade de Harvard e obteve seu doutorado na Bringham Young University. Nesta, foi professor de comportamento organizacional e administração de empresas e exerceu os cargos de diretor de relações universitárias e assistente da presidência.

Foi autor de vários best-sellers, entre eles *Os 7 hábitos das pessoas altamente eficazes*, considerado o livro de negócios mais influente do século XX e um dos dez mais importantes sobre administração de todos os tempos: vendeu mais de 15 milhões de exemplares em 38 idiomas em todo o mundo. Outros de seus sucessos são *Primeiro o mais importante*, *Liderança baseada em princípios*, *Os 7 hábitos das famílias altamente eficazes* e *O 8º Hábito*, que, juntos, somam mais de 20 milhões de exemplares vendidos.

Pai de nove filhos e avô de 43 netos, recebeu em 2003 o Fatherhood Award da National Fatherhood Initiative, o prêmio mais significativo que já ganhou, em sua opinião. Outras premiações concedidas ao Dr. Covey incluem a Medalha da Faculdade Thomas Moore, pelos serviços continuamente prestados à humanidade; Palestrante do Ano, em 1999; o Prêmio Internacional do Homem de Paz de 1998, do Sikh; o Prêmio Empresário Internacional do Ano, em 1994; e o Prêmio de Empresário Nacional do Ano na categoria Liderança Empresarial.

Também foi apontado pela revista *Time* como um dos 25 americanos mais influentes e foi homenageado com sete títulos de doutor *honoris causa*. Foi cofundador e vice-presidente da FranklinCovey, empresa líder mundial em consultoria, presente em 123 países, com escritórios que compartilham da visão, da disciplina e da paixão do Dr. Covey, cujo objetivo é inspirar, elevar e oferecer ferramentas para a mudança e o desenvolvimento de pessoas e organizações no mundo inteiro.

FranklinCovey

A FranklinCovey é líder mundial em aprimoramento de performance de executivos, com atuação em 160 países. Nós ajudamos as organizações a conquistarem resultados que exigem mudanças no comportamento humano. Oferecemos soluções nos seguintes pilares: desenvolvimento de liderança, soluções de execução, aumento de produtividade, construção de confiança, lealdade de clientes e desempenho de vendas.

Atualmente, nosso portfólio é composto por 90% das empresas que integram o ranking Fortune 100, de 75% das empresas do ranking Fortune 500, milhares de pequenas e médias empresas, além de entidades governamentais e instituições educacionais.

CONHEÇA OUTRAS OBRAS PUBLICADAS PELA FRANKLINCOVEY

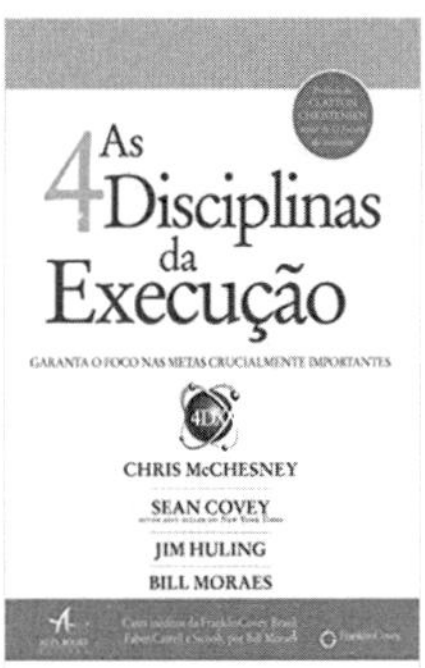

MAIS DE 60 MILHÕES DE CÓPIAS VENDIDAS

Conheça mais sobre como desenvolver sua personalidade, liderar sua equipe, ou transformar sua organização com esses best-sellers, visitando nosso site www.franklincovey.com.br

FranklinCovey

ALL ACCESS PASS®

O FranklinCovey All Access Pass™ possibilita a você aumentar o alcance, atingir seus objetivos empresariais e gerar impacto duradouro no desempenho. Com acesso ilimitado ao conteúdo da FranklinCovey, inclusive a todos os cursos de treinamento, ferramentas e recursos oferecidos presencialmente, ao vivo pela internet e sob demanda, agora você pode usar o conteúdo da FranklinCovey para levar benefícios à sua organização de várias formas.

Como assinante você pode:

- Acessar o conteúdo FranklinCovey a nível mundial, como e quando você precisar, incluindo *Os 7 Hábitos das Pessoas Altamente Eficazes 4.0*, *Liderando na Velocidade da Confiança* e *As 5 Escolhas para uma Produtividade Extraordinária*.
- Certificar seus facilitadores internos para ensinar nossos conteúdos, implementar esses conteúdos através dos consultores da FranklinCovey, ou usar nosso material digital para alcançar seus colaboradores com um conteúdo que realmente muda comportamentos.
- Ter acesso a um Especialista de Implementação que vai conduzir todo o design das jornadas de impacto para mudança de comportamento.
- Organizar todo o conteúdo FranklinCovey em torno da demanda específica do seu negócio.
- Desenvolver uma experiência equalizada de aprendizado global dentro da sua organização com nossas soluções principais, traduzidas em 16 línguas.

Faça como milhares de organizações pelo mundo que usam o All Access Pass para implementar estratégias, cobrir lacunas na operação, aumentar as vendas, construir a lealdade dos clientes e aumentar o engajamento dos colaboradores.

Para saber mais visite:

www.franklincovey.com.br ou ligue +55 (11) 5105-4400

FranklinCovey

EMBAIXADOR DOS 7 HÁBITOS DA FRANKLINCOVEY BRASIL

Nosso Embaixador dos 7 Hábitos da FranklinCovey Brasil é a autoridade máxima desse assunto no nosso país. O que significa que ele tem experiência, vivência e aprendizados dos 7 Hábitos sob a liderança e mentoria do próprio autor, o Dr. Stephen R. Covey.

O Embaixador está disponível para falar em entrevistas, podcasts e palestras sobre o impacto histórico e atual dos 7 Hábitos em pessoas e organizações pelo mundo.

Paulo V. Kretly

Mestre em Administração de Empresas e graduado em Pedagogia. Possui especialização em administração e marketing pela Fundação Getúlio Vargas e MBA nos Estados Unidos, com especialização em Marketing, pela Hawthorne University Salt Lake City Utah.

Atuou como Gerente-Geral e diretor de marketing em várias empresas multinacionais, como: Novell Inc./ WordPerfect Corp. e IBM. Atualmente, é o Presidente da FranklinCovey Brasil, sendo responsável por toda a operação da empresa no país e parte da África, é professor de pós-graduação em liderança organizacional e legado em algumas universidades do Brasil.
Durante 30 anos, vem prestando serviços voluntários contínuos em várias regiões do Brasil, África e Estados Unidos.

Para falar com nossa assessoria de imprensa
mande um e-mail para info@franklincovey.com.br

FranklinCovey
Education
FORMAÇÃO PARA
LIDERANÇA
CONCEITO MÁXIMO NO MEC
CONHEÇA NOSSOS CURSOS:
[GRADUAÇÃO]
[PÓS-GRADUAÇÃO]
[MBA LIVE-ONLINE]
[MBA HÍBRIDO]
[POWER MBA EM 6 MESES]
[CURSOS DE EXTENSÃO]
MUITA AULA AO VIVO
MUITO CONTEÚDO nas MELHORES plataformas.
MUITO CONTEÚDO EXCLUSIVO FRANKLINCOVEY
CORPO DOCENTE de Excelência
FAÇA JÁ SUA INSCRIÇÃO:
www.franklincovey.edu.br
faculdade@franklincovey.edu.br
(11) 95974 4829

DÊ O PRÓXIMO PASSO DENTRO DA SUA JORNADA

PARTICIPE DO WORKSHOP DOS 7 HÁBITOS

Continue sua jornada para efetivamente tornar-se seu próprio líder, aumentar o engajamento e colaboração com os demais, e melhorar continuamente suas competências. *Os 7 Hábitos das Pessoas Altamente Eficazes 4.0* é um dos workshops de desenvolvimento de liderança pessoal mais renomados do mundo

Durante a sua vivência você aprenderá como:

- Ter uma mentalidade proativa e resistir a autossabotagem que a reatividade nos conduz através de influências externas.
- Identificar e alinhar sua declaração de missão pessoal e seus principais valores.
- Adotar princípios que vão transformar sua produtividade diária.
- Implementar técnicas cruciais de escuta dentro das bases da comunicação efetiva.

Para se inscrever ou saber mais acesse:

www.franklincovey.com.br/agenda

TEM 1 MINUTO
Os principais CEO's, presidentes e diretores do Brasil falando sobre business, desafios organizacionais e inovação.
Contato por
info@tem1minuto.com.br
Disponível no Spotify